SCHRIFTEN zur öffentlichen Verwaltung und öffentlichen Wirtschaft

Hrsg. von Prof. Dr. Peter Eichhorn und Prof. Dr. Peter Friedrich

Band 69

Dr. Reinhard Pauck

Mikroökonomische Modelle des städtischen Verkehrs

Theoretische und empirische Grundlagen zur Analyse und Projektion der Verkehrsvorgänge in Städten

Nomos Verlagsgesellschaft
Baden-Baden

Gedruckt mit Unterstützung der Universität-Gesamthochschule Siegen sowie des Vereins zur Förderung des Fachbereichs Wirtschaftswissenschaft der Universität-Gesamthochschule Siegen e.V.

CIP-Kurztitelaufnahme der Deutschen Bibliothek

Pauck, Reinhard:
Mikroökonomische Modelle des städtischen Verkehrs: theoret. u. empir. Grundlagen zur Analyse u. Projektion d. Verkehrsvorgänge in Städten / Reinhard Pauck. – 1. Aufl. – Baden-Baden: Nomos Verlagsgesellschaft, 1983.
(Schriften zur öffentlichen Verwaltung und öffentlichen Wirtschaft; Bd. 69)
ISBN 3-7890-0779-X
NE: GT

1. Auflage 1983

meiner Frau Christine

Vorwort

Der städtische Verkehr bildet eine der wichtigsten Komponenten des urbanen Entwicklungsprozesses. Deshalb ist die Erstellung grundlegender Analysen und verläßlicher Projektionen der städtischen Verkehrsverhältnisse für die Stadt- und Regionalplaner von besonderer Bedeutung. Um diese Aufgabe zufriedenstellend erfüllen zu können, ist eine solide theoretische Fundierung der empirisch verwendeten Ansätze unabdingbar. Die Entwicklung dieser Basis wurde in der Vergangenheit bei der Anwendung von Verfahren zur Schatzung des Stadtverkehrs meist vernachlässigt. Diesem Defizit wird in der vorliegenden Arbeit dadurch begegnet, daß die Verkehrsverhältnisse als das Ergebnis ökonomischer Entscheidungsprozesse betrachtet werden.

Im einzelnen besteht das Anliegen der Studie darin, das Problem des Stadtverkehrs unter Berücksichtigung der mikroökonomischen Theorie modellmäßig zu formulieren. Hierbei wird besonders berücksichtigt, daß die Verkehrsnachfrage eine aus ökonomischen Aktivitäten abgeleitete Nachfrage darstellt und daß die Verkehrsströme und die Fahrzeiten im städtischen Verkehrssystem die Ergebnisse eines Marktprozesses sind. Auf dem Hintergrund dieser theoretischen Erörterungen wird dann untersucht, welche der empirisch verwandten Verfahren für eine ökonomisch gehaltvolle Ermittlung des städtischen Verkehrs genutzt werden können.

Bei der Fertigstellung des Manuskripts habe ich vielfältige Anregungen von meinen Lehrern und Kollegen erhalten. Insbesondere möchte ich meinem verehrten akademischen Lehrer Herrn Professor Dr. Walter Buhr danken, der mich zu dieser Arbeit ermuntert hat und ihren Fortgang durch seine konstruktive Unterstützung entscheidend gefördert hat. Herrn Professor Dr. Volbert Alexander bin ich für die kritische Durchsicht der Studie und seine Verbesserungsvorschläge ebenfalls sehr verbunden. Ferner danke ich den Herren Professoren Dr. Peter Eichhorn und Dr. Peter Friedrich für ihre Bereitschaft, diese Studie in die „Schriften zur öffentlichen Verwaltung und öffentlichen Wirtschaft" aufzunehmen.

Außerdem möchte ich meinen Kollegen am Lehrstuhl für Volkswirtschaftslehre II, hier insbesondere Herrn Dr. Reiner Wolff, danken, daß sie mit ihrer ständigen Bereitschaft zur Diskussion und Kritik zum Gelingen dieser Arbeit beigetragen haben. Frau Barbara Schmallenbach hat die Formeln des Manuskripts mit großer Aufmerksamkeit und Sorgfalt angefertigt. Auch ihr sei an dieser Stelle gedankt.

Weiterhin ist es mir eine angenehme Pflicht, der Universität-Gesamthochschule Siegen und insbesondere dem Verein zur Förderung des Fachbereichs Wirtschaftswissenschaft der Universität-Gesamthochschule Siegen für ihre finanzielle Unterstützung bei der Drucklegung der Arbeit zu danken.
Meine Frau hat dafür gesorgt, daß ich die Studie mit der nötigen Ruhe schreiben konnte. Ohne ihr Verständnis für meine wissenschaftliche Arbeit und den Verzicht auf viele Annehmlichkeiten des Familienlebens wäre diese Schrift nicht entstanden. Ihr widme ich dieses Buch.

Siegen im Februar 1982 Reinhard Pauck

Inhaltsverzeichnis

Verzeichnis der Abbildungen

Verzeichnis der Übersichten

Erstes Kapitel

Die ökonomischen Aspekte des städtischen Verkehrs

Seit Mitte der fünfziger Jahre ist im Rahmen der Analyse der Stadtentwicklung vor allem im englischsprachigen Raum eine Vielzahl von Modellen zur Ermittlung des innerstädtischen Verkehrs entwickelt worden. Die Ansätze sind häufig im Hinblick auf eine möglichst schnelle empirische Anwendung konzipiert worden, so daß die Erarbeitung der theoretischen Grundlagen der Modelle zum großen Teil vernachlässigt wurde. Daher besteht das Anliegen dieser Arbeit darin, zunächst das Problem des Stadtverkehrs auf Basis der mikroökonomischen Theorie zu formulieren. Auf dem Hintergrund dieser theoretischen Erörterungen soll dann untersucht werden, welche der empirisch verwendeten Verfahren für eine ökonomisch gehaltvolle Ermittlung des städtischen Verkehrs genutzt werden können.

Die städtischen Verkehrsverhältnisse bilden eine wesentliche Komponente des Prozesses der Stadtentwicklung. So beeinflussen die Fahrzeiten oder die Fahrtkosten zwischen den Orten nachhaltig die Standortentscheidungen der privaten Haushalte, der Betriebe und der Dienstleistungsunternehmen. Umgekehrt hängt das städtische Verkehrsaufkommen von der Höhe und der räumlichen Verteilung dieser Bodennutzungsaktivitäten ab. Neben den privaten Akteuren nehmen auch die staatlichen Institutionen in vielfältiger Weise Einfluß auf den städtischen Wachstumsprozess. Die wichtigsten staatlichen Maßnahmen beziehen sich auf die Bereitstellung der materiellen Infrastruktur, die die Entwicklung der Gebiete zum Teil erst ermöglicht.[1]

Die hier durchzuführende Untersuchung beschränkt sich auf den kurzfristigen Aspekt der Stadtentwicklung. Dabei wird davon ausgegangen, daß die innerstädtische Verteilung der Haushalte, der Betriebe und der Dienstleistungsunternehmen festliegt. Die langfristige Interdependenz zwischen Bodennutzung und Transportwesen wird in dieser Arbeit nicht betrachtet.[2] In diesem Zusammen-

1 Eine umfassende Analyse der Effekte und der Determinanten der materiellen Infrastruktur im städtischen Entwicklungsprozeß befindet sich in W. Buhr, Die Rolle der materiellen Infrastruktur im regionalen Wirtschaftswachstum, Studien über die Infrastruktur eines städtischen Gebietes: Der Fall Santa Clara County/California, Berlin 1975, S. 30–38, 77–108, 137–227.

2 Eine ausführliche Darstellung der Modelle zur Schätzung der Höhe und der innerstädtischen Verteilung der Haushalte, der Betriebe und der Dienstleistungsunternehmen bieten W. Buhr, R. Pauck, Stadtentwicklungsmodelle, Baden-Baden 1981. Die Autoren behandeln auch die modellmäßige Erfassung der Interdependenz von Bodennutzung und Transportwesen.

hang wird weiterhin davon ausgegangen, daß das städtische Verkehrsnetz gegeben ist. Die Auswirkungen von Investitionen in die Verkehrsinfrastruktur werden in dieser Studie nicht berücksichtigt. Somit bezieht sich der Untersuchungsgegenstand dieser Arbeit auf die Analyse und die Projektion des städtischen Verkehrs bei gegebenen Standorten der Bodennutzungsaktivitäten und festliegendem Verkehrssystem. Das bedeutet, daß sich die Untersuchungen auf den positiven Aspekt der Ermittlung des Stadtverkehrs konzentrieren. Die normativen Fragen der Verkehrsgestaltung sowie die Möglichkeit der Verwendung der Modellergebnisse im städtischen Planungsprozeß werden an dieser Stelle nur am Rande diskutiert.[3]

Der ökonomische Bezug des städtischen Verkehrs resultiert aus zwei Tatbeständen. Zum einen entsteht die Nachfrage nach Verkehrsleistungen durch die räumliche Trennung derjenigen Orte, an denen die Wirtschaftssubjekte ihre ökonomischen Aktivitäten ausüben. Das bedeutet, daß die Verkehrsnachfrage auf der Grundlage dieser Aktivitäten erklärt werden muß. Zum andern können die Verkehrsströme, die im städtischen Verkehrsnetz entstehen, als Ergebnisse von Marktprozessen aufgefaßt werden, bei denen eine Abstimmung von Verkehrsangebot und Verkehrsnachfrage stattfindet.

Die explizite Einführung des Raumes in die ökonomischen Überlegungen der Wirtschaftssubjekte ist ein zentrales Anliegen der Raumwirtschaftstheorie. Die räumliche Trennung zwischen den Orten wirtschaftlicher Aktivitäten wird dort häufig durch die Transportkosten erfaßt. Die Kosten fallen zum Beispiel im Unternehmensbereich durch die Beförderung der Materialien zur Produktionsstätte oder durch den Versand der Fertigprodukte zu den Absatzorten an. Die Transportkosten können sich aber nicht nur auf die Beförderung von Gütern, sondern auch auf die Fahrten von Personen beziehen. Die anfallenden Kosten werden in diesem Fall als Fahrtkosten bezeichnet.

Die Ausführungen im Rahmen der Analyse der Verkehrsnachfrage zielen auf die Erklärung der Fahrten der privaten Haushalte, da diese Fahrten den größten Teil des städtischen Verkehrsaufkommens bilden. Der ökonomische Bezugspunkt für die Ableitung der Verkehrsnachfrage der Haushalte wird also durch die Haushaltstheorie gebildet. Dadurch ergibt sich die Notwendigkeit, die Dimension des Raumes in die wirtschaftstheoretischen Überlegungen der Haushalte einzubeziehen. Die Nachfrage der Unternehmen nach Verkehrsleistungen wird in dieser Studie als konstant unterstellt, da eine Erklärung dieser Fahrten zum Beispiel aus der Unternehmenstheorie den Rahmen der Arbeit erheblich sprengen würde. Allerdings wird gezeigt, wie diese Fahrten bei der Ableitung der

3 Zu diesem Problemkreis vgl. ebenda, Kapitel IV.B.

aggregierten Verkehrsnachfrage und des Verkehrsgleichgewichts einbezogen werden können.
Die Berücksichtigung des Raumes in den Wirtschaftsplänen der Haushalte kann nicht nur über die Fahrtkosten, sondern auch mit Hilfe der physischen Distanz oder der Zeitentfernung erfolgen. Werden diese Größen verwendet, dann müssen zusätzlich Bewertungsvorschriften angegeben werden, die die Vergleichbarkeit zwischen den ökonomischen und den physikalischen Größen des Entscheidungskalküls herstellen. In dieser Arbeit wird der Raum mit Hilfe der Fahrzeit in die Analyse eingeführt. Der Grund hierfür ist darin zu sehen, daß die Fahrzeiten am besten geeignet sind, die Anpassungsprozesse auf dem städtischen Verkehrsmarkt wiederzugeben.
Der Marktmechanismus auf dem städtischen Verkehrsmarkt läßt sich analog zur mikroökonomischen Theorie durch die Abstimmung von Angebot und Nachfrage charakterisieren. Die Verkehrsströme bilden hierbei die Mengenkomponente des Marktes, während die Fahrzeiten als die Preiskomponente des Marktes interpretiert werden können. Eine weitere Besonderheit der Marktbetrachtung wird bei dem Versuch der personellen Identifizierung der Marktteilnehmer deutlich. Zwar lassen sich grundsätzlich die Anbieter von und die Nachfrager nach Verkehrsleistungen (Fahrten) unterscheiden, doch kann die personelle Repräsentation der Marktseiten lediglich für den öffentlichen Verkehr aufrecht erhalten werden. Für den privaten Autoverkehr verliert diese Betrachtungsweise ihre Bedeutung, da die Anbieter und die Nachfrager nach Verkehrsleistungen in diesem Fall identisch sind. Die Marktbeziehungen insbesondere des privaten Straßenverkehrs sind also durch die Konkurrenz der Nachfrager um die Kapazitäten des städtischen Verkehrssystems gekennzeichnet.
Die zu ermittelnden Angebotsrelationen beziehen sich auf das städtische Straßensystem. Sie beschreiben den Zusammenhang zwischen dem Verkehrsfluß (Autos pro Zeiteinheit) auf den einzelnen Streckenabschnitten und den sich ergebenden durchschnittlichen Fahrzeiten für die Verkehrsteilnehmer. Die Bestimmung der Angebotsfunktionen für den öffentlichen Verkehr stellt kein besonderes analytisches Problem dar, da die Fahrzeiten und die Fahrtfrequenzen aufgrund der Fahrplangestaltung als konstant angesehen werden können.
Für den privaten Straßenverkehr ist die Ableitung der Angebotsbeziehungen erheblich komplizierter, da bei ihrer Ermittlung die Interaktionen der Verkehrsteilnehmer auf den Straßen berücksichtigt werden müssen. Im Gegensatz zur traditionellen mikroökonomischen Theorie werden die Angebotsmengen (Verkehrsströme) und die Angebotspreise (Fahrzeiten) nicht durch die Anbieter festgelegt, sondern ergeben sich aus dem Verhalten der Verkehrsteilnehmer auf den Straßen. Das Verhalten der Autofahrer wird zum Beispiel durch die gewählten Abstände zwischen den Fahrzeugen und die Reaktionen auf die Geschwindig-

keitsveränderungen vorausfahrender Fahrzeuge charakterisiert. Bei einer Erhöhung des Verkehrs auf den Strecken behindern sich die Fahrzeuge gegenseitig, so daß die Fahrenden zu einer Reduktion der Geschwindigkeit gezwungen sind. Die Verringerung der Geschwindigkeit ist gleichbedeutend mit einer Erhöhung der Fahrzeit auf der Straße. Daraus ergibt sich, daß zwischen dem Verkehrsfluß und der Fahrzeit auf den Strecken eine gleichgerichtete Beziehung existiert. Dieser Zusammenhang gilt, solange sich keine Stauungen auf den Straßen bilden. Ist das aber der Fall, kann es zu einer Verringerung des Verkehrsflusses bei gleichzeitiger Erhöhung der Fahrzeit kommen.

Auf der Nachfrageseite des Verkehrsmarktes kann die Fahrt jedes Verkehrsteilnehmers durch ihren Entstehungsort, ihren Zielort, das genutzte Verkehrsmittel sowie durch die gewählte Fahrtstrecke zwischen den Orten gekennzeichnet werden. Die Verkehrsnachfragefunktionen, die wie die Angebotsrelationen als Beziehungen zwischen der Fahrzeit und dem Verkehrsvolumen definiert sind, müssen deshalb nach den genannten Merkmalen spezifiziert sein.

Die wichtigsten Kategorien der Fahrten sind die Fahrten zur Arbeit und die Einkaufsfahrten. Die Entstehung der Nachfrage nach den genannten Fahrten wird durch die räumliche Trennung der Wohnorte, der Arbeitsorte und der Einkaufsorte hervorgerufen. Die Anzahl der Fahrten zur Arbeit, die ein Haushalt pro Periode (zum Beispiel pro Tag) durchführt, kann als institutionell determinierte Größe aufgefaßt werden. Da bei kurzfristiger Betrachtung sowohl die Wohnorte als auch die Beschäftigungsorte festliegen, läßt sich die zwischenörtliche Nachfrage nach Arbeitsfahrten als konstant und damit als fahrzeitunelastisch betrachten. Bei den Fahrten zur Arbeit bleibt dann lediglich die Verteilung der Verkehrsnachfrage auf die Verkehrsmittel und auf die verschiedenen Fahrtrouten zu bestimmen. Diese Verteilung hängt entscheidend davon ab, ob die Haushalte Präferenzen für bestimmte Verkehrsmittel oder Verkehrsverbindungen haben. Haben die Haushalte keine besonderen Vorlieben für die genannten Größen, dann werden sie die zeitkürzeste Verkehrsverbindung wählen. Existieren aber doch Präferenzen für bestimmte Fahrtrouten oder Verkehrsmittel, dann werden neben der schnellsten Verbindung auch andere Verkehrsverbindungen genutzt.

Die Einkaufsfahrten resultieren aus der räumlichen Trennung der Wohnorte und der Orte, in denen die gewünschten Waren angeboten werden. Das bedeutet, daß die Nachfrage nach Einkaufsfahrten eine aus der Nachfrage nach anderen Gütern abgeleitete Nachfrage darstellt. Aus diesem Tatbestand ergibt sich die Haushaltstheorie als zentraler Bezugspunkt für die Ableitung der Verkehrsnachfrage nach Einkaufsfahrten. Im Gegensatz zu der Nachfrage nach Arbeitsfahrten ist diese Nachfrage nicht institutionell determiniert, sondern zeitelastisch. Bei den Fahrten zur Beschaffung der Konsumgüter hängt deshalb neben der Wahl des Verkehrsmittels und der Fahrtroute auch die Zielortentscheidung von den Präferenzen der Haushalte ab.

Der Marktmechanismus zur Erreichung des Verkehrsgleichgewichts kann folgendermaßen beschrieben werden. Geht man davon aus, daß die Haushalte eine Vorstellung von den zu erwartenden Fahrzeiten im städtischen Verkehrssystem haben, dann entsteht gemäß der Verkehrsnachfragefunktion ein bestimmtes Verkehrsvolumen in einem Zeitraum (zum Beispiel pro Tag). Im städtischen Straßensystem treffen dann die Fahrtströme aus den verschiedenen Ursprungszonen auf den einzelnen Teilstrecken zusammen. Diese Verkehrsvolumina determinieren die tatsächlichen Fahrzeiten auf den Straßen gemäß den Verkehrsangebotsfunktionen. Am nächsten Tag generieren diese Fahrzeiten nun eine veränderte Verkehrsnachfrage, die ihrerseits wiederum eine Variation der Fahrzeiten bedingt. Das Verkehrsgleichgewicht ist dann erreicht, wenn die Fahrzeiten, die die Wirtschaftssubjekte gemäß ihrer Nachfragefunktion aufzuwenden bereit sind, mit den tatsächlichen Fahrzeiten, die sich aufgrund der Angebotsfunktionen ergeben, übereinstimmen. Während dieses Marktprozesses kann es auch zu einer Änderung der Aufteilung der Verkehrsnachfrage auf die Verkehrsmittel kommen.

Der städtische Verkehr wurde in der Literatur schon früh als Ergebnis eines Marktprozesses interpretiert. So formulierten Beckmann et al. 1956 ein Gleichgewichtsmodell für den städtischen Straßenverkehr.[4] Leider wurden diese fruchtbaren ökonomischen Ansatzpunkte in den empirisch orientierten Verkehrsstudien der folgenden Zeit nicht berücksichtigt. Vielmehr ist die Vorgehensweise dieser Ansätze dadurch gekennzeichnet, daß die genannten Eigenschaften der Fahrten durch zunehmende Disaggregation mit Hilfe von sukzessiv angeordneten Submodellen bestimmt werden. Die typische Modellsequenz der klassischen Verkehrsanalyse sieht folgendermaßen aus:

Im ersten Submodell wird die innerstädtische Fahrtentstehung (trip generation) bestimmt. Hier berechnet man sowohl den Verkehr, der die Orte verläßt (Quellverkehr) als auch den Verkehr, der in den Orten endet (Zielverkehr). Zur Ableitung dieser Größen werden sozio-ökonomische und demographische Determinanten (zum Beispiel das durchschnittliche örtliche Einkommen und die Anzahl der Haushalte der Subregion) sowie Bodennutzungsvariablen (zum Beispiel die Einkaufsfläche des Einzelhandels) verwendet.

In dem nachfolgenden Submodell wird die Fahrtverteilung (trip distribution) bestimmt, indem die Fahrtentstehungsvolumina auf die Kombinationen der Ursprungs- und der Bestimmungsorte zugeordnet werden. Die Steuerungsgrößen

4 Vgl. M. J. Beckmann et al., Studies in the Economics of Transportation, third printing, New Haven 1959, S. 59–79.

dieses Verteilungsprozesses sind die exogen determinierten Fahrzeiten oder andere Größen, die die räumliche Trennung der Orte des Untersuchungsraums erfassen sollen (zum Beispiel Entfernungen oder Fahrtkosten).

Des weiteren wird die Verkehrsmittelwahl (modal split) in einem getrennten Submodell berechnet. Die Determinanten der Verkehrsaufteilung sind im wesentlichen die Quotienten oder die Differenzen der Fahrzeiten oder Fahrtkosten der einzelnen Verkehrsmittel.[5]

Im letzten Submodell wird das Verkehrsvolumen für die einzelnen Verkehrsmittel getrennt auf die verschiedenen Verkehrsverbindungen zugeordnet, die zwischen den Ursprungsorten und den Bestimmungsorten existieren. Die Fahrzeiten dienen auch in diesen Verfahren als Steuerungsgrößen. In manchen Ansätzen berechnet man die Fahrzeiten nach der Zuordnung der Verkehrsströme neu. Auf der Basis dieser Zeiten wird dann eine weitere Verteilung der Fahrtvolumina vorgenommen. Diese Iteration kann mehrmals wiederholt werden.

Die Anlage der vorstehend beschriebenen Modelle zur Schätzung des Stadtverkehrs ist in vielfältiger Weise kritisiert worden.[6] Die wesentlichen Kritikpunkte beziehen sich zum einen auf die mangelhafte verhaltensmäßige Fundierung der Verkehrsnachfragemodelle und zum andern auf die unzureichende Erfassung des Marktmechanismus des städtischen Verkehrsmarktes. Bezüglich der verhaltensmäßigen Fundierung der Verkehrsnachfragemodelle wurden in jüngerer Zeit wahrscheinlichkeitstheoretische Wahlmodelle entwickelt, die die Entscheidungen der Wirtschaftssubjekte im Hinblick auf die Wahl der Zielorte und der Verkehrsmittel erfassen.[7] Diese Ansätze sind als Modelle der qualitativen Wahl konzipiert worden, die die Wahrscheinlichkeit der Entscheidungen der Personen zwischen einer endlichen Zahl von sich ausschließenden Alternativen bestimmen können. Die theoretische Grundlage dieser Modelle ist die psychologisch orientierte Entscheidungstheorie von Luce und Suppes.[8] Ein wesentlicher Nachteil dieser Modelle ist darin zu sehen, daß die Ansätze zwar die Wahl des Zielorts und des Verkehrsmittels bestimmen können, aber von ihrer Anlage her nicht geeignet sind, die Höhe des Verkehrsvolumens zu erklären. Außerdem wird in diesen Modellen nicht berücksichtigt, daß die Verkehrsnachfrage eine

5 Die Fahrtverteilung und die Verkehrsmittelwahl können in unterschiedlicher Reihenfolge berechnet werden. Erfolgt die Verkehrsverteilung auf die Ortskombinationen im Anschluß an die Ermittlung der Verkehrsmittelwahl, so werden die Submodellketten als trip end modal split-Modelle bezeichnet. Bei umgekehrter Reihenfolge der beiden Submodelle werden die Gesamtansätze trip interchange modal split-Modelle genannt.

6 Vgl. zum Beispiel P. R. Stopher, A. H. Meyburg, Urban Transportation Modeling and Planning, Lexington 1975, S. 219–227.

7 Zur Entwicklung der wahrscheinlichkeitstheoretischen Wahlansätze vgl. besonders T. A. Domencich, D. McFadden, Urban Travel Demand, Amsterdam 1975.

8 Vgl. R. D. Luce, P. Suppes, Preference, Utility and Subjective Probability, in: R. D. Luce et al. (eds.), Handbook of Mathematical Psychology, Vol. 3, New York 1965, S. 249–410.

abgeleitete Nachfrage darstellt. Hier ist der zentrale Ansatzpunkt für die in dieser Arbeit auf der Basis der Haushaltstheorie entwickelten Verkehrsnachfragefunktionen. Diese Beziehungen erklären die Höhe des Verkehrsvolumens und beachten ebenfalls den Tatbestand, daß die Verkehrsnachfrage eine abgeleitete Nachfrage darstellt.

Die wichtigste Voraussetzung für die Ermittlung der Verkehrsnachfrage der Haushalte ist die Einbeziehung der Zeit in die modellmäßige Betrachtung der Entscheidungen des Haushalts. Dieses Anliegen wurde in jüngerer Zeit ebenfalls von den sogenannten Zeitallokationsansätzen[9] verfolgt. Im Gegensatz zu den meisten in diesem Zusammenhang entwickelten Modellen werden bei dem in dieser Arbeit gewählten Weg zur Berücksichtigung der Zeit die Bezüge zur klassischen Haushaltstheorie herausgestellt.

Im Zusammenhang mit der Weiterentwicklung der Möglichkeiten zur Erfassung des Marktmechanismus sind vor allem die Tagungsbeiträge eines internationalen Symposiums in Montreal zu nennen, die sich mit den Modellen zur Erfassung des Verkehrsgleichgewichts beschäftigen.[10] Hier sind insbesondere mehrere Methoden zur Berechnung der gleichgewichtigen Verkehrsströme vorgestellt worden. Die Algorithmen sind geeignet, die Verkehrsströme sowohl bei elastischen als auch bei unelastischen Verkehrsnachfragefunktionen zu berechnen.

Der Beitrag dieser Arbeit zur Weiterentwicklung der Erfassung des Marktprozesses liegt in der Verallgemeinerung des Gleichgewichtsproblems. So werden zum einen kombinierte fixed und elastic demand-Ansätze formuliert und hinsichtlich ihrer Gleichgewichtsbedingungen untersucht. Dadurch können sowohl zeitelastische Fahrten (Einkaufsfahrten) als auch zeitunelastische Fahrten (Fahrten zur Arbeit, Unternehmensfahrten, Vergnügungsfahrten) berücksichtigt werden. Zum andern wird die Analyse des Verkehrsgleichgewichts durch die Einbeziehung der öffentlichen Verkehrsmittel erweitert. Diese Beiträge dienen einer realitätsnäheren Erfassung des Stadtverkehrs.

Im einzelnen läßt sich der Aufbau der vorliegenden Studie wie folgt beschreiben. Die Arbeit gliedert sich in zwei Hauptabschnitte. Im zweiten Kapitel werden die wirtschaftstheoretischen Grundlagen für die Analyse des städtischen Verkehrs entwickelt, während im dritten Kapitel die verfügbaren analytischen Instrumente zur Ermittlung des städtischen Verkehrs auf dem Hintergrund der theoretischen Überlegungen kritisch gewürdigt werden. Beide Abschnitte behandeln den

9 Vgl. zum Beispiel G. S. Becker, A Theory of the Allocation of Time, in: The Economic Journal, Vol. 75, 1965, S. 493–517; F. X. DeDonnea, Consumer Behavior, Transport Mode Choice and Value of Time, Some Micro-Economic Models, in: Regional and Urban Economics, Vol. 1, 1972, S. 355–382.

10 Vgl. M. A. Florian (ed.), Traffic Equilibrium Methods, Lecture Notes in Economics and Mathematical Systems, No. 118, Berlin 1974.

Aspekt des Angebots, der Nachfrage und des Marktes bei der Ermittlung des Verkehrs. Die Arbeit beginnt mit den mehr technisch orientierten Darlegungen der Angebotsseite, um den Ökonomen in relativ einfacher Weise mit den Besonderheiten des Verkehrsmarktes vertraut zu machen. Anschließend werden die Verkehrsnachfrage und der Marktprozeß untersucht. Hierbei wird auf relevante Teile der mikroökonomischen Theorie Bezug genommen.

Im Abschnitt A des zweiten Kapitels wird zunächst im Unterpunkt I der Zusammenhang zwischen der Kapazität der Straßen und dem Verkehrsangebot erläutert. Die Kapazität der Straßen läßt sich durch das Verhältnis zwischen den Verkehrsstromvariablen »Verkehrsfluß (Autos pro Zeiteinheit)«, »Verkehrskonzentration (Autos pro Längeneinheit)« und »Durchschnittsgeschwindigkeit des Verkehrsstroms« beschreiben. Nach der Klärung der grundsätzlichen Zusammenhänge werden die theoretischen Grundlagen für die analytische Ermittlung der Verkehrsangebotsfunktionen dargelegt. Das geschieht im Unterpunkt II. Als theoretische Konzepte für die Ableitung der Funktionen bieten sich die car-following-Analyse[11] und die Warteschlangentheorie an.

Der Teil B des zweiten Kapitels der Arbeit dient der Entwicklung der theoretischen Grundlagen der Verkehrsnachfrage. Der Schwerpunkt der Analyse liegt auf der Ermittlung fahrzeitelastischer Verkehrsnachfragefunktionen, die die Verkehrsnachfrage zum Beispiel für Einkaufsfahrten wiedergeben. Der Ausgangspunkt für die Überlegungen des Abschnitts I wird durch die klassischen haushaltstheoretischen Modelle der Einkommensentstehung und der Einkommensverwendung gebildet. Beide Ansätze werden zu einem Modell vereinigt, so daß das Einkommen, der Konsum und die Höhe der Freizeit des Haushalts simultan bestimmt werden. Durch diese Operation wird die Zeit als wesentlicher Faktor in die Konsumentscheidungen des Haushalts einbezogen (Punkt 1). Im nächsten Schritt werden die Fahrzeiten zur Beschaffung der Güter in die Analyse eingeführt (Punkt 2). Anschließend werden die haushaltsspezifischen Verkehrsnachfragefunktionen abgeleitet, indem durch eine Beschaffungsrestriktion der Zusammenhang zwischen den konsumierten Gütermengen und der Anzahl der Fahrten geklärt wird (Punkt 3).

Auf der Grundlage des bis dahin entwickelten Modells wird im Teil II der Arbeit untersucht, welche Entscheidungen die Haushalte treffen, wenn die Zielorte, die Verkehrsmittel und die Verkehrswege in die Betrachtung einbezogen werden. Bei der Analyse werden insbesondere verschiedene Möglichkeiten der Berücksichtigung der Präferenzen der Haushalte bezüglich der Alternativen

11 Die car-following-Analyse erklärt das Verhalten des Verkehrsstroms, indem untersucht wird, auf welche Weise die Verkehrsteilnehmer auf die Geschwindigkeitsveränderungen der vorausfahrenden Fahrzeuge reagieren.

geprüft (Punkt 1). Anschließend werden die Entscheidungen der Haushalte bei der Einführung unsicherer Erwartungen im Hinblick auf die Beschaffungskosten der Güter ermittelt (Punkt 2). Am Ende dieses Abschnitts wird die Frage geklärt, in welcher Reihenfolge die Entscheidungen der Haushalte bezüglich der genannten Alternativen erfolgen können (Punkt 3).

Während die Ausführungen sich bisher auf die Ermittlung der haushaltsspezifischen Verkehrsnachfrage bezogen, so werden im Teil III verschiedene Möglichkeiten zur Ableitung der zonal aggregierten Verkehrsnachfrage diskutiert. Hierbei werden dann sowohl die Fahrten der Unternehmen als auch die Arbeitsfahrten der Haushalte berücksichtigt.

Mit der Analyse des Gleichgewichts auf dem Verkehrsmarkt beschäftigt sich der Unterpunkt C des zweiten Kapitels. Dort wird zunächst der Begriff des Verkehrsgleichgewichts geklärt (Punkt I). Anschließend werden die Gleichgewichtsmodelle des fixed und des elastic demand-Problems des Straßenverkehrs mit Hilfe mathematischer Programmierungsansätze formuliert. In diesem Zusammenhang wird auch der Unterschied zwischen den gleichgewichtigen und den effizienten Verkehrsströmen herausgestellt (Punkt II). Am Ende des Abschnitts wird die Gleichgewichtsanalyse erweitert, indem alternative Gruppen von Verkehrsnachfragern und öffentliche Verkehrsmittel in die Analyse eingeführt werden (Punkt III).

Das dritte Kapitel beginnt im Abschnitt A mit der Behandlung der analytischen Verfahren zur Ermittlung des Verkehrsangebots. Hier werden auf der Grundlage der theoretischen Überlegungen des Gliederungspunktes A des zweiten Kapitels verschiedene Verkehrsangebotsfunktionen in expliziter Form abgeleitet. Das geschieht sowohl für den Spitzenverkehr (Punkt I) als auch für den täglichen Verkehr (Punkt II).

Die analytischen Verfahren zur Ableitung der Verkehrsnachfrage bilden den Untersuchungsgegenstand des Teils B des dritten Kapitels. Die Gliederung dieses Abschnitts ist der klassischen Verkehrsnachfragetheorie nachempfunden. So werden sukzessiv die Ansätze zur Ermittlung der Fahrtentstehung (Punkt I), der Fahrtverteilung (Punkt II) und der Verkehrsmittelwahl (Punkt III) auf dem Hintergrund der Modelltheorie des Abschnitts B des zweiten Kapitels kritisch gewürdigt. In diesem Zusammenhang werden auch einige explizite Verkehrsnachfragefunktionen vorgestellt, die man auf der Grundlage der haushaltstheoretischen Modelle ermitteln kann. Am Schluß dieses Abschnitts (Punkt IV) werden die Möglichkeiten der Kombination der analytischen Instrumente der verschiedenen Submodellebenen im Hinblick auf die Ableitung einer umfassenden Verkehrsnachfragefunktion diskutiert.

Im Abschnitt C des dritten Kapitels bilden Algorithmen den Untersuchungsgegenstand, durch die die gleichgewichtigen Verkehrsströme und die Gleichgewichtsfahrzeiten abgeleitet werden können. Nach der Behandlung der kapazitätsbeschränkten Verfahren (Punkt I), die lediglich heuristische Ansätze zur Berechnung des Vergleichgewichts darstellen, werden ausgewählte Gradientenverfahren zur genauen Ermittlung des Verkehrsgleichgewichts vorgestellt (Punkt II).

Den Abschluß der Arbeit bildet das vierte Kapitel mit einer Zusammenfassung der Ergebnisse dieser Studie. Dabei wird festgestellt, welches analytische Instrumentarium im Hinblick auf die theoretische Fundierung und die notwendige Operationalität am besten geeignet ist, die Analyse und die Prognose des städtischen Verkehrs vorzunehmen.

Zweites Kapitel

Wirtschaftstheoretische Grundlagen für die analytische Formulierung marktorientierter Verkehrsmodelle

A. Die Analyse der Angebotsseite des städtischen Verkehrsmarktes

I. Der Zusammenhang zwischen dem Verkehrsangebot und der Kapazität der Straßen

Die folgenden Darlegungen zur Analyse des städtischen Verkehrsmarktes beziehen sich auf die Untersuchung des privaten Straßenverkehrs. Die Bestimmung des Angebots der öffentlichen Verkehrssysteme wie zum Beispiel Buslinien oder Schnellbahnen wird an dieser Stelle nicht behandelt. Da die Fahrpreise und die Fahrzeiten aufgrund der Tarifpolitik und der Fahrplangestaltung der Verkehrsbetriebe kurzfristig als konstant angesehen werden können, und weiterhin die Beförderungskapazität pro Verkehrsmittel eine technisch determinierte Größe ist, stellt die Ermittlung des Verkehrsangebots im öffentlichen Verkehrsbereich kein besonderes analytisches Problem dar. Das Angebot kann durch einfache Bestandsaufnahme bestimmt werden.

Dagegen ist die Ableitung der Angebotsrelationen für den privaten Verkehr erheblich komplexer, da bei ihrer Ermittlung die Interaktionen der Verkehrsteilnehmer auf den Straßen berücksichtigt werden müssen. Im Gegensatz zur traditionellen mikroökonomischen Theorie werden die Preise und die Mengen auf dem Verkehrsmarkt nicht durch die Anbieter festgelegt, sondern ergeben sich bei gegebenem Verkehrsnetz aus dem Verhalten der Verkehrsteilnehmer auf den Straßen. Die zu bestimmenden Angebotsrelationen stellen eine Beziehung zwischen der Anzahl der Fahrzeuge (Mengenkomponente) auf einer Straße und der sich ergebenden Fahrzeit (Preiskomponente) dar. Im folgenden sollen nun die wesentlichen Ansatzpunkte für die Ableitung dieser Beziehungen durch die Analyse der Kapazitäten des Straßensystems unter Berücksichtigung des Verhaltens der Verkehrsteilnehmer aufgezeigt werden.

Die Erfassung der Kapazitäten des städtischen Straßensystems wird differenziert für einzelne Straßen oder Teilabschnitte von Straßen sowie für Kreuzungen vorgenommen. Dabei wird davon ausgegangen, daß das Verkehrsnetz gegeben ist. Unter der Kapazität einer Straße versteht man die Zahl der Fahrzeuge, die eine gegebene Wegstrecke bei jeweils vorherrschenden Verkehrsbedingungen maximal durchfahren kann.[1] Die wichtigsten Größen zur Wiedergabe der Verkehrsbedingungen sind die Geschwindigkeit des Verkehrsstroms sowie die Verkehrskonzentration, die zum Teil auch als Verkehrsdichte bezeichnet wird.

In den folgenden Ausführungen werden zunächst einige für die Erfassung der Kapazitäten wesentliche Definitionen gegeben. Im Anschluß daran werden die Zusammenhänge zwischen den genannten Variablen des Verkehrsablaufs graphisch dargestellt. Außerdem wird gezeigt, wie sich die Angebotskurven aus den Kapazitätskurven ableiten lassen. Hierbei ergeben sich die Kapazitätskurven aus der Relation zwischen je zwei der genannten Größen des Verkehrsablaufs (Verkehrsfluß, Verkehrskonzentration, Geschwindigkeit). Im nächsten Abschnitt wird dann versucht, einige Ansatzpunkte für eine theoretische Begründung der dargestellten Kurvenverläufe auf der Basis mathematischer Modelle aufzuzeigen. Diese Ansätze bilden die Grundlage für eine analytische Bestimmung der Kapazitäts- und der Angebotsfunktionen.

Um die Abhängigkeiten zwischen den Variablen des Verkehrsablaufs darstellen zu können, werden zunächst die folgenden Symbole festgelegt.[2]

T = Beobachtungszeitraum,
D = Anzahl der in eine Richtung fahrenden Fahrzeuge,
E = Länge der Straße,
t = Fahrzeit des Verkehrsstroms,
q = Verkehrsfluß,
k = Verkehrskonzentration (beziehungsweise Verkehrsdichte),
g_n = Geschwindigkeit des n-ten Fahrzeugs ($n = 1, \ldots, N$),
g = Geschwindigkeit des Verkehrsstroms,
S_{n+1} = Abstand zwischen dem Fahrzeug n und dem Fahrzeug n+1.

Der Verkehrsfluß ist definiert als die Anzahl der Fahrzeuge D, die einen Beobachtungspunkt pro Zeiteinheit passieren. Werden die Autos in einem Zeitraum der Länge T gezählt, so ergibt sich für den Verkehrsfluß

$$q = \frac{D}{T} \qquad (2.A.1.)$$

1 Eine ähnliche Definition der Straßenkapazität befindet sich in: Highway Research Board (ed.), Highway Capacity Manual 1965, Special Report 87, Washington, D.C., 1965, S. 5.

2 Zur Definition der mit dem Verkehrsablauf verbundenen Größen vgl. auch D. L. Gerlough, M. J. Huber, Traffic Flow Theory, A Monograph, Transportation Research Board, Special Report 165, Washington, D.C., 1975, S. 7–16.

Die Geschwindigkeit des Verkehrsstroms ergibt sich als arithmetisches Mittel der auf der Länge E der Straße vorhandenen Fahrzeuge. Werden die Geschwindigkeiten der Fahrzeuge an einem Punkt der Straße gemessen,[3] so kann man die mittlere Geschwindigkeit des Verkehrsstroms mit Hilfe der Annahme bestimmen, daß alle Fahrzeuge die am Beobachtungspunkt gemessene Geschwindigkeit auf der ganzen Länge E der Straße beibehalten.[4]
Zu diesem Zweck wird die durchschnittliche Fahrzeit t der Autos auf der Strecke berechnet

$$t = \frac{1}{N} \sum_{n=1}^{N} \frac{E}{g_n} \qquad (2.A.2.)$$

Die durchschnittliche Geschwindigkeit (space mean speed) g ergibt sich dann als

$$g = \frac{E}{t} \qquad (2.A.3.)$$

Setzt man die Gleichung (2) in die Beziehung (3) ein, dann läßt sich schreiben

$$g = \frac{E}{\frac{1}{N} \sum_{n=1}^{N} \frac{E}{g_n}} = \frac{N}{\sum_{n=1}^{N} \frac{1}{g_n}} \qquad (2.A.4.)$$

Wie aus der Relation (4) ersichtlich ist, stellt die über die Beobachtungsdistanz gemittelte Geschwindigkeit das harmonische Mittel der an einem Punkt gemessenen Geschwindigkeiten dar.
Die Verkehrskonzentration k, die definiert ist als die Anzahl der Autos auf einer Längeneinheit der Straße, läßt sich unter Verwendung der festgelegten Symbole formulieren als

$$k = \frac{D}{E} \qquad (2.A.5.)$$

Zwischen der Verkehrskonzentration k, dem Verkehrsfluß q und der durchschnittlichen Geschwindigkeit g gilt der folgende definitorische Zusammenhang

3 Zu den verschiedenen Meßverfahren vgl. D. L. Gerlough, M. J. Huber, Traffic Flow Theory, a.a.O., S. 7–16. Die hier verwendeten Definitionen beziehen sich auf die Punktmessung.

4 Eine andere Möglichkeit der Ableitung einer durchschnittlichen Geschwindigkeit besteht darin, das arithmetische Mittel der über einen längeren Zeitraum gemessenen Geschwindigkeiten zu bilden. Diese Durchschnittsgeschwindigkeit, die als Zeitmittel (spot speed) berechnet wird, spielt, wie an anderer Stelle noch gezeigt wird, im Rahmen der hier zu untersuchenden Ansätze keine Rolle. Die beiden Durchschnittsgeschwindigkeiten lassen sich unter Zugrundelegung bestimmter Annahmen über die räumliche und zeitliche Verteilung der Geschwindigkeiten ineinander überführen; vgl. J. G. Wardrop, Some Theoretical Aspects of Road Traffic Research, in: o. Hrsg., Proceedings of the Institution of Civil Engineers, Part II, Vol. 1, London 1952, S. 325–362.

$$q = kg \qquad (2.A.6.)$$

Die Gültigkeit der vorstehenden Beziehung kann man verdeutlichen, wenn man die Dimension der einzelnen Größen betrachtet. Wird die Geschwindigkeit zum Beispiel in »km/Std.« und die Verkehrsdichte in »Autos/km« gemessen, dann ergibt sich der Verkehrsfluß als »Autos/Std.«. An dieser Stelle wird auch deutlich, daß sich die Durchschnittsbildung bezüglich der Geschwindigkeit auf die Fahrzeuge beziehen muß, die sich zu einem Zeitpunkt auf einer Längeneinheit der Straße befinden.[5]

Die Kapazitätskurven, die im Rahmen der Verkehrsflußtheorie entwickelt wurden, beschreiben eine Beziehung zwischen je zwei der in Gleichung (6) aufgeführten Größen. Legt man eine Relation zwischen zwei Größen fest, so ist damit wegen des Zusammenhangs (6) gleichzeitig auch die funktionale Beziehung der beiden Variablen zu der dritten Größe determiniert. Es ergeben sich also die folgenden Arten von Kapazitätsansätzen:

- Geschwindigkeits-Dichte-Modelle (speed-concentration models),
- Verkehrsfluß-Dichte-Modelle (flow-concentration models),
- Geschwindigkeits-Verkehrsfluß-Modelle (speed-flow models).[6]

Diese Ansätze werden als Verkehrsstrommodelle bezeichnet. Sie beziehen sich auf das Verhalten nicht unterbrochener Verkehrsströme.[7] Zur Bedeutung der einzelnen Modellkategorien ist anzumerken, daß der Entwicklung von speed-concentration-Ansätzen in der Literatur die größte Aufmerksamkeit geschenkt wurde. Ein möglicher Grund für die zentrale Stellung dieser Modelle in der Analyse des Verkehrsablaufs kann darin gesehen werden, daß diese Verfahren die besten Ansatzpunkte für die Erklärung der Straßenkapazität unter Berücksichtigung des Fahrverhaltens der Verkehrsteilnehmer bieten, da die Veränderung der Verkehrsdichte als Ursache für die Anpassung der Geschwindigkeit angesehen werden kann.

5 Für die über die Zeit gemittelte Geschwindigkeit existiert keine Beziehung, die der Gleichung (6) entspricht; vgl. W. D. Ashton, The Theory of Road Traffic Flow, London 1966, S. 9.

6 Da die Kapazität als die Anzahl der Fahrzeuge definiert ist, die eine Wegstrecke bei gegebenen Verkehrsbedingungen maximal durchfahren kann, lassen sich streng genommen lediglich diejenigen Beziehungen als Kapazitätsrelationen bezeichnen, die den Verkehrsfluß als Variable enthalten. An dieser Stelle wird aber wegen des Zusammenhangs (6) der Begriff »Kapazitätsrelation« für alle genannten Beziehungen verwendet.

7 Das Verhalten des Verkehrs an Kreuzungen mit oder ohne Ampeln soll an dieser Stelle nicht ausführlich behandelt werden. Eine Berücksichtigung der auf diesem Gebiet entwickelten ingenieurwissenschaftlichen Ansätzen würde erheblich über den Rahmen dieser Arbeit hinausgehen. Zu diesen Ansätzen vgl. zum Beispiel M. Beckmann et al., Studies in the Economics of Transportation, a.a.O., S. 7–13, 33–46; W. D. Ashton, The Theory of Road Traffic Flow, London 1966, S. 57–70, 106–134; R. J. Salter, Highway Traffic Analysis and Design, 2nd edition, London 1976, S. 150–228.

Für die Ableitung von Angebotsfunktionen des Straßenverkehrs aus den Verkehrsflußmodellen bilden die speed-flow-Relationen den Ausgangspunkt, da unter Berücksichtigung der Gleichung (3) die Funktionen zwischen dem Verkehrsfluß und der Fahrzeit aus diesen Ansätzen ermittelt werden können.
Mit Bezug zur graphischen Darstellung der Abhängigkeiten zwischen den Variablen des Verkehrsablaufs wird zunächst der Zusammenhang zwischen dem Verkehrsfluß und der Verkehrskonzentration diskutiert. Diese Beziehung, die man auch als »fundamental diagram of traffic« bezeichnet,[8] wird aus didaktischen Gründen als Basis der folgenden Überlegungen gewählt, da sich die anderen Kapazitätskurven aus dem angesprochenen Graphen sehr gut ableiten lassen. Der Zusammenhang zwischen dem Verkehrsfluß und der Verkehrskonzentration ist in der Abbildung 1 in idealisierter Form dargestellt.

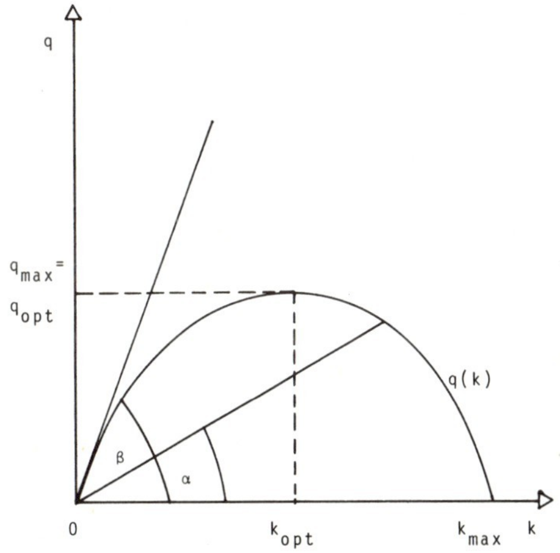

Abbildung 1: Die Beziehung zwischen dem Verkehrsfluß und der Verkehrskonzentration

Der Verlauf der Kurve q(k) läßt sich folgendermaßen erklären. Befindet sich kein Fahrzeug auf der Straße, so sind der Verkehrsfluß (Autos/Zeiteinheit) und die Verkehrsdichte (Autos/Längeneinheit) gleich null. Sind wenige Fahrzeuge auf der Straße, steigt zunächst sowohl der Verkehrsfluß als auch die Verkehrsdichte. Ab der Verkehrskonzentration k_{opt} beginnen sich die Fahrzeuge gegenseitig zu behindern. Der Verkehrsfluß nimmt vom Werte q_{opt}, der die beste Auslastung der Straße kennzeichnet, bei weiter zunehmender Verkehrsdichte ab. Die maximale Verkehrsdichte ist dann erreicht, wenn alle Fahrzeuge in einer Stauung dicht

8 Vgl. W. D. Ashton, The Theory of Road Traffic Flow, a.a.O., S. 17–20.

hintereinander stehen. In diesem Fall ist der Verkehrsfluß gleich null. Die zugehörige Verkehrskonzentration k_{max} wird auch als Stauungsdichte (jam density) bezeichnet. Die durchschnittliche Geschwindigkeit g läßt sich in dem Schaubild als Steigung des Fahrstrahls an die Kurve (tg α) ablesen. Die Geschwindigkeit ist bei sehr geringer Verkehrskonzentration frei wählbar. Die mittlere frei wählbare Geschwindigkeit g^f wird in der Zeichnung durch die Steigung der Tangente (tg β) an die flow-concentration-Kurve repräsentiert. Wie aus der Abbildung zu ersehen ist, nimmt die Geschwindigkeit mit zunehmender Verkehrsdichte kontinuierlich ab. Ein weiterer Sachverhalt, der durch die Kapazitätskurve nicht zum Ausdruck kommt, ist die Tendenz, daß sich die Geschwindigkeiten der Fahrzeuge mit zunehmender Verkehrskonzentration immer mehr angleichen. Das bedeutet, daß die Varianz der Verteilung der Geschwindigkeiten über die Autos bei steigender Verkehrsdichte abnimmt.[9] Der Zusammenhang zwischen der Geschwindigkeit und der Verkehrskonzentration ist in der Abbildung 2 wiedergegeben.

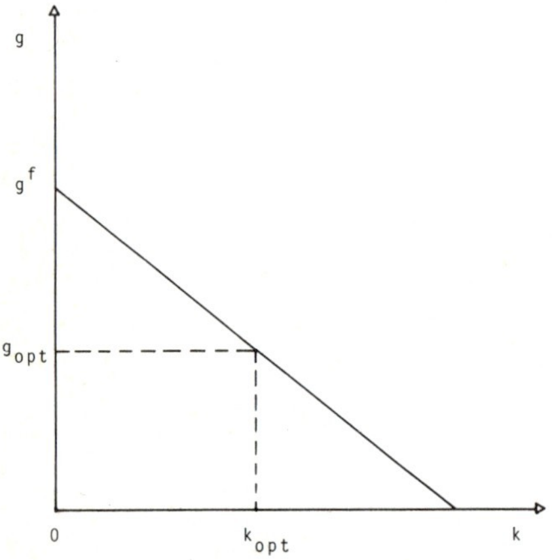

Abbildung 2: Die Beziehung zwischen der Geschwindigkeit und der Verkehrskonzentration

Die Beziehung zwischen der Geschwindigkeit und dem Verkehrsfluß läßt sich ebenfalls aus der Abbildung 1 ablesen. Hierbei muß berücksichtigt werden, daß der Verkehrsfluß mit sinkender Geschwindigkeit zunächst zunimmt, dann das

9 Vgl. M. Beckmann et al., Studies in the Economics of Transportation, a.a.O., S. 25–30. Die Autoren leiten auch Kapazitätskurven ab, bei denen schon für geringe Werte der Verkehrskonzentration vorausgesetzt wird, daß alle Fahrzeuge mit gleicher Geschwindigkeit fahren. Die uniform speed-Kapazitätskurven weisen bei gleicher Geschwindigkeit immer einen geringeren Verkehrsfluß auf als diejenigen Kapazitätsrelationen, denen nicht gleichförmige Geschwindigkeitsverteilungen zugrunde liegen; vgl. ebenda, S. 32f.

Maximum erreicht und anschließend wieder abnimmt. Die speed-flow-Kurve hat somit den folgenden Verlauf.

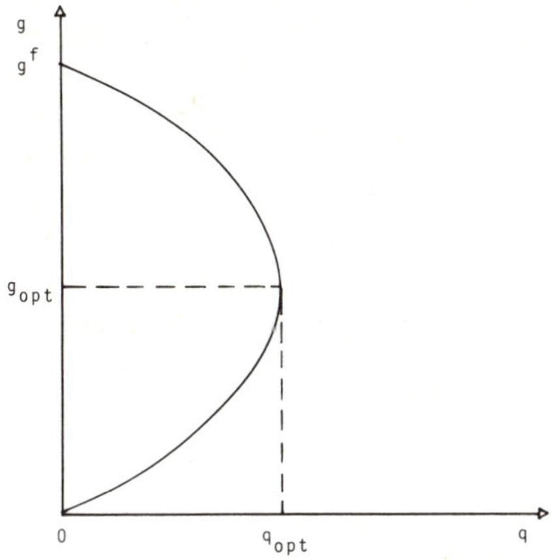

Abbildung 3: Die Beziehung zwischen der Geschwindigkeit und dem Verkehrsfluß

Der in der Abbildung 3 gezeigte Zusammenhang bildet die Grundlage für die Ableitung der Verkehrsangebotskurve aus den Verkehrsstrommodellen. Da die Länge E der Straße gegeben ist, kann aus der Geschwindigkeit mit Hilfe der Beziehung (3) die zugehörige Fahrzeit ermittelt werden. Der Graph der travel time-flow-Relation, die die Verkehrsangebotsfunktion repräsentiert, läßt sich somit aus der speed-flow-Kurve konstruieren.

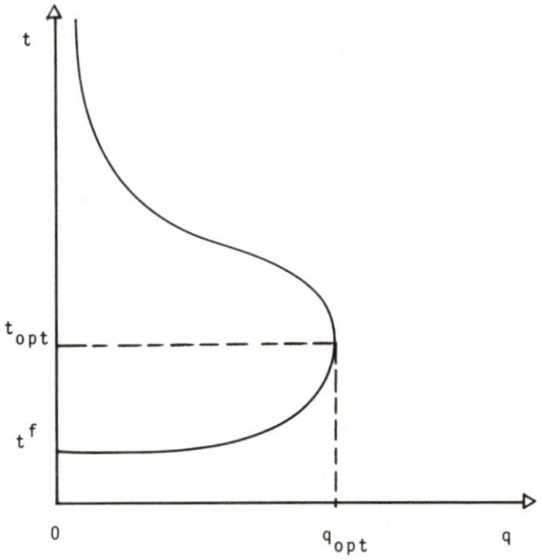

Abbildung 4: Die Beziehung zwischen der Fahrzeit und dem Verkehrsfluß

Die Verkehrsangebotskurve kann man mit Hilfe der folgenden Überlegungen aus der speed-flow-Beziehung ableiten. Zwischen der Geschwindigkeit und der Fahrzeit existiert eine inverse Beziehung. Deshalb entspricht der Ordinatenabschnitt t^f in der Abbildung 4 der mittleren frei wählbaren Geschwindigkeit g^f im Schaubild 3. Sinkt die Geschwindigkeit, wird dadurch eine entsprechende Zunahme der Fahrzeit hervorgerufen. Geht die Geschwindigkeit nach Erreichung des Abzissenwertes q_{opt} gegen null, so streben die Werte der Fahrzeit gegen unendlich. Da gleichzeitig der Verkehrsfluß abnimmt, wendet sich die Kurve nach links und nähert sich asymptotisch der Fahrzeitachse.
Bevor nun einige Ansatzpunkte für eine theoretische Begründung der dargestellten Kurvenverläufe aufgezeigt werden sollen, sei noch darauf hingewiesen, daß die Form der in Abbildung 4 gezeigten Fahrzeitkurve sehr stark von der Länge des Beobachtungszeitraums abhängt.[10] Bei der Messung der Fahrzeit und des Verkehrsflusses über verschieden lange Zeiträume zeigt sich, daß die Linkswendung der Fahrzeitkurve mit zunehmendem Beobachtungszeitraum abnimmt. Schon bei einem Untersuchungszeitraum von über einer Stunde hat die Kurve eine Form, die durch eine positive progressive Steigung gekennzeichnet ist.[11]

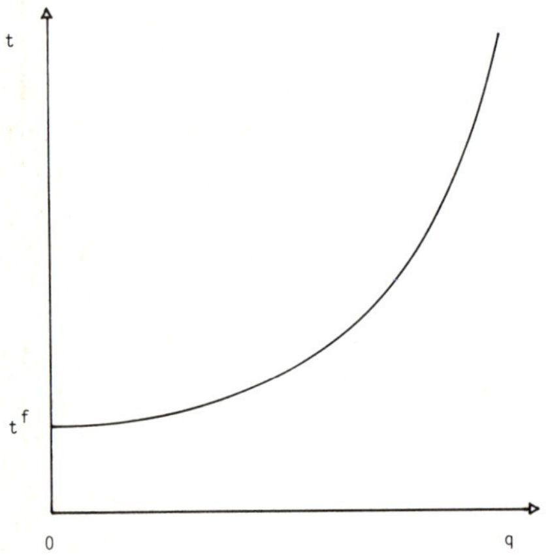

Abbildung 5: Die Beziehung zwischen der Fahrzeit und dem Verkehrsfluß bei größeren Beobachtungszeiträumen

10 Wegen der Zusammenhänge, die zwischen den dargestellten Kurven existieren, gilt diese Aussage natürlich auch für die anderen Kapazitätsbeziehungen.

11 Eine Untersuchung der Abhängigkeit des Verlaufs der Fahrzeitkurve von der Länge des Beobachtungszeitraums wurde durchgeführt von C. A. Rostock, L. A. Keefer, Measurement of Urban Traffic Congestion, in: Highway Research Bulletin, No. 156, 1957, S. 1–13.

Der Grund für die Veränderung des Kurvenverlaufs ist darin zu sehen, daß durch die Durchschnittsbildung der im Beobachtungszeitraum ermittelten Daten eventuell auftretende Schwankungen der Fahrzeiten und des Verkehrsflusses nivelliert werden. Dadurch wird der Stauungseffekt, der die Linkswendung der Fahrzeitkurve hervorruft, eliminiert.

II. Die theoretischen Grundlagen für eine analytische Ermittlung der Verkehrsangebotsfunktionen

Mit Bezug zur theoretischen Fundierung der dargestellten Zusammenhänge sollen drei Ansatzpunkte für die Begründung der Kurvenverläufe angesprochen werden. Die beiden zuerst zu diskutierenden Erklärungsansätze dienen der Ableitung von speed-concentration-Relationen. Hierbei werden Hypothesen über das Abstandsverhalten der Verkehrsteilnehmer benötigt. Der dritte Erklärungsansatz zielt direkt auf die theoretische Fundierung der travel time-flow-Beziehung. In diesem Zusammenhang werden warteschlangentheoretische Überlegungen angestellt.

Eine Möglichkeit der Bestimmung einer Funktion zwischen der Geschwindigkeit und der Verkehrskonzentration besteht darin, den Sicherheitsabstand S zwischen den Fahrzeugen als Funktion der Geschwindigkeit in der Analyse einzuführen.[12] Zwischen dem durchschnittlichen Abstand der Autos (Längeneinheiten/Auto) und der Verkehrskonzentration (Autos/Längeneinheit) gilt die Beziehung:

$$k = \frac{1}{S} \qquad (2.A.7.)$$

Nun wird angenommen, daß der Sicherheitsabstand S wie folgt von der Geschwindigkeit abhängt:

$$S = a + bg + cg^2 \qquad (2.A.8.)$$

In der Gleichung (8) stellt der Koeffizient a die durchschnittliche Fahrzeuglänge und der Faktor b die Summe aus Wahrnehmungs- und Reaktionszeit dar. Mit der Größe c wird ein Bremskoeffizient (Geschwindigkeitsabnahme/Zeiteinheit) bezeichnet. Setzt man die Gleichung in die Beziehung (7) ein, so erhält man

12 Zu diesem Ansatz vgl. M. Beckmann et al., Studies in the Economics of Transportation, a.a.O., S. 16–19; E. Komentani, T. Sasaki, Dynamic Behavior of Traffic with a Non-Linear Spacing-Speed Relationship, in: o. Hrsg., Proceedings of a Symposium on the Theory of Traffic Flow, Amsterdam 1961, S. 105–119.

$$k = \frac{1}{a + bg + cg^2} \qquad (2.A.9)$$

Gemäß Gleichung (B.I.6.) ergibt sich dann die speed-flow-Relation [13] als

$$q = \frac{g}{a + bg + cg^2} \qquad (2.A.10)$$

Ersetzt man nun die Geschwindigkeit mit Hilfe der Beziehung (2.A.3.) durch die Fahrzeit t, so kann man aus der vorstehenden Relation die Fahrzeitfunktion ableiten.

In einer kritischen Würdigung des Ansatzes (10) muß hervorgehoben werden, daß die auf dem Konzept des Sicherheitsabstandes basierenden Modelle in jüngerer Zeit nicht mehr verwandt werden, da die Abstandsfunktionen durch empirische Untersuchungen nicht bestätigt werden konnten.[14]

Ein weitergehender Ansatz zur Erklärung des Zusammenhangs zwischen der Geschwindigkeit und der Verkehrskonzentration ist die car-following-Analyse, deren Grundzüge im folgenden kurz dargestellt werden sollen. Die car-following-Theorie ermittelt das Verhalten des Verkehrstroms, indem untersucht wird, auf welche Weise die Verkehrsteilnehmer auf die Aktionen der vorausfahrenden Fahrzeuge reagieren.[15] Dieser Theorie liegt somit eine mikroskopische Betrachtung des Straßenverkehrs zugrunde.[16] Den Ausgangspunkt für die Überlegungen bildet die Beziehung

Reaktion = Sensitivität x Stimulus

Als Reaktion wird hierbei die Geschwindigkeitsveränderung $\frac{dg}{dt}$ (Bremsung oder Beschleunigung)[17] eines nachfolgenden Fahrzeugs angesehen. Der Stimulus wird durch die Geschwindigkeitsdifferenz der beiden aufeinanderfolgenden

13 Streng genommen bezeichnet die Gleichung (10) die inverse speed-flow-Funktion.

14 Vgl. D. L. Gerlough, M. J. Huber, Traffic Flow Theory, a.a.O., S. 87.

15 Der Zusammenhang zwischen der car-following-Analyse und den Verkehrsstrommodellen wurde zuerst untersucht von D. C. Gazis et al., Car-Following Theory of Steady State Flow, in: Operations Research, Vol. 7, 1959, S. 499–505.

16 Einen weiteren Ansatzpunkt für die theoretische Fundierung von Verkehrsstrommodellen, auf den allerdings an dieser Stelle nicht weiter eingegangen wird, bilden Modelle, die von einer makroskopischen Betrachtung des Verkehrs ausgehen. Hier sind die Aktionen des einzelnen Fahrzeugs nicht mehr von Bedeutung, sondern es wird das Verhalten des Verkehrsstroms als ganzes untersucht. Bei den in diesem Zusammenhang entwickelten Ansätzen handelt es sich um Analogiemodelle zu hydrodynamischen und kinetischen Theorien. Einen Überblick über die Modelle bieten zum Beispiel D. L. Gerlough, M. J. Huber, Traffic Flow Theory, a.a.O., S. 111–136.

17 Die Geschwindigkeit g ergibt sich bekanntlich als die erste Ableitung des Weges nach der Zeit. Die Geschwindigkeitsveränderung stellt dann die zweite Ableitung dar. Bezeichnet man die Position eines Fahrzeugs zum Zeitpunkt t mit x, so gilt

$$g(t) = \frac{dx(t)}{dt} \quad \text{und} \quad \frac{dg(t)}{dt} = \frac{d^2x(t)}{dt^2}$$

Fahrzeuge gebildet,[18] während der Sensitivitätsparameter die Intensität angibt, mit der ein Fahrer auf den Stimulus reagiert. Somit läßt sich das Grundmodell der car-following-Analyse schreiben als

$$\frac{dg_{n+1}(t+t^*)}{dt} = \alpha(g_n(t) - g_{n+1}(t)) \qquad (2.A.11.)$$

In dieser Gleichung wird die Geschwindigkeitsveränderung des Fahrzeugs n+1 zum Zeitpunkt (t+t*) in Abhängigkeit von der Geschwindigkeitsdifferenz der aufeinanderfolgenden Fahrzeuge n und n+1 zum Zeitpunkt t gesehen. Geht man davon aus, daß die Größe α konstant ist, so erhält man das einfache lineare car-following-Modell.[19] Erweitert man den einfachen Ansatz um die Annahme, daß sich der Sensitivitätsparameter proportional zur Geschwindigkeit g_{n+1} des reagierenden Fahrzeugs und/oder reziprok zur Entfernungsdifferenz S_{n+1} zwischen den Fahrzeugen verändern kann, so erhält man nichtlineare car-following-Ansätze. In der Beziehung (12) ist der Parameter α in allgemeiner Form angegeben[20]

$$\alpha = \frac{c g^m_{n+1}(t+t^*)}{S^l_{n+1}(t)} \qquad (2.A.12.)$$

Die Exponenten m und l sind ganzzahlige Parameter, die die Funktionsformen der car-following models bestimmen. Gibt man zum Beispiel für die Größen m und l den Wert Null vor, so ergibt sich der lineare Ansatz (α=c).

Aus dem allgemeinen car-following-Ansatz lassen sich Verkehrsstrommodelle ableiten, wenn die Gleichung (11) unter Berücksichtigung der Beziehung (12) nach der Zeit integriert wird. Im einzelnen müssen die folgenden Überlegungen angestellt werden. Geht man davon aus, daß die Geschwindigkeitsdifferenz zwischen den Fahrzeugen die Veränderung des Abstandes S der Fahrzeuge in der Zeit darstellt, so läßt sich Gleichung (11) ausdrücken als[21]

$$\frac{dg_{n+1}(t+t^*)}{dt} = \alpha \frac{dS_{n+1}(t)}{dt}$$

18 In empirischen Untersuchungen wurde eine hohe Korrelation zwischen der Reaktion der Fahrer und der Geschwindigkeitsdifferenz zwischen den Fahrzeugen festgestellt; vgl. W. D. Ashton, The Theory of Road Traffic Flow, a.a.O., S. 23.

19 Die Linearität gilt mit Bezug zu den Differentialquotienten in Gleichung (11).

20 Die allgemeine Formulierung des Parameters wurde entwickelt von D. C. Gazis et al., Nonlinear Follow-the-Leader Models of Traffic Flow, in: Operations Research, Vol. 9, 1961, S. 545–567. Eine weitere Untersuchung der Beziehung (12) befindet sich bei A. D. May, H. E. M. Keller, Non-Integer Car-Following Models, in: Highway Research Record, No. 199, 1967, S. 19–32.

21 Fährt das Fahrzeug n zum Beispiel mit der Geschwindigkeit g_n = 50 m/sec. und das Fahrzeug n+1 mit g_{n+1} = 40 m/sec., dann vergrößert sich ihr Abstand um 10 m/sec. (= $\frac{dS_{n+1}}{dt}$).

Nimmt man an, daß die Geschwindigkeit des Fahrzeugs n+1 zum Zeitpunkt t und t+t* gleich ist (steady-state condition),[22] und unterstellt man weiter, daß sich die Fahrzeuge des Verkehrsstroms im Durchschnitt so verhalten wie das Fahrzeug n+1, so kann auf die Fahrzeugindizierungen und den Verzögerungsfaktor t* verzichtet werden. Setzt man die Gleichung (12) in die vorstehende Beziehung ein und dividiert man beide Seiten durch den Faktor $g^m(t)$, so erhält man unter Berücksichtigung der gemachten Überlegungen

$$\frac{\frac{dg(t)}{dt}}{g^m(t)} = \frac{c\,\frac{dS(t)}{dt}}{S^l(t)}$$

Integriert man diese Beziehung nach der Zeit, kann man schreiben

$$\int \frac{\frac{dg(t)}{dt}}{g^m(t)}\,dt = c\int \frac{\frac{dS(t)}{dt}}{S^l(t)}\,dt$$

Da gilt $\frac{dg}{dt}\,dt = dg$ und $\frac{dS}{dt}\,dt = dS$, kann die vorstehende Gleichung vereinfacht werden:

$$\int \frac{dg}{g^m} = c\int \frac{dS}{S^l} \qquad (2.A.13.)$$

Aus der Gleichung (13) lassen sich konkrete Funktionen zwischen der Geschwindigkeit g und dem durchschnittlichen Abstand S der Fahrzeuge ableiten, wenn feste Zahlenwerte für die Parameter m und l vorgegeben werden. Berücksichtigt man weiterhin, daß gemäß Gleichung (7) der Abstand S den reziproken Wert der Verkehrskonzentration darstellt, so erkennt man, daß sich aus der Gleichung (13) auch speed-concentration-Modelle bestimmen lassen.[23] Im Zusammenhang mit der Diskussion der empirisch orientierten Verkehrsmodelle (Abschnitt A des dritten Kapitels) werden einige praktisch relevante Ausprägungen der car-following-Ansätze bestimmt. Hieraus kann man die zugehörigen Verkehrsangebotsfunktionen unter Verwendung der Gleichung (2.A.3.) und (2.A.6.) ableiten.

22 Wird die steady-state condition aufgegeben, so ergibt sich als wichtige Anwendungsmöglichkeit der car-following-Modelle die Analyse der Stabilität des Verkehrs. Hier werden die Schwankungen der Abstände zwischen den Fahrzeugen untersucht (Ziehharmonikaeffekte). Mit diesem Problemkreis beschäftigen sich R. Herman et al., Traffic Dynamics: Analysis of Stability in Car-Following, in: Operations Research, Vol. 7, 1959, S. 86–106.

23 Die mathematische Vorgehensweise bei der Ableitung von Kapazitätsrelationen aus hydrodynamischen Theorien ist dem im Rahmen der car-following-Analyse beschriebenen Verfahren ähnlich. Auch aus der hydrodynamischen Theorie läßt sich eine Differentialgleichung für die Veränderung der Geschwindigkeit ableiten, aus der dann durch Integration eine speed-concentration-Relation ermittelt werden kann; vgl. hierzu D. L. Gerlough, M. J. Huber, Traffic Flow Theory, a.a.O., S. 111–121.

Zum Schluß dieses Unterpunktes sollen einige Überlegungen angestellt werden, um zu einer theoretischen Begründung der Fahrzeitrelation zu kommen, ohne auf die Zusammenhänge der Verkehrsstromvariablen zurückgreifen zu müssen. Als Ansatzpunkt hierzu bietet sich die Warteschlangentheorie an, die auch als Bedienungstheorie bezeichnet wird.[24] Durch die Warteschlangenmodelle wird ein stochastischer Prozeß beschrieben, bei dem Bedienungseinheiten mit zufällig verteilten Zeitabständen auf eine Abfertigungseinrichtung treffen. Hierbei sind die Bedienungszeiten, die die Einheiten zum Durchlaufen der Abfertigungseinrichtung brauchen, ebenfalls Zufallsvariablen. Die Warteschlangentheorie erlaubt es nun, Aussagen über die Länge der Warteschlange (mittlere Anzahl von Einheiten im System) und die mittlere Aufenthaltszeit (mittlere Wartezeit plus mittlere Abfertigungszeit) zu machen. Zur Ableitung dieser Modellergebisse werden die folgenden Informationen benötigt:

- die mittlere Ankunftsrate der Bedienungselemente und die Verteilung der zeitlichen Abstände zwischen den Ankünften,
- die mittlere Bedienungszeit und die Verteilung dieser Zeiten
- und die Anzahl der Bedienungseinheiten.

Im Zusammenhang mit dem hier zu diskutierenden Problem stellen die Fahrzeuge die Bedienungseinheiten dar. Die Abfertigungseinrichtung wird durch die in eine Richtung führende Fahrspur des Streckenabschnitts E repräsentiert. Als Modellinputs werden in dem folgenden Beispiel die nachstehenden Größen vorgegeben:

λ = mittlere Ankunftsrate der Fahrzeuge (Autos pro Zeiteinheit),
μ = mittlere Abfertigungsrate (Autos pro Zeiteinheit).

Es wird angenommen, daß die Zeitabstände zwischen den Fahrzeugen poissonverteilt sind. Mit Bezug zur Abfertigung unterstellt man, daß die Bedienungszeiten exponentiell mit dem Mittelwert $1/\mu$ verteilt sind. Bei der Anzahl der Abfertigungseinheiten wird davon ausgegangen, daß der zu untersuchende Streckenabschnitt eine Fahrspur in der betrachteten Fahrtrichtung aufweist.

Den Ausgangspunkt der folgenden Überlegungen bilden die Wahrscheinlichkeiten W_n, daß sich n Fahrzeuge auf der Straße befinden. Für diese Größen lassen sich unter den vorab genannten Voraussetzungen die nachstehenden Beziehungen ableiten.[25]

24 Zur Warteschlangentheorie vgl. zum Beispiel W. Dück, M. Bliefernich, Mathematische Grundlagen, Methoden und Modelle, Operationsforschung, Band 3, Berlin 1973, S. 346–373.

25 Die Gleichungen (14) und (15) ergeben sich unter der Voraussetzung, daß der den Verkehr beschreibende stochastische Prozeß stationär ist. Das bedeutet, es wird angenommen, daß die Wahrscheinlichkeiten unabhängig von der Zeit sind. Diese Bedingung entspricht der steady-state condition, die im Rahmen der car-following-Analyse gemacht wurde. Zur mathematischen Ableitung der Gleichungen (14) und (15) vgl. W. Dück, M. Bliefernich, Mathematische Grundlagen, Methoden und Modelle, Operationsforschung, Band 1, Berlin 1972, S. 351–358.

$$W_n = \rho^n W_0 \qquad (2.A.14.)$$

$$W_0 = 1 - \rho \qquad (2.A.15.)$$

Die dimensionslose Größe ϱ (Verkehrsintensität) ist definiert:

$$\rho = \frac{\lambda}{\mu} \qquad (2.A.16).$$

Aus (14) und (15) läßt sich die Wahrscheinlichkeit W_n ableiten als

$$W_n = \rho^n (1 - \rho) \qquad (2.A.17.)$$

Die mittlere Schlangenlänge $\bar{n}$ ergibt sich als Erwartungswert der Verteilung der Anzahl der Fahrzeuge auf der Straße

$$E(n) = \bar{n} = \sum_{n=0}^{\infty} n W_n \qquad (2.A.18.)$$

Unter Berücksichtigung der Gleichung (17) läßt sich die Beziehung (18) schreiben

$$\bar{n} = (1 - \rho) \sum_{n=0}^{\infty} n \rho^n \qquad (2.A.19.)$$

Zur Berechnung des Summenterms müssen folgende Überlegungen angestellt werden. Der Grenzwert der durch die Größen ϱ^n gebildeten Reihe lautet[26]

$$\sum_{n=0}^{\infty} \rho^n = \frac{1}{1 - \rho} \quad \text{für } \rho < 1 \qquad (2.A.20.)$$

Differenziert man beide Seiten der Gleichung (20) nach ϱ, so erhält man

$$\sum_{n=0}^{\infty} n \rho^{n-1} = \frac{1}{(1 - \rho)^2} \qquad (2.A.21.)$$

Werden beide Seiten der Beziehung (21) mit der Größe ϱ multipliziert, kann man schreiben

$$\sum_{n=0}^{\infty} n \rho^n = \frac{\rho}{(1 - \rho)^2} \qquad (2.A.22.)$$

26 Für $\varrho \geqq 1$ hat die Reihe keinen endlichen Grenzwert. Zur Ableitung des Grenzwertes vgl. H. Körth et al., Lehrbuch der Mathematik für Wirtschaftswissenschaften, Opladen 1975, S. 402–405.

In der Gleichung (22) steht der Wert des nach Relation (19) zu bestimmenden Summenterms auf der rechten Seite. Somit ergibt sich die mittlere Schlangenlänge als

$$\bar{n} = (1 - \rho) \frac{\rho}{(1 - \rho)^2} = \frac{\rho}{1 - \rho} \qquad (2.A.23.)$$

Ersetzt man die Größe ϱ gemäß Gleichung (16) durch den Quotienten λ/μ, dann gilt für $\bar{n}$

$$\bar{n} = \frac{\lambda}{\mu - \lambda} \qquad (2.A.24.)$$

Die mittlere Schlangenlänge $\bar{n}$ ist mit der gesamten durchschnittlichen Aufenthaltszeit t eines Fahrzeugs auf der Straße wie folgt verknüpft

$$\bar{n} = \lambda t \qquad (2.A.25.)$$

Diesen Zusammenhang kann man folgendermaßen erklären. Wenn in einer Zeiteinheit die Anzahl der ankommenden Fahrzeuge λ beträgt, dann treten in t Zeiteinheiten λt Fahrzeuge zur Schlange. Da die Größe t aber die mittlere Aufenthaltszeit eines Fahrzeugs darstellt, haben sich hinter jedem Fahrzeug durchschnittlich λt Fahrzeuge angesammelt, bis es die Straße verläßt.
Löst man die Gleichung (25) nach t auf, ergibt sich unter Berücksichtigung der Relation (24)

$$t = \frac{1}{\mu - \lambda} \qquad (2.A.26.)$$

Um zu verdeutlichen, daß es sich bei der vorstehenden Gleichung um eine Verkehrsangebotsfunktion handelt, müssen noch einige Umformungen vorgenommen werden. Zunächst klammert man die Größe $1/\mu$ in der Beziehung (26) aus.

$$t = \frac{1}{\mu} \frac{1}{1 - \frac{\lambda}{\mu}} \qquad (2.A.27.)$$

Will man den Bezug zu den in den Schaubildern definierten Symbolen deutlich machen, so muß darauf hingewiesen werden, daß die Variable $1/\mu$ die Abfertigungszeit eines Fahrzeugs ohne Wartezeiten darstellt. Das bedeutet, daß die Größe der mittleren Fahrzeit bei frei wählbarer Geschwindigkeit t^f entspricht.
Das Symbol λ, das als Ankunftsrate (Fahrzeuge/Zeiteinheit) definiert ist, stellt den Verkehrsfluß q dar. Die Größe μ hingegen gibt die Anzahl der Fahrzeuge q_{opt} an,

die eine Straße maximal durchfahren kann. Unter Berücksichtigung dieser Überlegungen ergibt sich die durchschnittliche Fahrzeit als[27]

$$t = t^f \frac{1}{1 - \frac{q}{q_{opt}}} \quad \text{für } q < q_{opt} \tag{2.A.28.}$$

Zum Verlauf dieser Kurve lassen sich folgende Angaben machen. Ist der Verkehrsfluß gleich null, so ist die Fahrzeit gleich t^f. Gehen die Werte der Variablen q gegen q_{opt}, dann streben die Werte der Fahrzeit gegen Unendlich. Es zeigt sich, daß der Graph der Funktion (28) den gleichen Verlauf hat wie die Verkehrsangebotskurve in der Abbildung 5. In den empirisch orientierten Verkehrsmodellen werden auch andere Beziehungen für den Quotienten in Gleichung (28) verwendet. Einige dieser Ansätze, die durch die allgemeine Relation

$$t = t^f h\left(\frac{q}{q_{opt}}\right) \tag{2.A.29.}$$

charakterisiert werden können, werden im Abschnitt A des dritten Kapitels diskutiert.

Im Zusammenhang mit der kritischen Würdigung der dargestellten Erklärungsansätze kann als positive Eigenschaft der speed-concentration-Modelle hervorgehoben werden, daß bei der theoretischen Fundierung dieser Ansätze das Verhalten der einzelnen Verkehrsteilnehmer berücksichtigt wird. In den Modellen der Warteschlangentheorie hingegen wird das Verhalten der Fahrenden durch die Annahme der Verteilung der zeitlichen Abstände zwischen den Fahrzeugen nur implizit berücksichtigt. Mit Bezug zur Anwendbarkeit der verschiedenen Modelle sei angemerkt, daß sich die aus der car-following-Analyse abgeleiteten Fahrzeitfunktionen zur Erfassung des Verkehrsangebots für kurze Zeiträume wie zum Beispiel für den täglichen Spitzenverkehr eignen, da diese Beziehungen das Stauungsphänomen (vgl. Abbildung 4) erfassen. Für die Verkehrsangebotsfunktionen, die auf der Basis warteschlangentheoretischer Überlegungen ermittelt wurden und die den in Schaubild 5 dargestellten Verlauf aufweisen, dienen der Erfassung einer längerfristigen Situation (zum Beispiel 24 Stunden). Mit Bezug zur Warteschlangentheorie sei noch hervorgehoben, daß dieses analytische Instrument nicht auf die Bestimmung von Verkehrsangebotsfunktionen für nicht unterbrochene Verkehrsströme beschränkt ist. So kann diese Theorie auch auf Verkehrsverbindungen angewendet werden, die Kreuzungen[28] und Verkehrsam-

27 Die Fahrzeitrelation ist nur für den Wertebereich $q < q_{opt}$ definiert; vgl. auch Gleichung (20).
28 Vgl. D. L. Gerlough, M. J. Huber, Traffic Flow Theory, a.a.O., S. 144–161; R. J. Salter, Highway Traffic Analysis and Design, a.a.O., S. 156–228.

peln[29] aufweisen. Außerdem ist es möglich, bei Straßen mit gegenläufigem Verkehr das Überholverhalten der fahrenden Personen in Abhängigkeit vom Verkehrsfluß auf der Gegenfahrbahn zu berücksichtigen.[30] Auf eine weitere Behandlung dieser überwiegend technisch orientierten Ansätze wird an dieser Stelle verzichtet.

Wie eingangs bereits erwähnt wurde, werden die Verkehrsangebotsfunktionen für jede einzelne Strecke getrennt ermittelt. Das Verkehrsangebot des gesamten Straßennetzes wird also durch die Menge der auf die Strecken bezogenen Einzelfunktionen repräsentiert. Bezeichnet man die Menge der Strecken des Netzwerks mit[31]

$$A = \{a \mid 1, \ldots, n_A\}$$

so ergibt sich das System von Verkehrsangebotsfunktionen als[32]

$$t_a = h_a(q_a), \qquad a \varepsilon A \tag{2.A.30.}$$

Wird die Untersuchungsperiode T fest vorgegeben, lassen sich die Angebotsfunktionen auch schreiben als

$$t_a = h_a(Q_a), \qquad a \varepsilon A \tag{2.A.31.}$$

wobei Q_a die Anzahl der in der Periode T in einer Richtung auf der Strecke a fahrenden Fahrzeuge darstellt. Die in dieser Form ausgedrückten Verkehrsangebotsfunktionen werden im Zusammenhang mit der Ermittlung des Gleichgewichts auf dem Verkehrsmarkt verwendet.

29 Vgl. ebenda, S. 269–369; W. D. Ashton, The Theory of Road Traffic Flow, a.a.O., S. 124–131. Ein Warteschlangenmodell mit mehreren Ampelkreuzungen auf einer Strecke wird diskutiert von J. G. Wardrop, Journey Speed and Flow in Central Urban Areas, in: Traffic Engineering and Control, Vol. 9, 1968, S. 528–539.

30 Vgl. zum Beispiel P. G. Gipps, Determination of Equilibrium Conditions for Traffic on a Two-Lane Road, in: D. J. Buckley (ed.), Transportation and Traffic Theory, New York 1974, S. 161–180; F. Jacobs, Queues and Overtaking on Two-Lane Roads, in: D. J. Buckley (ed.), Transportation and Traffic Theory, a.a.O., S. 181–202.

31 Bei der Abbildung der Verkehrsverbindungen durch ein Netzwerk werden die städtischen Subregionen als sogenannte Zentroide (centroids) aufgefaßt, die die Schwerpunkte der Subregionen darstellen. Die Zentroide ergeben zusammen mit den Straßenkreuzungen die Knoten des Netzwerkes. Die direkten Verkehrsverbindungen zwischen den Knoten werden hier als Strecken bezeichnet. Die Strecken repräsentieren die gerichteten Pfeile eines Netzwerks. Kann man zum Beispiel von einer Kreuzung a zur Kreuzung b und von der Kreuzung b zur Kreuzung a gelangen, so ergeben sich in der Netzwerkdarstellung des Verkehrssystems zwei gerichtete Pfeile. Zur Abbildung des städtischen Straßensystems durch ein Netzwerk vgl. Comsis Corporation, Traffic Assignment, Report Prepared for the U.S. Department of Transportation, Federal Highway Administration, Urban Planning Division, Office of Highway Planning, Washington, D.C., 1973, S. 10–18.

32 Die Größe q_{opt} ist für jede Straße konstant und exogen vorgegeben.

III. Zusammenfassung: Die theoretischen Grundlagen des Verkehrsangebots

Die Ausführungen zum Verkehrsangebot in dieser Arbeit konzentrieren sich auf die Ableitung von Angebotsrelationen für den privaten Straßenverkehr. Im Hinblick auf den öffentlichen Verkehr wird angenommen, daß das Beförderungsangebot kurzfristig konstant ist. Das bedeutet, daß sowohl die Beförderungskapazität als auch die Fahrzeiten durch die Fahrplangestaltung der Verkehrsbetriebe exogen determiniert sind. Damit wird unterstellt, daß das öffentliche Verkehrsangebot fahrzeitunelastisch ist, da die Fahrzeiten als unabhängig vom Beförderungsvolumen angesehen werden.

Das Verkehrsangebot für den privaten Straßenverkehr ergibt sich aus dem Zustand des städtischen Straßensystems und dem Verhalten der Verkehrsteilnehmer. Dabei wird das Straßennetz als gegeben vorausgesetzt. Die Angebotsfunktionen, die als Beziehungen zwischen dem Verkehrsfluß und den Fahrzeiten auf einer Straße definiert sind, werden für jeden Streckenabschnitt des Straßennetzes ermittelt. Die Angebotsseite des städtischen Verkehrsmarktes wird somit durch die Menge der auf die einzelnen Strecken bezogenen Angebotsfunktionen repräsentiert.

Vor der Behandlung der theoretischen Konzepte zur Ableitung des Verkehrsangebots werden in dieser Studie die grundlegenden Zusammenhänge zwischen der Kapazität der Straßen und dem Verkehrsangebot erörtert. Die Straßenkapazität wird durch den Verkehrsfluß, die Verkehrskonzentration und die Geschwindigkeit des Verkehrsstroms wiedergegeben. Die Kapazitätsfunktionen beschreiben die Beziehung zwischen je zwei der genannten Variablen. Aufgrund eines definitorischen Zusammenhangs zwischen den drei Größen werden bei Annahme einer Relation zwischen zwei Variablen auch gleichzeitig die funktionalen Beziehungen der beiden Größen zu der dritten Variablen festgelegt. Die Verkehrsangebotsfunktionen lassen sich aus den speed-flow Modellen ableiten, wenn man die inverse Beziehung zwischen der Geschwindigkeit und der Fahrzeit berücksichtigt.

Die wichtigsten theoretischen Konzepte zur Ermittlung des Verkehrsangebots sind die car-following-Analyse und die Warteschlangentheorie. Die car-following-Ansätze zielen auf die Erklärung des Zusammenhangs zwischen der Geschwindigkeit und der Verkehrskonzentration. Hierzu wird untersucht, in welcher Weise die nachfolgenden Fahrzeuge eines Verkehrsstroms auf die Aktionen der vorausfahrenden Fahrzeuge reagieren. Die Modelle nehmen an, daß die Geschwindigkeitsveränderung eines nachfolgenden Fahrzeugs von der eigenen Geschwindigkeit, dem Abstand zum vorausfahrenden Fahrzeug sowie von der Geschwindigkeitsdifferenz beider Fahrzeuge bestimmt wird. Aus einer

durch eine Differentialgleichung repräsentierten Grundrelation lassen sich durch Integration verschiedene speed-concentration-Modelle ableiten. Zur Ermittlung des Verkehrsangebots muß dann auf die definitorischen Zusammenhänge zwischen den Variablen des Verkehrsstroms zurückgegriffen werden. Die Angebotsfunktionen haben die Eigenschaft, daß der Verkehrsfluß bei Überschreitung der Maximalkapazität der Straße abnimmt, während gleichzeitig die Fahrzeit zunimmt. Aufgrund empirischer Untersuchungen zeigt sich, daß sich die Angebotsfunktionen mit dem inferioren Leistungsbereich besonders zur Wiedergabe der Angebotsverhältnisse des täglichen Spitzenverkehrs eignen.
Die Warteschlangentheorie leitet Verkehrsangebotsfunktionen ohne Rückgriff auf die Zusammenhänge zwischen den Variablen des Verkehrsflusses ab. Die Ansätze betrachten den Verkehr als stochastischen Prozeß, bei dem die Fahrzeuge mit zufällig verteilten Zeitabständen auf die Straße treffen. Weiterhin wird angenommen, daß die Durchfahrtszeiten ebenfalls Zufallsvariablen darstellen. Die Graphen der ermittelten Angebotsfunktionen weisen einen Kurvenverlauf mit positiver, progressiv zunehmender Steigung auf. Dieser Kurvenverlauf repräsentiert die Angebotsverhältnisse für längere Zeiträume (zum Beispiel für einen Tag). Im Hinblick auf die Anwendbarkeit der Modelle zeigt sich, daß diese Ansätze im Gegensatz zu den car-following-Verfahren auch auf die Ermittlung des Angebots für unterbrochene Verkehrsströme anwendbar sind.

B. Die Analyse der Nachfrageseite des städtischen Verkehrsmarktes

I. Die Ableitung der Verkehrsnachfrage des Haushalts durch die Erweiterung der Haushaltstheorie

1. Die Integration der Entstehungs- und der Verwendungsseite des Haushaltseinkommens

Die Verkehrsnachfragefunktion des Haushalts stellt eine Beziehung zwischen der Anzahl der Fahrten eines Haushalts und der für die einzelnen Fahrten benötigten Zeit dar. Die Nachfrage nach Fahrten ist – sofern man von Vergnügungsfahrten absieht – eine aus der Nachfrage nach Gütern abgeleitete Nachfrage. Aus diesem Grunde bildet die Konsumgüterwahl (Einkommensverwendung) des Haushalts den Ausgangspunkt bei der Ermittlung der Verkehrsnachfrage. Die Berücksichtigung der Zeit in der Analyse des Haushaltsgleichgewichts kennzeichnet dann den nächsten Abschnitt bei der Ableitung der Verkehrsnachfragefunktion. Die Einführung der Zeit vollzieht sich in der vorliegenden Arbeit in zwei Schritten.

Im ersten Schritt, der in diesem Unterpunkt 1 vollzogen wird, werden die Modelle der Einkommensentstehung und der Einkommensverwendung, die in der klassischen Haushaltstheorie getrennt gesehen werden, zu einem Modell vereinigt.[33] Dadurch gelingt es zunächst, die Zeit als wesentlichen Faktor bei der Entscheidung des Haushalts zu berücksichtigen.

Im folgenden Unterpunkt 2 werden alternative Möglichkeiten diskutiert, die Fahrzeit zur Beschaffung der Güter in die Analyse einzubeziehen. Anschließend wird in Abschnitt 3 der Zusammenhang zwischen der Nachfrage nach Gütern und der Verkehrsnachfrage erörtert.

Bei der isolierten Behandlung des Problems der Einkommensentstehung der Haushalte geht es um die Allokation der verfügbaren Zeit T der Betrachtungsperiode auf die Arbeitszeitstunden T^A und die Freizeitstunden T^F. Als Determinanten des Nutzens auf der Einkommensentstehungsseite U^E werden die Freizeitstunden und das Einkommen Y betrachtet, das sich aus den Arbeitszeitstunden durch Multiplikation mit dem konstanten Stundenlohnsatz w ergibt. Das Optimierungsproblem lautet somit[34]

$$U^E = U^E(Y, T^F), \qquad U^E \rightarrow \max \tag{2.B.1.}$$

mit

$$T^A + T^F = T \tag{2.B.2.}$$

33 Neben den Entscheidungen des Haushalts bezüglich des Einkommenserwerbs und der Einkommensverwendung können in einer Analyse des Haushaltsgleichgewichts zusätzlich die Dispositionen im Zusammenhang mit der Aufteilung des Einkommens auf Konsum- und Sparsumme (Einkommensaufteilungsplan) sowie die Verteilung der Ersparnisse auf verschiedene Vermögensformen (Vermögensstrukturplan) betrachtet werden; vgl. zum Beispiel H. Luckenbach, Theorie des Haushalts, Göttingen 1974; M. Timmermann, Partielles und totales Gleichgewicht im Wirtschaftsplan des privaten Haushalts (I) und (II), in: Das Wirtschaftsstudium, 4. Jahrgang, 1975, S. 331–336, 383–386. Die Pläne der Einkommensaufteilung und der Vermögensstruktur sind für die vorliegende Untersuchung nicht wesentlich. Sie werden daher im folgenden nicht explizit betrachtet.

34 Vgl. zum Beispiel J. M. Henderson, R. E. Quandt, Mikroökonomische Theorie, 3. Aufl., München 1973, S. 25–27. In der traditionellen Theorie der Entstehung des Haushaltseinkommens sind auch Ansätze entwickelt worden, die anstelle der Freizeit die Arbeitszeit in die Nutzenfunktion einbeziehen; vgl. W. S. Jevons, The Theory of Political Economy, 2nd edition, London 1879, S. 187; L. Robbins, On the Elasticity of Demand for Income in Terms of Effort, in: Economica, Vol. 10, 1930, S. 123–129. Diese Ansätze haben sich allerdings in der Lehrbuchliteratur nicht durchgesetzt; vgl. A. W. Evans, On the Theory of the Valuation and Allocation of Time, in: Scottish Journal of Political Economy, Vol. 19, 1972, S. 1–17 (hier: S. 5).

Multipliziert man die Nebenbedingung mit dem konstanten Lohnsatz, dann läßt sich das vorstehende Optimierungsproblem durch den Lagrangeansatz formulieren:

$$Z^E = U^E(Y, T^F) + \beta(wT - Y - wT^F), \qquad Z^E \rightarrow max \tag{2.B.3.}$$

Die Größe β bezeichnet den Lagrangemultiplikator. Das Einkommen Y ergibt sich aus dem Produkt wT^A.[35]

Unter der Voraussetzung, daß die Größen Y, T^F und β nur positive Werte annehmen, lauten die Gleichgewichtsbedingungen

$$\frac{\partial Z^E}{\partial Y} = \frac{\partial U^E}{\partial Y} - \beta = 0 \tag{2.B.4.}$$

$$\frac{\partial Z^E}{\partial T^F} = \frac{\partial U^E}{\partial T^F} - \beta w = 0 \tag{2.B.5.}$$

$$\frac{\partial Z^E}{\partial \beta} = wT - Y - wT^F = 0 \tag{2.B.6.}$$

Nach Umformung läßt sich aus den Gleichungen (4) und (5) ableiten, daß das Verhältnis der Grenznutzen der Freizeit und des Einkommens (absoluter Wert der Grenzrate der Substitution zwischen Einkommen und Freizeit) gleich dem Lohnsatz w ist

$$\frac{\dfrac{\partial U^E}{\partial T^F}}{\dfrac{\partial U^E}{\partial Y}} = w \tag{2.B.7.}$$

Bei dem Problem der Einkommensverwendung hängt der Nutzen U^V von dem konsumierten Güterbündel $X_1, \ldots, X_k, \ldots, X_{nK}$ ab. Die Nutzenfunktion ist in bekannter Weise unter Berücksichtigung der Budgetgleichung als Nebenbedingung zu maximieren. Die Lagrangefunktion hat die folgende Form[36]

$$Z^V = U^V(X_1, \ldots, X_k, \ldots, X_{n_K}) + \lambda(Y - \sum_k p_k X_k), \tag{2.B.8.}$$

$$Z^V \rightarrow max$$

35 Eine alternative Formulierung des Optimierungsproblems besteht darin, die Lohnsatzrestriktion $Y=wT^A$ explizit in die Lagrangefunktion einzubeziehen. Eine Änderung der Modellergebnisse ergibt sich dadurch aber nicht.

36 Vgl. J. M. Henderson, R. E. Quandt, Mikroökonomische Theorie, a.a.O., S. 11–18.

Die Gleichgewichtsbedingungen lauten

$$\frac{\partial Z^V}{\partial X_k} = \frac{\partial U^V}{\partial X_k} - \lambda p_k = 0 , \qquad k \varepsilon K \tag{2.B.9.}$$

$$\frac{\partial Z^V}{\partial \lambda} = Y - \sum_k p_k X_k = 0 \tag{2.B.10.}$$

Die Gleichgewichtsbedingungen dürfen in der vorliegenden Form geschrieben werden, wenn alle Güter im Optimum in positiven Mengen nachgefragt werden ($X_k > 0$, für $k \in K$). Ist diese Forderung erfüllt, spricht man von einer inneren Lösung des Optimierungsansatzes. Ist die Forderung nicht erfüllt, das heißt, nimmt mindestens eine Variable in der optimalen Lösung den Wert Null an, so ergibt sich eine Ecklösung des Optimierungsproblems. In diesem Fall müssen die vollständigen Optimumbedingungen (Kuhn-Tucker-Bedingungen) zur Untersuchung des Gleichgewichts herangezogen werden. Um Ecklösungen bezüglich des Optimierungsansatzes (8) zu vermeiden, ist es zum Beispiel notwendig, daß die ersten Ableitungen der Nutzenfunktion, also die Grenznutzen, positiv sind:[37]

$$\frac{\partial U}{\partial X_k} > 0 , \qquad k \varepsilon K \tag{2.B.11.}$$

Die Bedingung (11) impliziert, daß eine größere Gütermenge immer einer geringeren Gütermenge vorgezogen wird (Axiom der Nichtsättigung). Da die Nutzenfunktion somit kein Maximum für endliche Werte der Variablen aufweist, wird die Budgetrestriktion immer ausgeschöpft.[38]
Zu den Bedingungen (9) und (10) kann weiterhin ausgeführt werden, daß sie notwendig und hinreichend für ein Maximum des Optimierungsansatzes (8) sind, wenn man eine konkave Nutzenfunktion unterstellt.[39]
Für zwei beliebige Güter k und q gilt gemäß Beziehung (9), daß sich im Gleichgewicht ihre Grenznutzen wie die zugehörigen Preise verhalten:

37 Die Bedingungen der positiven Grenznutzen sind nicht ausreichend, um eine Ecklösung des Optimierungsproblems auszuschließen. Verlaufen zum Beispiel die Isoquanten flacher als die Budgetlinie, so ergibt sich ebenfalls eine Ecklösung. Auf eine Ableitung der hinreichenden Bedingungen zur Vermeidung einer Ecklösung soll hier nicht weiter eingegangen werden.

38 Vgl. H. Wold, Demand Analysis, New York 1953, S. 82–86.

39 Vgl. zum Beispiel H. P. Künzi, W. Krelle, Nichtlineare Programmierung, unveränderter Nachdruck der 1. Auflage, Berlin 1975, S. 59–66. Es sei an dieser Stelle hinzugefügt, daß die oben aufgeführten Gleichgewichtsbedingungen für ein allgemeines Optimierungsproblem lediglich notwendige Bedingungen darstellen. Die hier nicht aufgeführten hinreichenden Bedingungen, die sich auf die Determinante der Hesse-Matrix (Matrix der gemischt partiellen Ableitung 2. Ordnung) beziehen, sind bei Annahme einer konkaven Nutzenfunktion automatisch erfüllt; vgl. L. Phlips, Applied Consumption Analysis, Amsterdam 1974, S. 23–25; J. M. Henderson, R. E. Quandt, Mikroökonomische Theorie, a.a.O., S. 11–16, 33–34.

$$\frac{\frac{\partial U^V}{\partial X_k}}{\frac{\partial U^V}{\partial X_q}} = \frac{p_k}{p_q}, \qquad (k,q)\varepsilon K x K \tag{2.B.12.}$$

Die vorab dargestellte isolierte Analyse des Haushaltsgleichgewichts enthält folgende implizite Annahmen. Im Modell der Einkommensentstehung wird unterstellt, daß der Haushalt die Güter unabhängig von der Einkommenshöhe in konstanten Proportionen konsumiert, während bei der Untersuchung der Einkommensverwendung ein konstantes Einkommen vorausgesetzt wird. Integriert man beide Partialansätze zu einem umfassenden Modell, so können die genannten Prämissen aufgegeben werden. In dem verallgemeinerten System werden dann die einzelnen Gütermengen und die Freizeitstunden als Nutzeneinflußgrößen berücksichtigt. Das Einkommen wird nicht mehr als weitere Determinante verwendet, da angenommen wird, daß das Einkommen lediglich durch seine Verwendung, das heißt durch den Konsum der Güter, einen Nutzen stiftet. Die Nutzenfunktion wird dann unter Berücksichtigung der Budgetrestriktion und der Zeitrestriktion maximiert:[40]

$$Z = U(X_1, \ldots, X_k, \ldots, X_{n_K}, T^F) + \tag{2.B.13.}$$

$$+ \lambda(Y - \sum_k p_k X_k) + \beta(wT - Y - wT^F),$$

$$Z \rightarrow \max$$

Die Gleichgewichtsbedingungen lauten für positive Werte der Variablen

$$\frac{\partial Z}{\partial X_k} = \frac{\partial U}{\partial X_k} - \lambda p_k = 0, \qquad k\varepsilon K \tag{2.B.14.}$$

$$\frac{\partial Z}{\partial T^F} = \frac{\partial U}{\partial T^F} - \beta w = 0 \tag{2.B.15.}$$

$$\frac{\partial Z}{\partial Y} = \lambda - \beta = 0 \tag{2.B.16.}$$

40 Ein ähnliches Modell ist in einem Totalansatz von Timmermann enthalten; vgl. M. Timmermann, Partielles und totales Gleichgewicht im Wirtschaftsplan des Haushalts (II), a.a.O., S. 385–386. Gilbert und Pfouts diskutieren ein Modell, das anstelle der Freizeit die Arbeitszeit in der Nutzenfunktion berücksichtigt; vgl. F. Gilbert, R. W. Pfouts, A Theory of the Responsiveness of Hours of Work to Changes in Wage Rates, in: The Review of Economics and Statistics, Vol. 40, 1958, S. 116–121.

$$\frac{\partial Z}{\partial \lambda} = Y - \sum_k p_k X_k = 0 \qquad (2.B.17.)$$

$$\frac{\partial Z}{\partial \beta} = wT - wT^F - Y = 0 \qquad (2.B.18.)$$

Aus den Gleichungen (14) ist ersichtlich, daß sich die Relationen (12) auch in dem verallgemeinerten Ansatz ergeben. Die Grenznutzenverhältnisse der Güter werden also nicht verändert. Für das Verhältnis der Grenznutzen der Güter zum Grenznutzen der Freizeit läßt sich aus (14) und (15) unter Berücksichtigung von (16) ableiten:

$$\frac{\dfrac{\partial U}{\partial X_k}}{\dfrac{\partial U}{\partial T^F}} = \frac{p_k}{w}, \qquad k \varepsilon K \qquad (2.B.19.)$$

Die Bedingung besagt, daß das Verhältnis des Grenznutzens eines jeden Gutes zum Grenznutzen der Freizeit gleich der entsprechenden Preis-Lohnsatz-Relation ist.[41]

Das Modell (13) kann noch vereinfacht werden, indem die Budget- und die Zeitrestriktion zusammengefaßt werden. Die Zusammenfassung ist möglich, da das Einkommen Y lediglich in den Restriktionen auftaucht und deshalb die Lagrangemultiplikatoren λ und β gemäß Gleichung (16) gleich sind. Die neue Restriktion, aus der das Einkommen als Variable eliminiert wurde, hat die folgende Form

$$\sum_k p_k X_k + wT^F = wT \qquad (2.B.20.)$$

Die Tatsache, daß das Einkommen oder die dahinter stehende Arbeitszeit nicht in der Nutzenfunktion berücksichtigt wird, hat nun eine wichtige Konsequenz für den im Modell implizierten Zeitwert. Der Zeitwert v, der definiert wird als das

41 Die Relationen (19) lassen sich auch aus den Partialansätzen ableiten, wenn man fordert, daß die in beiden Modellen implizierten Grenznutzen des Einkommens $\frac{\partial U^E}{\partial Y}$ und $\frac{\partial U^V}{\partial Y}$ gleich sind: Aus (4) und (5) folgt:

a) $\frac{\partial U^E}{\partial Y} = \frac{1}{w}\frac{\partial U^E}{\partial T^F}$. Berücksichtigt man weiter, daß im Optimum im Modell der Einkommensverwendung der Grenznutzen des Einkommens gleich dem Faktor λ ist, so ergibt sich aus (9):

b) $\frac{\partial U^V}{\partial Y} = \frac{1}{p_k}\frac{\partial U^V}{\partial X_k}$. Aus den Bedingungen a) und b) kann durch Gleichsetzung die Relation (19) abgeleitet werden.

Verhältnis des Grenznutzens der Zeit zum Grenznutzen des Einkommens im Optimum (absoluter Wert der Grenzrate der Substitution zwischen Zeit und Einkommen)[42]

$$v = \frac{\frac{\partial U^*}{\partial T}}{\frac{\partial U^*}{\partial Y}} \qquad (2.B.21.)$$

ist im vorstehenden Modell konstant und gleich dem Lohnsatz w.[43] Die Größe U^* bezeichnet den optimalen Nutzenwert.

$$v = \frac{\beta w}{\lambda} = w \qquad (2.B.22.)$$

Die dem Modell zugrunde liegende Annahme, daß die Arbeitszeit nicht in der Nutzenfunktion berücksichtigt wird, ist vielfach kritisiert worden,[44] da es durchaus plausibel erscheint, daß auch die Arbeitszeit einen positiven oder auch negativen Nutzenbeitrag liefert. Erweitert man aus diesem Grunde das Modell (13), indem man die Arbeitszeitstunden in die Nutzenfunktion einbezieht, so können die beiden Restriktionen nicht mehr zusammengefaßt werden. Das Maximierungsproblem stellt sich dann folgendermaßen:

$$Z = U(X_1, \ldots, X_k, \ldots, X_{n_K}, T^A, T^F) + \lambda(Y - \sum_k p_k X_k) \qquad (2.B.23.)$$

$$+ \beta(wT - Y - wT^F) + \mu(Y - wT^A) ,$$

$$Z \rightarrow max$$

Die Gleichgewichtsbedingungen (14), (15), (17) und (18) bleiben auch für den Ansatz (23) bestehen. Lediglich die Beziehung (16) ändert sich wie folgt[45]

$$\frac{\partial Z}{\partial Y} = \frac{1}{w} \frac{\partial U}{\partial T^A} + \lambda - \beta = 0 \qquad (2.B.24.)$$

42 Vgl. A. C. DeSerpa, A Theory of the Economics of Time, in: The Economic Journal, Vol. 81, 1971, S. 828–846 (hier: S. 831).

43 Im Modell (13) ist der Grenznutzen der Zeit gleich βw und der Grenznutzen des Einkommens gleich λ. Wegen der Beziehung (16) gilt aber $\lambda = \beta$. Somit ergibt sich für den Zeitwert die Größe w.

44 Vgl. zum Beispiel M. B. Johnson, Travel Time and the Price of Leisure, in: Western Economic Journal, Vol. 4, 1966, S. 135–145 (hier: S. 139); C. J. Oort, The Evaluation of Travelling Time, in: Journal of Transport Economics and Policy, Vol. 3, 1969, S. 279–286. Beide Autoren entwickelten Ansätze, die die Arbeitszeitstunden, die Freizeitstunden und das Einkommen in der Nutzenfunktion berücksichtigen. Eine variable Konsumgüterstruktur wird allerdings nicht betrachtet.

45 Es gilt a) $\frac{\partial Z}{\partial Y} = \mu + \lambda - \beta = 0$, b) $\frac{\partial Z}{\partial T^A} = \frac{\partial U}{\partial T^A} - \mu w = 0$. Ersetzt man den Faktor μ in Beziehung a) gemäß Gleichung b), so erhält man die Bedingung (24).

Als Konsequenz ergibt sich, daß die Relation (19) ebenfalls modifiziert werden muß. Sie lautet nun

$$\frac{\frac{\partial U}{\partial X_k}}{\frac{\partial U}{\partial T^F} - \frac{\partial U}{\partial T^A}} = \frac{p_k}{w}, \qquad k \varepsilon K \qquad (2.B.25.)$$

Im Unterschied zu Gleichung (19) wird in (25) der Grenznutzen des Gutes k zu der Differenz aus dem Grenznutzen der Freizeit und dem Grenznutzen der Arbeitszeit in Beziehung gesetzt. Unterstellt man zum Beispiel positive Grenznutzenwerte für die Arbeitszeit, so führt das bei Annahme sinkender Grenznutzenwerte für die Variablen des Modells zu einer Zunahme der Arbeitszeit und den konsumierten Gütermengen.[46]

Der Zeitwert v ergibt sich durch Auflösung der Gleichung (24) nach $\frac{\beta w}{\lambda}$ als

$$v = (w + \frac{\partial U}{\partial T^A} \frac{1}{\lambda}) \qquad (2.B.26.)$$

Vergleicht man die beiden diskutierten Ansätze kritisch miteinander, so kann zunächst festgehalten werden, daß das Modell (13) als Spezialfall ($\frac{\partial U}{\partial T^A} = 0$) in dem Ansatz (23) enthalten ist. Unter diesem Gesichtspunkt ist das verallgemeinerte Modell überlegen. Es sei aber an dieser Stelle darauf hingewiesen, daß die Nachfragefunktionen, die sich aufgrund des Ansatzes (23) bei Vorgabe konkreter Nutzenfunktionen ergeben, nichtlineare Interdependenzen in den Nachfragemengen aufweisen. Unter dem Aspekt der Operationalität ist deshalb das einfachere Modell (13) vorzuziehen.

2. Die Berücksichtigung der Fahrzeiten zur Beschaffung der Konsumgüter

Nachdem im vorstehenden Unterpunkt die Zeit als Determinante der Entscheidungen des Haushalts eingeführt worden ist, konzentrieren sich die folgenden Ausführungen auf die Erweiterung des haushaltstheoretischen Modells durch die Einbeziehung der Fahrzeiten zur Beschaffung der Güter.

46 Führt man positive Grenznutzen für die Arbeitszeit T^A in das Modell (13) ein, so vergrößert sich die linke Seite der Beziehung (19). Um aber die Gleichgewichtsbedingung in Form der Relation (25) zu erfüllen, müssen die Konsumgütermengen zunehmen. Dadurch steigt wegen der Budgetrestriktion das notwendige Einkommen bei gleichzeitiger Zunahme der Arbeitszeit. Aufgrund der Zeitrestriktion sinkt die Anzahl der Freizeitstunden. Unterstellt man sinkende Grenznutzen für zunehmende Werte der Variablen, so verringert sich der Quotient auf der linken Seite von (25), da der Zähler abnimmt und der Nenner zunimmt. Das bedeutet, daß unter den genannten Voraussetzungen das Gleichgewicht des Haushalts bei höheren Konsumgütermengen, höherem Einkommen und geringerer Freizeit erreicht ist.

Der Zeitaufwand für den Konsum eines Gutes setzt sich zusammen aus der Zeit für die Beschaffung eines Gutes und der Zeit, die für den Verbrauch des Gutes benötigt wird. Für die Ableitung der Verkehrsnachfrage des Haushalts bilden die Beschaffungszeiten den wesentlichen Bezugspunkt. Die Verbrauchszeiten werden deshalb im folgenden nicht explizit betrachtet. Es wird angenommen, daß die Verbrauchszeiten einen Teil der Freizeit bilden. Bezüglich der Beschaffungszeiten der Güter kann der Zeitaufwand für die Fahrt zum Einkaufsort (Hin- und Rückfahrt) und die Einkaufszeit am Ort[47] unterschieden werden. Da mit Bezug zur Verkehrsnachfrage die Einkaufszeit keine wesentliche Rolle spielt, wird sie aus Gründen der Übersichtlichkeit nicht als Entscheidungsvariable des Haushalts berücksichtigt. Das bedeutet, daß die gesamte Einkaufszeit als konstant unterstellt wird.[48]

Als Ausgangspunkt für die folgenden Überlegungen dient das Modell (2.B.13.) unter Verwendung der Restriktion (2.B.20.). Führt man die Fahrzeiten zur Beschaffung der Güter T_k^B in die kombinierte Zeit-Budgetrestriktion ein, so hat das haushaltstheoretische Modell die Form

$$Z = (X_1, \dots, X_k, \dots, X_{n_K}, T^F) + \qquad (2.B.27.)$$

$$+ \lambda(wT - \sum_k p_k X_k - w \sum_k T_k^B - wT^F) ,$$

$$Z \rightarrow \max$$

Wie man leicht erkennen kann, repräsentiert das Modell keine sinnvolle Problemstellung, da sich aus den Gleichgewichtsbedingungen für die neu eingeführten Variablen T_k^B ergibt, daß der Lagrangefaktor λ den Wert Null annehmen muß. Das bedeutet, daß die Erfüllung der Restriktion nicht gewährleistet ist. Bezüglich der in der Nutzenfunktion vorhandenen Variablen ergeben sich die Gleichgewichtsbedingungen für $\lambda = 0$ als[49]

$$\frac{\partial U}{\partial X_k} = 0 , \qquad k \varepsilon K$$

$$\frac{\partial U}{\partial T^F} = 0$$

47 Neben der Einkaufszeit kann weiterhin die Zeit zur Beschaffung von Informationen über die Eigenschaften des Güterangebots (Suchzeit) in die Analyse des Haushaltsgleichgewichts einbezogen werden; vgl. H. Milde, Konsumzeit, Arbeitszeit und Suchzeit in der Theorie des Haushalts, in: Jahrbücher für Nationalökonomie und Statistik, Band 188, 1975, 480–493.

48 Die konstante Einkaufszeit kann vom Zeitbudget der Zeitrestriktion abgezogen werden.

49 Vgl. die Beziehungen (2. B. 14.) und (2. B. 15.).

Diese Bedingungen verstoßen gegen das Nichtsättigungsaxiom (2.B.11.). Die Implikation des Ansatzes (27) verwundern nicht, wenn man berücksichtigt, daß die Fahrzeiten keinen Nutzen stiften und über die Restriktion die Werte der Nutzendeterminanten beschränken. Im Hinblick auf eine adäquate Gestaltung des haushaltstheoretischen Ansatzes könnte deshalb eine Einbeziehung der Fahrzeiten in die Nutzenfunktion erwogen werden:

$$Z = U(X_1, \ldots, X_k, \ldots, X_{n_K}, T_1^B, \ldots, T_k^B, \ldots, T_{n_K}^B, T^F) +$$

$$+ \lambda(wT - \sum_k p_k X_k - w \sum_k T_k^B - wT^F) , \qquad (2.B.28.)$$

$$Z \to \max$$

Aber auch das Modell (28) enthält ökonomisch nicht vertretbare Implikationen. Bildet man die partiellen Ableitungen der Lagrangefunktion nach den Fahrzeitvariablen T_k^B und nach der Freizeitvariablen T^F, so resultiert aus den gleichgesetzten Relationen, daß die Grenznutzen der Fahrzeiten gleich den Grenznutzen der Freizeit sein müssen. Dieses Ergebnis ist nicht sinnvoll, da für verschiedene Zeitverwendungen auch unterschiedliche Grenznutzenwerte möglich sein müssen. Nimmt man zum Beispiel realistischerweise an, daß die Grenznutzen der Fahrzeit auch negative Werte annehmen können, so wird die Unsinnigkeit des vorstehenden Ansatzes besonders deutlich.
Sollen die beiden Modelle (27) und (28) gehaltvolle ökonomische Problemstellungen repräsentieren, so ist es notwendig, zwischen der Fahrzeit und der Menge der konsumierten Güter eine funktionale Beziehung einzuführen. Die Anregung für diese Vorgehensweise geht auf Becker zurück, der eine Produktionstheorie des Haushalts entwickelte.[50] Bei diesem Ansatz wird davon ausgegangen, daß nicht die Güter selbst, sondern die Kombination von Gütern und Zeit den Nutzen des Haushalts determinieren:

$$U = U(G_1, \ldots, G_k, \ldots, G_{n_K}) \qquad (2.B.29.)$$

Hierbei werden die n_K Größen G_k gemäß der folgenden Produktionsfunktion gebildet.

$$G_k = h(X_k, T_k^B) , \qquad k \in K \qquad (2.B.30.)$$

50 Vgl. G. S. Becker, A Theory of the Allocation of Time, a.a.O., S. 493–517. Weitere Ansätze wurden entwickelt von F. X. DeDonnea, Consumer Behavior, Transport Mode Choice and the Value of Time, Some Micro-Economic Models, a.a.O., S. 355–382; ders., Micro-Economic Theory and the Valuation of Travel Time: A Rejoinder, in: Regional and Urban Economics, Vol. 2, 1973, S. 411–412; R. Gronau, The Value of Time in Passenger Transportation, National Bureau of Economic Research, Occasional Paper No. 109, New York 1970, S. 7–12.

Bezeichnen die Größen T_k^B die Fahrzeiten zur Beschaffung der Güter, dann können die Variablen G_k als die zum Konsumort transportierten Gütermengen interpretiert werden.

Unterstellt man für die Produktionsfunktion des Haushalts eine lineare limitationale Beziehung,[51] so ist das effiziente Faktoreinsatzmengenverhältnis (T_k^B/ X_k) für jedes Gut konstant. Die Relationen zwischen den Gütermengen und den Fahrzeiten

$$T_k^B = g_k X_k \, , \qquad k \varepsilon K \tag{2.B.31.}$$

die als Fahrzeitrestriktionen bezeichnet werden können, sollen in die Modelle (27) und (28) eingeführt werden. Der Faktor g_k bezeichnet die Fahrzeit pro Gütereinheit. Auf die Übernahme des Produktionsfunktionsansatzes wird an dieser Stelle verzichtet, da es für die noch folgende Ableitung der Verkehrsnachfrage des Haushalts sinnvoller ist, die Güter und die Fahrzeiten explizit in den haushaltstheoretischen Ansatz einzubeziehen.[52] Außerdem werden die Fahrzeiten bei Einführung der Restriktionen nicht automatisch als Determinanten der Nutzenfunktion berücksichtigt. Vielmehr lassen sich sowohl Modelle konstruieren, die die Fahrzeiten als Einflußgrößen des Nutzens enthalten, als auch Ansätze, bei denen die Fahrzeiten das Nutzenniveau nicht beeinflussen. Beide Modelltypen werden in diesem Unterpunkt diskutiert.

Die Restriktionen (31) stellen ökonomisch interpretiert keine Verhaltensrelationen, sondern technisch determinierte Beziehungen dar, die von einer konstanten Fahrzeit g_k für die Beschaffung einer Gütereinheit ausgehen. Erweitert man das Modell (27) um die Restriktionen (31), so lautet das Optimierungsproblem[53]

51 Vgl. G. S. Becker, A Theory of the Allocation of Time, a.a.O., S. 496f.

52 Die Ableitung der Verkehrsnachfrage des Haushalts aus einem Produktionsfunktionsansatz wird noch problematischer, wenn die Produktionsfunktionen mehr als zwei Inputs aufweisen oder gar eine Substitution zwischen den Inputs möglich ist. Produktionsfunktionsansätze mit mehreren Inputs wurden entwickelt von G. J. Stigler, G. S. Becker, De Gustibus Non Est Disputandum, in: The American Economic Review, Vol. 67, 1977, S. 76–90; K. J. Lancaster, A New Approach to Consumer Theory, in: Journal of Political Economy, Vol 84, 1966, S. 132–157. Eine substitutionale Produktionsfunktion wird angenommen von J. Muellbauer, Household Production Theory, Quality, and the »Hedonic Technique«, in: The American Economic Review, Vol. 64, 1974, S. 977–994.

53 Eine ähnliche Modellstruktur weisen die Modelle von DeVany und Milde auf; vgl. A. DeVany, Time in the Budget of the Consumer: The Theory of Consumer Demand and Labor Supply under a Time Constraint, Professional Paper No. 30, Center for Naval Analysis, Arlington (Virginia) 1970; H. Milde, Konsumzeit, Arbeitszeit und Suchzeit in der Theorie des Haushalts, a.a.O., S. 481–493.

$$Z = U(X_1, \ldots, X_k, \ldots, X_{n_K}, T^F) + \tag{2.B.32.}$$

$$+ \lambda(wT - \sum_k p_k X_k - w \sum_k T_k^B - wT^F) + \sum_k \gamma_k (T_k^B - g_k X_k),$$

$$Z \rightarrow \max$$

Die Gleichgewichtsbedingungen für positive Werte der Variablen haben die folgende Form

$$\frac{\partial Z}{\partial X_k} = \frac{\partial U}{\partial X_k} - \lambda p_k - \gamma_k g_k = 0 , \quad k \varepsilon K \tag{2.B.33.}$$

$$\frac{\partial Z}{\partial T_k^B} = - \lambda w + \gamma_k = 0 , \quad k \varepsilon K \tag{2.B.34.}$$

$$\frac{\partial Z}{\partial T^F} = \frac{\partial U}{\partial T^F} - \lambda w = 0 \tag{2.B.35.}$$

$$\frac{\partial Z}{\partial \lambda} = wT - \sum_k p_k X_k - w \sum_k T_k^B - wT^F = 0 \tag{2.B.36.}$$

$$\frac{\partial Z}{\partial \gamma_k} = T_k^B - g_k X_k = 0 , \quad k \varepsilon K \tag{2.B.37.}$$

Eliminiert man in (33) die Lagrangemultiplikatoren γ_k mit Hilfe von (34) und ersetzt man den Faktor λ unter Berücksichtigung von (35), so ergibt sich durch Umformung der Beziehung (33)

$$\frac{\frac{\partial U}{\partial X_k} - \frac{\partial U}{\partial T^F} g_k}{\frac{\partial U}{\partial T^F}} = \frac{p_k}{w} , \quad k \varepsilon K \tag{2.B.38.}$$

Vergleicht man die vorstehende Bedingung mit der Relation (2.B.19.), so zeigt sich, daß bei Einführung der Fahrzeiten der Grenznutzen des Güterkonsums durch den Grenznutzen der Beschaffungszeit gemindert wird. Der Grenznutzen der Beschaffungszeit ergibt sich aus der mit dem Grenznutzen an (entgangener) Freizeit bewerteten Fahrzeit g_k. Nimmt man positive abnehmende Grenznutzen für die Variablen T^F und X_k an, führt die Berücksichtigung der Beschaffungszeiten zu einer relativen Abnahme der konsumierten Gütermengen in bezug auf die

Freizeit.[54] Löst man die Gleichung (38) nach dem Verhältnis der Grenznutzen des Gutes k zum Grenznutzen der Freizeit auf, resultiert daraus die Beziehung

$$\frac{\frac{\partial U}{\partial X_k}}{\frac{\partial U}{\partial T^F}} = \frac{p_k + wg_k}{w}, \qquad k \varepsilon K \tag{2.B.39.}$$

Die Grenznutzenrelation zwischen dem Gut k und der Freizeit ist gleich dem Verhältnis der Beschaffungskosten einer Einheit des Gutes k (p_k+wg_k) zum Lohnsatz w. Die Kosten für die Beschaffung des Gutes k setzen sich zusammen aus dem Kaufpreis p_k und der mit dem Lohnsatz w bewerteten Beschaffungszeit g_k. Im Modell (32) wird somit impliziert, daß der Zeitwert, mit dem die Fahrzeit in monetäre Größen transformiert werden kann, gleich dem Lohnsatz ist.
Der Zeitwert der Fahrzeit v_k ist definiert als das Verhältnis des Grenznutzens der Zeit für die Beschaffung des Gutes k zum Grenznutzen des Einkommens im Optimum (absoluter Wert der Grenzrate der Substitution zwischen Fahrzeit und Einkommen).[55]

$$v_k \equiv \frac{\frac{\partial U^*}{\partial T_k^B}}{\frac{\partial U^*}{\partial Y}}, \qquad k \varepsilon K \tag{2.B.40.}$$

Der Zeitwert der Fahrzeit v_k ist grundsätzlich von dem in Beziehung (2.B.21.) definierten Zeitwert der Gesamtzeit v zu unterscheiden, obwohl beide Größen im vorliegenden Modell gleich dem Lohnsatz w sind:[56]

$$v_k = \frac{\gamma_k}{\lambda} = w, \qquad k \varepsilon K \tag{2.B.41.}$$

Die Bedingung (41) ergibt sich aus der Definition (40) unter Berücksichtigung der Tatsache, daß die Grenznutzen der Fahrzeit und des Einkommens durch die Lagrangmultiplikatoren γ_k und λ gebildet werden. Beachtet man zusätzlich die Gleichgewichtsrelation (34), so zeigt sich, daß das Verhältnis der Faktoren γ_k und λ gleich dem Lohnsatz w ist.

54 Führt man die Beschaffungszeiten in das haushaltstheoretische Modell ein, so nimmt zunächst der Zähler der Beziehung (38) ab. Bei unveränderten Preisen und Löhnen ist dann der Term auf der linken Seite der Gleichung (38) kleiner als die Preis-Lohnsatz-Relation. Soll nun das Gleichgewicht wiederhergestellt werden, müssen die Konsumgütermengen abnehmen. Eine Abnahme der Konsumgütermengen führt zu einer Zunahme der Freizeit. Unterstellt man abnehmende Grenznutzen für zunehmende Werte der Variablen, so nimmt der Zähler von (38) zu, während der Nenner abnimmt.

55 Vgl. A. C. DeSerpa, A Theory of the Economics of Time, a.a.O., S. 833.

56 Vgl. auch die Gleichungen (2. B. 16.) und (2. B. 22).

Das Grenznutzenverhältnis zweier beliebiger Güter k und q, das als weitere charakteristische Relation des Modells (32) ermittelt werden kann, läßt sich aus den Gleichgewichtsbedingungen (33) ableiten, nachdem die Größen γ_k mit Hilfe von (34) eliminiert wurden:

$$\frac{\frac{\partial U}{\partial X_k}}{\frac{\partial U}{\partial X_q}} = \frac{p_k + wg_k}{p_q + wg_q} , \qquad (k,q)\varepsilon K x K \qquad (2.B.42.)$$

Die Relation besagt, daß zwei beliebige Güter solange nachgefragt werden, bis ihre Grenznutzenverhältnisse gleich dem Verhältnis der Beschaffungskosten (Kaufpreis plus bewertete Fahrzeit) sind. Vergleicht man diese Gleichgewichtsrelation mit den entsprechenden Beziehungen der Modelle ohne Fahrzeiten,[57] zeigt sich, daß die Einführung der Fahrzeiten wie eine Erhöhung der Preise wirkt.

Bisher waren die Fahrzeiten lediglich in der Zeit-Budget-Restriktion als zeit- und konsumbeschränkende Größen berücksichtigt worden. Eine Erweiterung des vorstehenden Modells besteht nun darin, die Fahrzeiten ebenfalls in die Nutzenfunktion aufzunehmen. Den Ausgangspunkt bildet das Problem (28), in das die lineare Fahrzeitrestriktion (31) eingeführt wird[58]

$$Z = U(X_1, \ldots, X_k, \ldots, X_{n_K}, T_1^B, \ldots, T_k^B, \ldots, T_{n_K}^B, T^F) + \qquad (2.B.43.)$$

$$+ \lambda(wT - \sum_k p_k X_k - w \sum_k T_k^B - wT^F) +$$

$$+ \sum_k \gamma_k (T_k^B - g_k X_k) ,$$

$$Z \rightarrow \max$$

Die Gleichgewichtsbedingungen dieses Modells unterscheiden sich von den Beziehungen (33)–(37) lediglich hinsichtlich der partiellen Ableitungen der Lagrangefunktion nach den Fahrzeiten T_k^B. Anstelle von (34) gilt nun

$$\frac{\partial Z}{\partial T_k^B} = \frac{\partial U}{\partial T_k^B} - \lambda w + \gamma_k = 0 , \qquad k\varepsilon K \qquad (2.B.44.)$$

57 Vgl. Gleichung (2. B. 12.).

58 Einen ähnlich strukturierten Ansatz entwickelte A. C. DeSerpa, A Theory of the Economics of Time, a.a.O., S. 828–846. DeSerpa geht allerdings von einer konstanten Arbeitszeit aus.

Eliminiert man mit Hilfe dieser Relation die Lagrangemultiplikatoren γ_k aus der Gleichung (33), kann man schreiben

$$\frac{\partial U}{\partial X_k} - \lambda p_k - g_k(\lambda w - \frac{\partial U}{\partial T_k^B}) = 0 , \qquad k \varepsilon K \qquad (2.B.45.)$$

Ersetzt man in (45) den Faktor λ gemäß (35) und löst die resultierende Gleichung nach der Preis-Lohnsatz-Relation auf, erhält man:

$$\frac{\frac{\partial U}{\partial X_k} - (\frac{\partial U}{\partial T^F} - \frac{\partial U}{\partial T_k^B}) g_k}{\frac{\partial U}{\partial T^F}} = \frac{p_k}{w} , \qquad k \varepsilon K \qquad (2.B.46.)$$

Auch für den Ansatz (43) zeigt sich, daß der Grenznutzen des Güterkonsums durch den Grenznutzen der Beschaffungszeit modifiziert wird, wenn die Fahrzeiten in das haushaltstheoretische Modell eingeführt werden. Im Unterschied zum Modell (32), bei dem die Fahrzeiten nicht in die Nutzenfunktion eingehen, ergibt sich hier der Grenznutzen der Beschaffungszeit, indem die Fahrzeit g_k mit der Differenz des Grenznutzens der (entgangenen) Freizeit und des Grenznutzenbeitrags der Fahrzeit bewertet wird. Wie im Zusammenhang mit der Relation (38) ausgeführt wurde, resultiert aus der Einführung der Fahrzeiten eine Verringerung der konsumierten Gütermengen. Dieser Effekt wird abgeschwächt oder eventuell in sein Gegenteil verkehrt, wenn man positive Grenznutzen für die Fahrzeiten unterstellt. In diesem Fall kann der Zähler des Terms auf der linken Seite von (46) zunehmen. Entsprechend wird der Effekt verstärkt, wenn negative Grenznutzen für die Fahrzeiten angenommen werden. Läßt man negative Grenznutzen für die Fahrzeit zu, so ist allerdings zu beachten, daß die unterstellten positiven Grenznutzen für die Güter nicht durch die negativen Grenznutzen der Fahrzeit kompensiert werden

$$\frac{\partial U}{\partial X_k} + \frac{\partial U}{\partial T_k^B} g_k > 0 , \qquad k \varepsilon K \qquad (2.B.47.)$$

Anstelle des Nichtsättigungsaxioms (2.B.11.) tritt nun die schwächere Beziehung (47). Hier wird nicht mehr gefordert, daß die Grenznutzen aller Variablen der Nutzenfunktion positiv sein müssen, sondern es wird lediglich verlangt, daß die Summe der Grenznutzen aus dem Güterkonsum und der Güterbeschaffung positiv ist.

Bezüglich der Grenznutzenverhältnisse zweier beliebiger Güter k und q läßt sich unter Einbeziehung der Grenznutzen der Fahrzeit aus der Beziehung (45) die folgende Relation ableiten:

$$\frac{\dfrac{\partial U}{\partial X_k} + \dfrac{\partial U}{\partial T_k^B} g_k}{\dfrac{\partial U}{\partial X_q} + \dfrac{\partial U}{\partial T_q^B} g_q} = \frac{p_k + wg_k}{p_q + wg_q}, \qquad (k,q)\varepsilon K x K \tag{2.B.48.}$$

Im Gleichgewicht werden die Gütermengen so gewählt, daß sich die Summen der Grenznutzen aus Güterkonsum und Fahrzeit für zwei Güter verhalten wie ihre Beschaffungskosten (Kaufpreis plus bewertete Fahrzeit). Bei dem Zeitwert, mit dem die Fahrzeit auf der rechten Seite der Beziehung (48) in monetäre Größen umgerechnet wird, handelt es sich um den Zeitwert v der Gesamtzeit. Wie in der Gleichung (2.B.22.) abgeleitet wurde, ist der Zeitwert v gleich dem Lohnsatz w, wenn die Arbeitszeit nicht als Argument in der Nutzenfunktion auftaucht. Der Zeitwert v_k ist allerdings im Modell (43) nicht konstant. Aus den Gleichgewichtsbedingungen für die Fahrzeiten (44) ergibt sich der Zeitwert v_k, wenn man die Beziehungen nach dem Quotienten γ_k/λ auflöst.

$$v_k = \frac{\gamma_k}{\lambda} = w - \frac{1}{\lambda}\frac{\partial U}{\partial T_k^B}, \qquad k\varepsilon K \tag{2.B.49.}$$

Mit Hilfe des Zeitwertes v_k lassen sich die Grenznutzenverhältnisse zweier Güter ohne die explizite Einführung der Grenznutzen der Fahrzeit wie folgt ableiten. Dividiert man die Gleichgewichtsbedingung für die Güter (33) durch die Größe λ, so kann man schreiben

$$\frac{1}{\lambda}\frac{\partial U}{\partial X_k} - p_k - \frac{\gamma_k}{\lambda} g_k = 0$$

Leitet man aus dieser Gleichung die Grenznutzenrelation für zwei beliebige Güter k und q unter Berücksichtigung von (49) ab, erhält man

$$\frac{\dfrac{\partial U}{\partial X_k}}{\dfrac{\partial U}{\partial X_q}} = \frac{p_k + v_k g_k}{p_q + v_q g_q}, \qquad (k,q)\varepsilon K x K \tag{2.B.50.}$$

Die vorstehende Relation hat nahezu die gleiche Form wie die Beziehung (42), die sich ergibt, wenn die Fahrzeiten nicht in die Nutzenfunktion eingehen. Auch hier ist die Grenznutzenrelation zweier Güter gleich dem Verhältnis der Beschaffungskosten. Es ist aber darauf hinzuweisen, daß im Unterschied zu dem vorhergehenden Modell der Zeitwert v_k nicht konstant ist, sondern modellendogen bestimmt werden muß.

Die beiden Zeitallokationsmodelle, die in diesem Unterpunkt abgeleitet worden sind, basieren auf dem haushaltstheoretischen Modell (2.B.13.). Die gleichen Überlegungen lassen sich auch durchführen, wenn das verallgemeinerte Modell (2.B.23.) zugrunde gelegt wird, bei dem die Arbeitszeit als zusätzliche Variable in die Nutzenfunktion eingeht.[59] Man kann somit vier relevante Grundtypen bei den Zeitallokationsmodellen unterscheiden, je nachdem ob die Arbeitszeit und/oder die Fahrzeiten (Konsumzeiten) als Nutzendeterminanten berücksichtigt werden oder nicht.[60] Es sei an dieser Stelle noch einmal darauf hingewiesen, daß diejenigen Ansätze, die die Arbeitszeit in die Nutzenfunktion einbeziehen, für die Ableitung operationaler Nachfragefunktionen nicht sehr gut geeignet sind. Aus diesem Grunde werden diese Modelle in den folgenden Ausführungen nicht behandelt.

Im Hinblick auf die Nachfragefunktionen ist auf einen wichtigen Unterschied in den Ansätzen (32) und (43) hinzuweisen. In allgemeiner Form ergeben sich die Nachfragemengen der Güter in Abhängigkeit von den exogenen Größen der Modelle:

$$X_k = f(p_1, \ldots, p_k, \ldots, p_{n_K}, g_1, \ldots, g_k, \ldots, g_{n_K}, w, T) , \qquad (2.B.51.)$$

$$k \varepsilon K$$

Während die impliziten Nachfragefunktionen des Modells (43) in der vorstehenden Form angegeben werden müssen, können die nachgefragten Gütermengen des Ansatzes (32) als Funktion der Beschaffungskosten der Güter dargestellt werden:

$$X_k = h((p_1 + wg_1), \ldots, (p_k + wg_k), \ldots, (p_{n_K} + wg_{n_K}), w, T) , \qquad (2.B.52.)$$

Diese Eigenschaft der Nachfragefunktionen kann man ablesen, wenn in der Gleichgewichtsbedingung (33) der Multiplikator γ_k mit Hilfe der Beziehung (34) ersetzt wird.

$$\frac{\partial U}{\partial X_k} - \lambda(p_k + wg_k) = 0 , \qquad k \varepsilon K \qquad (2.B.53.)$$

59 Ein solcher Ansatz wird diskutiert von N. Bruzelius, The Value of Travel Time, Theory and Measurement, London 1979, S. 29–34. Auf die ausführliche Ableitung der Gleichgewichtsbedingungen wird an dieser Stelle verzichtet. Die Modifikationen, die sich bezüglich der hier behandelten Modelle ergeben, betreffen die Grenznutzenverhältnisse zwischen den Gütern und der Freizeit und den Zeitwert v; vgl. hierzu die Ausführungen zu den Beziehungen (2.B.25.) und (2.B.26.).

60 Eine Darstellung und Klassifikation der verschiedenen in der Literatur entwickelten Zeitallokationsmodelle würde hier zu weit führen. Einen Überblick über einige wichtige Ansätze bietet N. Bruzelius, The Value of Travel Time, Theory and Measurement, a.a.O., S. 34–41.

Durch Faktor λ, der auf die kombinierte Zeit-Budget-Restriktion (36)[61] bezogen ist

$$wT - \sum_k (p_k + wg_k)X_k - wT^F = 0 \qquad (2.B.54.)$$

finden die unabhängigen Variablen der Restriktion ebenfalls Eingang in die Beziehung (53). Löst man diese Gleichung nach den Gütervariablen auf, so ergeben sich die Nachfragefunktionen. Das Symbol h in Gleichung (53) bezeichnet die inverse Grenznutzenfunktion.

Der Grund für die Möglichkeit, die nachgefragten Mengen in Abhängigkeit von den Beschaffungskosten zu berechnen, liegt in der Konstanz des Zeitwertes der Fahrzeit v_k. Da die Konstanz der Größe v_k ebenfalls eine notwendige Bedingung für Nachfragefunktionen der Form (52) darstellt, kann festgehalten werden, daß die Konstanz des Zeitwertes impliziert ist, wenn die Beschaffungskosten als gewichtete Summe aus Geld- und Zeitvariablen in eine Nachfragefunktion eingehen.[62]

Mit Bezug zu einer kritischen Würdigung der hier diskutierten Modelle kann positiv hervorgehoben werden, daß es gelungen ist, die Fahrzeiten in konsistenter Weise in ein haushaltstheoretisches Modell zu integrieren. Die sich aus den Ansätzen ergebenden Nachfragefunktionen sind zeitelastisch und bilden damit die wesentliche Grundlage für die Ableitung der Verkehrsnachfrage des Haushalts, der die Aufmerksamkeit im nächsten Unterpunkt gewidmet wird.

Neben der Möglichkeit der Ableitung von Nachfragefunktionen, die in der vorliegenden Arbeit im Vordergrund steht, bieten die hier behandelten Zeitallokationsmodelle eine theoretische Basis für die Bewertung der Zeit. Dieser Aspekt spielt vor allem bei der Beurteilung von Verkehrssystemen und Investitionen im Verkehrsbereich eine wesentliche Rolle.[63] Aber auch auf anderen Gebieten kann die Bewertung von Zeitersparnissen als wichtige Entscheidungsgrundlage dienen.[64]

Ein weiterer Vorteil der Modelle kann darin gesehen werden, daß der Bezug zu den Grundlagen der klassischen Haushaltstheorie (Einkommensentstehung und

61 In der Bedingung (54) wurden die Fahrzeiten mit Hilfe der Fahrzeitrestriktion durch die Gütervariablen ersetzt.

62 Vgl. hierzu auch N. Bruzelius, The Value of Time, Theory and Measurement, a.a.O., S. 112–141.

63 Vgl. P. R. Stopher, A. H. Meyburg, Transportation Systems Evaluation, Lexington 1976; W. Kentner, Planung und Auslastung der Verkehrsinfrastruktur in Ballungsräumen, Düsseldorf 1972, S. 116–153; H. M. Schellhaass, Preis- und Investitionspolitik für Autobahnen, Berlin 1972, S. 60–69.

64 Ein Beispiel bietet P. Friedrich, Zeitersparnis als Leistungskriterien gemeinwirtschaftlicher Unternehmen, Schriftenreihe Gemeinwirtschaft, Heft Nr. 31, Köln 1979.

Einkommensverwendung) deutlich wird. Dieser Zusammenhang ist bei den in der Literatur entwickelten Zeitallokationsansätzen häufig nicht zu erkennen.[65]
Als Kritikpunkt könnte gegen die Modelle angeführt werden, daß die Fahrzeiten keine eigenständigen Entscheidungsvariablen darstellen, da sie in konstanter Relation zu den Konsummengen angesetzt werden. Diesem Einwand kann dadurch begegnet werden, daß anstelle der Fahrzeitrestriktion (31) eine Ungleichheitsbeziehung eingeführt wird.[66]

$$T_k^B \geq g_k X_k \,, \qquad k \varepsilon K \qquad (2.B.55.)$$

Ergibt sich nun im Gleichgewicht, daß für bestimmte Güter das Ungleichheitszeichen gilt, so wird mehr Fahrzeit verwendet, als technisch notwendig ist. Die Beschaffung der Güter ist nicht mehr Mittel zum Zweck des Güterkonsums, sondern Selbstzweck.[67] Als Beispiel für den vorliegenden Fall können Wochenendfahrten in ein Ausflugslokal genannt werden. Greift nun die Fahrzeitrestriktion nicht, hat das zur Folge, daß eine Verringerung der Beschafftungszeit g_k ohne Einfluß auf die Güternachfrage bleibt, da der auf die Restriktion bezogene Lagrangemultiplikator γ_k den Wert Null annimmt. Das bedeutet weiter, daß die Nachfragefunktionen für diese Güter zeitunelastisch sind.[68] Da an dieser Stelle der zeitelastische Teil der Verkehrsnachfrage analysiert werden soll, wird auf die Einführung der Ungleichheitsrestriktion verzichtet.[69] Den folgenden Ausführungen liegen also die unveränderten Modelle (32) und (43) zugrunde.

65 So zum Beispiel in den Ansätzen von A. W. Evans, On the Theory of the Valuation and Allocation of Time, a.a.O., S. 1–17; G. S. Becker, A Theory of the Allocation of Time, a.a.O., S. 493–517; F. X. DeDonnea, Consumer Behavior, Transport Mode Choice and the Value of Time, a.a.O., S. 355–382; P. L. Watson, The Value of Time, Behavioral Models of Modal Choice, Lexington 1974, S. 39–53. R. G. McGillivray, Demand and Choice Models of Modal Split, in: Journal of Transport Economics and Policy, Vol. 4, 1970, S. 192–207.

66 Vgl. A. C. DeSerpa, A Theory of the Economics of Time, a.a.O., S. 830.

67 Verwendet man anstelle der Fahrzeit in den Zeitallokationsmodellen die vollständige Konsumzeit, so werden diejenigen Güter, für die im Optimum das Ungleichheitszeichen in der Konsumzeitrestriktion gilt, als »leisure goods« bezeichnet. Gilt hingegen das Gleichheitszeichen, so werden die entsprechenden Güter »intermediate goods« genannt; vgl. A. C. DeSerpa, A Theory of the Economics of Time, a.a.O., S. 833–834. Die Einführung der »leisure goods« kann als Aufspaltung der Freizeitvariablen T^F interpretiert werden. Es sei aber darauf hingewiesen, daß die Aufspaltung der Freizeitvariablen nur dann sinnvoll ist, wenn auch Preise für die »leisure goods« eingeführt werden. Ist das nicht der Fall, so ergibt sich aus Gleichung (44) wegen $\gamma_k = 0$, daß die Grenznutzen der Zeit für alle »leisure goods« gleich sein müssen.

68 Den exakten mathematischen Beweis liefert A. C. DeSerpa, A Theory of the Economics of Time, a.a.O., S. 839–840.

69 Verzichtet man auf die Einführung der Ungleichheitsrestriktion, so wird unterstellt, daß die Nachfrage nach Gütern, die mit Selbstzweckfahrten verbunden sind, modellexogen bestimmt werden muß. Im Zeit-Mengen-Diagramm ergibt sich dann eine autonome Rechtsverschiebung der über die Güter aggregierten Nachfrage des Haushalts.

3. Die Ableitung von haushaltsspezifischen Funktionen der Verkehrsnachfrage

In den beiden vorstehenden Unterpunkten wurde die Zeit in die Analyse des Haushaltsgleichgewichts einbezogen. Dadurch ist es gelungen, die Abhängigkeit der Güternachfrage von der Fahrzeit zur Beschaffung der Güter zu erklären. Das fehlende Bindeglied für die Ermittlung der Verkehrsnachfragefunktionen ist die Beziehung zwischen den Konsumgütermengen X_k und der Anzahl der notwendigen Fahrten F_k, die in diesem Abschnitt eingeführt werden soll.
Der Zusammenhang zwischen den konsumierten Gütermengen und der Anzahl der Fahrten wird durch die Beschaffungsmenge pro Fahrt b_k hergestellt. Geht man davon aus, daß b_k konstant ist, so läßt sich eine Beschaffungsrestriktion der folgenden Form konstruieren:

$$X_k = b_k F_k , \qquad k \varepsilon K \tag{2.B.56.}$$

Nimmt man an, daß die Beschaffungsmenge b_k durch Größen wie die häusliche Lagerkapazität, die Transportkapazität und die Lagerfähigkeit der Produkte festgelegt wird, dann läßt sich die obige Beziehung wie die Fahrzeitrestriktion als technisch determinierte Relation interpretieren.
Die Verkehrsnachfragefunktionen des Haushalts können nun ermittelt werden, wenn die Restriktionen (56) in die Modelle (2.B.32.) und (2.B.43.) eingeführt werden. Die Fahrzeitrestriktionen (2.B.31.), die den Zusammenhang zwischen den Gütermengen und der gesamten Fahrzeit erfassen, müssen dann allerdings mit Bezug zu den Fahrtvariablen definiert werden.

$$T_k^B = t_k F_k , \qquad k \varepsilon K \tag{2.B.57.}$$

Die Größe t_k stellt die Fahrzeit für eine Fahrt zur Beschaffung des Gutes k dar.
Unter Verwendung der beiden Restriktionen lautet der Optimierungsansatz (2.B.32.):

$$\begin{aligned} Z = {} & U(X_1, \ldots, X_k, \ldots, X_{n_K}, T^F) + \\ & + \lambda(wT - \sum_k p_k X_k - w \sum_k T_k^B - wT^F) + \\ & + \sum_k \gamma_k (T_k^B - t_k F_k) + \sum_k \alpha_k (X_k - b_k F_k) , \end{aligned} \tag{2.B.58.}$$

$$Z \rightarrow \max$$

Die Gleichgewichtsbedingungen für positive Werte der Variablen lauten

$$\frac{\partial Z}{\partial X_k} = \frac{\partial U}{\partial X_k} - \lambda p_k + \alpha_k = 0 , \qquad k \varepsilon K \tag{2.B.59.}$$

$$\frac{\partial Z}{\partial T^F} = \frac{\partial U}{\partial T^F} - \lambda w = 0 \tag{2.B.60.}$$

$$\frac{\partial Z}{\partial T_k^B} = - \lambda w + \gamma_k = 0 , \qquad k \varepsilon K \tag{2.B.61.}$$

$$\frac{\partial Z}{\partial F_k} = - \gamma_k t_k - \alpha_k b_k = 0 , \qquad k \varepsilon K \tag{2.B.62.}$$

Aus den gleich null gesetzten Ableitungen nach den Lagrangefaktoren, die hier nicht nochmals aufgeführt werden sollen, ergeben sich wiederum die Restriktionen des Modells.

Eliminiert man die Faktoren α_k und γ_k in der Gleichung (62) mit Hilfe der Bedingungen (59) und (61), so kann angesetzt werden

$$- \lambda w t_k + \left(\frac{\partial U}{\partial X_k} - \lambda p_k\right) b_k = 0$$

Durch Umformung ergibt sich

$$\frac{\partial U}{\partial X_k} b_k - \lambda (p_k b_k + w t_k) = 0$$

Berücksichtigt man die Tatsache, daß der erste Summand der vorstehenden Beziehung die Ableitung der Nutzenfunktion nach der Fahrtvariablen F_k darstellt,[70] kann man schreiben

$$\frac{\partial U}{\partial F_k} - \lambda (p_k b_k + w t_k) = 0 , \qquad k \varepsilon K \tag{2.B.63.}$$

Diese Gleichgewichtsbedingung hat die gleiche Struktur wie die entsprechend umgeformte Gleichgewichtsbedingung der Güter (2.B.33.) im Modell (2.B.32.).

70 Ersetzt man die Gütervariablen X_k in der Nutzenfunktion mit Hilfe der Beschaffungsrestriktionen, so ergeben sich die partiellen Ableitungen der Nutzenfunktion nach den Fahrtvariablen gemäß der Kettenregel als

$$\frac{\partial U}{\partial F_k} = \frac{\partial U}{\partial X_k} \frac{\partial X_k}{\partial F_k}$$

Wegen der linearen Beschaffungsrestriktion (56) ist die Ableitung der Gütermengen nach den Fahrten gleich der Beschaffungsmenge b_k.

Der einzige Unterschied besteht darin, daß alle Größen in der Beziehung (63) mit Hilfe der Beschaffungsmenge b_k umgerechnet worden sind.[71] Aus diesem Grunde ergeben sich die Grenznutzenverhältnisse zwischen den Fahrten und der Freizeit sowie die Grenznutzenverhältnisse zwischen zwei beliebigen Fahrten k und q vollkommen analog zu den Bedingungen (2.B.39.) und (2.B.42.):

$$\frac{\frac{\partial U}{\partial F_k}}{\frac{\partial U}{\partial T^F}} = \frac{p_k b_k + wt_k}{w} , \quad k \varepsilon K \tag{2.B.64.}$$

$$\frac{\frac{\partial U}{\partial F_k}}{\frac{\partial U}{\partial F_q}} = \frac{p_k b_k + wt_k}{p_q b_q + wt_q} , \quad (k,q) \varepsilon K x K \tag{2.B.65.}$$

Die Verkehrsnachfragefunktionen, die aus dem Ansatz (58) resultieren, lassen sich in der gleichen Form darstellen wie die Nachfragebeziehungen des Modells (2.B.32.)[72]

$$F_k = g((p_1 b_1 + wt_1), \ldots, (p_k b_k + wt_k), \ldots \tag{2.B.66.}$$

$$\ldots, (p_{n_K} b_{n_K} + wt_{n_K}), w, T) , \quad k \varepsilon K$$

Als Einflußvariablen erscheinen in den Verkehrsnachfragefunktionen die Beschaffungskosten $(p_k b_k + wt_k)$ für die Gütermenge b_k, der Lohnsatz w sowie die verfügbare Zeit T.

Führt man die Beschaffungsrestriktionen und die modifizierten Zeitrestriktionen in das allgemeinere Modell (2.B.43.) ein, so lautet das Optimierungsproblem:

$$Z = U(X_1, \ldots, X_k, \ldots, X_{n_K}, T_1^B, \ldots, T_k^B, \ldots, T_{n_K}^B, T^F) + \tag{2.B.67.}$$

$$+ \lambda(wT - \sum_k p_k X_k - w \sum_k T_k^B - wT^F) +$$

$$+ \sum_k \gamma_k (T_k^B - t_k F_k) + \sum_k \alpha_k (X_k - b_k F_k) ,$$

$$Z \rightarrow \max$$

71 Dividiert man die Bedingung (63) durch die Beschaffungsmenge b_k, so erhält man $\frac{\partial U}{\partial X_k} - \lambda(p_k + w\frac{t_k}{b_k}) = 0$. Geht man davon aus, daß der Quotient t_k/b_k gleich der Fahrzeit zur Beschaffung einer Gütereinheit g_k ist, so ist die vorstehende Bedingung identisch mit der entsprechenden Gleichgewichtsbedingung für die Güter im Modell (2.B.32.); vgl. die Gleichung (2.B.33.) im Zusammenhang mit (2.B.34.).

72 Vgl. die Ausführungen zu den Gleichungen (2. B. 52.) im vorigen Unterpunkt.

Die Grenznutzenrelationen für dieses Modell unterscheiden sich genau wie im vorab dargestellten Ansatz von den entsprechenden Beziehungen des Modells (2.B.43.) lediglich dadurch, daß alle Größen mit Hilfe der Beschaffungsrestriktion umgerechnet sind:[73]

$$\frac{\frac{\partial U}{\partial F_k} + \frac{\partial U}{\partial T_k^B} t_k}{\frac{\partial U}{\partial F_q} + \frac{\partial U}{\partial T_q^B} t_q} = \frac{p_k b_k + w t_k}{p_q b_q + w t_q}, \quad (k,q) \varepsilon K x K \qquad (2.B.68.)$$

$$\frac{\frac{\partial U}{\partial F_k} - \left(\frac{\partial U}{\partial T^F} - \frac{\partial U}{\partial T_k^B}\right) t_k}{\frac{\partial U}{\partial T^F}} = \frac{p_k b_k}{w}, \quad k \varepsilon K \qquad (2.B.69.)$$

Die Verkehrsnachfragefunktionen des Modells (67) haben die folgende implizite Form

$$F_k = h(p_1, \ldots, p_k, \ldots, p_{n_K}, b_1, \ldots, b_k, \ldots, b_{n_K}, \qquad (2.B.70.)$$

$$t_1, \ldots, t_k, \ldots, t_{n_K}, w, T), \quad k \varepsilon K$$

Mit Bezug zu einer kritischen Würdigung der Ansätze kann positiv hervorgehoben werden, daß durch die Einführung der Beschaffungsrestriktion in die Zeitallokationsmodelle die theoretische Grundlage für die Ableitung von Verkehrsnachfragefunktionen auf der Basis haushaltstheoretisch orientierter Modelle geschaffen wurde. Es wird somit dem Sachverhalt Rechnung getragen, daß die Verkehrsnachfrage eine aus der Nachfrage nach anderen Gütern abgeleitete Nachfrage darstellt. Dieser Tatbestand wird in den theoretischen Überlegungen zur Verkehrsnachfrage nur unzureichend gewürdigt.

Ein kritischer Einwand, den man gegen die behandelten Modelle vorbringen könnte, bezieht sich auf die Annahme einer konstanten Beschaffungsmenge b_k. Um diesem Kritikpunkt zu begegnen, könnte ein Vorschlag lauten, die Beschaffungsmengen modellendogen zu bestimmen. Dieses Vorhaben führt allerdings, ähnlich wie die Einführung frei wählbarer Fahrzeiten,[74] zu einer ökonomisch nicht sinnvollen Problemstellung.[75]

73 Zur Ableitung der Bedingungen (68) und (69) vgl. die Ausführungen zu den Gleichungen (2. B. 46.) und (2. B. 48.).

74 Vgl. das Modell (2. B. 27.) im vorigen Unterpunkt.

75 Will man die Beschaffungsmengen modellendogen bestimmen, so müssen die partiellen Ableitungen nach den Variablen b_k gebildet werden:

Ein anderer Vorschlag, die Annahme einer konstanten Beschaffungsmenge aufzugeben, besteht darin, anstelle der linearen Beschaffungsrestriktion eine allgemeine Beziehung

$$X_k = f(F_k)$$

einzuführen. Die Einbeziehung einer solchen Restriktion in die vorstehend beschriebenen Ansätze ist ohne weiteres möglich. Anstelle der Größen b_k treten dann in den obigen Gleichungen die partiellen Ableitungen der Beschaffungsrestriktion.

Bevor dieser Unterpunkt abgeschlossen werden soll, sei noch auf zwei Erweiterungsmöglichkeiten der Modelle hingewiesen. Die erste Modifikation bezieht sich auf die Einbeziehung weiterer Restriktionen in die Modelle. Geht man davon aus, daß eine zusätzliche Eigenschaft der Fahrten (zum Beispiel der Fahrkomfort oder die Fahrsicherheit) ebenfalls das Nutzenniveau beeinflußt, und unterstellt man, daß zwischen der Eigenschaft E_k und der Fahrtvariablen F_k eine funktionale Beziehung der Form $E_k = f(F_k)$ besteht, so ergibt sich der Grenznutzen einer Fahrt als

$$\frac{\partial U}{\partial F_k} = \frac{\partial U}{\partial X_k} \frac{\partial X_k}{\partial F_k} + \frac{\partial U}{\partial T_k^B} \frac{\partial T_k^B}{\partial F_k} + \frac{\partial U}{\partial E_k} \frac{\partial E_k}{\partial F_k}$$

Hierbei stellt der erste Summand den Grenznutzen der Fahrt aus dem Konsum der beschafften Güter, der zweite Summand den Grenznutzen der Fahrzeit und der dritte Summand den Grenznutzen aus der weiteren Fahrteigenschaft dar. Bezeichnet man die nutzenbeeinflussenden Eigenschaften einer Fahrt k mit E_{qk}, und nimmt man funktionale Beziehungen zwischen den Eigenschaften und den Fahrten an, so lautet die vorstehende Bedingung in allgemeiner Form

$$\frac{\partial U}{\partial F_k} = \sum_{q=1}^{n_Q} \frac{\partial U}{\partial E_{qk}} \frac{\partial E_{qk}}{\partial F_k} \qquad (2.B.71.)$$

$\frac{\partial Z}{\partial b_k} = \alpha_k b_k \overset{!}{=} 0$. Für positive Beschaffungsmengen ergibt sich für die Faktoren α_k der Wert Null. Wegen der Bedingungen (61) und (62) folgt für die Lagrangemultiplikatoren γ_k und λ ebenfalls der Wert Null. Berücksichtigt man diese Folgerungen, so ist das Maximum der Lagrangefunktionen nur dann erreicht, wenn die Grenznutzen der Güter $\frac{\partial U}{\partial X_k}$ und der Freizeit $\frac{\partial U}{\partial T^F}$ gleich null sind. Diese Forderung verstößt aber gegen das Nicht-Sättigungsaxiom (2. B. 11.). Die genannten Folgerungen ergeben sich nicht, wenn die Beschaffungsmengen b_k zusätzlich als Nutzeneinflußgrößen berücksichtigt werden. Allerdings erscheint es wenig plausibel, neben den Konsumgütermengen zusätzlich die Beschaffungsmengen pro Fahrt in die Nutzenfunktion einzubeziehen.

Die zweite Erweiterungsmöglichkeit der Modelle bezieht sich auf die Berücksichtigung der Fahrtkosten. Der Ansatzpunkt für die Einbeziehung dieser Größen ist die kombinierte Zeit-Budget-Restriktion. Verwendet man das Symbol c_k für die Fahrtkosten pro Fahrt, so läßt sich die modifizierte Restriktion schreiben als

$$wT - \sum_k p_k X_k - \sum_k c_k F_k - w \sum_k T_k^B - wT^F = 0 \qquad (2.B.72.)$$

Die Einführung der Fahrtkosten wirkt in den Modellen wie eine Preiserhöhung. Die Aufwendungen für die Beschaffung der Gütermenge b_k belaufen sich nun im Modell (58) auf $(p_k b_k + c_k + w t_k)$, während sie im Modell (67) den Wert $(p_k b_k + c_k + v_k t_k)$ annehmen. In den Gleichgewichtsbedingungen ergeben sich entsprechende Änderungen, und in die Nachfragefunktionen gehen die Fahrtkosten zusätzlich als unabhängige Variablen ein.
Um die folgenden Untersuchungen nicht unnötig komplex zu gestalten, werden die Modelle (58) und (67) den weiteren Überlegungen zugrunde gelegt. Auf die Einführung der dargestellten Modifikationen der Modelle wird also verzichtet.

II. Die Untersuchung der Haushaltsentscheidungen bei Einführung einer diskreten Raumstruktur und alternativer Verkehrsmittel

1. Die Entscheidungen des Haushalts bei sicheren Erwartungen

Bei den bisher abgeleiteten Modellen wurde der räumlichen Trennung zwischen dem Konsumort und dem Beschaffungsort durch Einführung von konsumgüterspezifischen Fahrzeiten Rechnung getragen. Bislang wurde nicht berücksichtigt, daß die Güter in verschiedenen Orten beschafft werden können und daß diese Orte auf alternativen Fahrtrouten erreicht werden können. Deshalb ist es erforderlich, die Netzwerkstruktur des städtischen Verkehrssystems, die bei der Untersuchung der Angebotsseite des Verkehrsmarktes eine Rolle spielt, ebenfalls in die Analyse der Nachfrageseite einzubeziehen. Neben der Raumstruktur ist weiterhin zu beachten, daß die Einkaufsorte mit verschiedenen Verkehrsmitteln aufgesucht werden können. Berücksichtigt man auch diesen Sachverhalt, so wird durch die Erweiterung der Modelle erreicht, daß neben der Wahl der Fahrfrequenz zusätzlich die Wahl der Einkaufsorte, die Wahl der Verkehrsmittel und die Wahl der Fahrtrouten ermittelt werden kann. Hierbei wird – wie auch bei den bisher behandelten Modellen implizit unterstellt wurde – zunächst von sicheren Erwartungen bezüglich der exogenen Größen der Modelle sowie von einer deterministischen Präferenzstruktur ausgegangen. Diese Annahmen werden im folgenden Unterpunkt 2 aufgegeben. Im Abschnitt 3 wird dann die Frage diskutiert, in welcher Reihenfolge die Entscheidungen bezüglich der genannten Alternativen erfolgen können.

Um die Ausführungen in diesem Unterpunkt nicht unübersichtlich zu gestalten, wird zunächst lediglich die Wahl der Einkaufsorte berücksichtigt. Die Einbeziehung der Verkehrsmittel und der Fahrtrouten in die haushaltstheoretischen Modelle kann analytisch in der gleichen Weise vorgenommen werden wie die Einführung der Bestimmungsorte. Auf die entsprechenden Erweiterungsmöglichkeiten der Modelle wird am Schluß dieses Abschnitts Bezug genommen.

Geht man davon aus, daß alle Güter in jedem Ort $j=1,\ldots,n_J$ verfügbar sind, so kann das Modell (2.B.58.) bei Berücksichtigung der Einkaufsorte in der folgenden Form modifiziert werden

$$
\begin{aligned}
Z = {} & U(X_{11}, \ldots, X_{jk}, \ldots, X_{n_J n_K}, T^F) + \\
& + \lambda(wT - \sum_j \sum_k p_{jk} X_{jk} - w \sum_j \sum_k T^B_{jk} - wT^F) + \\
& + \sum_j \sum_k \gamma_{jk}(T^B_{jk} - t_j F_{jk}) + \sum_j \sum_k \alpha_{jk}(X_{jk} - b_k F_{jk}) ,
\end{aligned}
\qquad (2.B.73.)
$$

$$Z \rightarrow \max$$

In dem vorstehenden Ansatz wird unterstellt, daß die Fahrzeiten pro Fahrt t_j von der Art der beschafften Güter unabhängig sind. Weiterhin wird angenommen, daß die Wahl des Einkaufsortes keinen Einfluß auf die Beschaffungsmenge b_k hat. Bezüglich der Güterpreise sind unterschiedliche Preishöhen in den einzelnen Orten möglich. Im Hinblick auf die Gleichgewichtsbedingungen des Modells ergeben sich keine wesentlichen Änderungen gegenüber den Bedingungen (2.B.64.) und (2.B.65.) im vorigen Unterpunkt. Es sind lediglich Modifikationen bei der Indizierung der Variablen vorzunehmen.

$$\frac{\frac{\partial U}{\partial F_{jk}}}{\frac{\partial U}{\partial T^F}} = \frac{(p_{jk} b_k + wt_j)}{w} , \qquad (j,k) \varepsilon J x K \qquad (2.B.74.)$$

$$\frac{\frac{\partial U}{\partial F_{jk}}}{\frac{\partial U}{\partial F_{qz}}} = \frac{(p_{jk}b_k + wt_j)}{(p_{qz}b_z + wt_q)} , \quad (j,k),(q,z)\varepsilon JxK \qquad (2.B.75.)$$

Die Nachfragefunktionen haben bis auf die Indizierung der Variablen die gleiche Struktur wie die Relationen des Modells ohne die einbezogenen Einkaufsorte.

$$F_{jk} = h((p_{11}b_1 + wt_1), \ldots, (p_{jk}b_k + wt_j), \ldots \qquad (2.B.76.)$$

$$\ldots, (p_{n_J n_K}b_{n_K} + wt_{n_J}), w, T) , \quad (j,k)\varepsilon JxK$$

Die Einführung der Einkaufsorte kann vollkommen analog auch auf Basis des Modells (2.B.67.) durchgeführt werden.

$$Z = U(X_{11}, \ldots, X_{jk}, X_{n_J n_K}, T^B_{11}, \ldots, T^B_{jk}, \ldots, T^B_{n_J n_K}, T^F) + \qquad (2.B.77.)$$

$$+ \lambda(wT - \sum_j \sum_k p_{jk}X_{jk} - w \sum_j \sum_k T^B_{jk} - wT^F) +$$

$$+ \sum_j \sum_k \gamma_{jk}(T^B_{jk} - t_j F_{jk}) + \sum_j \sum_k \alpha_{jk}(X_{jk} - b_k F_{jk}) ,$$

$$Z \rightarrow \max$$

Auch hier ergeben sich in den Gleichgewichtsbedingungen und den Nachfragefunktionen lediglich Änderungen bezüglich der Indizierung der Variablen.

$$\frac{\frac{\partial U}{\partial F_{jk}}}{\frac{\partial U}{\partial T^F}} = \frac{\frac{\partial U}{\partial X_{jk}} b_k + \frac{\partial U}{T^B_{jk}} t_j}{\frac{\partial U}{\partial T^F}} = \frac{(p_{jk}b_k + wt_j)}{w} , \quad (j,k)\varepsilon JxK \qquad (2.B.78.)$$

$$\frac{\frac{\partial U}{\partial F_{jk}}}{\frac{\partial U}{\partial F_{qz}}} = \frac{\frac{\partial U}{\partial X_{jk}} b_k + \frac{\partial U}{\partial T^B_{jk}} t_j}{\frac{\partial U}{\partial X_{qz}} b_z \quad \frac{\partial U}{\partial T^B_{qz}} t_q} = \frac{(p_{jk}b_k + wt_j)}{(p_{qz}b_z + wt_q)} , \qquad (2.B.79.)$$

$$(j,k), (q,z)\varepsilon JxK, (j,k) \neq (q,z)$$

$$F_{jk} = g(p_{11}, \ldots, p_{jk}, \ldots, p_{n_J n_K}, b_1, \ldots, b_k, \ldots, b_{n_K}, \ldots \qquad (2.B.80.)$$

$$\ldots, t_1, \ldots, t_j, \ldots, t_{n_J}, w, T) , \quad (j,k)\varepsilon JxK$$

Führt man die Bestimmungsorte in der vorstehend beschriebenen Art in die Analyse ein, so kann das aufgefaßt werden, als würden neue Güter in die haushaltstheoretischen Modelle einbezogen. Die Anzahl der Güter wird von n_K auf $n_K \cdot n_J$ erhöht. Der Tatbestand, daß die Güter in der Nutzenfunktion zusätzlich einen Ortsindex tragen, bedeutet, daß der Nutzen eines Gutes vom Beschaffungsort beeinflußt wird. Ökonomisch ist damit die Existenz von örtlichen Präferenzen impliziert. Wird diese Prämisse aufgegeben, so hat das unterschiedliche Auswirkungen auf die Ergebnisse der beiden Modelle (73) und (77). Diese Effekte sollen im folgenden untersucht werden.

Nimmt man an, der Nutzen eines Gutes sei unabhängig von dem Ort der Beschaffung, so enthält die Nutzenfunktion lediglich die Güter X_k. Diese Variablen sind mit den am Ort j beschafften Gütermengen X_{jk} durch die Allokationsrestriktion

$$X_k = \sum_j X_{jk}, \qquad k \varepsilon K \tag{2.B.81.}$$

verbunden. Übernimmt man die Fahrzeit- und die Beschaffungsrestriktion unverändert aus dem vorigen Ansatz, dann ergibt sich

$$\begin{aligned} Z = {} & U(X_1, \ldots, X_k, \ldots, X_{n_K}, T^F) + \\ & + \lambda(wT - \sum_j \sum_k p_{jk} X_{jk} - w \sum_j \sum_k T^B_{jk} - wT^F) + \\ & + \sum_j \sum_k \gamma_{jk}(T^B_{jk} - t_j F_{jk}) + \sum_j \sum_k \alpha_{jk}(X_{jk} - b_k F_{jk}) + \\ & + \sum_k \delta_k (X_k - \sum_j X_{jk}), \end{aligned} \tag{2.B.82.}$$

$$Z \rightarrow \max$$

Bevor nun die Wahlakte des Haushalts bei der Anwendung des Modells (82) näher untersucht werden sollen, werden die Variablen X_{jk} und T^B_{jk} mit Hilfe der Beschaffungsrestriktionen und der Fahrzeitrestriktionen aus den anderen Restriktionen eliminiert. Diese Operationen haben keinen Einfluß auf die Ergebnisse der folgenden Modellanalyse. Sie dienen lediglich einer Verkürzung des Rechenweges. Das Modell (82) wird zu

$$\begin{aligned} Z = {} & U(X_1, \ldots, X_k, \ldots, X_{n_K}, T^F) + \\ & + \lambda(wT - \sum_j \sum_k (p_{jk} b_k + wt_j) F_{jk} - wT^F) + \sum_k \delta_k (X_k - \sum_j b_k F_{jk}), \end{aligned} \tag{2.B.83.}$$

$$Z \rightarrow \max$$

Die Kuhn-Tucker-Bedingungen für den Optimierungsansatz (83) lauten[76]

(a) $X_k \geqq 0 , \quad k \varepsilon K$

$F_{jk} \geqq 0 , \quad (j,k) \varepsilon J x K$

$T^F \geqq 0 ,$

(b) $\lambda \geqq 0 ,$

$\delta_k \geqq 0 , \quad k \varepsilon K$

(c) $\frac{\partial U}{\partial X_k} + \delta_k \leqq 0 , \quad k \varepsilon K$

(d) $(\frac{\partial U}{\partial X_k} + \delta_k) X_k = 0 , \quad k \varepsilon K$

(e) $\frac{\partial U}{\partial T^F} - \lambda w \leqq 0 ,$

(f) $(\frac{\partial U}{\partial T^F} - \lambda w) T^F = 0 ,$

(g) $- \lambda (p_{jk} b_k + w t_j) - \delta_k b_k \leqq 0 , \quad (j,k) \varepsilon J x K$

(h) $(- \lambda (p_{jk} b_k + w t_j) - \delta_k b_k) F_{jk} = 0 , \quad (j,k) \varepsilon J x K$

Werden positive Werte für die Gütervariablen X_k angenommen, so gilt nach Bedingung (d)

(i) $\delta_k = - \frac{\partial U}{\partial X_k} , \quad k \varepsilon K$

Setzt man dieses Ergebnis in die Beziehung (h) ein und bezeichnet die Beschaffungskosten $(p_{jk}b_k + wt_j)$ mit z_{jk}, kann man schreiben[77]

$$(\frac{\partial U}{\partial F_k} - \lambda z_{jk}) F_{jk} = 0 , \quad (j,k) \varepsilon J x K \qquad \text{(2.B.84.)}$$

76 Da die Restriktionen als Gleichungen erfüllt sein sollen, wird auf die Darstellung der vollständigen Bedingungen für die Faktoren λ und δ_k verzichtet. Die Kuhn-Tucker-Theoreme sind beschrieben in H. P. Künzi, W. Krelle, Nichtlineare Programmierung, a.a.O., S. 59–66.

77 Es ist zu beachten, daß der Ausdruck $\frac{\partial U}{\partial X_k} b_k$ den Grenznutzen einer Fahrt $\frac{\partial U}{\partial F_k}$ bezeichnet.

Da der Wert des Klammerterms wegen der Optimumbedingung (g) nicht positiv werden darf, ist die Gleichung (84) für $F_{jk} > 0$ nur dann zu erfüllen, wenn der Wert der Klammer für die geringsten Beschaffungskosten z_{jk} gleich null ist.[78]

$$\left(\frac{\partial U}{\partial F_k} - z_{j_k k}\right) F_{jk} = 0 \qquad \text{(2.B.85.)}$$

$$\text{mit } z_{j_k k} = \min_j z_{jk}\,, \qquad k \varepsilon K$$

Für alle anderen Beschaffungskosten ergibt sich ein negativer Wert in der Klammer, sofern sich die Beschaffungskosten für ein Gut unterscheiden. Das bedeutet, daß die entsprechenden Fahrtvariablen gleich null sein müssen.

$$F_{jk} = 0\,, \qquad (j,k)\varepsilon J x K \text{ und } j \neq j_k \qquad \text{(2.B.86.)}$$

Das Wirtschaftssubjekt fragt jedes Gut also nur in dem Ort nach, der die geringsten Beschaffungskosten erfordert. Die Anzahl der nicht trivialen Nachfragefunktionen reduziert sich somit auf die Größe n_K.

$$F_{j_k k} = h((p_{j_1 1} b_1 + wt_{j_1}), \ldots, (p_{j_k k} b_k + wt_{j_k}), \ldots \qquad \text{(2.B.87.)}$$

$$\ldots, (p_{j_{n_K}} b_{n_K} + wt_{j_{n_K}}), w, T)\,, \qquad k \varepsilon K$$

Die nicht trivialen Nachfragefunktionen des Modells (82) unterscheiden sich also nicht von dem gleichen Modell ohne integrierte Raumstruktur (2.B.58.), sofern dort angenommen wird, daß sich die Preise und die Fahrzeiten jeweils auf den Ort mit den geringsten Beschaffungskosten beziehen.

Der technische Grund für die Ecklösung des Optimierungsproblems besteht darin, daß die Grenznutzen der Fahrten zur Beschaffung eines Gutes für alle Bestimmungsorte gleich sind, die Beschaffungskosten aber unterschiedliche Werte aufweisen. Dieser Sachverhalt wird dadurch bedingt, daß die Variablen in der Nutzenfunktion einen Index weniger haben als die Variablen in der kombinierten Zeit-Budget-Restriktion.

Führt man die Allokationsrestriktion (2.B.81.) in das Modell (77) ein und nimmt zusätzlich an, daß alle Güter der gleichen Art unabhängig vom Beschaffungsort denselben Nutzen stiften, ergibt sich der folgende Ansatz:

78 Wäre der Wert der Klammer für einen Kostenterm gleich null, der nicht die minimalen Kosten repräsentiert, so ergibt sich zumindestens für den minimalen Kostenterm ein positiver Klammerwert. Dieses Ergebnis stände dann im Widerspruch zur Bedingung (g).

$$Z = U(X_1, \ldots, X_k, \ldots, X_{n_K}, T^B_{11}, \ldots, T^B_{jk}, \ldots, T^B_{n_J n_K}, T^F) + \tag{2.B.88.}$$

$$+ \lambda(wT - \sum_j \sum_k p_{jk}X_{jk} + w \sum_j \sum_k T^B_{jk} + wT^F) +$$

$$+ \sum_j \sum_k \gamma_{jk}(T^B_{jk} - t_j F_{jk}) + \sum_j \sum_k \alpha_{jk}(X_{jk} - b_k F_{jk}) +$$

$$+ \sum_k \delta_k (X_k - \sum_j X_{jk}) ,$$

$$Z \rightarrow \max$$

Bezüglich der Variablen F_{jk} ergibt sich allerdings in diesem Ansatz nicht notwendig eine Ecklösung, da in diesem Fall die Grenznutzen der Fahrten die gleichen Indizes wie die Beschaffungskosten tragen. Die der Beziehung (84) entsprechende Kuhn-Tucker-Bedingung lautet für das vorstehende Problem

$$(\frac{\partial U}{\partial F_{jk}} - \lambda z_{jk}) F_{jk} = 0 \tag{2.B.89.}$$

$$\text{mit } \frac{\partial U}{\partial F_{jk}} = \frac{\partial U}{\partial X_k} b_k + \frac{\partial U}{\partial T^B_{jk}} t_j , \qquad (j,k) \varepsilon J \times K$$

Unterstellt man positive Werte für die Variablen F_{jk}, so unterscheiden sich die Gleichgewichtsbedingungen des vorstehenden Ansatzes von den Bedingungen des Modells mit den örtlichen Präferenzen (77) lediglich durch die Indizierung der Gütervariablen[79]

$$\frac{\frac{\partial U}{\partial F_{jk}}}{\frac{\partial U}{\partial F_{qz}}} = \frac{\frac{\partial U}{\partial X_k} b_k + \frac{\partial U}{\partial T^B_{jk}} t_j}{\frac{\partial U}{\partial X_z} b_z + \frac{\partial U}{\partial T^B_{qz}} t_q} = \frac{(p_{jk}b_k + wt_j)}{(p_{qz}b_z + wt_q)} , \tag{2.B.90.}$$

$$(j,k),\ (q,z) \varepsilon J \times K,\ (j,k) \neq (q,z)$$

Wie aus den bisherigen Überlegungen ersichtlich ist, resultiert aus dem Ansatz (88) nicht notwendig eine Ecklösung bezüglich der Größen F_{jk}, da in der Nutzenfunktion die (j,k)-indizierten Fahrzeitvariablen verwendet werden. Allerdings wäre es schon ausreichend für die Vermeidung einer Ecklösung, wenn die

79 Die Bedingung (78), die die Grenzrate der Substitution zwischen den Fahrten und der Freizeit bezeichnet, ergibt sich entsprechend.

Fahrzeitvariablen nur mit dem Index j versehen wären. Denn auch in diesem Fall sind die Grenznutzen der Fahrten für die Beschaffung eines Gutes unterschiedlich für verschiedene Zielorte.

Bevor nun die Erweiterungsmöglichkeiten der Modelle im Hinblick auf die Einbeziehung der Verkehrsmittel und der Verkehrswege angesprochen werden, soll noch auf eine Besonderheit der Nachfragefunktionen des Modells (88) hingewiesen werden. Während sich bei den bisher behandelten Modellen die Nachfragemengen eines Gutes in Abhängigkeit von den exogenen Größen des Modells ergaben, gehen in die Nachfragebeziehungen des obigen Modells ebenfalls die in anderen Orten gekauften Güter der gleichen Art ein. Dieser Sachverhalt kann folgendermaßen verdeutlicht werden. Ersetzt man in der Gleichung (89) die in den Differentialquotienten enthaltenen Variablen X_k und T^B_{jk} mit Hilfe der Restriktionen des Modells, so läßt sich schreiben

$$\frac{\partial U}{\partial(\sum_j b_k F_{jk})} b_k + \frac{\partial U}{\partial(t_j F_{jk})} t_j - \lambda(p_{jk} b_k + w t_j) = 0 \ , \qquad (2.B.91.)$$

$$(j,k) \varepsilon J x K$$

Löst man diese Beziehung nach den Fahrtvariablen F_{jk} auf, geht die Summe $\sum_j F_{jk}$ als Determinante in die Verkehrsnachfragefunktion ein.

$$F_{jk} = h(p_{11}, \ldots, p_{jk}, \ldots, p_{n_J n_K}, b_1, \ldots, b_k, \ldots, b_{n_K}, \qquad (2.B.92.)$$

$$t_1, \ldots, t_j, \ldots, t_{n_J}, w, T, \sum_q F_{qk}) \ , \qquad (j,k) \varepsilon J x K$$

Das bedeutet, die Nachfragefunktionen bilden ein interdependentes Gleichungssystem, wobei der Zusammenhang aber nur zwischen Fahrten zur Beschaffung des gleichen Gutes existiert. Deshalb setzt sich das Gleichungssystem (92) streng genommen aus n_K unabhängig voneinander lösbaren interdependenten Gleichungssystemen zusammen. Da die Lösung der einzelnen Gleichungssysteme unter Umständen schwierig werden kann,[80] wäre es von Vorteil, wenn es möglich ist, das Gleichungssystem in zwei Schritten zu lösen. Im ersten Schritt würden die Fahrten unabhängig von den Bestimmungsorten determiniert (Fahrtentstehung) und im zweiten Schritt würden die Fahrten zu den einzelnen Zielorten ermittelt (Fahrtverteilung). Diese in der Verkehrstheorie wichtige Frage, die sich mit der Trennbarkeit der Entscheidungen des Haushalts bezüglich der Wahl der

80 Sind die Nachfragefunktionen zum Beispiel nicht linear in den Variablen $F_k = \sum_q F_{qk}$, so ist das Gleichungssystem (92) möglicherweise nicht mehr analytisch, sondern nur mit numerischen Methoden lösbar.

Fahrtfrequenz, des Bestimmungsortes, der Verkehrsmittel sowie der Verkehrswege beschäftigt, wird in dem übernächsten Gliederungspunkt 3 behandelt.
Im Hinblick auf die Einführung der Verkehrsmittel $m=1,\ldots,n_M$ und der Verkehrswege $r=1,\ldots,n_R$ in die haushaltstheoretischen Modelle bieten sich wiederum zwei Möglichkeiten an. Im ersten Fall formuliert man die Modelle (73) und (77) für die differenzierteren Variablen X_{jkmr}, F_{jkmr} und T^B_{jkmr}, ohne die Modellstruktur zu verändern. Die Ansätze lauten somit[81]

$$Z = U(X_{1111}, \ldots, X_{jkmr}, \ldots, X_{n_J n_K n_M n_R}, T^F) + \tag{2.B.93.}$$

$$+ \lambda(wT - \sum_j \sum_k \sum_m \sum_r p_{jk} X_{jkmr} - w \sum_j \sum_k \sum_m \sum_r T^B_{jkmr} - wT^F) +$$

$$+ \sum_j \sum_k \sum_m \sum_r \gamma_{jkmr}(T^B_{jkmr} - t_{jmr} F_{jkmr}) +$$

$$+ \sum_j \sum_k \sum_m \sum_r \alpha_{jkmr}(X_{jkmr} - b_k F_{jkmr}) ,$$

$$Z \to \max$$

$$Z = U(X_{1111}, \ldots, X_{jkmr}, \ldots, X_{n_J n_K n_M n_R}, \ldots \tag{2.B.94.}$$

$$\ldots, T^B_{1111}, \ldots, T^B_{jkmr}, \ldots, T^B_{n_J n_K n_M n_R}, T^F) +$$

$$+ \lambda \ldots ,$$

$$Z \to \max$$

In den vorstehenden Modellen geht man davon aus, daß der Nutzen eines Gutes vom Bestimmungsort, dem Verkehrsmittel und dem Verkehrsweg beeinflußt wird. Die Einführung der zusätzlichen Entscheidungsalternativen für die Haushalte wirkt wiederum wie eine Erhöhung der Anzahl der zur Auswahl stehenden Güter. Deshalb nimmt die Anzahl der Gleichgewichtsbedingungen und der Nachfragefunktionen entsprechend zu.
Geht man davon aus, daß der Nutzen eines Gutes unabhängig davon ist, wo und auf welche Art es beschafft wurde, so müssen neben der Allokationsrestriktion (81) weitere Beziehungen der gleichen Art einbezogen werden:

$$F_{jk} = \sum_m F_{jkm} , \quad (j,k) \varepsilon J \times K \tag{2.B.95.}$$

$$F_{jkm} = \sum_r F_{jkmr} , \quad (j,k,m) \varepsilon J \times K \times M \tag{2.B.96.}$$

81 Die Restriktionen sind in beiden Ansätzen gleich.

Formuliert man beispielsweise das Modell (93) mit Hilfe der Allokationsrestriktionen um, erhält man

$$Z = U(X_1, \ldots, X_k, \ldots, X_{n_K}, T^F) + \tag{2.B.97.}$$

$$+ \lambda(wT - \sum_j \sum_k p_{jk}X_{jk} - w \sum_j \sum_k \sum_m \sum_r T^B_{jkmr} - wT^F) +$$

$$+ \sum_j \sum_k \sum_m \sum_r \gamma_{jkmr}(T^B_{jkmr} - t_{jmr}F_{jkmr}) +$$

$$+ \sum_j \sum_k \alpha_{jk}(X_{jk} - b_k F_{jk}) +$$

$$+ \sum_k \delta_k(X_k - \sum_j X_{jk}) +$$

$$+ \sum_j \sum_k \sigma_{jk}(F_{jk} - \sum_m F_{jkm}) +$$

$$+ \sum_j \sum_k \sum_m \mu_{jkm}(F_{jkm} - \sum_r F_{jkmr}) ,$$

$$Z \rightarrow \max$$

Zwischen den Modellen (93) und (97) sind auch Mischformen möglich. So kann man verschiedene Modelle konstruieren, indem man die Kennzeichnung der Variablen in der Nutzenfunktion um zusätzliche Indizes erweitert und gleichzeitig auf die entsprechenden Allokationsrestriktionen verzichtet.[82] Die gleichen Modifikationen lassen sich auch auf der Basis des Modells (94) vornehmen, bei dem die Fahrzeiten als Nutzendeterminanten berücksichtigt wurden. Beachtet man schließlich noch die Möglichkeit, weitere nutzenbeeinflussende Eigenschaften der Fahrten in die Modelle einbeziehen zu können, so wird die Fülle der Gestaltungsmöglichkeiten für die Ansätze besonders deutlich.

Ohne die Mischformen der Modelle im einzelnen zu diskutieren, soll zum Schluß dieses Unterpunktes darauf hingewiesen werden, daß sich die Ergebnisse der Modelle, bei denen nur die Bestimmungsorte in die Analyse einbezogen wurden, auch auf die umfassenden Ansätze übertragen werden können:

1. Weisen die Grenznutzen der Fahrten in einem Modell eine geringere Anzahl von Indizes auf als die entsprechenden Beschaffungskosten, so führt das Modell zu Ecklösungen, wobei jeweils die Alternative mit den geringsten Beschaffungs-

82 Setzt man zum Beispiel die Güter X_{jk} in die Nutzenfunktion des Ansatzes (97) ein, so kann man auf die Allokationsrestriktion (81) verzichten.

kosten gewählt wird. Dieses Ergebnis ist immer dann zu erwarten, wenn die Variablen in der kombinierten Zeit-Budget-Restriktion insgesamt mehr Indizes aufweisen als Variablen in der Nutzenfunktion.[83]

2. Gehen in die Nutzenfunktionen unterschiedlich indizierte Größen ein, die mit den Fahrtvariablen über Restriktionen verknüpft sind, so führt das zu interdependenten Systemen von Nachfragefunktionen.

Bei der Konstruktion ökonomisch gehaltvoller Modelle ist es wichtig, die hier herausgestellten technischen Eigenschaften der Ansätze zu berücksichtigen. Beide Modelltypen werden in den beiden folgenden Unterpunkten noch näher analysiert.

2. Die Entscheidungen des Haushalts bei unsicheren Erwartungen

In den bisher behandelten Ansätzen wurden sichere Erwartungen bezüglich der exogenen Variablen der haushaltstheoretischen Modelle unterstellt. Diese Annahme wird in den folgenden Ausführungen im Hinblick auf die Beschaffungskosten aufgegeben. Es wird davon ausgegangen, daß die Beschaffungskosten keine deterministischen Größen, sondern Zufallsvariablen darstellen.[84]

Den Ausgangspunkt für die folgenden Überlegungen bilden die im vorigen Unterpunkt behandelten Modelle, in denen sich Ecklösungen bezüglich der differenzierten Fahrtvariablen ergeben. Die Ausführungen orientieren sich beispielhaft an dem Ansatz (2.B.82.).[85] Bei diesem Modell wurden die Zielorte in die Analyse eingeführt, und es wurde davon ausgegangen, daß alle Güter der Art k den gleichen Nutzenbeitrag stiften. Die Annahme führte dazu, daß die Güter nur in dem Ort nachgefragt werden, wo die geringsten Beschaffungskosten aufzuwenden sind. Dieses Ergebnis läßt sich auch wahrscheinlichkeitstheoretisch formulieren. Bezeichnet man die Wahrscheinlichkeit, daß das Gut k in dem Ort j beschafft wird, mit W_{jk}, so kann man schreiben[86]

83 Eine Ecklösung für ein Modell ergibt sich auch dann, wenn die Grenznutzen der Fahrten eine größere Anzahl von Indizes aufweisen als die Beschaffungskosten. Da für verschiedene Alternativen die gleichen Kosten anfallen, wird in diesem Fall die Alternative mit den höchsten Grenznutzen gewählt.

84 Vgl. auch N. Bruzelius, The Value of Travel Time, Theory and Measurement, a.a.O., S. 112–142; K. Train, D. McFadden, The Goods/Leisure Tradeoff and Disaggregate Work Trip Mode Choice Models, in: Transportation Research, Vol. 12, 1978, S. 349–353.

85 Die folgenden Überlegungen bezüglich der stochastischen Beschaffungskosten lassen sich analog auch auf alle anderen Ansätze übertragen, in denen Ecklösungen bezüglich der disaggregierten Fahrtvariablen entstehen.

86 Vgl. die Gleichungen (2. B. 86.) und (2. B. 87.) im vorigen Unterpunkt. Mit z_{jk} werden in der Beziehung (98) die Beschaffungskosten $(p_{jk}b_k + wt_j)$ bezeichnet.

$$W_{j_k k} = 1 \qquad (2.B.98.)$$

$$W_{jk} = 0$$

$$z_{j_k k} < z_{jk} \qquad \text{mit } j \neq j_k \text{ und } (j,k) \varepsilon J x K$$

Geht man davon aus, daß die Haushalte keine sicheren Erwartungen bezüglich der Beschaffungskosten haben, so ist keineswegs anzunehmen, daß immer der Ort mit den geringsten Beschaffungskosten gewählt wird. Das läßt sich folgendermaßen verdeutlichen. Führt man die Zufallsvariablen $\eta_1, \ldots, \eta_j, \ldots, \eta_{nJ}$ in die Betrachtung ein und nimmt an, daß sich die Haushalte bei ihren Fahrten an den Größen $z_{jk} - \eta_j$ orientieren, so wird ein bestimmter Ort j allen anderen Orten vorgezogen, wenn im Einzelfall gilt

$$z_{jk} - \eta_j < z_{qk} - \eta_q \qquad \text{für } q \varepsilon J \text{ und } q \neq j, \ (j,k) \varepsilon J x K$$

Da die Größen η_j und η_q die Realisationen von Zufallsvariablen bezeichnen, die nur für jede einzelne Fahrtentscheidung festliegen, hat die vorstehende Bedingung keine allgemeine Gültigkeit. Es kann lediglich festgestellt werden, daß die Bedingung mit einer bestimmten Wahrscheinlichkeit erfüllt ist. Diese Wahrscheinlichkeit ist die zu bestimmende Größe W_{jk}.

$$W_{jk} = W(z_{jk} - \eta_j < z_{qk} - \eta_q \mid q \varepsilon J, \ q \neq j) \ , \qquad (j,k) \varepsilon J x K \qquad (2.B.99.)$$

Die Wahrscheinlichkeit hängt einerseits von der Höhe der tatsächlichen Beschaffungskosten und andererseits von der Verteilung der verschiedenen Zufallsvariablen ab. Formt man die Gleichung (99) folgendermaßen um

$$W_{jk} = W(\eta_q - \eta_j < z_{qk} - z_{jk} \mid q \varepsilon J, \ q \neq j) \ , \qquad (j,k) \varepsilon J x K \qquad (2.B.100.)$$

so läßt sich die Größe W_{jk} auch als diejenige Wahrscheinlichkeit interpretieren, daß eine bei sicheren Erwartungen getroffene Entscheidung nicht durch den Zufallseinfluß verändert wird. Die Wahrscheinlichkeit läßt sich aus einer Verteilungsfunktion der Zufallsvariablen $F_{\underline{\eta}}$ $(a_1, \ldots, a_j \ldots, \ldots, a_{nJ})$ folgendermaßen ableiten.[87] Unterstellt man, die Zufallsvariable η_j nimmt maximal den Wert a_j an, so ergibt sich gemäß der Ungleichung in Beziehung (100) für die restlichen Zufallsvariablen der Spielraum

87 Vgl. C. River Associates, Inc., A Disaggregated Behavioral Model of Urban Travel Demand, Final Report Prepared for the Federal Highway Administration, U.S. Department of Transportation, Washington, D.C., 1972, Ch. 4.

$$\eta_q < a_q = z_{qk} - z_{jk} + a_j \,, \qquad q \neq j,\ q \varepsilon J \tag{2.B.101.}$$

Sind die n_J-1 Zufallsvariablen η_q gemäß der vorstehenden Beziehung festgelegt, so sei die bedingte Randdichtefunktion für die j-te Variable[88] folgendermaßen ausgedrückt

$$f_{\eta_j} = f_{\eta_j}(z_{1k} - z_{jk} + a_j, \ldots, z_{qk} - z_{jk} + a_j, \ldots \tag{2.B.102.}$$

$$\ldots, a_j, \ldots, z_{n_J k} - z_{jk} + a_j) \,,$$

$$\text{mit } q \neq j,\ q \varepsilon J, \text{ für alle } j \varepsilon J$$

Die Wahrscheinlichkeit W_{jk}, daß das Gut k am Ort j beschafft wird, ergibt sich dann durch Integration der bedingten Randdichtefunktion

$$W_{jk} = \int_0^\infty f_{\eta_j}(z_{1k} - z_{jk} + a_j, \ldots, z_{qk} - z_{jk} + a_j, \ldots \tag{2.B.103.}$$

$$\ldots, a_j, \ldots, z_{n_J k} - z_{jk} + a_j) da_j \,, \qquad (j,k) \varepsilon J x K$$

Mit Hilfe der Wahrscheinlichkeiten lassen sich die Fahrten F_{jk} direkt bestimmen, wenn das gesamte Fahrtvolumen F_k für die Beschaffung eines Gutes festliegt.

$$F_{jk} = W_{jk} F_k \,, \qquad (j,k) \varepsilon J x K \tag{2.B.104.}$$

Die durch die Gleichungen (103) und (104) charakterisierten Modelle sind lediglich in der Lage, ein vorgegebenes Verkehrsvolumen auf Bestimmungsorte, Verkehrsmittel und/oder Verkehrswege zu verteilen. Deshalb können diese Ansätze auch als nachfrageunelastisch bezeichnet werden.[89] Die Modelle lassen sich operationalisieren, wenn konkrete Funktionsformen für die Verteilungsfunktion der Zufallsvariablen angenommen werden. Die auf diese Art gewonnenen Ansätze haben die gleiche Struktur wie die wahrscheinlichkeitstheoretischen Wahlverfahren,[90] die im Zusammenhang mit der Untersuchung der ökonomischen Qualität von empirisch orientierten Verkehrsmodellen ausführlich diskutiert werden.[91]

88 Die Randdichtefunktion für eine bestimmte Variable ergibt sich, wenn die gemeinsame Verteilungsfunktion aller Zufallsvariablen nach der entsprechenden Größe differenziert wird. Werden die Wertebereiche der restlichen Variablen beschränkt, so kann man die ermittelte Funktion als bedingte Randdichtefunktion bezeichnen; zur verwendeten statistischen Terminologie vgl. P. Schönfeld, Methoden der Ökonometrie, Band I, Lineare Regressionsmodelle, Berlin 1969, S. 263–272.

89 Vgl. N. Bruzelius, The Value of Travel Time, Theory and Measurement, a.a.O., S. 113–116.

90 Mit den theoretischen Grundlagen und den empirischen Anwendungsmöglichkeiten der wahrscheinlichkeitstheoretischen Wahlansätze beschäftigen sich ausführlich T. A. Domencich, D. McFadden, Urban Travel Demand, Amsterdam 1975.

91 Vgl. hierzu das dritte Kapitel.

Geht man im Gegensatz zu den wahrscheinlichkeitstheoretischen Wahlansätzen nicht davon aus, daß das Verkehrsvolumen F_k exogen bestimmt ist, so lassen sich die vorab dargestellten Überlegungen auch für die Konstruktion von nachfrageelastischen Modellen verwenden. In diesem Fall berücksichtigt man, daß die Verkehrsnachfragemengen zusätzlich von den Zufallsvariablen η_j abhängen[92]

$$F_{jk} = h(z_{jk} - \eta_j, w, T) , \quad (j,k) \varepsilon J x K \tag{2.B.105.}$$

Die Größe F_{jk} in der Gleichung (105) wird damit zu einer Zufallsvariablen, deren Verteilung aus der Verteilung der Größen η_j abgeleitet werden muß. Um ein festliegendes Verkehrsvolumen ermitteln zu können, empfiehlt es sich, den Erwartungswert $E(F_{jk})$ zu bestimmen. Hierzu muß aus der Dichtefunktion (102) die Dichtefunktion für die Zufallsvariablen F_{jk} berechnet werden. Bezeichnet man diese Funktion mit $f_{\eta_j}(h^{-1}(F_{jk}))$, so ergibt sich der Erwartungswert als

$$E(F_{jk}) = \int_0^\infty F_{jk} f_{\eta_j}(h^{-1}(F_{jk})) dF_{jk} , \quad (j,k) \varepsilon J x K \tag{2.B.106.}$$

Die analytische Bestimmung des Erwartungswertes kann unter Umständen unmöglich sein, wenn zwischen den Beschaffungskosten und den Fahrtvolumina nichtlineare Interdependenzen existieren. In diesem Fall kann der Erwartungswert häufig nur mit numerischen Methoden abgeleitet werden. Deshalb sind in der praktischen Verkehrsplanung bisher keine nachfrageelastischen Ansätze entwikkelt worden, die eine Gleichung vom Typ (106) explizit berücksichtigen.
Zur Approximation der Lösung des nachfrageelastischen Modells (106) könnte das folgende, bisher nicht angewendete zweistufige Verfahren vorgeschlagen werden. Im ersten Schritt bestimmt man auf der Grundlage des Modells (2.B.58.) die Höhe der aggregierten Verkehrsnachfrage F_k, ohne die Zielorte explizit in die Analyse einzubeziehen. Die Kosten der Beschaffung des Gutes k ermittelt man aus der mit den Wahrscheinlichkeiten gewichteten Summe der Beschaffungskosten:

$$z_k = \sum_j W_{jk} z_{jk} , \quad (j,k) \varepsilon J x K \tag{2.B.107.}$$

Sind die Fahrtvolumina F_k abgeleitet worden, können die Größen F_{jk} gemäß Beziehung (104) errechnet werden.

92 Im allgemeinen Fall gehen in die Verkehrsnachfragefunktionen für den Einkauf des Gutes k auch die Beschaffungskosten für die anderen Güter ein; vgl. zum Beispiel Gleichung (2.B.87.). In der Beziehung (104) wurde der Einfachheit halber unterstellt, daß die Kreuzelastizitäten zwischen der Anzahl der Fahrten zur Beschaffung eines Gutes und den Kosten für den Einkauf der anderen Güter gleich null sind.

Zum Schluß dieses Unterpunktes soll noch kritisch angemerkt werden, daß der stochastische Term kein integraler Bestandteil der haushaltstheoretischen Optimierungsansätze ist, sondern nachträglich in die Nachfragefunktionen eingeführt wurde.
Würden die Zufallsvariablen schon in die kombinierte Zeit-Budget-Restriktion einbezogen, ergeben sich zwei Möglichkeiten für den Optimierungsprozeß. Im ersten Fall geht man davon aus, daß durch die Einführung der stochastischen Terme auf der rechten Seite der Zeit-Budget-Restriktion auch die Größe wT zu einer Zufallsvariablen wird, wobei die Verteilung dieser Größen von der Verteilung der eingeführten stochastischen Terme abhängt. Da in die Nachfragefunktionen sowohl die Beschaffungskosten als auch der Lohnsatz und die Gesamtzeit eingehen, ergibt sich die Verteilung der Nachfragemengen aus den voneinander abhängigen Verteilungen der genannten Größen. Es ist kaum zu erwarten, daß bei dieser Vorgehensweise die Verteilungen der Fahrtvariablen in einer analytisch geschlossenen Form angegeben werden können.
Unterstellt man im zweiten Fall, daß die Größen w und T fest vorgegeben sind, dann bewirkt die Einführung der stochastischen Beschaffungskosten, daß die kombinierte Zeit-Budget-Restriktion nur zufällig erfüllt ist. Eine Optimierungsaufgabe mit einer derart gestalteten Restriktion muß dann mit Verfahren der stochastischen Programmierung gelöst werden.[93] Auch in diesem Fall ist nicht anzunehmen, daß sich operationale Verkehrsnachfragefunktionen ergeben.
Es kann also zusammenfassend festgehalten werden, daß die Berücksichtigung der Zufallsterme direkt in den haushaltstheoretischen Optimierungsansätzen auf große mathematische Schwierigkeiten stößt. Im Hinblick auf die Ableitung operationaler Verkehrsnachfragefunktionen erscheint lediglich die nachträgliche Einführung der Zufallsgrößen in die Nachfragebeziehungen sinnvoll.

3. Die Struktur der Haushaltsentscheidungen

In den empirisch orientierten Verkehrsmodellen wird sehr häufig eine vierteilige Ermittlung der Verkehrsnachfrage vorgenommen. Die Ableitung der Fahrtentstehung (trip generation), der Verteilung der Fahrten auf Zielorte (trip distribution), der Verkehrsmittelwahl (modal split) und der Verkehrszuordnung auf alternative Verkehrsmittel (traffic assignment) erfolgt durch sukzessiv angeordnete Submodelle. Während in älteren Transportstudien allenfalls die Reihenfolge

93 Zu den Verfahren der stochastischen Programmierung vgl. J. Sengupta, Stochastic Programming, Methods and Applications, Amsterdam 1972.

der Submodelle diskutiert wird,[94] wird in jüngster Zeit vor allem im Zusammenhang mit den wahrscheinlichkeitstheoretischen Wahlansätzen versucht, die Anordnungsstruktur der Submodelle entscheidungstheoretisch zu untermauern.[95] Die analytische Grundlage dieser Modelle wird durch die psychologisch orientierte Entscheidungstheorie von Luce und Suppes gebildet.[96] Als Ansatzpunkte für die Begründung der Anordnungsstruktur der Submodelle dienen Annahmen über die Trennbarkeit von Entscheidungen.[97] Nimmt man zum Beispiel an, die Auswahl des Einkaufsortes sei unabhängig von den Eigenschaften der verfügbaren Verkehrsmittel, so ist es möglich, die Fahrtverteilung und die Verkehrsmittelwahl in getrennten Submodellen zu bestimmen. Die Trennbarkeit der Entscheidungen impliziert, daß sich der Nutzen einer zusammengesetzten Entscheidung als Summe aus den Nutzenbeiträgen der Einzelentscheidungen ergibt.[98] Das bedeutet, daß eine additiv separable Nutzenfunktion unterstellt wird.

In den folgenden Ausführungen soll untersucht werden, ob es auch im Rahmen der hier abgeleiteten haushaltstheoretisch orientierten Modelle gelingt, durch Einführung eines Trennbarkeitskonzeptes bezüglich der Nutzenfunktion eine sukzessive Ermittlung der Fahrtentstehung, der Fahrtverteilung, der Verkehrsmittelwahl und der Verkehrszuordnung zu ermöglichen.

Um den relevanten Ansatzpunkt für die Einführung der Trennbarkeitsannahme herauszustellen, sei noch einmal darauf hingewiesen, daß in dem vorausgehenden Unterpunkt 1 zwei verschiedene Möglichkeiten diskutiert wurden, wie die Zielorte, die Verkehrsmittel und die Fahrtrouten in haushaltstheoretische Modelle einbezogen werden können. Im ersten Fall wurde vorausgesetzt, daß der Nutzen

94 Bezüglich der Anordnungsstruktur der Submodelle lassen sich zwei Arten von Verkehrsstudien unterscheiden. Bei den sogenannten trip interchange-Modellen sind die Verkehrssubmodelle in der oben angeführten Reihenfolge angeordnet. Im Unterschied dazu wird bei den trip end-Modellen die Verkehrsmittelwahl vor der Fahrtverteilung bestimmt. Beide Modelltypen werden an anderer Stelle noch behandelt.

95 Vgl. zum Beispiel C. River Associates, Inc., A Disaggreted Behavioral Model of Urban Travel Demand, a.a.O., Ch. 4; T. A. Domencich, D. McFadden, Urban Travel Demand, a.a.O., S. 38–45; M. E. Ben-Akiva, Structure of Travel Demand Models, Unpublished Dissertation, Department of Civil Engineering, Massachusetts Institute of Technology, Cambridge, Mass., 1973.

96 Vgl. R.D. Luce, P. Suppes, preference, Utility and Subjective Probability, a.a.O., S. 249–410. Zu den theoretischen Grundlagen der wahrscheinlichkeitstheoretischen Wahlansätze wird im dritten Kapitel dieser Arbeit Stellung genommen.

97 Die theoretische Grundlage für die Trennbarkeit der Entscheidungen bildet das »independence of irrelevant alternatives axiom«. Diese Annahme besagt, daß die Wahrscheinlichkeitsrelation zwischen zwei Alternativen unabhängig von weiteren Alternativen ist; vgl. R. D. Luce, Individual Choice Behavior, New York 1959, S. 5–10.

98 Vgl. M. E. Ben-Akiva, F. S. Koppelman, Multidimensional Choice Models: Alternative Structures of Travel Demand Models, in: Transportation Research Board (ed.), Behavioral Demand Modeling and Valuation of Travel Time, Special Report No. 149, Washington, D.C., 1974, S. 129–142 (hier S. 131–133).

durch die zusätzlich eingeführten Alternativen beeinflußt wird. Aus dieser Annahme ergibt sich, daß mit Ausnahme der Freizeitvariablen alle Entscheidungsgrößen des Modells die gleiche Indizierung aufweisen.[99] Diese Ansätze sind für die Einführung des Trennbarkeitskonzeptes nicht geeignet, da die aggregierten Größen F_{jkm}, F_{jk} und F_k modellexogen durch entsprechende Summation ermittelt werden.
Im zweiten Fall wurde davon ausgegangen, daß keine Präferenzen bezüglich der Zielorte etc. bestehen. Das führte dazu, daß Allokationsrestriktionen[100] in die Modelle eingeführt werden mußten. Diese Restriktionen stellen den Zusammenhang zwischen den unterschiedlich differenzierten Größen des Modells her. Während diejenigen Ansätze, die nur die Gütervariablen in die Nutzenfunktion einbeziehen, zu Ecklösungen bezüglich der differenzierten Variablen führen,[101] ermitteln die Modelle mit unterschiedlich indizierten Größen in der Nutzenfunktion die verschieden aggregierten Fahrtvariablen modellendogen.[102] Die zuletzt genannten Modelle bilden den Ausgangspunkt für die folgenden Überlegungen, da sie je nach Konstruktion die Fahrtentstehung, die Fahrtverteilung, die Verkehrsmittelwahl und die Verkehrszuordnung innerhalb eines Ansatzes bestimmen.
Wie an anderer Stelle bereits ausgeführt wurde, führen die Modelle mit unterschiedlich differenzierten Variablen in der Nutzenfunktion zu interdependenten Nachfragefunktionen, in denen die aggregierten und die disaggregierten Fahrtvariablen gleichzeitig bestimmt werden.[103] Das bedeutet, daß in diesen Modellen eine simultane Entscheidungsstruktur impliziert ist. Im folgenden soll nun am Beispiel des Modells (2.B.88.) untersucht werden, ob bei Einführung einer trennbaren Nutzenfunktion die Fahrtentstehung und die Fahrtverteilung isoliert voneinander berechnet werden können. Die Ergebnisse der Untersuchung lassen sich dann ohne weiteres auch auf Modelle übertragen, bei denen ebenfalls die Verkehrsmittelwahl und die Verkehrszuordnung ermittelt wird.
Das Konzept der Trennbarkeit[104] besagt, daß sich die Nutzenfunktion

$$U = U(X_{11}, \ldots, X_{qs}, \ldots, X_{n_Q n_S})$$

99 Vgl. die Modelle (2.B.93.) und (2.B.94.). Die angesprochenen Entscheidungsvariablen dieses Modells sind mit Bezug zu den Gütern, den Zielorten, den Verkehrsmitteln und den Verkehrswegen indiziert.

100 Vgl. die Gleichungen (2.B.81.), (2.B.95.) und (2.B.96.).

101 Vgl. zum Beispiel das Modell (2.B.82.).

102 Vgl. Modell (2.B.88.). In diesem Ansatz repräsentieren die Größen F_k die Fahrtentstehung und die Variablen F_{jk} die Fahrtverteilung.

103 Vgl. die Nachfragefunktionen (2.B.92.) des Modells (2.B.88.).

104 Zu den Konzepten der Trennbarkeit der Nutzenfunktion vgl. R. H. Strotz, The Empirical Implications of a Utility Tree, in: Econometrica, Vol. 25, 1957, S. 269–280; ders. The Utility Tree, A Correction and Further Appraisal, in: Econometrica, Vol. 27, 1959, S. 482–488; W. M. Gorman, Separable Utility and Aggregation, in: Econometrica, Vol. 27, 1959, S. 469–481.

in der Form[105]

$$U = U[f_1(X_{11}, \ldots, X_{1s}, \ldots, X_{1n_S}), \ldots \quad (2.B.108.)$$

$$\ldots, f_q(X_{q1}, \ldots, X_{qs}, \ldots, X_{qn_S}), \ldots$$

$$\ldots, f_{n_Q}(X_{n_Q1}, \ldots, X_{n_Qs}, \ldots, X_{n_Qn_S})]$$

schreiben läßt, wenn gilt

$$\frac{\partial\left(\frac{\partial U}{\partial X_{qr}} \Big/ \frac{\partial U}{\partial X_{qz}}\right)}{\partial X_{tp}} = 0 \;, \qquad (q,t)\varepsilon Q x Q, \; q \neq t \quad (2.B.109.)$$

Die Funktionen f_q werden als Zweignutzenfunktionen bezeichnet. Die Bedingung (109) gibt somit an, daß die Grenzraten der Substitution zwischen zwei beliebigen Gütern eines Nutzenzweiges q unabhängig sind von den Werten der Gütervariablen der anderen Nutzenzweige $t \epsilon Q$.[106] Die Nutzenfunktion (108) wird dann als schwach trennbar bezeichnet.[107]

Ist es möglich, die Nutzenfunktion in der Form (108) zu schreiben, so läßt sich ein zweistufiges Optimierungverfahren zur Ableitung der Nachfragefunktionen anwenden.[108] Zunächst maximiert man jede Zweignutzenfunktion isoliert mit Bezug zu einem willkürlich vorgegebenen Einkommensteil Y_q. Das Ergebnis dieses Lösungsschrittes sind bedingte Nachfragefunktionen, bei denen die konsumierten Mengen von den Preisen der in dem Zweig vorhandenen Güter und dem Einkommensteil Y_q abhängen. Setzt man die bedingten Nachfragefunktionen in die Nutzenfunktion ein, so erhält man eine indirekte Nutzenfunktion, in

105 Das Symbol Q bezeichnet in diesem Zusammenhang die Menge der Zweignutzenfunktionen.

106 In den Gleichungen (108) und (109) wird unterstellt, daß jede Zweignutzenfunktion die gleiche Anzahl von Variablen aufweist. Diese Annahme kann aber bei entsprechender Änderung der Indizierung leicht aufgegeben werden.

107 Im Fall der starken Trennbarkeit oder Blockadditivität der Nutzenfunktion wird gefordert, daß die Grenznutzen der Güter eines Nutzenzweiges unabhängig sind von den Werten der Gütervariablen außerhalb des Zweiges. Diese Bedingung ist schärfer als die Forderung (109). Im Fall der starken Trennbarkeit kann die Nutzenfunktion als Summe der Zweignutzenfunktionen aufgefaßt werden; vgl. zum Beispiel L. Phlips, Applied Consumption Analysis, a.a.O., S. 69–71.

108 Vgl. R. H. Strotz, The Economic Implications of a Utility Tree, a.a.O., S. 277–279. Es kann gezeigt werden, daß sich der zweistufige Optimierungsprozeß nur bei einer schwach trennbaren Nutzenfunktion durchführen läßt; vgl. C. Blackorby et al., Homothetic Separability and Consumer Budgeting, in: Econometrica, Vol 38, 1970, S. 468–472. Zur Anwendung des zweistufigen Optimierungsprozesses auf eine verallgemeinerte CES-Funktion vgl. M. Brown, D. Heien, The S-Branch Utility Tree: A Generalization of the Linear Expenditure System, in: Econometrica, Vol. 40, 1972, S. 737–747.

die die Einkommensteile Y_q als Variablen eingehen. In einem zweiten Schritt wird dann die optimale Verteilung des Einkommens auf die einzelnen Zweige bestimmt, indem die indirekte Nutzenfunktion unter der Nebenbedingung maximiert wird, daß die Summe der auf die Zweige verteilten Einkommensteile gleich dem gesamten Haushaltseinkommen ist.

Gelingt es nun, das Trennbarkeitskonzept auf den Ansatz (2.B.88.) zu übertragen, dann könnte das zweistufige Optimierungsverfahren auch bei der Ermittlung der Fahrtentstehung und der Fahrtverteilung angewendet werden. Die Nutzenfunktion hätte dann die Form

$$U = U[g_1(X_1, \ldots, X_k, \ldots, X_{n_K}), \qquad (2.B.110.)$$

$$g_2(T^B_{11}, \ldots, T^B_{jk}, \ldots, T^B_{n_J n_K}), g_3(T^F)]$$

Die Nutzenfunktion ist aber nur dann in der vorstehenden Form darstellbar, wenn die Grenzrate der Substitution zwischen zwei beliebigen Gütern unabhängig ist von der Höhe der Fahrzeitvariablen et vice versa. Die Bedingung (109) lautet für die Nutzenfunktion (110)[109]

$$\frac{\partial\left(\frac{\partial U}{\partial X_k} \Big/ \frac{\partial U}{\partial X_z}\right)}{\partial T^B_{js}} = 0 , \quad k,s,z \varepsilon K \text{ und } j \varepsilon J \qquad (2.B.111.)$$

Im folgenden soll überprüft werden, ob die Nutzenfunktion des Modells (2.B.88.) im Hinblick auf die Fahrtvariablen F_k und F_{jk} trennbar ist. Zu diesem Zweck werden die Variablen der Nutzenfunktion mit Hilfe der Beschaffungsrestriktion, der Fahrzeitrestriktion und der Allokationsrestriktion ersetzt. Für die Variablen ergibt sich somit

$$X_k = \sum_j b_k F_{jk} , \qquad k \varepsilon K$$

$$T^B_{jk} = t_j F_{jk} , \qquad (j,k) \varepsilon J x K$$

Substituiert man diese Variablen in der Beziehung (111), so zeigt sich, daß die Bedingung nicht erfüllt ist, wenn sich die ersetzten Fahrzeitgrößen und die Gütervariablen auf die gleiche Güterart beziehen:

109 Die Bedingung (111) läßt sich auch mit Bezug zum Einfluß der Gütervariablen auf die Grenzrate der Substitution zwischen den Fahrzeitvariablen formulieren. Diese Vorgehensweise erbringt aber keine weitergehenden Erkenntnisse.

$$\frac{\partial\left(\frac{\partial U}{\partial(\sum_j b_k F_{jk})} \Big/ \frac{\partial U}{\partial(\sum_j b_z F_{jz})}\right)}{\partial(t_j F_{js})} \neq 0 \ , \qquad (2.B.112.)$$

für s=k oder s=z mit $k,s,z \varepsilon K$ und $j \varepsilon J$

Berücksichtigt man die Definition

$$F_k = \sum_j F_{jk} \ , \qquad k \varepsilon K$$

so bleibt festzuhalten, daß die Trennung der Nutzenfunktion des Modells (2.B.88.) mit Bezug zu den unterschiedlich differenzierten Fahrtvariablen F_k und F_{jk} nicht durchführbar ist. Das gilt selbst dann, wenn die Trennbarkeit der Nutzenfunktion (110) bezüglich der Güter und Zeitvariablen vorausgesetzt wird. Der Grund für dieses Ergebnis liegt im Konstruktionsprinzip der haushaltstheoretischen Ansätze. Die Bauweise der Ansätze läßt sich durch die Verknüpfung der Variablen in der Nutzenfunktion mit den entsprechenden Fahrtgrößen charakterisieren. Ändert sich eine der Variablen in der Nutzenfunktion, so wird gleichzeitig durch die Variation der Fahrtvariablen eine Änderung von verbundenen Größen hervorgerufen. Da in die hier zugrunde gelegten Ansätze unterschiedlich indizierte Größen in die Nutzenfunktion eingehen, ändert sich mit einer differenzierten Fahrtgröße auch gleichzeitig eine aggregierte Fahrtvariable. Das gleiche Resultat läßt sich ableiten, wenn zusätzlich verkehrsmittelspezifische oder verkehrswegespezifische Variablen in den Modellen verwendet werden, sofern diese Größen über entsprechende Allokationsrestriktionen mit den übrigen Fahrzeitvariablen verbunden sind.

Da sich das Trennbarkeitskonzept nicht in die haushaltstheoretischen Modelle einführen läßt, ist das vorab angesprochene zweistufige Optimierungsverfahren nicht anwendbar. Mit Bezug zu dem Modell (2.B.88.) wird eine optimale Entscheidung des Haushalts nur bei gleichzeitiger Bestimmung von Fahrtentstehung und Fahrtverteilung erreicht. Das bedeutet, daß das System von interdependenten Nachfragefunktionen[110] gelöst werden muß:

$$F_{jk} = h(p_{11}, \ldots, p_{jk}, \ldots, p_{n_J n_K}, b_1, \ldots, b_k, \ldots, b_{n_K}, \qquad (2.B.113.)$$

$$t_1, \ldots, t_j, \ldots, t_{n_J}, w, T, \sum_q F_{qk}) \ , \qquad (j,k) \varepsilon J x K$$

Wie schon an anderer Stelle ausgeführt wurde, kann die Lösung des vorstehenden Gleichungssystems sehr schwierig sein, wenn zwischen den Größen F_{jk} und dem

110 Vgl. die Nachfragefunktionen (2. B. 92.) des Modells (2. B. 88.).

Summenterm $\sum_q F_{qk}$ ein nichtlinearer Zusammenhang existiert. In diesem Fall könnte das folgende heuristische Lösungsverfahren angewendet werden.
Die Lösungsidee für das vorstehende Problem basiert auf der iterativen Anordnung eines Submodells der Fahrtentstehung und der Fahrtverteilung. Betrachtet man das Modell (2.B.67.), bei dem die Bestimmungsorte nicht explizit in die Analyse einbezogen worden sind, so ergeben sich dort die Größen F_k, die die Fahrtentstehung repräsentieren, in Abhängigkeit von den güterspezifischen Preisen und den Fahrzeiten des Modells. Können die Güter aber in verschiedenen Zielorten beschafft werden, so liegen die durchschnittlichen Preise und Fahrkosten für den Einkauf eines Gutes erst fest, wenn die Fahrtverteilungsvariablen bestimmt sind. Berücksichtigt man diese Überlegungen, dann läßt sich das iterative Verfahren folgendermaßen ansetzen.
Die Fahrtentstehung (F_k) im Iterationsschritt s ergibt sich gemäß den Nachfragefunktionen (2.B.70.) des Modells (2.B.67.):

$$F_k^s = f(p_1^s, \ldots, p_k^s, \ldots, p_{n_K}^s, t_1^s, \ldots, t_k^s, \ldots, t_{n_K}^s, \quad b_1, \ldots, b_k, \ldots, b_{n_K}, w, T), \quad k \varepsilon K \qquad (2.B.114.)$$

Hierbei werden die Preise p_k^s und die Fahrzeiten t_k^s unter Berücksichtigung der Fahrtverteilungsgrößen als gewogener Durchschnitt aus den ortspezifischen Größen berechnet:

$$p_k^s = \frac{\sum_j p_{jk} F_{jk}^{s-1}}{\sum_j F_{jk}^{s-1}}, \quad k \varepsilon K \qquad (2.B.115.)$$

$$t_k^s = \frac{\sum_j t_j F_{jk}^{s-1}}{\sum_j F_{jk}^{s-1}}, \quad k \varepsilon K \qquad (2.B.116.)$$

Da die Fahrtverteilungsvariablen F_{jk} für den ersten Iterationsschritt noch nicht bekannt sind, wählt man als Ausgangsgrößen die folgenden Werte:

$$p_k^1 = \frac{\sum_j p_{jk}}{n_J}, \quad k \varepsilon K \qquad (2.B.117.)$$

$$t_k^1 = \frac{\sum_j t_j}{n_J}, \quad k \varepsilon K \qquad (2.B.118.)$$

Die Festlegung der Ausgangswerte für die Preise und die Fahrzeiten impliziert die Annahme einer Gleichverteilung der Fahrten auf die Zielorte zu Beginn des Verfahrens. Die Verteilung ändert sich im Laufe der Iteration gemäß der Fahrtverteilungsfunktion

$$F_{jk}^{s+1} = g(p_{11}, \ldots, p_{jk}, \ldots, p_{n_J n_K}, t_1, \ldots, t_j, \ldots, t_{n_J}, \quad (2.B.119.)$$

$$b_1, \ldots, b_k, \ldots, b_{n_K}, w, T, F_k^s), \quad (j,k) \varepsilon J x K$$

In die Fahrtverteilungsfunktion geht anstelle des Summenterms $\sum_q F_{qk}$ die im vorhergehenden Iterationsschritt bestimmte Fahrtentstehung F_k^s ein. Das Verfahren wird nun solange durchgeführt, bis alle sich ändernden Größen des Modells hinreichend genau gegen feste Werte konvergieren.

Über die Konvergenzeigenschaften des beschriebenen Algorithmus lassen sich keine allgemein gültigen Aussagen ableiten. Hier muß unter Vorgabe konkreter Funktionsformen für die Nachfragefunktionen im Einzelfall geprüft werden, ob das Verfahren ausreichend schnell konvergiert. Sollten sich starke Oszillationen der Modelloutputs in den einzelnen Iterationsschritten ergeben, so besteht die Möglichkeit, durch Einführung von Glättungsmechanismen die Schwankungen abzuschwächen. In diesem Fall könnte man zum Beispiel einen gewichteten Durchschnitt der aggregierten Verkehrsvolumina der beiden vorhergehenden Iterationsschritte zur Bestimmung der Größen F_{jk}^{s+1} verwenden. In die Fahrtverteilungsfunktion des Iterationsschrittes s+1 geht dann der Term

$$[cF_k^s + (1 - c)F^{s-1}], \text{ mit } 0 \leqq c \leqq 1 \quad (2.B.120.)$$

anstelle der Größe F_k^s ein.[111]

Als wichtigstes Ergebnis dieses Unterpunktes bleibt festzuhalten, daß die Ermittlung der disaggregierten Verkehrsnachfrage durch die sukzessive Anordnung von Verkehrssubmodellen, wie sie in den Ansätzen der praktischen Verkehrsplanung vorherrscht, im Rahmen der hier abgeleiteten Modelle nicht möglich ist. Will man die Fahrtentstehung, die Fahrtverteilung, die Verkehrsmittelwahl und die Verkehrszuordnung in verschiedenen Submodellen berechnen, so ist – wie mit dem vorstehenden Beispiel angedeutet wurde – zur Approximation der optimalen Entscheidung des Haushalts die iterative Anordnung der Submodelle erforderlich.

111 Ähnliche Glättungsverfahren werden auch im Zusammenhang mit den traffic assignment-Modellen angewendet; vgl. zum Beispiel D. J. Wagon, The Calibration of the Mathematical Model, Working Paper No. 7, SELNEC Transportation Study, Manchester 1972, S. 67–73. Zu den Konvergenzeigenschaften des vorgeschlagenen Verfahrens wird im Abschnitt B.II.3 des dritten Kapitel Stellung genommen.

III. Die Ableitung der aggregierten Verkehrsnachfrage

In den beiden vorhergehenden Unterpunkten I und II wurden die Verkehrsnachfragefunktionen des Haushalts analytisch abgeleitet. Zur Ermittlung der gleichgewichtigen Verkehrsströme des Straßensystems ist es erforderlich, die gesamte Verkehrsnachfrage der Betrachtungsperiode mit dem Angebot zu konfrontieren. Das bedeutet, daß die von allen Haushalten ausgehende Verkehrsnachfrage für die Beschaffung aller angebotenen Güter bestimmt werden muß. Die einzelwirtschaftlichen Nachfragebeziehungen müssen somit sowohl bezüglich der Haushalte als auch bezüglich der Güter aggregiert werden. Weiterhin muß die nicht fahrzeitelastische Verkehrsnachfrage (Unternehmensfahrten, Vergnügungsfahrten) berücksichtigt werden. In den folgenden Ausführungen sollen einige Ansatzpunkte zur Ableitung der aggregierten Verkehrsnachfrage aufgezeigt werden. Der Schwerpunkt der Erörterungen liegt bei dem Problem der Aggregation über die Haushalte.

Bei der Ableitung der einzelwirtschaftlichen Verkehrsnachfrage wurden bisher die Wohnorte der Haushalte, die als Ausgangszone für die Einkaufsfahrten dienen,[112] nicht berücksichtigt. Will man die Aggregation der Nachfragefunktionen mit Bezug zu den Haushalten der jeweiligen Wohnzonen vornehmen, so müssen zu diesem Zweck die Indexmenge der Wohnorte I und die Indexmengen der Haushalte H_i in die Analyse eingeführt werden

$$I = \{i \mid i = 1, \ldots, n_I\}$$

$$H_i = \{h_i \mid h_i = 1, \ldots, n_{H_i}\} , \qquad i \varepsilon I$$

Wählt man beispielsweise die Verkehrsnachfragebeziehungen (2.B.80.) zur Demonstration des Aggregationsvorgangs aus, so lauten die Fahrtfunktionen der Haushalte der Subregion i

$$F_{h_i jk} = g(p_{jk}, t_{ij}, w_{h_i}) \qquad (2.B.121.)$$

$$\text{mit } h_i \varepsilon H_i, \ (i,j,k) \varepsilon I x J x K$$

Für die Ableitung der Marktnachfrage nach Fahrten zur Beschaffung des Gutes k im Ort j wird hier davon ausgegangen, daß die Preise der übrigen Güter

112 An dieser Stelle wird angemerkt, daß der Wohnort eines Haushalts nicht immer den Ausgangspunkt einer Fahrt darstellt, da während einer Einkaufsfahrt auch mehrere Einkaufsorte aufgesucht werden können. In den folgenden Ausführungen wird aber unterstellt, daß alle Einkaufsfahrten von den Wohnorten der Haushalte ausgehen. Diese Annahme ist durchaus nicht unrealistisch, da in der Praxis die wohnortorientierten Fahrten (home-based trips) in der Regel einen Anteil von 80–90 % am gesamten Fahrtvolumen ausmachen; vgl. P. R. Stopher, A. H. Meyburgh, Urban Transportation Modeling and Planning, a.a.O., S. 119.

$(p_{qz},(q,z)\in JxK,(q,z)\neq(j,k))$, die Fahrzeiten zu den anderen Orten $(t_{iq},(i,q)\in IxJ,q\neq j))$, die Beschaffungsmengen aller Güter (b_k) sowie die Betrachtungsperiode T ceteris paribus konstant sind. Mit Bezug zu der vorstehenden Relation läßt sich das Aggregationsproblem folgendermaßen formulieren. Gesucht ist eine Funktion

$$Q^E_{ijk} = f_i(p_{jk}, t_{ij}, w^A_i) , \qquad (i,j,k)\varepsilon IxJxK \tag{2.B.122.}$$

wobei die Größe Q^E_{ijk} die über die Personen in Zone i aggregierte Nachfrage nach Einkaufsfahrten und w^A_i die Lohnsumme im Ort i (aggregierter Lohnsatz) darstellt. Da die Preise und die Fahrzeiten für alle Personen gleich sind, braucht eine Aggregation dieser Größen nicht vorgenommen werden. Existiert die Funktion (122), so wird die Aggregation als konsistent bezeichnet.[113]

Das Aggregationsproblem, das bisher mit Bezug zu zonalen Gesamtgrößen formuliert wurde, läßt sich auch mit Hilfe von Pro-Kopf-Größen darstellen. Die Fahrten pro Kopf $F^{\emptyset}_{ijk}$ und der Pro-Kopf-Lohnsatz ergeben sich als

$$F^{\phi}_{ijk} = \frac{1}{n_{H_i}} Q^E_{ijk} \; ; \; w^{\phi}_i = \frac{1}{n_{H_i}} w^A_i , \qquad (i,j,k)\varepsilon IxJxK \tag{2.B.123.}$$

In der Pro-Kopf-Version stellt sich das Aggregationsproblem als der Versuch dar, eine repräsentative Nachfragefunktion für die Bewohner der Subregion i zu ermitteln. Stellt die Funktion

$$F^{\phi}_{ijk} = g_i(p_{jk}, t_{ij}, \frac{1}{n_{H_i}} w^A_i) , \qquad (i,j,k)\varepsilon IxJxK \tag{2.B.124.}$$

eine solche Beziehung dar, dann läßt sich die gesamte Verkehrsnachfrage gemäß Gleichung (123) als das Produkt

$$Q^E_{ijk} = g_i(p_{jk}, t_{ij}, \frac{1}{n_{H_i}} w^A_i) n_{H_i} , \qquad (i,j,k)\varepsilon IxJxK \tag{2.B.125.}$$

berechnen.

Wählt man als Aggregationsvorschrift die Summation der einzelwirtschaftlichen Daten aus, dann enthält die Beziehung (124) den durchschnittlichen Lohnsatz als Einflußgröße. Die abhängige Variable ist die durchschnittliche Anzahl von

113 Bezeichnet man eine Mikrorelation mit $y = \emptyset(x)$, die aggregierende Funktion für die abhängigen Variablen mit $u = h(y)$, die aggregierende Funktion für die unabhängigen Variablen mit $z = g(x)$ und die Makrorelation mit $u = \psi(z)$, so ist die Aggregation konsistent, wenn gilt
$h(\emptyset(x)) = \psi(g(x))$ für alle zulässigen Werte von x; vgl. H. Lütjohann, Aggregation, in: M. J. Beckmann et al., Handwörterbuch der mathematischen Wirtschaftswissenschaften, Band 2, Wiesbaden 1979, S. 17–22. Die vorstehende Bedingung besagt, daß eine Aggregation der Funktionswerte der Mikrofunktion zu dem gleichen Ergebnis führen muß wie eine Abbildung der aggregierten unabhängigen Variablen mit Hilfe der Makrofunktion.

Fahrten pro Person. Nun stellt sich die Frage, ob die Funktion (124) als repräsentative Relation für die Haushalte des Wohnorts i gelten kann. Dieses Problem ist in der Konsumtheorie mit Bezug zu preis- und einkommensabhängigen Nachfragefunktionen diskutiert worden.[114] Es zeigt sich, daß die Bedingungen für eine konsistente Aggregation sehr restriktiv sind und nur im Fall einer identischen homothetischen Präferenzstruktur der Haushalte erfüllt sind.[115] Ähnlich strenge Bedingungen müssen auch bei Nachfragefunktionen vom Typ (124) erfüllt sein, in die die Preise, die Fahrzeiten und der Lohnsatz als unabhängige Variablen eingehen.[116]

Sind die Bedingungen der homothetischen identischen Präferenzstruktur nicht erfüllt, so werden die repräsentativen Nachfragefunktionen zusätzlich von der Verteilung der über die Bevölkerung variierender unabhängiger Einflußgrößen determiniert.[117] Berechnet man aus der Dichtefunktion $f_{wi}(y)$ des über die Haushalte der Subregion i verteilten Lohnsatzes die Dichtefunktion der Größen $F^{\emptyset}_{ijk}$ nach der Vorschrift $f_{wi}(g_i^{-1}(F^{\emptyset}_{ijk}))$, so ergibt sich die aggregierte Nachfrage als

$$Q^E_{ijk} = n_{H_i} \int_0^{\infty} F^{\phi}_{ijk} f_{w_i}(g_i^{-1}(F^{\phi}_{ijk}))dF^{\phi}_{ijk} \,, \qquad (2.B.126.)$$

$$(i,j,k) \varepsilon I x J x K$$

Ist die Verteilung der Lohnsätze nicht bekannt, kann das Aggregationsproblem gelöst werden, wenn man davon ausgeht, daß die Koeffizienten der zu aggregierenden Funktion Zufallsvariablen sind. Im Fall einer linearen Beziehung

114 Das Aggregationsproblem mit Bezug zu Durchschnittsgrößen formuliert zum Beispiel A. P. Barten, Complete Systems of Demand Equations: Some Thoughts about Aggregation and Functional Form, in: Récherches Economiques de Louvain, Vol. 40, 1974, S. 3–20 (hier: S. 6–10).

115 Eine homothetische Präferenzstruktur impliziert, daß die Verbindung der Gleichgewichtspunkte im Indifferenzkurvendiagramm für variierende Einkommenshöhen eine gerade Linie aus dem Koordinatenursprung darstellt; vgl. H. A. J. Green, Consumer Theory, London 1971, S. 139–143. Für eine konsistente Aggregation ist es erforderlich, daß die Engel-Kurven (Einkommens-Konsum-Kurven) für alle Haushalte durch den Koordinatenursprung gehen und die gleiche Steigung aufweisen. Eine eingehende mathematische Analyse der Bedingungen konsistenter Aggregation im Hinblick auf die notwendigen Eigenschaften der Nutzenfunktion bieten W. M. Gorman, Community Preference Fields, in: Econometrica, Vol. 21, 1953, S. 63–80 und J. S. Chipman, Homothetic Preferences and Aggregation, in: Journal of Economic Theory, Vol. 8, 1974, S. 26–38. Die Autoren untersuchen auch, unter welchen Voraussetzungen die allgemeinen Eigenschaften der Nachfragefunktionen wie der Homogenitätsgrad und die Adding-Up-Bedingung erhalten bleiben.

116 Bruzelius weist nach, daß eine konsistente Aggregation von Nachfragefunktionen vom Typ (124) bei Annahme einer homothetischen Präferenzstruktur möglich ist. In diesem Fall ist impliziert, daß der Zeitwert v_k (vgl. (2. B. 40.)) unabhängig von der Einkommenshöhe ist; vgl. N. Bruzelius, The Value of Travel Time, Theory and Measurement, a.a.O., S. 72–78.

117 Vgl. H. S. Houthakker, The Present State of Consumption Theory, in: Econometrica, Vol. 29, 1961, S. 704–740 (hier: S. 730–734); H. Wold, Demand Analysis, a.a.O., S. 111–120.

zwischen den Größen der Mikrorelation und der Annahme eines über die Haushalte verteilten Reaktionskoeffizienten läßt sich zeigen, daß die in Durchschnittsgrößen ausgedrückte Makrorelation für eine hinreichend große Anzahl von Nachfragern eine konsistent aggregierte Beziehung darstellt.[118] Der Reaktionskoeffizient der ebenfalls linearen Makrorelation stellt den Erwartungswert der geschätzten Verteilung des Reaktionskoeffizienten der Mikrorelation dar. Das Konzept der Konsistenz wird in dem vorliegenden Fall durch das Konzept der erwarteten Konsistenz ersetzt.[119]

Ein ähnlicher Ansatzpunkt bietet sich auch bezüglich der Aggregation der Nachfragefunktionen mit stochastischen Beschaffungskosten,[120] die im vorstehenden Unterpunkt II. 2 abgeleitet worden sind. Geht man davon aus, daß die dort eingeführten stochastischen Terme η_{ij} gemäß der Dichtefunktionen $f_{\eta_{ij}}(a_{ij})$ variieren, so können die repräsentativen Verkehrsnachfragefunktionen analog zur Gleichung (2.B.106.) als Erwartungswert der einzelwirtschaftlichen Nachfragebeziehungen ermittelt werden. Die gesamte Verkehrsnachfrage der Subregion i hat dann den Wert:

$$Q^E_{ijk} = n_{H_i} \int_0^\infty F_{ijk} f_{\eta_{ij}}(g_i^{-1}(F_{ijk}))\, dF_{ijk}\,, \qquad (i,j,k) \in I \times J \times K \tag{2.B.127.}$$

Im vorliegenden Fall liegt allerdings keine konsistente Aggregation mehr vor, da sich der Zufallsterm nur auf die Größe $z_{jk}=(p_{jk}+w_i t_j)$ bezieht. Da der Lohnsatz nochmals als isolierte Variable in die Nachfragefunktion eingeht, ist die Aggregation nur dann konsistent, wenn die Bedingung (127) zusätzlich mit Bezug zur Verteilung des Lohnsatzes integriert würde. Wird das nicht getan, so unterstellt man damit implizit, daß die eingeführte Zufallsvariable den Aggregationsfehler enthält, der dadurch entsteht, daß der durchschnittliche Lohnsatz in der Nachfragefunktion als Einflußgröße verwendet wird.

118 Zum Problem der Aggregation linearer Modelle mit zufälligen Koeffizienten vgl. H. Theil, Linear Aggregation of Economic Relations, 3rd printing, Amsterdam 1974 (hier insbesondere S. 10–26); zur Ableitung einer aggregierten Relation, die in Durchschnittsgrößen ausgedrückt ist vgl. ders., Theory and Measurement of Consumer Demand, Vol. 1, Amsterdam 1975, S. 146–148. Geht man davon aus, daß Koeffizienten der Nachfragefunktion über die Bevölkerung verteilt sind, so bedeutet das, daß die Funktionen für jeden Haushalt unterschiedlich sind. In diesem Fall müßte das Funktionszeichen in der Beziehung (126) einen Haushaltsindex tragen.

119 Das Konzept der erwarteten Konsistenz wird von Theil als »rule of perfection« bezeichnet; vgl. H. Theil, Linear Aggregation of Economic Relations, a.a.O., Ch. VII.

120 Es ist zu beachten, daß sich die Verkehrsnachfragefunktion analog zu Gleichung (2. B. 105.) ergibt als $F_{ijk} = h_i(z_{jk} - \eta_j, w_i)$. Die Periodenlänge T wird als konstant vorausgesetzt und findet deshalb im Gegensatz zu Gleichung (2. B. 105.) keinen Eingang in die Nachfragefunktion.

Die zuletzt beschriebene Vorgehensweise charakterisiert zum Teil die in der empirischen Analyse von Nachfragebeziehungen vorherrschende Behandlung des Aggregationsproblems. Hier geht man häufig noch einen Schritt weiter, indem die mikroökonomischen Relationen direkt als aggregierte Beziehungen aufgefaßt werden, ohne daß ein Aggregationsverfahren angewendet wird.[121] Damit wird postuliert, daß die mit Durchschnittsgrößen geschätzten Nachfragefunktionen das Verhalten des repräsentativen Konsumenten widerspiegeln. Somit wird angenommen, daß der durch diese Vorgehensweise hervorgerufene Aggregationsfehler relativ gering ist.[122] Der Aggregationsfehler wird neben dem Meßfehler und dem Spezifikationsfehler durch die Einführung eines Fehlerterms ε in die als repräsentativ angesehene Nachfragefunktion erfaßt. Die zonale Verkehrsnachfrage ergibt sich unter Berücksichtigung dieser Überlegungen zum Beispiel als[123]

$$Q^E_{ijk} = n_{H_i}[g_i(p_{jk}, t_{ij}, w^{\phi}_i) + \varepsilon_{ijk}] , \qquad (2.B.128.)$$

$$(i,j,k) \varepsilon I x J x K$$

Wenn erwartet werden muß, daß der Aggregationsfehler zu groß wird, dann besteht die Möglichkeit, die Haushalte innerhalb der Subregionen in Lohnsatzklassen zu zerlegen, wobei angenommen wird, daß sich innerhalb der Klasse q nur homogene Nachfrager befinden. Das bedeutet, man geht davon aus, daß in den einzelnen Klassen eine homothetische Präferenzstruktur existiert. Die zonale Verkehrsnachfrage hat dann den Wert

$$Q^E_{ijk} = \sum_q n_{H_{iq}}[g_{iq}(p_{jk}, t_{ij}, w^{\phi}_{iq}) + \varepsilon_{ijkq}] , \qquad (2.B.129.)$$

$$(i,j,k) \varepsilon I x J x K$$

Die Bildung von Lohnsatzklassen stellt einen Mittelweg zwischen den durch die Gleichungen (126) und (128) beschriebenen Aggregationsverfahren dar.

Bevor die Zusammenfassung der Verkehrsnachfrage mit Bezug zu den Gütern diskutiert werden soll, sei darauf hingewiesen, daß die vorab angesprochene Aggregation der Verkehrsnachfrage über die Haushalte in zweierlei Hinsicht erfolgen kann.

Zum einen kann eine Aggregation der Modellstruktur erfolgen. Das Ergebnis dieser Vorgehensweise sind aggregierte Relationen, in denen die zu schätzenden

121 Für diese Vorgehensweise plädiert zum Beispiel L. Phlips, Applied Consumption Analysis, a.a.O., S. 98–100.

122 Vgl. H. S. Houthakker, L. D. Taylor, Consumer Demand in the United States 1929–1970, Cambridge Mass. 1970, S. 200.

123 Der Fehlerterm kann auch in anderer Weise mit der Nachfragefunktion verbunden sein.

Parameter mit Hilfe der aggregierten Daten (durchschnittlicher zonaler Lohnsatz, durchschnittliche zonale Fahrtentstehung) ermittelt werden. Zum anderen können die Nachfragefunktionen mit einzelwirtschaftlichen Daten geschätzt werden. Eine Aggregation erfolgt dann nach der Kalibrierung der haushaltsspezifischen Nachfragefunktionen.[124] Bei der Verwendung einzelwirtschaftlicher Daten für die Schätzung der Modellrelationen gewinnt das Problem der Auswahl repräsentativer Haushalte eine große Bedeutung, da eine Erhebung der benötigten Daten für alle Haushalte der Subregion zu aufwendig wäre. Zur Lösung des Auswahlproblems stehen alternative Stichprobenverfahren zur Verfügung.[125] Der Vorteil dieser Vorgehensweise besteht unter anderem darin, daß eine Erhebung der Daten durch Interviews kostengünstig vorgenommen werden kann. Außerdem bieten die Verfahren einen Ansatzpunkt, weitgehend homogene Gruppen von Nachfragern zusammenzufassen.[126]

Um die gesamte Güter bezogene Verkehrsnachfrage zu ermitteln, die das Verkehrssystem in Anspruch nehmen will, muß berücksichtigt werden, daß die Fahrten zur Beschaffung verschiedener Güter vorgenommen werden. Die gesamte nach Ursprungs- und Bestimmungsorten differenzierte Verkehrsnachfrage für Einkaufsfahrten ergibt sich somit als Summe über die Güter:

$$Q^E_{ij} = \sum_k g_i(p_{jk}, t_{ij}, w^\phi_i) n_{H_i} , \quad (i,j) \varepsilon I x J \qquad (2.B.130.)$$

Geht man davon aus, daß die Preise der Güter und die Lohnsätze konstant sind, dann ergibt sich die Nachfrage auf dem Verkehrsmarkt durch die Horizontaladdition der Verkehrsnachfragefunktionen für die einzelnen Güter

$$Q^E_{ij} = \sum_k g_{ijk}(t_{ij}) n_{H_i} , \quad (i,j) \varepsilon I x J \qquad (2.B.131.)$$

Hierbei stellt die Funktion g_{ijk} die für die Haushalte in der Subregion i repräsentative Nachfragefunktion für das Gut k im Ort j dar.

124 Der Problembereich der Kalibrierung der Nachfragefunktionen vor und nach der Aggregation wird vor allem im Zusammenhang mit den wahrscheinlichkeitstheoretischen Wahlansätzen diskutiert. Die dort zu aggregierenden Beziehungen haben die gleiche Struktur wie die in der Gleichung (2. B. 104.) beschriebenen Ansätze; vgl. F. S. Koppelman, Prediction with Disaggregate Models: The Aggregation Issue, in: Transportation Research Record, No. 527, 1974, S. 73–80; ders., Guidelines for Aggregate Travel Prediction Using Disaggregate Choice Models, in: Transportation Research Record, No. 610, 1976, S. 19–24; D. McFadden, F. Reid, Aggregate Travel Demand Forecasting from Disaggregate Behavioral Models, in: Transportation Research Record, No. 534, 1975, S. 24–37.

125 Einen Überblick über die Gestaltung von Stichprobenverfahren im Zusammenhang mit den wahrscheinlichkeitstheoretischen Wahlansätzen bieten S. R. Lerman, C. F. Manski, The Estimation of Choice Probabilities from Choice Based Samples, in: Econometrica, Vol. 45, 1977, S. 1977 – 1988; dies., Sample Design for Discrete Choice Analysis of Travel Behavior: The State of the Art, in: Transportation Research, Vol. 13A, 1979, S. 29–44.

126 Vgl. ebenda, S. 31–34.

Anstelle der Horizontaladdition sind im Prinzip die vorab angesprochenen Aggregationsverfahren auch auf die Aggregation der Nachfrage über die Güter anwendbar.[127] Sind zum Beispiel die Verteilungen von Parametern der Nachfragefunktionen und die Verteilung der Preise über die Güter des Ortes j bekannt, so ist es möglich, eine für alle Güter repräsentative Nachfragefunktion $g_{ij}(t_{ij})$ für jede Ortskombination abzuleiten. Analog zu den Beziehungen (126) und (127) kann die Relation ermittelt werden, indem das Produkt aus der Nachfragefunktion und den entsprechenden Dichtefunktionen bezüglich der über die Güter variierenden Parameter integriert wird.[128] Diese Vorgehensweise ist aber nicht sehr sinnvoll, da kaum zu erwarten ist, daß plausible Annahmen über die Verteilung der angesprochenen Größen aufgestellt werden können. Zur Ermittlung der mit dem Einkauf von Gütern zusammenhängenden Fahrten ist es somit erforderlich, die güterbezogenen Verkehrsvolumina einzeln abzuleiten. Die gesamte Verkehrsnachfrage nach Einkaufsfahrten ergibt sich dann als Summe der isoliert ermittelten Verkehrsmengen.

Bei der Berechnung der gesamten Verkehrsnachfrage müssen neben den Einkaufsfahrten auch noch die Fahrten zur Arbeit Q_{ij}^{W}, die Vergnügungsfahrten Q_{ij}^{L} und sonstige Fahrten Q_{ij}^{S} (zum Beispiel Fahrten zu Behörden oder Schulen sowie Unternehmensfahrten) berücksichtigt werden. Diese Fahrten sind innerhalb der hier abgeleiteten Nachfragemodelle nicht ermittelt worden. An dieser Stelle wird davon ausgegangen, daß die Höhe der Verkehrsnachfrage für diese Fahrtzwecke exogen determiniert ist. Diese Annahme ist durchaus realistisch. Berücksichtigt man, daß der Wohnort und der Arbeitsort des Haushaltsvorstandes bestimmt ist und daß weiterhin die Anzahl der Fahrten pro Periode festliegt, so ist das Arbeitsfahrtvolumen Q_{ij}^{W} unabhängig von den Fahrzeiten t_{ij} determiniert. Ähnliche Überlegungen lassen sich auch für die sonstigen Fahrten anstellen. Mit Bezug zu den Vergnügungsfahrten sei nochmals erwähnt, daß auch diese Fahrten fahrzeitunelastisch sind.[129] Eine Einbeziehung dieser Fahrten bei der Ableitung der Marktnachfrage bedeutet somit eine autonome Rechtsverschiebung der aggregierten Verkehrsnachfragekurve.[130] Aufgrund der durchgeführten Überlegungen ergibt sich die gesamte Verkehrsnachfrage zwischen den Orten i und j als

127 Zur Analogie der auf die Haushalte und die Güter bezogenen Aggregationsprobleme vgl. H. Theil, Linear Aggregation of Economic Relations, a.a.O., S. 27–38.

128 Die gesamte Nachfrage ergibt sich dann als $Q_{ij}^{E} = g_{ij}(t_{ij}) \cdot n_{Hi} \cdot n_K$, wobei n_K die Anzahl der Güter und n_{H_i} die Anzahl der Haushalte darstellt.

129 Vgl. die Ausführungen zur Beziehung (2. B. 55.)

130 Die fahrzeitunelastischen Fahrten werden bei der Analyse des Marktgleichgewichts als sogenanntes »fixed demand problem« diskutiert.

$$Q_{ij} = \sum_k g_{ijk}(t_{ij})n_{H_i} + Q^W_{ij} + Q^L_{ij} + Q^S_{ij} , \qquad (2.B.132.)$$

$$(i,j)\varepsilon I x J$$

Zum Schluß dieses Unterpunktes sei noch erwähnt, daß die Aggregation über Güter und Haushalte auch anhand von Verkehrsnachfragefunktionen durchführbar ist, die zusätzlich nach den Verkehrsmitteln m und den Fahrtrouten r differenziert sind. In diesem Falle ergeben sich die aggregierten Beziehungen für die Einkaufsfahrten als

$$Q_{ijmr} = \sum_k g_{ijk}(t_{ijmr}) , \qquad (i,j,m,r)\varepsilon I x J x M x R_{ij} \qquad (2.B.133.)$$

Bezüglich der Arbeitsfahrten und der sonstigen Fahrten kann aber nicht mehr unterstellt werden, daß sie unelastisch auf die Fahrzeiten t_{ijmr} reagieren. Selbst wenn die Verkehrsnachfrage zwischen den Orten festliegt, so besteht doch die Möglichkeit, daß die Personen je nach Fahrzeitverhältnissen die Verkehrsmittel und die Fahrtrouten ändern. Zu diesem Problemkreis wird in den folgenden Unterpunkten noch Stellung genommen.

IV. Zusammenfassung: Die theoretischen Grundlagen der Verkehrsnachfrage

Der Gegenstand der Untersuchungen des Abschnitts B des zweiten Kapitels ist die Ableitung der Verkehrsnachfrage für die privaten Haushalte. Die wichtigsten Kategorien der Fahrten sind die Fahrten zur Arbeit und die Einkaufsfahrten. Im Hinblick auf die Fahrten zur Arbeit wird angenommen, daß die Fahrtentstehung pro Periode festliegt. Da außerdem bei kurzfristiger Analyse sowohl die Wohnorte als auch die Arbeitsorte der Personen festliegen, ergibt sich ebenfalls eine konstante zwischenörtliche Verkehrsnachfrage. Die Ausführungen in diesem Teil der Arbeit konzentrieren sich auf die Ableitung der fahrzeitelastischen Verkehrsnachfrage. Deshalb beziehen sich die Ausführungen im wesentlichen auf die Ermittlung der Verkehrsnachfrage nach Einkaufsfahrten.
Die Nachfrage nach Einkaufsfahrten entsteht durch die räumliche Trennung der Beschaffungsorte und der Wohnorte der Haushalte. In dieser Studie wird die Verkehrsnachfrage aus den ökonomischen Aktivitäten der Wirtschaftssubjekte am Zielort erklärt. Deshalb bildet das haushaltstheoretische Modell der Einkommensverwendung den Ausgangspunkt für die Überlegungen. In das Modell wird die räumliche Trennung der Orte mit Hilfe der Fahrzeit einbezogen. Die Fahrzeit

wird deshalb als Maß für die räumliche Trennung gewählt, weil diese Größe am besten geeignet ist, die Anpassungsmechanismen des im nachstehenden Abschnitt zu diskutierenden Verkehrsmarktes wiederzugeben.

Die Einführung der Zeit in das Modell der Einkommensentstehung vollzieht sich in zwei Schritten. Im ersten Schritt, der im Unterpunkt I. 1 beschrieben wird, werden die Modelle der Entstehung und der Verwendung des Haushaltseinkommens zu einem Ansatz integriert, so daß der Konsum, die Höhe des Einkommens und das Ausmaß an Freizeit simultan bestimmt werden. In diesem Modell läßt sich der Wert der Zeit als Ressource bestimmen. Der Zeitwert, der definiert ist als die Grenzrate der Substitution zwischen Einkommen und Freizeit, ist konstant und gleich dem Lohnsatz. Bei der Konstanz des Zeitwertes kann die Zeit- und die Budgetrestriktion zu einer kombinierten Beziehung zusammengefaßt werden. Das Modell läßt sich noch erweitern, wenn man annimmt, daß neben den Gütermengen und der Freizeit auch die Arbeitszeit als Nutzendeterminante berücksichtigt wird. In diesem Fall ist der Zeitwert nicht mehr konstant, sondern variiert unter anderem mit dem Grenznutzen der Arbeitszeit. Im Hinblick auf die Möglichkeit der Ableitung operationaler Verkehrsnachfragefunktionen wird in den folgenden Ausführungen auf diese Erweiterung des Modells verzichtet.

Im zweiten Schritt werden im Abschnitt 2 verschiedene Möglichkeiten diskutiert, die Fahrzeiten zur Beschaffung der Konsumgüter in das haushaltstheoretische Modell einzuführen. Eine sinnvolle ökonomische Problemstellung ergibt sich nur dann, wenn die Fahrzeiten mit den Konsumgütern durch eine Restriktion verbunden werden. In der Arbeit werden lineare Fahrzeitrestriktionen gewählt, wobei die Proportionalitätsfaktoren die Fahrzeit für die Beschaffung einer Gütereinheit angeben. Die Beschaffungszeiten mindern den Aktionsspielraum des Haushalts über die kombinierte Zeit-Budget-Restriktion. Neben dem Wert der Zeit als Ressource läßt sich nun auch der Zeitwert für die Beschaffung der einzelnen Güter berechnen. Für das beschriebene Modell ist auch dieser Zeitwert gleich dem Lohnsatz. Eine Erweiterung erfährt der Ansatz, wenn die Fahrzeiten zusätzlich als Nutzendeterminanten berücksichtigt werden. In diesem Fall ist der Wert der Fahrzeit nicht mehr konstant, sondern wird von den Grenznutzen der Fahrzeiten beeinflußt. In den Nachfragefunktionen des zuerst genannten Ansatzes lassen sich die Nachfragemengen wegen der Konstanz des Zeitwertes in Abhängigkeit von den Beschaffungskosten der Güter (Preis plus bewertete Fahrzeit) bestimmen. Werden die Fahrzeiten als Nutzendeterminanten berücksichtigt, lassen sich über die Zusammensetzung der Argumente der Nachfragefunktionen keine generellen Aussagen machen.

Der Zusammenhang zwischen der Verkehrsnachfrage und den Gütermengen wird im Punkt 3 durch die Einführung einer linearen Beschaffungsrestriktion hergestellt. Hierbei geht man davon aus, daß die Beschaffungsmenge pro Fahrt eine technisch bestimmte Konstante darstellt. Die Fahrzeitrestriktion wird nun nicht mehr auf die Güter, sondern auf die Fahrten bezogen. Als Ergebnis dieser Operation lassen sich Verkehrsnachfragefunktionen ableiten, in die unter anderem die Fahrzeiten zur Beschaffung der Güter als unabhängige Variable eingehen.

Die Ausführungen des Abschnitts I berücksichtigen die Raumstruktur lediglich durch die Einführung konsumgüterspezifischer Fahrzeiten. Im Teil II wird nun dem Sachverhalt Rechnung getragen, daß die Güter in verschiedenen Orten beschafft werden können, die mit unterschiedlichen Verkehrsmitteln auf mehreren Fahrtrouten erreicht werden können. Die Entscheidungen des Haushalts bei Einführung einer diskreten Raumstruktur und alternativer Verkehrsmittel werden am Beispiel der Zielortwahl aufgezeigt.

Im Teil 1 werden sichere Erwartungen bezüglich der Beschaffungskosten unterstellt. Bei der Einführung der Zielorte in die haushaltstheoretischen Modelle werden zwei Fälle unterschieden. Im ersten Fall nimmt man an, daß die Nutzenbeiträge der Güter vom Beschaffungsort beeinflußt werden. Ökonomisch wird dadurch die Existenz von ortsbezogenen Präferenzen impliziert. Da alle Güter nun zusätzlich einen Ortsindex tragen, kann die Einführung der Zielorte als eine Erhöhung der Anzahl der angebotenen Güter aufgefaßt werden. Im zweiten Fall wird angenommen, daß die Güter unabhängig vom Beschaffungsort den gleichen Nutzen stiften. Hier ergeben sich unterschiedliche Konsequenzen für die verschieden angelegten haushaltstheoretischen Modelle. Werden die Fahrzeiten nicht als Nutzendeterminanten berücksichtigt, zeigt sich, daß die Haushalte die Güter in den Orten nachfragen, die die geringsten Beschaffungskosten aufweisen. Beeinflussen die Fahrzeiten aber das Nutzenniveau, so resultieren aus dem Ansatz interdependente Systeme von Nachfragefunktionen. Hierbei werden die Fahrten zum Einkauf eines Gutes in einem bestimmten Ort von dem gesamten Fahrtvolumen zur Beschaffung des gleichen Gutes beeinflußt. Ähnliche Ergebnisse lassen sich erzielen, wenn zusätzlich die Verkehrsmittel und die Fahrtrouten bei den Entscheidungen der Haushalte beachtet werden.

Gibt man die Annahme der sicheren Erwartungen auf, so kann untersucht werden, wie die Entscheidungen der Wirtschaftssubjekte variieren, wenn die Beschaffungskosten von Zufallsvariablen beeinflußt werden. Im Teil 2 werden die Modelle untersucht, die weder örtliche Präferenzen noch die Fahrzeiten als Nutzeneinflußgrößen berücksichtigen. Es zeigt sich, daß im Gegensatz zu den deterministischen Modellen die Güter auch in Orten eingekauft werden, die nicht die geringsten Beschaffungskosten zu bieten haben. Die Wahrscheinlichkeit, daß ein Gut in einem bestimmten Ort nachgefragt wird, hängt von der Verteilung der Zufallsvariablen und von den Differenzen ab, die aus den Beschaffungskosten des

festliegenden Ortes und den Beschaffungskosten der anderen Orte gebildet werden können.
Im Teil 3 wird die Struktur der Entscheidungen der Haushalte untersucht. Hier wird die Frage geklärt, ob die Fahrtentstehung, die Fahrtverteilung und die Verkehrsmittelwahl isoliert bestimmt werden können oder ob sie gemeinsam ermittelt werden müssen. Den Ausgangspunkt für die Überlegungen bilden diejenigen Modelle, die zu interdependenten Systemen von Nachfragefunktionen führen, weil unterschiedlich differenzierte Größen in die Nutzenfunktion eingehen. Anhand eines Modells zur Ableitung der interzonalen Verkehrsvolumina wird untersucht, ob bei Annahme einer in bezug auf die Güter und die Fahrzeiten trennbaren Nutzenfunktion die Möglichkeit besteht, die Fahrtentstehung und die Fahrtverteilung getrennt zu ermitteln. Das Ergebnis der Analyse zeigt, daß selbst bei Annahme der Trennbarkeitseigenschaft die Fahrtentstehung und die Fahrtverteilung gemeinsam ermittelt werden müssen. Zur Lösung des Ansatzes wird ein iteratives Lösungsverfahren vorgeschlagen. Die Resultate lassen sich auch auf die Modelle übertragen, die zusätzlich die Verkehrsmittelwahl berücksichtigen.
Bei der Ableitung der Marktnachfrage im Punkt III werden zunächst die Verfahren zur Bestimmung der für die Bewohner der Orte repräsentativen Nachfragefunktionen diskutiert. Die zu aggregierende abhängige Variable ist der Lohnsatz, die unabhängige Größe ist die Anzahl der Fahrten pro Haushalt. Die Marktnachfrage einer Zone ergibt sich dann als Produkt der repräsentativen Beziehung mit der Anzahl der Haushalte der Subregion. Bei der Diskussion der Bedingungen für eine konsistente Aggregation wird dargelegt, daß die Verwendung von Durchschnittswerten für die aggregierten Variablen nur bei Annahme einer homothetischen Präferenzstruktur zulässig ist. Ist diese Voraussetzung nicht erfüllt, muß zusätzlich die Verteilung der Lohnsätze über die Bevölkerung berücksichtigt werden. Diese Vorgehensweise erweist sich allerdings als sehr schwierig im Hinblick auf die Ableitung operationaler Makrorelationen. Eine Möglichkeit der Lösung des Problems besteht darin, die Mikrorelation direkt als aggregierte Beziehung aufzufassen. Bei der Schätzung der Makrorelation enthält dann der einzuführende Fehlerterm neben dem Spezifikations- und dem Meßfehler zusätzlich noch den Aggregationsfehler. Eine Verbesserung dieses Lösungsansatzes läßt sich erreichen, wenn die Nachfragefunktionen für die Haushalte einzelner Lohnsatzklassen berechnet werden. Hierdurch wird die Verteilung der Lohnsätze über die Bevölkerung zumindest diskret berücksichtigt.
Im Hinblick auf die Aggregation der Nachfragefunktionen über die Güter erweist sich die Anwendung der vorab diskutierten Aggregationsverfahren als wenig sinnvoll. Die gesamte Nachfrage nach Einkaufsfahrten muß durch Addition der

güterspezifischen Verkehrsnachfrage ermittelt werden. Werden zu diesen Fahrten noch die exogen zu bestimmenden Fahrten zur Arbeit, die Vergnügungsfahrten und die sonstigen Fahrten (zum Beispiel Unternehmensfahrten) hinzugerechnet, so resultiert daraus die vollständige Verkehrsnachfrage der Orte.

C. Die Analyse des Gleichgewichts auf dem städtischen Verkehrsmarkt

I. Der Begriff des Verkehrsgleichgewichts im städtischen Straßensystem

Die vorstehenden Abschnitte A und B beschäftigen sich mit der isolierten Analyse des Angebots und der Nachfrage auf dem städtischen Verkehrsmarkt. Die Aufgabe des Gliederungspunktes C besteht darin, die theoretischen Grundlagen für die Bestimmung der Marktergebnisse klarzulegen. Die Resultate, die durch die Gegenüberstellung der Angebots- und Nachfragerelationen ermittelt werden, lassen sich durch die zukünftig zu erwartenden Verkehrsströme (Mengenkomponente) und die sich ergebenden Fahrzeiten (Preiskomponente) charakterisieren. Wie an anderer Stelle bereits ausgeführt wurde, bezieht sich die Marktanalyse nur auf den städtischen Straßenverkehr.
Zur Gliederung des Abschnitts C ist zu bemerken, daß zunächst im Unterpunkt I alternative Definitionen des Verkehrsgleichsgewichts diskutiert werden. Im Unterpunkt II erfolgt dann die analytische Formulierung des Gleichgewichtsproblems mit Hilfe mathematischer Programme. Zum Abschluß dieses Punktes soll kurz auf die Diskrepanz zwischen der Ableitung gleichgewichtiger Verkehrsströme und der optimalen Nutzung des Verkehrssystems hingewiesen werden. Im Unterpunkt III wird die Analyse des Gleichgewichts erweitert, indem verschiedene Klassen von Nachfragern sowie alternative Verkehrsmittel in die Betrachtung einbezogen werden.
Bevor auf die verschiedenen Ansatzpunkte bei der Formulierung des Verkehrsgleichsgewichts eingegangen wird, sollen kurz einige Probleme angesprochen werden, die mit der Behandlung der Zeit in der Analyse zusammenhängen. Wie in den vorstehenden Abschnitten deutlich gemacht wurde, wird sowohl die Lage der Angebotsfunktion als auch der Nachfragefunktion von der Länge der Betrachtungsperiode beeinflußt. Insbesondere für die Angebotsseite wurde deutlich gemacht, daß mit der Länge der Betrachtungsperiode weiterhin auch die Form der

Angebotsfunktion variiert.[131] Deshalb muß nicht besonders betont werden, daß sich die zu konfrontierenden Angebots- und Nachfragerelationen auf einen Zeitraum von gleicher Länge beziehen müssen. Werden Zeiträume von weniger als einem Tag betrachtet (zum Beispiel Stundenperioden), so muß zusätzlich darauf hingewiesen werden, daß die Form der aggregierten Nachfragefunktion auch noch von der Tageszeit abhängen kann, an der die Betrachtungsperiode liegt.[132] Hier ergibt sich ein Unterschied zwischen den Zeiten des Spitzenverkehrs und den Zeiten mit weniger starkem Verkehr.[133] Der Grund für die Variation der Nachfragefunktionen kann darin gesehen werden, daß zu den verschiedenen Tageszeiten die Zusammensetzung der Verkehrsteilnehmer im Hinblick auf den Fahrtzweck unterschiedlich ist. Geht man davon aus, daß die individuellen Nachfragefunktionen für die Arbeitsfahrten unelastischer verlaufen als die auf die Einkaufsfahrten bezogenen Funktionen,[134] so wird die aggregierte Verkehrsnachfragerelation umso unelastischer sein, je größer der Anteil der Arbeitsfahrten am gesamten Fahrtvolumen ist. Da die Arbeitszeiten institutionell festgelegt sind, ergibt sich für die Zeiten des Arbeitsbeginns und des Arbeitsendes eine weniger elastische Gesamtnachfrage als zu den übrigen Tageszeiten.[135] Weiterhin ist im Hinblick auf die Abstimmung der Angebots- und Nachfragerelationen zu beachten, daß sich die Angebotsfunktionen auf Autofahrten und die Nachfragefunktionen auf Personenfahrten beziehen. Die Umrechnung der genannten Größen erfolgt mit Hilfe eines Faktors, der die durchschnittliche Besetzung der Fahrzeuge angibt. Für diesen Faktor wird in den nachstehenden Ausführungen der Wert Eins unterstellt.

Der Begriff des Gleichgewichtes in der Verkehrsanalyse kann zum einen als das Gleichgewicht auf einer Strecke und zum anderen als das Gleichgewicht im gesamten Straßensystem aufgefaßt werden. Das Gleichgewicht auf einer Straße wird in Abbildung 6 verdeutlicht. Hier wird eine Angebotsfunktion mit einer positiven progressiven Steigung unterstellt.

131 Vgl. zum Beispiel die Abbildungen 4 und 5 im Abschnitt A dieses Kapitels dieser Arbeit.

132 Ähnliche Aussagen lassen sich auch für andere Periodenlängen machen. Betrachtet man zum Beispiel den Wochenverkehr, so ist einleuchtend, daß die aggregierten Nachfragefunktionen für Arbeitstage und für Wochentage unterschiedlich sind, da die Zusammensetzung der Nachfrager variiert.

133 Zur Analyse der Verkehrsnachfrage zu verschiedenen Tageszeiten vgl. M. Wohl, A Methodology for Forecasting Peak and Off-Peak Travel Volumes, in: Highway Research Record, No. 322, 1970, S. 183–219.

134 Vgl. hierzu auch die Ausführungen zu der Gleichung (2.B.132.).

135 Ein weiteres Problem, auf das an dieser Stelle nicht weiter eingegangen werden soll, ist die zeitliche Verschiebung der Nachfrage (ingression). Überschreitet die Verkehrsnachfrage in einer Periode die Maximalkapazität einer Straße, so wird ein Teil der Nachfrage in der nächsten Periode abgefertigt. Zu diesem Problemkreis vgl. zum Beispiel L. Wingo, Transportation and Urban Land, Washington, D.C., 1961, S. 43–51. Ein Zahlenbeispiel zur Berechnung der Verkehrsverschiebung befindet sich in W. Buhr, Die Rolle der materiellen Infrastruktur im regionalen Wirtschaftswachstum, Studien über die Infrastruktur eines städtischen Gebietes: Der Fall Santa Clara County/California, a.a.O., S. 158–160.

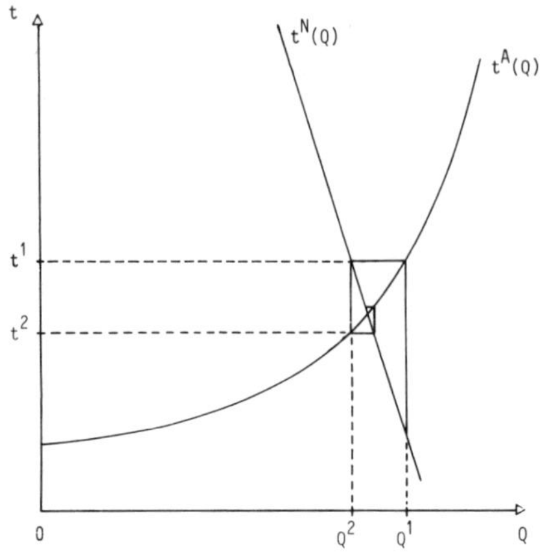

Abbildung 6: Das Verkehrsgleichgewicht auf einer Strecke unter Verwendung einer Angebotsfunktion mit positiver Steigung

Die in der Abbildung 6 dargestellten Funktionen sind als Beziehungen zwischen der Verkehrsmenge Q einer festen Betrachtungsperiode und der durchschnittlichen Fahrzeit t definiert. Der Mechanismus zur Erreichung des Verkehrsgleichgewichts auf einer Straße läßt sich folgendermaßen beschreiben. Nimmt man an, das Nachfragevolumen der Ausgangsperiode betrage Q^1, so ergibt sich gemäß der Angebotsfunktion die Fahrzeit in Höhe von t^1. Diese Fahrzeit bewirkt eine Verringerung der Nachfrage auf den Wert Q^2, für den die Fahrzeit dann auf t^2 absinkt. Hierdurch wird wiederum eine Erhöhung der Verkehrsnachfrage bedingt etc. Das Verkehrsgleichgewicht ist dann erreicht, wenn sich bei einem bestimmten Verkehrsvolumen die Fahrzeiten in solcher Höhe ergeben, daß das gleiche Nachfragevolumen wiederum induziert wird.[136] Bei diesem Anpassungsmechanismus wird unterstellt, daß sich die Nachfrager an dem Preis der Vorperiode orientieren und daß die Angebotsseite unmittelbar reagiert. Das führt dazu, daß sich der dynamische Anpassungsprozeß in der Abbildung 6 als eine linksgedrehte Spirale darstellt.[137] Für die Stabilität des Gleichgewichts ist es erforderlich, daß die

136 Ähnlich definieren M. Beckmann et al., Studies in the Economics of Transportation, a.a.O., S. 59.

137 Bei dem Cobweb-Theorem der dynamischen Analyse des Gleichgewichts auf dem Einzelmarkt mit verzögerter Anpassung reagieren die Anbieter mit einem time-lag auf die Marktsituation der Vorperiode. Das führt im Gegensatz zu dem in der Abbildung 6 gezeigten Zusammenhang zu einer rechtsgedrehten Spirale; vgl. J. M. Henderson, R. E. Quandt, Mikroökonomische Theorie, a.a.O., S. 130–133.

Steigung der Angebotsfunktion dem Betrag nach kleiner sein muß als der absolute Wert der Steigung der Nachfragefunktion.[138]
Während das in der Abbildung 6 dargestellte Marktsystem eine eindeutige Lösung aufweist, besteht die Möglichkeit der Existenz einer mehrdeutigen Lösung, wenn Angebotsfunktionen mit anomalem Leistungsbereich verwendet werden.[139] In der Abbildung 7 ist eine entsprechende Gleichgewichtssituation dargestellt.

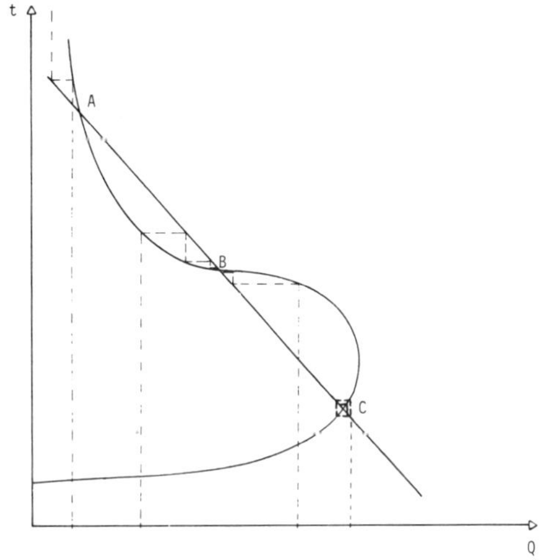

Abbildung 7: Das Verkehrsgleichgewicht auf einer Straße unter Verwendung einer Angebotsfunktion mit anomalem Leistungsbereich

In der Abbildung 7 ergeben sich drei Gleichgewichtspunkte. Wie aus der Zeichnung zu erkennen ist, sind die Punkte B und C stabil, während der Punkt A ein instabiles Gleichgewicht kennzeichnet. Da beide Kurven in der Nähe des Punktes B eine negative Steigung haben, werden die Fahrzeiten während des Anpassungsprozesses dort nicht oszillieren, sondern kontinuierlich zum Gleichgewichtswert konvergieren.

138 Da auf dem Verkehrsmarkt der Anpassungsprozeß in Form einer linksgedrehten Spirale abläuft, kehren sich die Stabilitätsbedingungen des Cobweb-Theorems um. Hier wurde im Hinblick auf die Stabilität gefordert, daß die Steigung der Nachfragefunktion absolut kleiner sein muß als die Steigung der Angebotsfunktion. Im Falle nichtlinearer Beziehungen muß zusätzlich noch zwischen örtlicher und globaler Stabilität unterschieden werden. In diesem Zusammenhang gilt ein Marktsystem als örtlich stabil, wenn es nach einer kleinen Anfangsabweichung wieder zum Gleichgewichtspunkt zurückkehrt. Ein System besitzt globale Stabilität, wenn es aus einer beliebigen Ausgangssituation zum Gleichgewicht zurückfindet; vgl. hierzu J. M. Henderson, R. E. Quandt, Mikroökonomische Theorie, a.a.O., S. 128–133.

139 Zu diesen Angebotsfunktionen vgl. Abbildung 4.

Bezüglich der Erfassung des Gleichgewichtes im gesamten Netzwerk können nun zwei Ansatzpunkte gewählt werden. Geht man davon aus, daß die Nachfragefunktionen nach den Fahrtrouten differenziert sind,[140] ist das Gleichgewicht im gesamten Netzwerk erreicht, wenn auf jeder Strecke ein Gleichgewicht existiert. Im Schaubild 8 ist ein Beispiel konstruiert, in dem davon ausgegangen wird, daß zwischen einem Ursprungsort und einem Bestimmungsort zwei alternative Fahrtrouten vorhanden sind.

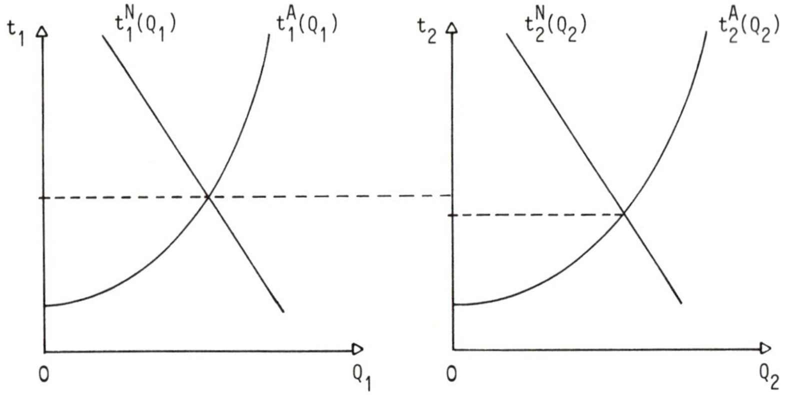

Abbildung 8: Das Verkehrsgleichgewicht auf zwei Fahrtrouten unter Berücksichtigung streckenspezifischer Angebots- und Nachfragefunktionen

Da die Angebots- und die Nachfragefunktionen auf die einzelnen Fahrtstrecken bezogen sind, stellen sich die Marktgleichgewichte auf den Routen vollkommen unabhängig voneinander ein. Wie das vorstehende Beispiel zeigt, sind bei der Existenz fahrtstreckenspezifischer Präferenzen auch unterschiedliche Fahrzeiten zwischen den beiden Orten möglich. Eine Tendenz zum Ausgleich der Fahrzeiten ist in diesem Ansatz nicht gegeben.

Geht man davon aus, daß es den Verkehrsnachfragern gleichgültig ist, auf welcher Strecke sie zu dem Bestimmungsort gelangen, so bedeutet das, daß für die beiden Routen in dem vorstehenden Beispiel eine gemeinsame Nachfragefunktion vorhanden ist. Die Angebotsfunktionen hingegen bleiben weiterhin auf die Strecken bezogen. Durch die derart charakterisierte Marktstruktur wird impli-

140 Sind die Nachfragefunktionen bezüglich der Fahrtstrecken differenziert, bedeutet das, daß bei den Nachfragern Präferenzen bezüglich der Fahrtstrecken existieren; vgl. hierzu die Ausführungen im Unterpunkt B.II.1 des zweiten Kapitels dieser Arbeit.

ziert, daß jeder Verkehrsteilnehmer die Strecke mit den geringsten Fahrzeiten in Anspruch nimmt. Das bedeutet, daß im Gegensatz zu dem vorab beschriebenen Marktsystem eine Tendenz zum Ausgleich der Fahrzeiten besteht. In der Abbildung 9 wird der Gleichgewichtsprozeß für zwei Strecken dargestellt, für die eine gemeinsame Nachfragefunktion und verschiedene Angebotsfunktionen unterstellt werden. Aus zeichentechnischen Gründen werden im Schaubild 9 nur lineare Funktionen verwendet.

Der in der Abbildung 9 dargestellte Gleichgewichtsprozeß läßt sich folgendermaßen beschreiben. Geht man davon aus, daß die Nachfrager in der Periode 1 Fahrzeiten in der Höhe von t^0 erwarten, so strömt ein Verkehrsvolumen von Q^1 in das Straßensystem. Diese Verkehrsmenge verteilt sich so auf die Fahrtrouten, daß auf beiden Strecken die gleichen Fahrzeiten entstehen. Die gleichgewichtige Verteilung der Verkehrsströme ergibt sich aus dem Schnittpunkt der Angebotsfunktionen bei einer Fahrzeit in Höhe von t^1 und den Strömen Q_1^1 und Q_2^1.[141] Diese Fahrzeit bewirkt in der nächsten Periode eine Erhöhung der gesamten Verkehrsnachfrage auf den Wert Q^2. Bei gleichwertiger Verteilung der Nachfrager ergeben sich nun Fahrzeiten in der Höhe von t^2.

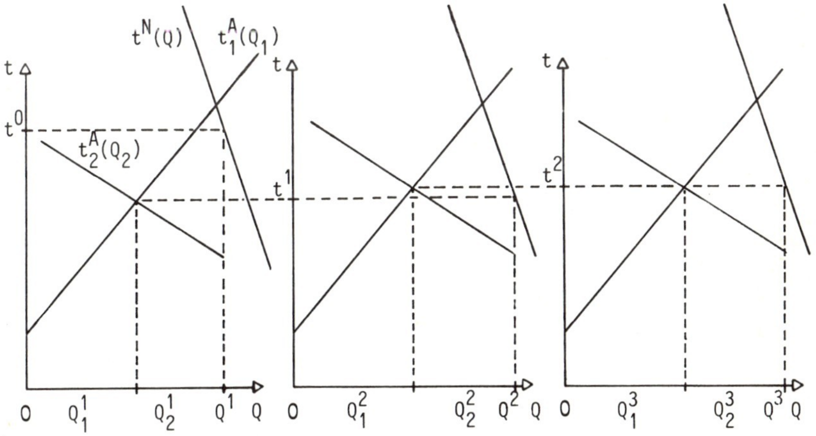

Abbildung 9: Das Verkehrsgleichgewicht auf zwei Fahrtrouten unter Berücksichtigung einer gemeinsamen, elastischen Nachfragefunktion und streckenspezifischen Angebotsfunktionen

141 Um die Aufteilung des Verkehrsvolumens auf die beiden Straßen ermitteln zu können, werden die Angebotsfunktionen gegeneinander abgetragen, so daß die erste Funktion von links unten nach rechts oben und die zweite Funktion von rechts unten nach links oben verläuft. Die Ordinate für die zweite Funktion wird durch die senkrechte gestrichelte Linie gebildet, die in Höhe des jeweils zu verteilenden gesamten Verkehrsvolumens (Q^1, Q^2, Q^3) errichtet wird. Das vom Gleichgewichtspunkt auf die Abzisse gefällte Lot teilt dann das gesamte Verkehrsvolumen auf die beiden Strecken auf.

Das Gleichgewicht ist dann erreicht (Periode 3), wenn

1. die Fahrzeiten auf allen genutzten Routen zwischen den beiden Orten gleich sind, und
2. die durch bestimmte Fahrzeiten erzeugten Verkehrsströme gleich den Verkehrsströmen sind, bei denen sich diese Fahrzeiten ergeben haben.

Die Bedingung 1 ist in der Literatur als das erste Wardrop-Prinzip bekannt.[142] Es kennzeichnet die Erzeugung sogenannter benutzeroptimaler Verkehrsströme.[143]

Der in der Abbildung 9 charakterisierte Ansatz wird üblicherweise als das Problem des Verkehrsgleichgewichts bei elastischer Nachfrage bezeichnet.[144] Bei vollkommen unelastischer Nachfrage vereinfacht sich das Gleichgewichtsproblem. Wie in der nachstehenden Abbildung 10 gezeigt wird, verteilt sich auch hier die gesamte Nachfrage auf die beiden Routen, so daß sich die Fahrzeiten ausgleichen. Die rechte Abzisse stellt hier gleichzeitig die unelastische Nachfragefunktion dar. Somit entfällt der iterative Anpassungsprozeß, da eine Variation der Fahrzeit das Verkehrsvolumen unverändert läßt. Typische Beispiele für den Fall der unelastischen Verkehrsnachfrage sind die Fahrten zur Arbeit sowie die Vergnügungsfahrten.[145]

Zwischen den Gleichgewichtsproblemen, die in den Abbildungen 6 und 8 dargestellt sind, und den durch die Schaubilder 9 und 10 charakterisierten Modellen ergeben sich unterschiedliche Bedingungen für die Stabilität des Gleichgewichts. Bei den zuerst gezeigten Ansätzen stellt sich eine stabile Lösung ein, wenn die Steigung der Nachfragefunktion dem Betrag nach größer ist als die Steigung der Angebotsfunktion. Hingegen muß für die Stabilität der beiden letzten Ansätze gefordert werden, daß der absolute Wert der Steigung der Nachfragefunktion größer ist als der Betrag der Steigung der vertikal addierten Angebotsfunktionen. Diese Bedingung soll im folgenden für den Fall linearer Funktionen bewiesen werden.

142 Zusätzlich zu der Bedingung 1 wird von Wardrop gefordert, daß die Fahrzeiten auf keiner der nicht genutzten Routen geringer ist als auf den in Anspruch genommenen Strecken; vgl. J.G. Wardrop, Some Theoretical Aspects of Road Traffic Research, in: o. Hrsg. Proceedings of the Institution of Civil Engineers, Part II, Vol. 1, London, S. 325–376.

143 Im Gegensatz zu den benutzeroptimalen (gleichgewichtigen) Verkehrsströmen lassen sich auch systemoptimale Verkehrsvolumina errechnen. Hierbei geht es darum, eine bestmögliche Ausnutzung der Kapazitäten des städtischen Verkehrssystems zu gewährleisten. Auf diesen Problemkreis wird am Ende des folgenden Unterpunktes noch kurz eingegangen.

144 Vgl. M.A. Florian, Preface, in: M.A. Florian (ed.), Traffic Equilibrium Methods, a.a.O., S. VII–XII.

145 Vgl. hierzu auch die Ausführungen am Ende des Unterpunktes B.III des zweiten Kapitels.

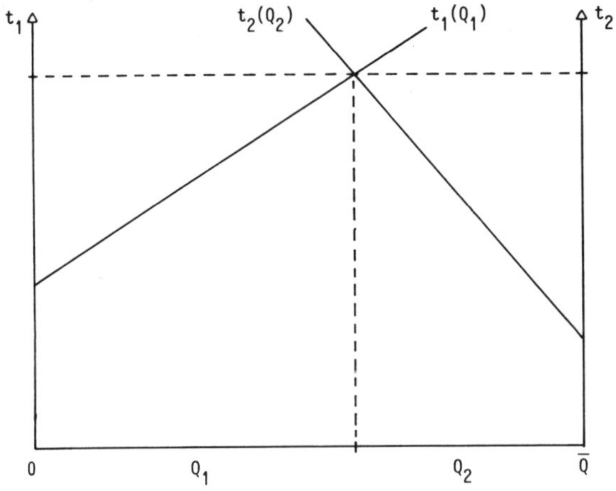

Abbildung 10: Das Verkehrsgleichgewicht auf zwei Fahrtrouten bei unelastischer Nachfrage

Der Ausgangspunkt für die Betrachtung wird zum einen durch die gemeinsame Nachfragefunktion für beide Strecken in der Periode p

$$Q^p = a t^{p-1} + b \qquad (2.C.1.)$$

und zum andern durch die beiden Angebotsfunktionen gebildet:

$$S_1^p = A_1 t_1^p + B_1 \qquad (2.C.2.)$$

$$S_2^p = A_2 t_2^p + B_2 \qquad (2.C.3.)$$

Da sich in einer Periode die Fahrzeiten auf den Strecken ausgleichen, gilt

$$t_1^p = t_2^p = t^p \qquad (2.C.4.)$$

Weiterhin muß berücksichtigt werden, daß sich das Angebot an die Nachfrage anpaßt:

$$Q^p = S_1^p + S_2^p \qquad (2.C.5.)$$

Setzt man die Gleichungen (1)–(4) in die Beziehung (5) ein und löst nach der Fahrzeit der Periode p auf, so erhält man

$$t^p = \frac{a}{A_1 + A_2} t^{p-1} + \frac{b - B_1 - B_2}{A_1 + A_2} \qquad (2.C.6.)$$

Nimmt man für die Ausgangsperiode eine Fahrzeit in der Höhe von t^0 an, so lautet die Lösung der vorstehenden inhomogenen Differenzengleichung 1. Ordnung

$$t^p = \left(\frac{a}{A_1 + A_2}\right)^p t^0 + \frac{b - B_1 - B_2}{A_1 + A_2} \frac{1 - \left(\frac{a}{A_1 + A_2}\right)^p}{1 - \left(\frac{a}{A_1 + A_2}\right)}$$

Errechnet man das Produkt des zweiten Summanden der vorstehenden Beziehung und klammert den exponentiellen Term aus, so ergibt sich die folgende Gleichung:

$$t^p = \left(t^0 - \frac{b - B_1 - B_2}{A_1 + A_2 - a}\right) \left(\frac{a}{A_1 + A_2}\right)^p + \frac{b - B_1 - B_2}{A_1 + A_2 - a} \qquad (2.C.7.)$$

An der Relation (7) ist abzulesen, daß die oben genannte Stabilitätsbedingung nur dann erfüllt ist, wenn der erste Summand gegen den Wert Null geht. Das ist nur dann der Fall, wenn gilt

$$|a| < |A_1 + A_2| \qquad (2.C.8.)$$

Da sich die Steigungen a, A_1 und A_2 auf die Mengen-Zeit-Relationen (1)–(3) beziehen und in den Schaubildern die inversen Beziehungen abgetragen sind, lautet die entsprechende Bedingung für die gezeichneten Funktionen

$$\left|\frac{1}{a}\right| > \left|\frac{1}{A_1 + A_2}\right| \qquad (2.C.9.)$$

Die Forderung besagt, daß die Steigung der Nachfragefunktion, wie vorab ausgeführt wurde, größer sein muß als die Steigung der vertikal addierten Angebotsfunktionen. Wie man aus der Bedingung (9) auch erkennen kann, ist im Fall der vollkommen unelastischen Nachfrage das Gleichgewicht immer dann stabil, wenn die Angebotsfunktionen endliche Steigungen haben.
Mit Bezug zur Beurteilung der Gleichgewichtsbegriffe im Hinblick auf ihre Realitätsnähe kann angemerkt werden, daß die durch die Abbildungen 9 und 10 beschriebenen Marktsysteme plausibler erscheinen, da für die Mehrzahl der Verkehrsteilnehmer angenommen werden kann, daß sie die schnellste Verbindung zwischen den Orten zu wählen gedenken. Allerdings kann zumindestens für einen geringeren Teil der Nachfrager vermutet werden, daß sie zum Beispiel aus sicherheitstechnischen Gründen oder wegen der geringeren Entfernung[146]

146 Es ist möglich, daß auf einer gut ausgebauten Verkehrsverbindung trotz größerer Entfernung zwischen den Orten eine geringere Fahrzeit benötigt wird als auf einer schlechter angelegten Strecke.

bestimmte Strecken bevorzugen. Das bedeutet, daß auch das durch die Abbildung 8 wiedergegebene Marktsystem, das in der Literatur bisher nicht behandelt wurde, seine Berechtigung hat.
In dem nächsten Abschnitt wird das Problem des Verkehrsgleichgewichts umfassend mit Hilfe von mathematischen Programmen formuliert. Dort wird dann insbesondere berücksichtigt, daß die Fahrtrouten zwischen den Orten aus mehreren Teilstrecken bestehen können, auf die dann die Verkehrsnachfrage aus verschiedenen Orten trifft.

II. Die theoretischen Grundlagen für die Ermittlung der gleichgewichtigen Verkehrsströme

In den folgenden Ausführungen werden die durch die Abbildungen 8–10 charakterisierten Gleichgewichtsprobleme mit Hilfe mathematischer Programme formuliert. [147] Im Anschluß an die Behandlung der verschiedenen Ansätze wird als Exkurs der Unterschied zwischen der Erzeugung benutzeroptimaler und systemoptimaler Verkehrsströme erörtert. Die Einbeziehung der öffentlichen Verkehrsmittel in die Gleichgewichtsanalyse erfolgt im nächsten Unterpunkt.
Das städtische Verkehrssystem wird in den Verkehrsmodellen durch ein Netzwerk repräsentiert. Hierbei abstrahiert man von der Flächenausdehnung der Orte und faßt sie als Zentroide auf. Diese Punkte ergeben zusammen mit den Kreuzungen die Knoten des Netzwerks. Die Teilstrecken zwischen zwei benachbarten Knoten werden durch gerichtete Pfeile repräsentiert.[148] Die Straßenverbindungen zwischen zwei beliebigen Orten können durch mehrere Pfeile, die unter Beachtung der Richtung aneinandergereiht sind, dargestellt werden. Diese Kombination von Pfeilen wird auch als Pfad bezeichnet.[149]

147 Zur Formulierung von Gleichgewichtsproblemen mit Hilfe mathematischer Programme vgl. P. A. Samuelson, Maximum Principles in Analytical Economics, in: R. C. Merton (ed.), The Collected Scientific Papers of P. A. Samuelson, Cambridge, Mass., 1972, S. 2–17. Das erste Optimierungsmodell zur Ableitung gleichgewichtiger Verkehrsströme wurde entwickelt von M. Beckmann et al., Studies in the Economics of Transportation, a.a.O., S. 59–75. Das Problem des Verkehrsgleichgewichts ist in jüngerer Zeit vor allem in den Tagungsbeiträgen eines internationalen Symposiums behandelt worden, das im November 1974 in Montreal stattfand; vgl. M. A. Florian (ed.), Traffic Equilibrium Methods, Lecture Notes in Economics and Mathematical Systems, No. 118, Berlin 1976.

148 Existiert zwischen zwei Orten eine in beide Richtungen befahrbare Straße, so ergeben sich in der Netzwerkdarstellung des Straßensystems zwei gerichtete Pfeile. Zur praktischen Ableitung eines Netzwerks für ein Straßensystem vgl. Comsis Corporation, Traffic Assignment, a.a.O., S. 10–18.

149 In den folgenden Ausführungen werden die Pfeile auch als Straßen, Strecken oder Streckenabschnitt bezeichnet. Für die Pfade des Netzwerks werden auch die Begriffe Verkehrsverbindung oder Fahrtroute verwendet.

Bei der Darstellung der Programmierungsansätze werden folgende Symbole verwendet.

$I = \{i \mid i = 1, \ldots, n_I\}$: Menge der Ursprungsorte,

$J = \{j \mid j = 1, \ldots, n_J\}$: Menge der Bestimmungsorte,

$A = \{a \mid a = 1, \ldots, n_A\}$: Menge der gerichteten Pfeile des Netzwerkes,[150]

$R_{ij} = \{r_{ij} \mid r_{ij} = 1, \ldots, n_{R_{ij}}\}$: Menge der Pfade zwischen den Orten i und j, für $(i,j) \varepsilon I x J$,

Q = Anzahl der Fahrten in einer vorgegebenen Periode,

t = Fahrzeit.

Im Zusammenhang mit der Indizierung der Variablen ist zu beachten, daß auf die Kennzeichnung des Routenindex r mit der Indexkombination $(i,j) \in I \times J$ aus Gründen der Übersichtlichkeit verzichtet wird. Die Indexkombination kann ohne weiteres fortgelassen werden, da der Index r in den verwendeten Symbolen immer gemeinsam mit den Ortsindizes auftritt.
Die Angebotsfunktionen sind auf die einzelnen Pfeile des Netzwerks bezogen.

$$t_a = f_a(Q_a) \ , \qquad a \varepsilon A \qquad (2.C.10.)$$

Die Nachfragefunktionen bei der Existenz von routenspezifischen Präferenzen lauten[151]

$$t_{ijr} = g_{ijr}(Q_{ijr}) \ , \qquad (i,j) \varepsilon I x J, \ r \varepsilon R_{ij} \qquad (2.C.11.)$$

Ist den Verkehrsnachfragern die Wahl der Fahrtroute gleichgültig, so gilt eine gemeinsame Nachfragefunktion für alle Verkehrsverbindungen zwischen je zwei Orten

$$t_{ij} = g_{ij}(Q_{ij}) \ , \qquad (i,j) \varepsilon I x J \qquad (2.C.12.)$$

Zur Formulierung der Programmierungsansätze wird weiterhin die folgende (0,1)-Variable definiert

$$z_{aijr} = \begin{cases} 1, & \text{wenn die Strecke a zur Route r zwischen den Orten i und j gehört,} \\ 0 & \text{sonst} \end{cases} \qquad (2.C.13.)$$

150 Bei der folgenden Darstellung der Programmierungsansätze werden lediglich die Knoten benötigt, die sich auf die Orte beziehen. Deshalb wird auf die Einführung eines Symbols für die Menge aller Knoten verzichtet.

151 Zur Indizierung der Nachfragefunktionen bei der Annahme unterschiedlicher Präferenzen vgl. die Ausführungen im Abschnitt B.II.1 des zweiten Kapitels dieser Arbeit.

Unter Verwendung der Nachfragefunktion (11) läßt sich das Gleichgewichtsproblem folgendermaßen formulieren

$$Z = \sum_i \sum_j \sum_r \int_0^{Q_{ijr}} g_{ijr}(Q)dQ - \sum_a \int_0^{Q_a} f_a(Q)dQ \,, \qquad (2.C.14.)$$

$$Z \rightarrow max$$

Die Zielfunktion maximiert die Differenz zwischen den Flächen der Nachfragefunktionen und den Flächen der Angebotsfunktionen. In der Mikroökonomik wird die Differenz der genannten Flächen üblicherweise als die Summe aus Konsumenten- und Produzentenrente bezeichnet. Dabei wird davon ausgegangen, daß die Angebotsrelation durch die Grenzkostenfunktion des Unternehmers gebildet wird. In der Gleichung (10) bezeichnet die Funktion $f_a(Q_a)$ aber eine Durchschnittsfunktion.[152] Deshalb läßt sich die angesprochene Interpretation in diesem Fall nicht anwenden.[153]

Zwischen den zu bestimmenden Variablen Q_{ijr} und Q_a gilt der nachstehende Zusammenhang

$$Q_a = \sum_i \sum_j \sum_r z_{aijr} Q_{ijr} \,, \qquad a \varepsilon A \qquad (2.C.15.)$$

Die Bedingung (15) besagt, daß sich die Fahrtvolumina auf einem Pfeil aus den Verkehrsmengen zwischen allen Kombinationen der Ursprungs- und der Bestimmungsorte zusammensetzen, deren Fahrtrouten die Strecke a enthalten. Berücksichtigt man die vorstehende Restriktion, so lautet das bedingte Optimierungsproblem

$$L = \sum_i \sum_j \sum_r \int_0^{Q_{ijr}} g_{ijr}(Q)dQ - \sum_a \int_0^{Q_a} f_a(Q)dQ + \qquad (2.C.16.)$$

$$+ \sum_a \beta_a (Q_a - \sum_i \sum_j \sum_r z_{aijr} Q_{ijr}) \,,$$

$$L \rightarrow max$$

Für den Fall, daß alle Entscheidungsvariablen des Problems positive Werte annehmen

$$Q_{ijr} > 0 \,, \qquad (i,j) \varepsilon IxJ, \; r \varepsilon R_{ij} \qquad (2.C.17.)$$

$$Q_a > 0 \,, \qquad a \varepsilon A$$

152 Die Funktion f_a (Q_a) gibt die Fahrzeiten an, die die Verkehrsteilnehmer durchschnittlich auf der Strecke a benötigen.

153 Zu diesem Problembereich wird am Schluß dieses Unterpunktes nochmals Stellung genommen.

lauten die Gleichgewichtsbedingungen

$$g_{ijr}(Q_{ijr}) - \sum_a \beta_a z_{aijr} = 0 , \qquad (i,j)\varepsilon I x J,\ r\varepsilon R_{ij} \qquad (2.C.18.)$$

$$- f_a(Q_a) + \beta_a = 0 , \qquad a\varepsilon A \qquad (2.C.19.)$$

Ersetzt man die Lagrangemultiplikatoren β_a in der Beziehung (18) mit Hilfe der Gleichung (19), so erhält man

$$g_{ijr}(Q_{ijr}) = \sum_a f_a(Q_a) z_{aijr} , \qquad (i,j)\varepsilon I x J,\ r\varepsilon R_{ij} \qquad (2.C.20.)$$

Unter Verwendung der Angebots- und Nachfragefunktionen (10) und (11) kann man die Bedingung (20) schreiben als

$$t_{ijr} = \sum_a t_a z_{aijr} , \qquad (i,j)\varepsilon I x J,\ r\varepsilon R_{ij} \qquad (2.C.21.)$$

Diese Bedingung besagt, daß die aus der Nachfragefunktion bestimmten Fahrzeiten zwischen allen Orten i und j auf der Route r im Gleichgewicht der Summe der Fahrzeiten derjenigen Strecken ist, die zur entsprechenden Route gehören. Diese Fahrzeiten ergeben sich auf der Basis der Angebotsrelationen. Wie aus der Gleichung (21) abzulesen ist, werden in der Regel zwischen je zwei Orten unterschiedliche Fahrzeiten auf den einzelnen Fahrtrouten existieren. Eine Tendenz zum Ausgleich der Fahrzeiten auf den verschiedenen Strecken ist bei diesem Modell nicht gegeben. Dieses Ergebnis stimmt mit den Überlegungen zum Schaubild 8 überein.

Verwendet man die Nachfragefunktion (12), so wird eine gemeinsame Beziehung für alle zwischen je zwei Orten vorhandenen Fahrtrouten angenommen. Dadurch wird, wie vorab ausgeführt wurde, unterstellt, daß bei den Nachfragern keine Präferenzen für bestimmte Fahrtrouten vorhanden sind. Formuliert man das Gleichgewichtsproblem mit Bezug zu der Nachfragefunktion (12), so werden zusätzlich zu den Variablen des Optimierungsansatzes (16) die Größen Q_{ij} (mit $(i,j)\in I\times J$) modellendogen bestimmt. Diese Variablen sind mit den anderen Größen über die folgende Beziehung verknüpft.

$$Q_{ij} = \sum_r Q_{ijr} , \qquad (i,j)\varepsilon I x J \qquad (2.C.22.)$$

Diese Restriktion, die üblicherweise als »flow conservation equation« bezeichnet wird,[154] besagt, daß sich die Verkehrsvolumina, die zwischen je zwei Orten entstehen, vollkommen auf die verfügbaren Fahrtrouten aufteilen müssen. Unter

154 Vgl. zum Beispiel S. Nguyen, A Unified Approach to Equilibrium Methods for Traffic Assignment, in: M. A. Florian (ed.), Traffic Equilibrium Methods, a.a.O., S. 148–182 (hier: S. 151).

Berücksichtigung dieser Beziehung und der Restriktion (15) ergibt sich das Optimierungsproblem als[155]

$$L = \sum_i \sum_j \int_0^{Q_{ij}} g_{ij}(Q)dQ - \sum_a \int_0^{Q_a} f_a(Q)dQ + \qquad (2.C.23.)$$

$$+ \sum_i \sum_j \alpha_{ij}(Q_{ij} - \sum_r Q_{ijr}) +$$

$$+ \sum_a \beta_a(Q_a - \sum_i \sum_j \sum_r z_{aijr}Q_{ijr}) ,$$

$L \rightarrow \max$

Die Kuhn-Tucker-Bedingungen für die Primalvariablen des Problems (23) lauten

(a) $Q_{ij} \geqq 0 , \quad (i,j)\varepsilon I\times J$

$Q_{ijr} \geqq 0 , \quad (i,j)\varepsilon I\times J, \; r\varepsilon R_{ij}$

$Q_a \geqq 0 , \quad a\varepsilon A$

(b) $g_{ij}(Q_{ij}) + \alpha_{ij} \leqq 0 , \quad (i,j)\varepsilon I\times J$

(c) $Q_{ij}[g_{ij}(Q_{ij}) + \alpha_{ij}] = 0 , \quad (i,j)\varepsilon I\times J$

(d) $- \alpha_{ij} - \sum_a \beta_a z_{aijr} \leqq 0 , \quad (i,j)\varepsilon I\times J, \; r\varepsilon R_{ij}$

(e) $Q_{ijr}[- \alpha_{ij} - \sum_a \beta_a z_{aijr}] = 0 , \quad (i,j)\varepsilon I\times J, \; r\varepsilon R_{ij}$

(f) $- f_a(Q_a) + \beta_a \leqq 0 , \quad a\varepsilon A$

(g) $Q_a[\beta_a - f_a(Q_a)] = 0 , \quad a\varepsilon A$

Nimmt man positive Fahrtvolumina zwischen allen Orten und auf allen Streckenabschnitten an:

(h) $Q_{ij} > 0 , \quad (i,j)\varepsilon I\times J$

$Q_a > 0 , \quad a\varepsilon A$

155 Ähnliche Ansätze werden diskutiert von M. Beckmann et al., Studies in the Economics of Transportation, a.a.O., S. 59–75; S. Nguyen, A Unified Approach to Equilibrium Methods of Traffic Assignment, a.a.O., S. 149–153.

so sind die Gleichungen (c) und (g) nur dann erfüllt, wenn gilt

(i) $-\alpha_{ij} = g_{ij}(Q_{ij})$, $(i,j)\varepsilon I x J$

(j) $\beta_a = f_a(Q_a)$, $a\varepsilon A$

Unter Berücksichtigung der vorstehenden Werte für die Faktoren α_{ij} und β_a lautet die Beziehung (e)

$$Q_{ijr}[g_{ij}(Q_{ij}) - \sum_a f_a(Q_a)z_{aijr}] = 0 , \qquad (2.C.24.)$$

$(i,j)\varepsilon I x J$, $r\varepsilon R_{ij}$

Da der Wert des Klammerterms wegen der Ungleichung (d) nicht positiv sein darf, ist die Bedingung (24) nur dann zu erfüllen, wenn der Wert der Klammer für den geringsten Wert des Fahrzeitterms $\Sigma f_a(Q_a)z_{aijr}$ gleich null ist.[156] Somit ergeben sich die folgenden Bedingungen

$$g_{ij}(Q_{ij}) = \sum_a f_a(Q_a)z_{aijr_{min}} \qquad (2.C.25.)$$

für $Q_{ijr} > 0$, $(i,j)\varepsilon I x J$, $r_{min}\varepsilon R_{ij}$,

mit $\sum_a f_a(Q_a)z_{aijr_{min}} = \min_r \sum_a f_a(Q_a)z_{aijr}$

$$g_{ij}(Q_{ij}) < \sum_a f_a(Q_a)z_{aijr} \qquad (2.C.26.)$$

für $Q_{ijr} = 0$, $(i,j)\varepsilon I x J$, $r\varepsilon R_{ij}$, $r \neq r_{min}$

Unter Verwendung der Angebots- und Nachfragebeziehungen (10) und (12) lassen sich die vorstehenden Bedingungen auch schreiben als

$$t_{ij} = \sum_a t_a z_{aijr_{min}} \qquad (2.C.27.)$$

für $Q_{ijr} > 0$, $(i,j)\varepsilon I x J$, $r_{min}\varepsilon R_{ij}$

$$t_{ij} = \sum_a t_a z_{aijr} \qquad (2.C.28.)$$

für $Q_{ijr} = 0$, $(i,j)\varepsilon I x J$, $r\varepsilon R_{ij}$, $r \neq r_{min}$

156 Wäre der Wert der Klammer für einen anderen als den minimalen Fahrzeitterm gleich null, dann ergibt sich zumindest für den minimalen Fahrzeitterm ein positiver Wert in der Klammer der Beziehung (24). Dieses Ergebnis steht aber im Widerspruch zu der Ungleichung (d).

Das Ergebnis des Modells (23) kann man wie folgt zusammenfassen. Für jede Kombination der Ursprungs- und Bestimmungsorte gilt im Gleichgewicht, daß die Fahrzeiten auf allen in Anspruch genommenen Fahrtrouten gleich der sich aus der Nachfragefunktion ergebenden Fahrzeit sind. Außerdem sind die Fahrzeiten auf diesen Strecken minimal. Da sich die aus den Nachfragefunktionen ergebenden Fahrzeiten nur auf die Ortskombinationen beziehen, bedeutet das, daß sich die Fahrzeiten auf den zwischen den Orten genutzten Strecken ausgleichen. Dieses Ergebnis stimmt mit den Überlegungen überein, die im Zusammenhang mit der Abbildung 9 angestellt wurden. Wie an anderer Stelle noch gezeigt wird, bildet die Suche nach den minimalen Zeitpfaden innerhalb des Netzwerks einen wesentlichen Bestandteil der empirisch orientierten Verkehrsmodelle.

Mit Bezug zu dem Gleichgewichtsproblem bei unelastischer Verkehrsnachfrage (Abbildung 10) wird anstelle der flow conservation-Beziehung (22) die folgende Gleichung berücksichtigt

$$\bar{Q}_{ij} = \sum_r Q_{ijr} , \qquad (i,j) \varepsilon I x J \tag{2.C.29.}$$

Der Ansatz (23) kann dann wie folgt vereinfacht werden

$$L = - \sum_a \int_0^{Q_a} f_a(Q) dQ + \tag{2.C.30.}$$

$$+ \sum_i \sum_j \alpha_{ij} (\bar{Q}_{ij} - \sum_r Q_{ijr}) +$$

$$+ \sum_a \beta_a (Q_a - \sum_i \sum_j \sum_r z_{aijr} Q_{ijr}) ,$$

$$L \rightarrow \max$$

Da die Größen Q_{ij} nicht mehr als Entscheidungsvariablen des Optimierungsansatzes verwendet werden, entfallen gegenüber dem elastic demand problem die auf diese Größen bezogenen Gleichgewichtsbedingungen. Aus den verbleibenden Beziehungen (e) und (g) lassen sich die folgenden Gleichungen ableiten.

$$- \alpha_{ij} = \sum_a t_a z_{aijr_{min}} \tag{2.C.31.}$$

für $Q_{ijr} > 0, \ (i,j) \varepsilon I x J, \ r_{min} \varepsilon R_{ij}$

$$- \alpha_{ij} < \sum_a t_a z_{aijr} \tag{2.C.32.}$$

für $Q_{ijr} = 0, \ (i,j) \varepsilon I x J, \ r \varepsilon R_{ij}, \ r \neq r_{min}$

Wie schon im Zusammenhang mit der Abbildung 10 ausgeführt wurde, sind auch beim fixed demand problem im Gleichgewicht die Fahrzeiten auf allen genutzten Routen zwischen jeder Ortskombination gleich der geringsten möglichen Fahrzeit. Die benutzeroptimalen Verkehrsströme ergeben sich auch hier genau dann, wenn kein Verkehrsteilnehmer seine Fahrzeit durch die Änderung seiner Fahrtroute verringern kann.
Im Gegensatz zu den vorab ermittelten benutzeroptimalen Verkehrsströmen bezeichnet man diejenigen Verkehrsströme als »systemoptimal«, bei denen die gesamten Fahrzeiten, die im Verkehrssystem anfallen, minimiert werden.[157] Da sich die Verkehrsangebotsfunktionen wie an anderer Stelle ausgeführt wurde, auf die durchschnittlichen Fahrzeiten beziehen, ergeben sich die gesamten zu minimierenden Zeiten des Systems als

$$T = \sum_a f_a(Q_a)Q_a \qquad (2.C.33.)$$

Maximiert man den negativen Wert dieser Funktion unter Beibehaltung der Nebenbedingungen des Ansatzes (30), lauten die den Gleichungen (31) und (32) entsprechenden Gleichgewichtsbedingungen[158]

$$-\alpha^*_{ij} = \sum_a [f_a(Q_a) + Q_a f'_a(Q_a)] z_{aijr_{min}} \qquad (2.C.34.)$$

$$\text{für } Q_{ijr} > 0, \ (i,j)\varepsilon I x J, \ r_{min} \varepsilon R_{ij}$$

$$-\alpha^*_{ij} < \sum_a [f_a(Q_a) + Q_a f'_a(Q_a)] z_{aijr} \qquad (2.C.35.)$$

$$\text{für } Q_{ijr} = 0, \ (i,j)\varepsilon I x J, \ r\varepsilon R_{ij}, \ r \neq r_{min}$$

Vergleicht man diese Relationen mit den Bedingungen (31) und (32), so erkennt man, daß die systemoptimalen und die benutzeroptimalen Verkehrsströme in der Regel nicht übereinstimmen, da in die vorstehenden Beziehungen zusätzlich der Term $Q_a f'_a(Q_a)$ eingeht. Unter ökonomischem Aspekt lassen sich die unterschiedlichen Lösungen damit erklären, daß der einzelne Autofahrer nicht mit den von ihm verursachten Fahrzeitvariationen des gesamten Verkehrssystems belastet wird. Dieser Sachverhalt kann folgendermaßen verdeutlicht werden.[159] Der

157 Die Unterscheidung von »system optimized flows« und »user optimized flows« geht zurück auf J.G. Wardrop, Some Theoretical Aspects of Road Traffic Research, a.a.O., S. 325–376.

158 Die Größen $z_{aijr_{min}}$ beziehen sich hier auf diejenige Fahrtroute, für die der Wert der Klammer und damit auch die Grenzzeiten des Systems minimal sind.

159 Zur Diskussion des Zusammenhangs zwischen gleichgewichtiger und effizienter Verkehrszuordnung vgl. M. Beckmann et al., Studies in the Economics of Transportation, a.a.O., S. 92–97; P. A. Steenbrink, Optimization of Transport Networks, London 1974, S. 31–51.

Ausdruck in der Klammer der obigen Beziehung stellt die Ableitung der Gesamtzeitfunktion (33) nach der Verkehrsmenge dar. Der Term gibt also die Grenzzeitfunktion des gesamten Systems an. Dieser Ausdruck setzt sich zusammen aus der Fahrzeit, die ein zusätzlicher Fahrer aufzubringen hat ($f_a(Q_a)$), und der Variation der Fahrzeiten, die die schon vorhandenen Verkehrsteilnehmer in Kauf nehmen müssen ($Q_a f'_a(Q_a)$). Benutzt nun ein zusätzlicher Verkehrsteilnehmer das städtische Straßennetz, wählt er diejenige Fahrtroute, die für ihn die geringsten Fahrzeiten verursacht. Durch das weitere Fahrzeug steigen die Fahrzeiten auch für die übrigen Verkehrsteilnehmer auf dieser Strecke.[160] Da diese Fahrzeitvariation nicht in die Wirtschaftlichkeitsrechnung des zusätzlichen Autofahrers eingehen, können die Gesamtkosten des Systems stärker steigen als bei der Wahl einer anderen Route. Aus der dargestellten Verhaltensweise der Verkehrsteilnehmer ergibt sich die Tendenz, daß die gleichgewichtigen Verkehrsströme auf den ohnehin stärker genutzten Strecken größer als die effizienten Verkehrsströme sind.

Will man erreichen, daß eine Gleichgewichtslösung ebenfalls dem Effizienzkriterium genügt, muß gewährleistet werden, daß jeder Verkehrsteilnehmer mit den von ihm verursachten Fahrtzeitvariationen (Grenzzeiten des Systems) belastet wird. Dieser Problembereich ist Gegenstand der Theorie des road pricing, die sich damit beschäftigt, durch Einführung von Gebührensystemen oder Verkehrsmengensteuerungen eine optimale Auslastung des Verkehrssystems zu garantieren.[161]

Die Analyse des Effizienzproblems kann noch erweitert werden, wenn eine fahrzeitelastische Nachfrage unterstellt wird. Die Zielfunktion, die unter unveränderten Nebenbedingungen zu maximieren ist, lautet dann[162]

$$Z = \sum_i \sum_j \int_0^{Q_{ij}} g_{ij}(Q)\,dQ - \sum_a f_a(Q_a)Q_a \qquad (2.C.36.)$$

160 Liegt die Effizienzlösung im horizontal verlaufenden Teil der Angebotskurve (vgl. Abbildung 5) so ist der Term $Q_a f'_a(Q_a)$ gleich null. Das heißt, beeinflussen sich die Fahrzeuge gegenseitig nicht bei sehr geringer Verkehrsdichte, so ändert sich die durchschnittliche Fahrzeit auf der Straße nicht ($f'_a(Q_a) = 0$). In diesem Fall stimmen die Gleichgewichtsbedingungen des Effizienzproblems mit den Bedingungen des Gleichgewichtsproblems überein.

161 Zu den theoretischen und praktischen Problemen des road pricing vgl. insbesondere A. A. Walters, The Theory of Private and Social Costs of Highway Congestion, in: Econometrica, Vol. 29, 1961, S. 676–699; ders., The Economics of Road User Charges, Baltimoore 1970. Zum Problem einer an den Grenzkosten des Systems orientierten Tarifpolitik zur Gewährleistung einer optimalen Auslastung für den Bereich des öffentlichen Verkehrs vgl. M. Beckmann, Equilibrium Versus Optimum Public Transportation Systems, in: M. A. Florian (ed.), Traffic Equilibrium Methods, a.a.O., S. 119–131.

162 Zur Diskussion des Effizienzproblems für den Fall der elastischen Nachfrage vgl. auch M. Beckmann et al., Studies in the Economics of Transportation, a.a.O., S. 91–94.

Im Gegensatz zu der Zielfunktion des Optimierungsansatzes (23) läßt sich diese Beziehung ökonomisch sinnvoll interpretieren. Der Zielfunktionswert Z stellt die Konsumentenrente des gesamten Verkehrssystems dar. Diese Größe wird häufig auch als Grundlage für die Bewertung von Verkehrsinvestitionen herangezogen.[163] Bei der Verwendung dieses Maßstabes für die Vorteilhaftigkeit von Investitionen im Verkehrsbereich ist allerdings zu beachten, daß sich in der Praxis die benutzeroptimalen und nicht die systemoptimalen Verkehrsströme einstellen werden, sofern keine Steuerungsmechanismen des road pricing angewandt werden. So ist es zum Beispiel möglich, daß durch den Bau einer Straße die gesamten Fahrzeiten des Netzwerkes nicht abnehmen, wie es durch die Investitionsentscheidung beabsichtigt war, sondern zunehmen.[164]
Die vorstehend angesprochenen Probleme der normativen Verkehrszuordnung sollen im folgenden nicht weiter verfolgt werden, da sich der Untersuchungsgegenstand dieser Arbeit auf die Projektion und nicht auf die Steuerung des Verkehrs konzentriert.

III. Die Erweiterung der Gleichgewichtsanalyse durch die Berücksichtigung alternativer Gruppen von Nachfragern und verschiedener Verkehrsmittel

Im vorigen Unterpunkt wurde dargelegt, unter welchen Voraussetzungen ein Ausgleich der Fahrzeiten auf den zwischen den Ursprungs- und Bestimmungsorten existierenden Strecken zu erwarten ist. Nun soll in den folgenden Ausführungen erörtert werden, wie sich die Gleichgewichtsbedingungen und damit auch die Gleichgewichtszeiten verändern, wenn einerseits Verkehrsnachfrager mit verschiedenen Nachfragefunktionen oder anderseits weitere Verkehrsmittel in die Analyse eingeführt werden.

163 Zur Verwendung des Konzeptes der Konsumentenrente im Bereich der Verkehrsplanung vgl. zum Beispiel P. A. Steenbrink, Optimization of Transport Networks, a.a.O., S. 43–51; H. Mohring, M. Harwitz, Highway Benefits, Evanston, Ill., 1962, S. 23–27, 181–187; H. Neuburger, User Benefit in the Evaluation of Transport and Land Use Plans, in: Journal of Transport Economics and Policy, Vol. 5, 1971, S. 52–75; H. C. W. L. Williams, Travel Demand Models, Duality Relations, and User Benefit Analysis, in: Journal of Regional Science, Vol. 16, 1976, S. 147–166. Zur Bewertung von Verkehrsinvestitionen vgl. weiterhin G. Bergendahl, Models for Investment in Road Network, Stockholm 1969; P. R. Stopher, A. H. Meyburg, Transportation Systems Evaluation, Lexington 1976; W. Vickrey, Congestion Theory and Transportation Investment, in: The American Economic Review, Papers and Proceedings, Vol. 59, 1969, S. 251–260.

164 Dieses Paradoxon wurde entdeckt von D. Braess, Über ein Paradoxon der Verkehrsplanung, in: Unternehmensforschung, Nr. 12, 1968, S. 258–268.

Wie an anderer Stelle ausgeführt wurde, weisen die zu unterschiedlichen Zwecken durchgeführten Fahrten verschiedene Fahrzeitelastizitäten auf. In den Gleichgewichtsansätzen sollen deshalb zwei Gruppen von Nachfragern unterschieden werden. Die erste Gruppe von Nachfragern, auf die sich der Index k (mit $K=\{k|k=1,\ldots,n_K\}$) bezieht, hat elastische Verkehrsnachfragefunktionen. Die Fahrten der einzelnen Nachfrageklassen $k \in K$ können zum Beispiel dem Einkauf unterschiedlicher Güter dienen. Für die zweite Gruppe von Nachfragern, die durch die Indizes s ($S=\{s|s=1,\ldots,n_S\}$) gekennzeichnet wird, ist die Verkehrsnachfrage in unterschiedlicher Höhe exogen vorgegeben. Die unelastische Verkehrsnachfrage bezieht sich zum Beispiel auf Fahrten zur Arbeit, Vergnügungsfahrten oder Unternehmensfahrten. Mit Hilfe dieser Symbole läßt sich das integrierte fixed and elastic demand problem formulieren.

$$\begin{aligned} L = {} & \sum_i \sum_j \sum_k \int_0^{Q_{ijk}} g_{ijk}(Q)\,dQ - \sum_a \int_0^{Q_a} f_a(Q)\,dQ + \\ & + \sum_i \sum_j \sum_k \alpha_{ijk}(Q_{ijk} - \sum_r Q_{ijkr}) + \\ & + \sum_i \sum_j \sum_s \gamma_{ijs}(\bar{Q}_{ijs} - \sum_r Q_{ijsr}) + \\ & + \sum_a \beta_a (Q_a - \sum_i \sum_j \sum_r (\sum_k Q_{ijkr} + \sum_s Q_{ijsr}) z_{aijr}, \end{aligned} \tag{2.C.37.}$$

$L \rightarrow max$

Ausgewählte Gleichgewichtsbedingungen für das vorstehende Problem lauten

$$Q_{ijk}(g_{ijk}(Q_{ijk}) + \alpha_{ijk}) = 0\ , \quad (i,j)\varepsilon I x J,\ k \varepsilon K \tag{2.C.38.}$$

$$Q_{ijkr}(- \alpha_{ijk} - \sum_a \beta_a z_{aijr}) = 0\ , \quad (i,j)\varepsilon I x J,\ k\varepsilon K,\ r\varepsilon R_{ij} \tag{2.C.39.}$$

$$Q_{ijsr}(- \gamma_{ijs} - \sum_a \beta_a z_{aijr}) = 0\ , \quad (i,j)\varepsilon I x J,\ s\varepsilon S,\ r\varepsilon R_{ij} \tag{2.C.40.}$$

$$Q_a(- f_a(Q_a) + \beta_a) = 0\ , \quad a\varepsilon A \tag{2.C.41.}$$

Nehmen alle Variablen Q_{ijk} und Q_a positive Werte an, dann können die Multiplikatoren α_{ijk} und β_a in den Gleichungen (39) und (40) auf Grundlage der Beziehungen (38) und (41) ersetzt werden:

$$Q_{ijkr}(g_{ijk}(Q_{ijk}) - \sum_a f_a(Q_a) z_{aijr}) = 0\ , \tag{2.C.42.}$$

$(i,j)\varepsilon I x J,\ k\varepsilon K,\ r\varepsilon R_{ij}$

$$Q_{ijsr}(- \gamma_{ijs} - \sum_a f_a(Q_a)z_{aijr}) = 0 \ , \qquad (2.C.43.)$$

$(i,j)\varepsilon I x J, \ s \varepsilon S, \ r \varepsilon R_{ij}$

Wie aus den beiden Beziehungen abgelesen werden kann, ergibt sich auch hier eine Ecklösung des Optimierungsproblems. Analog zur Gleichung (24) kann man ebenfalls den Nachweis führen, daß die Klammerausdrücke für den geringsten Wert des Fahrzeitterms gleich null sein müssen. Deshalb läßt sich unter Verwendung der Fahrzeitsymbole schreiben

$$t_{ijk} = \sum_a t_a z_{aijr_{min}} \qquad (2.C.44.)$$

für $Q_{ijkr} > 0, \ (i,j)\varepsilon I x J, \ k \varepsilon K, \ r_{min} \varepsilon R_{ij}$

$$t_{ijk} < \sum_a t_a z_{aijr} \qquad (2.C.45.)$$

für $Q_{ijkr} = 0, \ (i,j)\varepsilon I x J, \ k \varepsilon K, \ r \varepsilon R_{ij}, \ r \neq r_{min}$

$$- \gamma_{ijs} = \sum_a t_a z_{aijr_{min}} \qquad (2.C.46.)$$

für $Q_{ijsr} > 0, \ (i,j)\varepsilon I x J, \ r_{min} \varepsilon R_{ij}$

$$- \gamma_{ijs} < \sum_a t_a z_{aijr} \qquad (2.C.47.)$$

für $Q_{ijsr} = 0, \ (i,j)\varepsilon I x J, \ s \varepsilon S, \ r \varepsilon R_{ij}, \ r \neq r_{min}$

Die vorstehenden Bedingungen zeigen, daß die Fahrzeiten zwischen den Orten innerhalb der Gruppe K und innerhalb der Gruppe S gleich sind. Da auf den rechten Seiten der Beziehungen (44) und (46) die Fahrzeit bei Benutzung des minimalen Zeitpfades steht, sind die Fahrzeiten auch zwischen den Gruppen gleich:

$$- \gamma_{ijs} = t_{ijk} = \sum_a t_a z_{aijr_{min}} \ , \qquad (2.C.48.)$$

$(i,j)\varepsilon I x J, \ s \varepsilon S, \ k \varepsilon K, \ r_{min} \varepsilon R_{ij}$

Es bleibt also festzuhalten, daß die Einführung unterschiedlicher Klassen von Nachfragern den Ausgleich der Fahrzeiten auf den Strecken zwischen den einzelnen Orten nicht verhindert. Im Gleichgewicht sind die Fahrzeiten für alle Klassen von Verkehrsteilnehmern gleich, und zwar unabhängig davon, ob die entsprechenden Nachfragefunktionen elastisch oder unelastisch angelegt sind.[165]

Bei der nachstehend zu behandelnden Einführung von Verkehrsmitteln (modes) in die Gleichgewichtsanalyse werden folgende Annahmen zugrunde gelegt. Die Betrachtung wird auf die beiden Verkehrsmittel »Auto« und »Bus« ausgedehnt.[166] Hierbei wird für jedes Verkehrsmittel eine eigene Angebotsfunktion unterstellt. Während für den privaten Verkehr die bisher angenommene Netzwerkstruktur zusammen mit der Angebotsfunktion (2.C.10.) beibehalten wird, soll für den öffentlichen Verkehr eine Beziehung der Form (49) eingeführt werden. Die hochgestellten Großbuchstaben beziehen sich auf die Verkehrsmittel (B≙Bus, C≙Auto). Wie an anderer Stelle ausgeführt wurde, ist davon auszugehen, daß die Fahrzeiten öffentlicher Verkehrsmittel unabhängig von der Anzahl der zu befördernden Fahrgäste konstant sind. Das führt zu einer vollkommen elastischen Angebotsfunktion, wie sie durch die Beziehung (49) repräsentiert wird.[167] Die Angebotsfunktion (49) ist direkt auf die Ortskombinationen (i,j) bezogen. Auf die Einführung einer Netzwerkstruktur für den bus mode wird an dieser Stelle verzichtet:

$$t_{ij}^{B} = \bar{t}_{ij}^{B}\,, \qquad (i,j) \in I \times J \qquad (2.C.49.)$$

Bezüglich der Einführung der Verkehrsmittel in die Gleichgewichtsanalyse lassen sich mehrere Ansatzpunkte unterscheiden. Wie in der Übersicht 1 gezeigt wird, können Nachfragefunktionen sowohl mit als auch ohne verkehrsmittelspezifische

165 Ein anderer Ansatzpunkt für die Berücksichtigung alternativer Klassen von Nutzern des Verkehrssystems besteht in der Einführung verschiedener Angebotsfunktionen für die einzelnen Verkehrsteilnehmer. Das bedeutet, es wird angenommen, daß für eine Straße unterschiedliche Angebotsfunktionen existieren, wobei die Fahrzeiten einer Klasse von Fahrern auch von den Verkehrsvolumina der anderen Klassen abhängt. Diese Vorgehensweise wird hier nicht aufgegriffen, da angenommen wird, daß die bisher verwendeten Angebotsfunktionen für den privaten Verkehr die Kapazitätsverhältnisse auf den Straßen hinreichend gut wiedergeben. Bei Einführung mehrerer Angebotsfunktionen für eine Straße unter Berücksichtigung von Interdependenzen zwischen den einzelnen Klassen von Verkehrsteilnehmern ergeben sich außerdem noch Schwierigkeiten bei der Aufstellung von Programmierungsansätzen zur Formulierung von Gleichgewichtsproblemen; vgl. hierzu S. C. Dafermos, The Traffic Assignment Problem for Multiclass-User Transportation Networks, in: Transportation Science, Vol. 6, 1972, S. 73–87; D. Braess, G. Koch, On the Existence of Equilibria in Asymmetrical Multiclass-User Transportation Networks, in: Transportation Science, Vol. 13, S. 56–63.

166 Eine Einbeziehung weiterer Verkehrsmittel in die nachstehenden Überlegungen ist ohne weiteres möglich.

167 Eine interdependente Formulierung der Verkehrsangebotsfunktionen in der Form, daß die Fahrzeiten eines Verkehrsmittels von der Anzahl der Verkehrsteilnehmer beider Verkehrsmittel abhängen, erscheint nicht sinnvoll. Ein solches Modell wird diskutiert von M. Abdulaal, L. J. LeBlanc, Methods for Combining Modal Split and Equilibrium Assignment Models, in: Transportation Science, Vol. 13, 1979, S. 292–314.

Präferenzen eingeführt werden.[168] Außerdem können die Verkehrsnachfragefunktionen elastisch oder unelastisch bezüglich der Fahrzeit angelegt sein. Somit lassen sich die in der Übersicht 1 dargestellten Möglichkeiten der Modellkonstruktion unterscheiden.

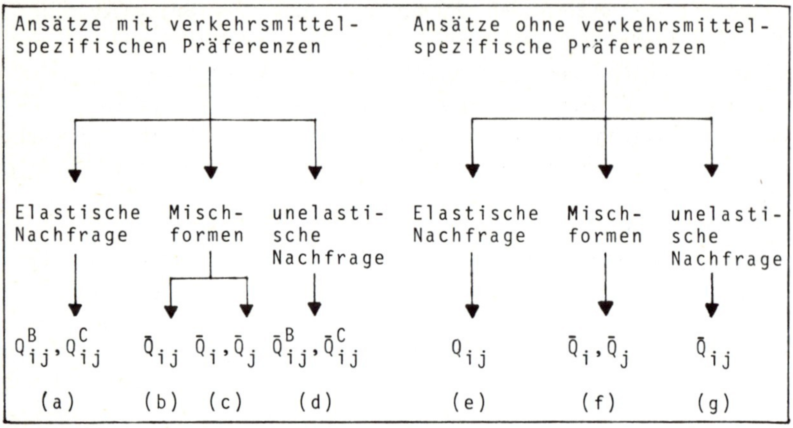

Übersicht 1: Alternative Möglichkeiten der Einführung von Verkehrsmitteln in die Analyse des Verkehrsgleichgewichts

Bei den Ansätzen mit verkehrsmittelspezifischen Präferenzen existieren verschiedene Nachfragefunktionen für die einzelnen modes:

$$t^B_{ij} = g^B_{ij}(Q^B_{ij}) , \qquad (i,j) \varepsilon I x J \qquad (2.C.50.)$$

$$t^C_{ij} = g^C_{ij}(Q^C_{ij}) , \qquad (i,j) \varepsilon I x J \qquad (2.C.51.)$$

Unter Berücksichtigung der Angebotsfunktionen für die beiden Verkehrsmittel lautet die Zielfunktion der Modelle (a)–(d)

$$Z = \sum_i \sum_i \int_0^{Q^B_{ij}} g^C_{ij}(Q)dQ - \sum_a \int_0^{Q^C_a} f_a(Q)dQ + \qquad (2.C.52.)$$

$$+ \sum_i \sum_j \int_0^{Q^B_{ij}} g^B_{ij}(Q)dQ - \sum_i \sum_j \int_0^{Q^B_{ij}} \bar{t}^B_{ij} dQ ,$$

$$Z \rightarrow \max$$

168 Zur Diskussion der Berücksichtigung unterschiedlicher Präferenzen bei der Aufstellung von Verkehrsnachfragefunktionen vgl. die Ausführungen im Unterpunkt B.II.1 des zweiten Kapitels dieser Arbeit.

Der Fall (a) aus der Übersicht 1 ist dadurch charakterisiert, daß keine Modellvariable festgelegt ist; das heißt, alle Größen des Ansatzes können auf Änderungen der Fahrzeiten reagieren.

Der Fall (b) kennzeichnet eine Situation, bei der die gesamte Verkehrsnachfrage zwischen je zwei Orten exogen determiniert ist. Bei dieser Modellkonstruktion ist nur die Verteilung der Verkehrsvolumina auf die beiden modes variabel:

$$Q^B_{ij} + Q^C_{ij} = \bar{Q}_{ij} , \qquad (i,j) \varepsilon I x J \qquad (2.C.53.)$$

Im Fall (c) sind nicht die Verkehrsvolumina zwischen den Orten ($\bar{Q}_{ij}$) festgelegt, sondern lediglich der Quellverkehr ($\bar{Q}_i$) und der Zielverkehr ($\bar{Q}_j$). Bei diesem Ansatz müssen also die folgenden Restriktionen beachtet werden[169]

$$\sum_j (Q^B_{ij} + Q^C_{ij}) = \bar{Q}_i , \qquad i \varepsilon I \qquad (2.C.54.)$$

$$\sum_i (Q^B_{ij} + Q^C_{ij}) = \bar{Q}_j , \qquad j \varepsilon J \qquad (2.C.55.)$$

Bei Annahme von unelastischen Nachfragefunktionen mit Bezug zu jedem Verkehrsmittel (Fall (d)), werden die modespezifischen Verkehrsvolumina exogen vorgegeben.

$$Q^B_{ij} = \bar{Q}^B_{ij} , \qquad (i,j) \varepsilon I x J \qquad (2.C.56.)$$

$$Q^C_{ij} = \bar{Q}^C_{ij} , \qquad (i,j) \varepsilon I x J \qquad (2.C.57.)$$

Nimmt man an, es existieren keinerlei Präferenzen im Hinblick auf die Verkehrsmittel, dann gilt für beide modes die gemeinsame Nachfragefunktion

$$t_{ij} = g_{ij}(Q_{ij}) , \qquad (i,j) \varepsilon I x J \qquad (2.C.58.)$$

Die Zielfunktion für die Ansätze (e)–(g) lautet somit

$$Z = \sum_i \sum_j \int_0^{Q_{ij}} g_{ij}(Q)dQ - \sum_a \int_0^{Q^C_a} f_a(Q)dQ - \qquad (2.C.59.)$$

$$- \sum_i \sum_j \int_0^{Q^B_{ij}} \bar{t}^B_{ij} dQ ,$$

$$Z \rightarrow \max$$

169 Einen Ansatz der vorliegenden Art diskutieren M.A. Florian, S. Nguyen, A combined Trip Distribution, Modal Split and Assignment Model, in: Transportation Research, Vol. 12, 1978, S. 241–246. In diesem Modell werden Nachfragefunktionen verwendet, die auf dem später noch zu diskutierenden Entropiemodell basieren.

Im Fall (e) sind die Variablen Q^B_{ij} und Q^C_{ij} mit den Größen Q_{ij} wie folgt verknüpft

$$Q^B_{ij} + Q^C_{ij} = Q_{ij} , \qquad (i,j) \varepsilon I \times J \tag{2.C.60.}$$

Für die Situation (f) werden anstelle der vorstehenden Beziehung die Restriktionen (54) und 55) verwendet. Bei Annahme der unelastischen Nachfrage $\bar{Q}_{ij}$ (Fall (g)) wird die Restriktion (53) berücksichtigt.

In allen angesprochenen Modellkonstruktionen sind wie auch bei den einfachen Gleichgewichtsansätzen die Restriktionen (2.C.15.) und (2.C.22.) mit Bezug zum Autoverkehr einzubeziehen:

$$Q^C_{ij} = \sum_r Q^C_{ijr} , \qquad (i,j) \varepsilon I \times J \tag{2.C.61.}$$

$$Q^C_a = \sum_i \sum_j \sum_r z_{aijr} Q^C_{ijr} , \qquad a \varepsilon A \tag{2.C.62.}$$

Bei den vorgestellten Modellkonzeptionen ergeben sich nun unterschiedliche Konsequenzen hinsichtlich der gleichgewichtigen Fahrzeiten zwischen den Orten. Bei den Ansätzen (a)–(d), die verkehrsmittelspezifische Nachfragefunktionen voraussetzen, kommt es, wie im Anhang 1 ausführlich dargestellt wird, zu keiner Angleichung der Fahrzeiten zwischen den Verkehrsmitteln. Bei den Modellen (e)–(g) hingegen passen sich die Fahrzeiten des privaten Straßenverkehrs an die exogen bestimmten Fahrzeiten des öffentlichen Verkehrs an. Im einzelnen ergeben sich für die diskutierten Fälle die folgenden Gleichgewichtsbedingungen.

Fall (a)

$$t^B_{ij} = \bar{t}^B_{ij} , \qquad (i,j) \varepsilon I \times J \tag{2.C.63.}$$

$$t^C_{ij} = \sum_a t^C_a z_{aijr_{min}} \quad \text{für } Q^C_{ijr} > 0 , \qquad (i,j) \varepsilon I \times J, \; r_{min} \varepsilon R_{ij} \tag{2.C.64.}$$

$$t^C_{ij} < \sum_a t^C_a z_{aijr} \quad \text{für } Q^C_{ijr} = 0 , \qquad (i,j) \varepsilon I \times J, \; r \varepsilon R_{ij}, \; r \neq r_{min} \tag{2.C.65.}$$

Bei elastischen verkehrsmittelspezifischen Nachfragefunktionen nimmt die Verkehrsnachfrage nach Busfahrten genau die Höhe an, daß die Fahrzeiten, die sich aus der Nachfragefunktion ergeben, gleich den exogen vorgegebenen Fahrzeiten sind. Bei den Autofahrten ergeben sich die gleichen Bedingungen wie bei dem einfachen elastischen Gleichgewichtsmodell (2.C.23.), das keine öffentlichen Verkehrsmittel berücksichtigt; (vgl. die Gleichungen (2.C.27.) und (2.C.28.) im vorigen Unterpunkt).

Fall (b) und (c):

$$t^C_{ij} - \sum_a t^C_a z_{aijr_{min}} = t^B_{ij} - \bar{t}^B_{ij} \tag{2.C.66.}$$

für $Q_{ijr} > 0,\ (i,j)\varepsilon I x J,\ r_{min}\varepsilon R_{ij}$

$$t^C_{ij} - \sum_a t^C_a z_{aijr} < t^B_{ij} - \bar{t}^B_{ij} \tag{2.C.67.}$$

für $Q_{ijr} = 0,\ (i,j)\varepsilon I x J,\ r\varepsilon R_{ij},\ r \neq r_{min}$

Im Fall (b) sind die Verkehrsströme zwischen den Orten, im Fall (c) sind die Quell- und die Zielverkehrsvolumina fest vorgegeben. Beide Ansätze führen zu den gleichen Bedingungen für die Fahrzeiten (vgl. Anhang 1). Die vorstehenden Beziehungen lassen sich folgendermaßen interpretieren. Die Realisierung der durch die Bedingungen (63)–(65) repräsentierten Gleichgewichtslösung des Falles (a) ist bei der hier vorliegenden Problemstellung nur dann möglich, wenn die Summe der gleichgewichtigen Verkehrsströme zufällig den oben genannten exogen vorgegebenen Nachfragemengen entspricht. Da diese Forderung in der Regel als nicht erfüllt angesehen werden kann, wird durch die vorstehenden Gleichgewichtsbedingungen erreicht, daß die Ungleichgewichte, die auf den Märkten für Autofahrten und Busfahrten in der Regel entstehen, gleich groß sind. Im einzelnen besagen die Gleichgewichtsbedingungen, daß die Differenz zwischen der Nachfragezeit und der Angebotszeit auf beiden Märkten gleich sein muß.

Fall (d):

$$- \alpha^C_{ij} = \sum_a t^C_a z_{aijr_{min}} \tag{2.C.68.}$$

für $Q^C_{ijr} > 0,\ (i,j)\varepsilon I x J,\ r_{min}\varepsilon R_{ij}$

$$- \alpha^C_{ij} < \sum_a t^C_a z_{aijr} \tag{2.C.69.}$$

für $Q^C_{ijr} = 0,\ (i,j)\varepsilon I x J,\ r\varepsilon R_{ij},\ r \neq r_{min}$

Liegt die Nachfragemenge für jedes Verkehrsmittel fest, so ergeben sich für den Autoverkehr die Gleichgewichtsbedingungen des fixed demand problems (2.C.30.), das im vorigen Unterpunkt diskutiert worden ist. Auf dem Markt für Busfahrleistungen ist nun neben der Fahrzeit auch die Höhe der Nachfrage vorgegeben. Deshalb ergeben sich keine Gleichgewichtsbedingungen für die entsprechenden Variablen.

Fall (e):

$$t_{ij} = \sum_a t_a^C z_{aijr_{min}} \tag{2.C.70.}$$

für $Q_{ijr}^C > 0$, $(i,j) \varepsilon I x J$, $r_{min} \varepsilon R_{ij}$

$$t_{ij} < \sum_a t_a^C z_{aijr_{min}} \tag{2.C.71.}$$

für $Q_{ijr}^C = 0$, $(i,j) \varepsilon I x J$, $r \varepsilon R_{ij}$, $r \neq r_{min}$

$$t_{ij} = \bar{t}_{ij}^B \;, \quad (i,j) \varepsilon I x J \tag{2.C.72.}$$

Bei der Annahme der gemeinsamen Nachfragefunktion (57) für die beiden Verkehrsmittel ergibt sich eine Anpassung der Fahrzeiten des Autoverkehrs an die fest vorgegebenen Zeiten des Busverkehrs:

$$t_{ij} = \bar{t}_{ij}^B = \sum_a t_a^C z_{aijr_{min}} \;, \quad (i,j) \varepsilon I x J, \; r_{min} \varepsilon R_{ij} \tag{2.C.73.}$$

Das Ergebnis ist nicht verwunderlich. Da in dem Ansatz (e) keine Präferenzen hinsichtlich einzelner Verkehrsmittel existieren, entspricht es der Annahme des rational handelnden Wirtschaftssubjekts, daß jeweils das schnellere Verkehrsmittel genutzt wird. Das führt dazu, daß die Verkehrsmittel in einem solchen Verhältnis gewählt werden, daß die Fahrzeiten auf allen benutzten Fahrtstrecken einschließlich der Busverbindung gleich sind.[170] Das bedeutet, daß für die Modellkonstruktion des Falles (e) das Wardrop-Prinzip des Ausgleichs der Fahrzeiten ebenfalls gilt.

Fall (f) und (g):

$$- \alpha_{ij}^C = \sum_a t_a^C z_{aijr_{min}} \tag{2.C.74.}$$

für $Q_{ijr} > 0$, $(i,j) \varepsilon I x J$, $r_{min} \varepsilon R_{ij}$

170 Eine Angleichung der Autofahrzeiten an die Busfahrzeiten findet lediglich dann nicht statt, wenn die Mindestfahrzeiten auf den Autostrecken höher sind als die Fahrzeiten mit dem öffentlichen Verkehrsmittel. In diesem Fall würden nur die Buslinien inanspruchgenommen.

$$-\alpha^C_{ij} < \sum_a t^C_a z_{aijr} \qquad (2.C.75.)$$

für $Q_{ijr} = 0,\ (i,j) \varepsilon I x J,\ r \varepsilon R_{ij},\ r \neq r_{min}$

$$-\alpha^C_{ij} = \bar{t}^B_{ij}\ , \qquad (i,j) \varepsilon I x J \qquad (2.C.76.)$$

Wie sich aus den vorstehenden Gleichungen ablesen läßt, ergeben sich für den Straßenverkehr die Bedingungen des fixed demand problems.[171] Weiterhin zeigt sich, daß auch im Fall der fest vorgegebenen Nachfrage eine Angleichung der Fahrzeiten mit dem Auto an die Busfahrzeiten stattfindet.

$$t^B_{ij} = \sum_a t_a z_{aijr_{min}}\ , \qquad (i,j) \varepsilon I x J,\ r_{min} \varepsilon R_{ij} \qquad (2.C.77.)$$

Mit Bezug zu einer Beurteilung der Realitätsnähe der dargestellten Gleichgewichtsansätze läßt sich anmerken, daß keines der Modelle den anderen eindeutig vorzuziehen ist, obwohl zu vermuten ist, daß der Fall der verkehrsmittelspezifischen Präferenzen auf die größere Anzahl von Verkehrsteilnehmern zutrifft. Durch empirische Untersuchungen zeigte sich nämlich, daß die Verfügbarkeit eines Automobils die Verkehrsmittelwahl sehr stark beeinflußt.[172] Während Personen, die kein Fahrzeug verfügbar haben, zwangsläufig die öffentlichen Verkehrsmittel benutzen müssen,[173] herrscht bei den Autobesitzern eine hohe Bereitschaft vor, ihr Fahrzeug auch zu verwenden.

Die in diesem Unterpunkt angestellten Überlegungen lassen sich im Hinblick auf die Formulierung eines umfassenden Gleichgewichtsansatzes wie folgt zusammenfassen. Zu Beginn dieses Abschnitts wurden Gruppen von Nachfragern mit verschiedenen Nachfragefunktionen in die Analyse eingeführt. Ein umfassender Ansatz läßt sich dann konstruieren, wenn zusätzlich berücksichtigt wird, daß die Nachfrager in den einzelnen Gruppen unterschiedliche Präferenzen bezüglich der Verkehrsmittel haben können.

Eine weitere Modifikation der Ansätze läßt sich erreichen, wenn auch für die öffentlichen Verkehrsmittel eine Netzwerkstruktur eingeführt wird. Allerdings bringt diese Vorgehensweise keine neuen Erkenntnisse.[174] Auch die Einführung

171 Vgl. die Bedingungen (2.C.31.) und (2.C.32.) im vorherigen Unterpunkt.

172 Vgl. die Ausführungen zur Fahrtentstehung im Hauptteil B.I des dritten Kapitels dieser Arbeit.

173 Bei dieser Argumentation wird von nur beschränkt anwendbaren Beförderungsmitteln wie zum Beispiel dem Fahrrad abgesehen.

174 Bei der Einführung eines Netzwerks für den bus mode wird angenommen, daß die Fahrzeiten auf den einzelnen Streckenabschnitten konstant sind. Damit sind auch die Fahrzeiten auf den verschiedenen Fahrtrouten zwischen den Orten konstant. Existieren nun keine Präferenzen für die Nutzung bestimmter Routen, dann wird immer die insgesamt schnellste Verkehrsverbindung

des Verkehrsaufkommens an Bussen in die Modellüberlegungen hat keinen Einfluß auf die Gleichgewichtsfahrzeiten, da für den öffentlichen Verkehr wegen der exogen bestimmten Fahrplangestaltung ein konstantes Fahrzeugaufkommen angenommen werden muß.[175] Eine sinnvolle Ergänzung der hier entwickelten Ansätze kann dann erreicht werden, wenn eine Kapazitätsrestriktion für die öffentlichen Verkehrsmittel eingeführt wird.

IV. Zusammenfassung: Die theoretischen Grundlagen des Verkehrsmarktes

Die Analyse des Gleichgewichts auf dem städtischen Verkehrsmarkt konzentriert sich zu Beginn des Abschnitts C auf den Straßenverkehr. Die Erweiterung der Untersuchungen auf die öffentlichen Verkehrsmittel wird zum Schluß des Gliederungspunktes vorgenommen.

Den Ausgangspunkt der Überlegungen bildet die Erörterung des Begriffs des Verkehrsgleichgewichts. Hier wird deutlich gemacht, daß die Gleichgewichte auf den einzelnen Verkehrsverbindungen nicht notwendig das Gleichgewicht im gesamten Straßennetz garantieren. Anhand von graphischen Darstellungen werden verschieden angelegte Modelle hinsichtlich der Gleichgewichtsfahrzeiten und der gleichgewichtigen Verkehrsströme verglichen.

Die angesprochenen Gleichgewichtsansätze werden anschließend mit Hilfe mathematischer Programme formuliert. Hierbei zeigt sich, daß das Verkehrsgleichgewicht des Systems bei Verwendung von Nachfragefunktionen mit routenspezifischen Präferenzen durch die Menge der Gleichgewichte auf den einzelnen Verkehrsverbindungen gekennzeichnet ist. Dabei werden sich in der Regel unterschiedliche Zeiten auf den zwischen je zwei Orten existierenden Fahrtrouten ergeben. Werden hingegen Nachfragefunktionen einbezogen, die lediglich nach Ortskombinationen differenziert sind, so ergeben sich keine isolierten Gleichgewichte für die verschiedenen Verkehrsverbindungen zwischen den Orten. Das Gleichgewicht des Straßensystems ist dadurch charakterisiert, daß sich die Fahrzeiten auf den Routen zwischen je zwei Orten ausgleichen. Diese Zeiten sind gleichzeitig minimal. Das bedeutet, daß kein Verkehrsteilnehmer seine Fahrzeit durch Änderung der Fahrtroute verbessern kann. Dieses Resultat zeigt sich sowohl bei fester als auch bei fahrzeitelastischer Verkehrsnachfrage.

gewählt. Da die Fahrzeiten aber unabhängig von der Höhe der Verkehrsnachfrage sind, bedeutet das, daß nur die Route mit den geringsten Fahrzeiten inanspruchgenommen wird. Ein Ausgleich der Fahrzeiten wie im Fall des Autoverkehrs findet dann nicht statt.

175 Vgl. M. A. Florian, A Traffic Equilibrium Model of Travel by Car and by Public Transit Modes, in: Transportation Science, Vol. 11, 1977, S. 166–179.

Die mit den vorstehend beschriebenen Eigenschaften ausgestatteten Verkehrsströme werden als benutzeroptimal bezeichnet. Sie beschreiben allerdings nicht das Optimum des gesamten Verkehrssystems. Die systemoptimalen Verkehrsströme ergeben sich bei variabler Nachfrage durch Maximierung der Konsumentenrente des Systems und bei fester Nachfrage durch Minimierung der gesamten Fahrzeiten der Verkehrsteilnehmer. Im Optimum sind die Grenzzeiten des Systems auf den Verkehrsverbindungen zwischen den Orten gleich. Dieses Problem der normativen Verkehrszuordnung wird nur am Rande behandelt.

Im Hinblick auf die Erweiterung der Gleichgewichtsanalyse werden in dieser Arbeit zwei Ansatzpunkte aufgezeigt. Einerseits wird ein Modell mit zwei Gruppen von Nachfragern konstruiert, wobei für die Mitglieder der ersten Gruppe verschiedene fahrzeitelastische Nachfragebeziehungen unterstellt werden, während für die Angehörigen der zweiten Gruppe die Nachfrage in unterschiedlicher Höhe vorgegeben wird. Als Ergebnis dieses kombinierten fixed and elastic demand-Problems zeigt sich, daß auch hier ein Ausgleich der Fahrzeiten auf den einzelnen Fahrtrouten stattfindet. Außerdem sind diese Fahrzeiten für die Mitglieder aller Gruppen gleich und minimal.

Anderseits werden Modelle verglichen, die neben dem Autoverkehr ein öffentliches Verkehrsmittel einbeziehen. Für das öffentliche Transportmittel werden fahrzeitunelastische Angebotsfunktionen zwischen den Orten vorausgesetzt. Im Rahmen der erweiterten Analyse werden sieben alternative Ansätze diskutiert, die sich hinsichtlich der Berücksichtigung verkehrsmittelspezifischer Präferenzen sowie bezüglich der Festlegung der Nachfrage unterscheiden. Ohne die Ergebnisse der einzelnen Ansätze detailliert zu wiederholen, wird darauf aufmerksam gemacht, daß sich bei Vorgabe von elastischen verkehrsmittelspezifischen Nachfragefunktionen isolierte Gleichgewichte für die Verkehrsmittel einstellen. Bei Vorgabe einer festen interzonalen Verkehrsnachfrage zeigen sich Ungleichgewichte auf den beiden Märkten (Angebotszeiten ≠ Nachfragezeiten). Im Optimum sind diese Ungleichgewichte auf beiden Märkten gleich groß.

Geht man davon aus, daß keine verkehrsmittelspezifischen Präferenzen existieren, so gleichen sich die Fahrzeiten des Straßenverkehrs an die exogen vorgegebenen Fahrzeiten des öffentlichen Verkehrsmittels an.

Drittes Kapitel

Untersuchung der ökonomischen Qualität der analytischen Verfahren in empirisch orientierten Verkehrsmodellen

A. Analytische Verfahren zur Bestimmung des Verkehrsangebots

I. Die Ermittlung von Verkehrsangebotsfunktionen für den Spitzenverkehr

Im Zusammenhang mit der Diskussion der Grundlagen der Verkehrsangebotstheorie (zweites Kapitel Teil A) wurden zwei Erklärungsansätze für die Ableitung von Verkehrsangebotsfunktionen vorgestellt. Hierbei handelt es sich um die car-following-Analyse und die Warteschlangentheorie. Die car-following-Analyse erlaubt die Ermittlung von Kapazitätsrelationen, aus denen unter Berücksichtigung der grundlegenden Zusammenhänge zwischen den Verkehrsstromvariablen[1] und der Fahrzeit die Verkehrsangebotsfunktionen abgeleitet werden können. Diese Angebotsfunktionen erfassen das Stauungsproblem (vgl. Abbildung 4) und sind deshalb im Hinblick auf die Wiedergabe der Angebotsverhältnisse in Spitzenverkehrszeiten besonders geeignet. Dagegen beachten die auf der Basis der Warteschlangentheorie ermittelbaren Angebotsfunktionen das Stauungsproblem (vgl. Abbildung 5) nicht. Sie sind deshalb für die Ableitung der Verkehrsangebotsfunktionen für einen längeren Zeitraum (zum Beispiel 1 Tag) anwendbar.[2] Wie an anderer Stelle ausgeführt wurde, können auf der Grundlage der Theorie des car-following die speed-concentration-Relationen abgeleitet werden. Aus

1 Als Verkehrsstromvariablen werden, wie an anderer Stelle bereits dargelegt wurde, die Verkehrskonzentration k (Autos pro Längeneinheit), der Verkehrsfluß q (Autos pro Zeiteinheit) und die Geschwindigkeit g (space mean speed) bezeichnet. Eine Kapazitätsfunktion beschreibt den Zusammenhang zwischen je zwei dieser Größen.

2 Diese Ansätze werden im folgenden Unterpunkt behandelt.

diesen Beziehungen ergeben sich die anderen Kapazitätsfunktionen, wenn der grundlegende Zusammenhang zwischen den Variablen des Verkehrsstroms[3]

$$q = kg \qquad (3.A.1.)$$

berücksichtigt wird. Für die Bestimmung der Verkehrsangebotsfunktionen, die den Zusammenhang zwischen der durchschnittlichen Fahrzeit t und dem Verkehrsfluß q beschreiben, müssen zunächst speed-flow-Beziehungen abgeleitet werden, die dann unter Verwendung der definitorischen Verknüpfung[4]

$$g = \frac{E}{t} \qquad (3.A.2.)$$

zu den gesuchten Angebotsfunktionen führen. Hierbei bezeichnet das Symbol E die Länge der betrachteten Straße.

Die Grundlage für die Ableitung von speed-concentration-Relationen bildet die Beziehung[5]

$$\int \frac{dg}{g^m} = c \int \frac{dS}{S^l} \qquad (3.A.3.)$$

Die Exponenten m und l sind in der Regel ganzzahlig festgelegte Parameter,[6] die die Funktionsform der abzuleitenden Modelle bestimmen. Die Größe S bezeichnet den durchschnittlichen Abstand zwischen den Fahrzeugen und entspricht dem reziproken Wert der Verkehrskonzentration k.

$$S = \frac{1}{k} \qquad (3.A.4.)$$

Das Symbol c in Gleichung (3) ist eine Konstante, die je nach Funktionsform unterschiedliche Bedeutung hat. Die Integrationskonstante, die sich ergibt, wenn die Integrationsaufgabe (3) gelöst wird, legt man so fest, daß die Grenzbedingungen

$$g = g^f \quad \text{bei } k = 0 \quad \text{oder} \qquad (3.A.5.)$$

$$g = 0 \quad \text{bei } k = k_{max} \qquad (3.A.6.)$$

erfüllt sind.[7]

3 Vgl. Gleichung (2.A.6.).

4 Vgl. Gleichung (2.A.3.).

5 Zur Ableitung dieser Beziehung vgl. die Ausführungen zu den Gleichungen (2.A.11.)–(2.A.13.).

6 Eine Ausnahme bilden die Modelle von May und Keller, die auch Verkehrsstrommodelle für nicht ganzzahlige Werte von m und l ableiten; vgl. A. D. May, H. E. M. Keller, Non-Integer Car-Following Models, a.a.O., S. 19–32.

7 Im Schaubild 2 dieser Arbeit kann abgelesen werden, daß die Geschwindigkeit bei einer Verkehrskonzentration von Null der mittleren frei wählbaren Geschwindigkeit g^f entsprechen muß

Der allgemeine Lösungsansatz für den Typ des Integrals, der in Gleichung (3) verwendet wird, lautet

$$\int \frac{dX}{X^n} = \begin{cases} \ln X + B & \text{für } n = 1 \\ -\frac{1}{n-1}\frac{1}{X^{n-1}} + B & \text{für } n \neq 1 \end{cases} \qquad (3.A.7.)$$

Mit Hilfe dieser Beziehung können beliebig viele Formen für die Funktion g(S) und damit auch für f(k) konstruiert werden, da die Werte für m und l im Prinzip beliebig gewählt werden können. In der empirischen Analyse wurden allerdings bisher nur Wertekombinationen im Bereich ($0 \leq m \leq 1$) und ($2 \leq l \leq 3$) verwendet.[8]

Eine Diskussion aller empirisch verwandten Modelle würde an dieser Stelle zu weit führen. In den folgenden Überlegungen sollen lediglich zwei Beispiele behandelt werden, bei denen jeweils eine der beiden oben genannten Grenzbedingungen berücksichtigt wird. Die beiden Beispiele beziehen sich auf die Parameterkonstellationen ($m=0$, $l=1$) und ($m=1$, $l=2$).

Für die Parameterwerte $m=0$ und $l=1$ ergibt sich unter Berücksichtigung der Beziehung (7) als Lösung der Integrationsaufgabe (3)

$$g = c \ln S + A \qquad (3.A.8.)$$

Die Größe A gibt die Differenz der Integrationskonstanten der beiden Integrale aus Beziehung (3) an. Die zugehörige speed-concentration-Relation lautet dann[9]

$$g = c \ln \frac{1}{k} + A \qquad (3.A.9.)$$

Als Grenzbedingung wird die Beziehung (6) verwendet.[10]

(Bedingung (5)). Weiterhin wird dort gezeigt, daß die Geschwindigkeit bei maximaler Verkehrskonzentration ebenfalls den Wert Null aufweisen muß (Bedingung (6)).

8 Eine Übersicht über die empirisch relevanten speed-concentration-Relationen bieten D. L. Gerlough, M. J. Huber, Traffic Flow Theory, a.a.O., S. 96–97. Darüberhinaus stellen die Autoren einige speed-concentration-Modelle für den Wertebereich ($-1 \leq m \leq 3$) und ($-1 \leq l \leq 4$) graphisch dar.

9 Dieses Modell wurde zuerst von H. Greenberg, An Analysis of Traffic Flow, in: Operations Research, Vol. 7, 1959, S. 79–85, vorgestellt.

10 Die Bedingung (5) kann im Hinblick auf die Funktion (9) nicht verwendet werden, da für $k = 0$ der Term $\ln 1/k$ den Wert $-\infty$ annimmt. Die Integrationskonstante A ist dann nicht mehr sinnvoll festzulegen.

$$0 = c \ln \frac{1}{k_{max}} + A$$

Hieraus ergibt sich für A der Wert

$$A = - c \ln \frac{1}{k_{max}} = c \ln k_{max} \qquad (3.A.10.)$$

Setzt man diesen Term in die Gleichung (9) ein, so hat die vollständig determinierte speed-concentration-Relation die Form

$$g = c \ln \frac{k_{max}}{k} \qquad (3.A.11.)$$

Um die Verkehrsangebotsfunktion abzuleiten, wird zunächst die Variable k gemäß Gleichung (1) durch den Quotienten aus Verkehrsfluß und Geschwindigkeit ersetzt

$$g = c \ln \frac{k_{max}\, g}{q}$$

Schreibt man beide Seiten der vorstehenden Gleichung als Exponenten zur Basis e, so erhält man

$$e^g = \left(\frac{k_{max}\, g}{q}\right)^c$$

Die inverse speed-flow-Relation hat somit die folgende Form[12]

$$q = k_{max}\, g e^{-\frac{g}{c}} \qquad (3.A.12.)$$

Dann ergibt sich die inverse Verkehrsangebotsfunktion q(t) unter Berücksichtigung der Gleichung (2) als

$$q = \frac{k_{max}\, E}{t} e^{-\frac{E}{tc}} \qquad (3.A.13.)$$

12 Die speed-flow-Relation kann aus dieser Gleichung nicht abgeleitet werden, da die Beziehung nicht vollständig nach der Geschwindigkeit aufgelöst werden kann.

Um den optimalen Verkehrsfluß und die zugehörige Fahrzeit zu bestimmen, wird die erste Ableitung der Funktion (13) gleich null gesetzt:

$$\frac{dq}{dt} = -\frac{k_{max}\,E}{t^2}\, e^{-\frac{E}{tc}} + \frac{k_{max}\,E}{t}\,\frac{E}{t^2c}\, e^{-\frac{E}{tc}} = 0$$

$$\frac{dq}{dt} = -1 + \frac{E}{tc} = 0$$

Für die Fahrzeit ergibt sich im Optimum der folgende Wert

$$t_{opt} = \frac{F}{c} \qquad (3.A.14.)$$

Aus der vorstehenden Beziehung läßt sich auch die Bedeutung der Größe c ablesen. Da die Strecke E konstant ist, stellt c die optimale Geschwindigkeit dar.[13] Setzt man das Ergebnis (14) in die Funktion (13) ein, so läßt sich der optimale Verkehrsfluß errechnen:

$$q_{opt} = \frac{k_{max}\,Ec}{E}\, e^{-\frac{Ec}{cE}}$$

$$q_{opt} = \frac{k_{max}\,c}{e} \qquad (3.A.15.)$$

Der optimale Verkehrsfluß beträgt in diesem Modell ungefähr 37 % des Verkehrsflusses, der sich als Produkt aus der maximalen Verkehrsdichte k_{max} und der optimalen Geschwindigkeit $c = g_{opt}$ ergeben würde.
Zum weiteren Verlauf der Kurve lassen sich aus Grenzüberlegungen die folgenden Bedingungen ermitteln:

$$\lim_{t \to 0} q = 0 \qquad (3.A.16.)$$

$$\lim_{t \to \infty} q = 0 \qquad (3.A.17.)$$

Der Graph der Funktion (13) hat damit die in der Abbildung 11 gezeigte Form.
Mit Bezug zu einer kritischen Würdigung des Ansatzes ist anzumerken, daß die Kurve für geringe Fahrzeitwerte sehr unrealistische Implikationen aufweist. Durch den obigen Kurvenverlauf wird unterstellt, daß die Fahrzeit gegen null

13 $c = E/t_{opt} = g_{opt}$.

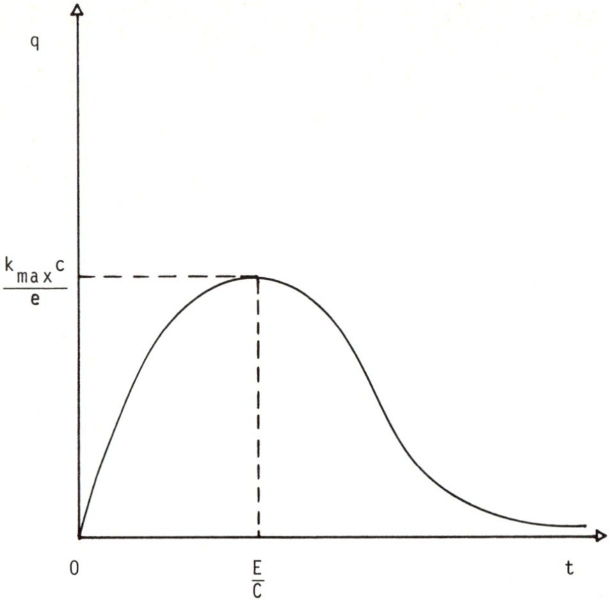

Abbildung 11: Der Verlauf einer aus der car-following-Analyse abgeleiteten Verkehrsangebotsfunktion für die Parameterwerte m=0, l=1

gehen kann. Das bedeutet aber, daß die Geschwindigkeit unendlich groß werden kann. Wie aber bei der Analyse der Verkehrsstromparameter herausgestellt wurde (vgl. Abbildung 4), kann die Fahrzeit den Wert t^f (Fahrzeit bei frei wählbarer mittlerer Geschwindigkeit) nicht unterschreiten. Der Grund für den angeführten Mangel der Angebotsfunktion ist darin zu sehen, daß die Grenzbedingung (5) bei der Ermittlung der speed-concentration-Relation nicht angewendet werden konnte.

Bei dem zweiten zu diskutierenden Beispiel für eine Kapazitätsrelation wird die Grenzbedingung (5) verwendet. Hier werden für die Parameter in der Beziehung (3) die Werte m=1 und l=2 festgelegt. Unter Berücksichtigung des Lösungsansatzes (7) ergibt sich für diese Parameterkonstellation eine Beziehung der Form

$$\ln g = -c\frac{1}{s} + A = -ck + A \qquad (3.A.18.)$$

Löst man die vorstehende Gleichung für die Grenzbedingung (5), läßt sich für die Integrationskonstante A der folgende Wert ermitteln

$$A = \ln g^f \tag{3.A.19.}$$

Setzt man die Größe in die Gleichung (18) ein, dann ergibt sich

$$\ln g = -ck + \ln g^f \tag{3.A.20.}$$

Somit lautet die speed-concentration-Relation[14]

$$g = g^f e^{-ck} \tag{3.A.21.}$$

Die Größe c repräsentiert in diesem Ansatz den reziproken Wert der optimalen Verkehrskonzentration ($1/k_{opt}$), also den optimalen Abstand zwischen den Fahrzeugen S_{opt}.[15]
Die Fahrzeitrelation kann analog zu Modell (13) ermittelt werden, wenn die Größe k gemäß Gleichung (1) ersetzt wird

$$g = g^f e^{-\frac{cq}{g}}$$

Logarithmiert man die Beziehung,

$$\ln g = \ln g^f - \frac{cq}{g}$$

dann ergibt sich die inverse speed-flow-Funktion

$$q = \frac{g}{c} \ln \frac{g^f}{g} \tag{3.A.22.}$$

Hieraus läßt sich die inverse Verkehrsangebotsfunktion ableiten, wenn die Geschwindigkeit gemäß Gleichung (2) durch die Fahrzeit ersetzt wird.

$$q = \frac{E}{ct} \ln \frac{t}{t^f} \tag{3.A.23.}$$

14 Diese speed-concentration-Relation wurde diskutiert von L. C. Edie, Car-Following and Steady-State Theory for Noncongested Traffic, in: Operations Research, Vol. 9, 1961, S. 66–76.

15 Differenziert man die zugehörige flow-concentration Relation $q = g^f k e^{-ck}$ nach k, so erhält man
$dq/dk = g^f e^{-ck} - g^f kc\, e^{-ck}$.
Aus der gleich null gesetzten Beziehung erhält man nach Division durch den Term $g^f e^{-ck} \neq 0$: $1 - kc = 0$. Da die Größe k die optimale Verkehrskonzentration darstellt, kann man auch schreiben
$$c = \frac{1}{k_{opt}}.$$

Das Maximum dieser Funktion liegt bei

$$\frac{dq}{dt} = - \frac{E}{ct^2} \ln \frac{t}{t^f} + \frac{E}{ct} \frac{t^f}{t} \frac{1}{t^f} = 0$$

$$\frac{dq}{dt} = - \ln \frac{t}{t^f} + 1 = 0$$

$$t_{opt} = t^f e \tag{3.A.24.}$$

Der zugehörige optimale Verkehrsfluß hat den Wert

$$q_{opt} = \frac{E}{ct^f e} \ln \frac{t^f e}{t^f}$$

$$q_{opt} = \frac{E}{ct^f e} \tag{3.A.25.}$$

Der maximale Verkehrsfluß in diesem Modell beträgt etwa 37 % des Verkehrsflusses, der sich aus dem Produkt aus frei wählbarer Geschwindigkeit ($g^f = E/t^f$) und optimaler Verkehrskonzentration ($k_{opt} = 1/c$) ergeben würde.
Mit Bezug zum weiteren Verlauf des Graphen der Funktion (22), lassen sich die folgenden Bedingungen aus Grenzbetrachtungen ermitteln:

$$\lim_{t \to t^f} q = 0 \tag{3.A.26.}$$

$$\lim_{t \to \infty} q = 0 \tag{3.A.27.}$$

Die Funktion kann somit wie in Abbildung 12 graphisch dargestellt werden. Im Gegensatz zu der Kurve in Abbildung 11 entspricht der nachstehend gezeichnete Graph weitgehend dem typischen Verlauf der Verkehrsangebotsfunktion für kurze Betrachtungsperioden (vgl. Abbildung 4). Allerdings muß eingeschränkt werden, daß die zugehörige speed-concentration-Relation wegen der Nichterfüllung der Grenzbedingung (6) für hohe Werte der Verkehrskonzentration nicht zuverlässig ist. Für den Verlauf der Fahrzeitkurve bedeutet das, daß sie im Stauungsbereich zu hohe Verkehrsflußwerte und zu niedrige Fahrzeitwerte anzeigt.[16] Aus diesem Grunde werden in der empirischen Analyse

16 Vergleicht man die Funktionen (13) und (23) miteinander, so zeigt sich, daß die Verkehrsflußwerte der Beziehung (23) für hohe Fahrzeiten schneller gegen null streben als die Verkehrsflußwerte der Funktion (23). Diese Aussage läßt sich wie folgt begründen. In beiden Relationen befindet sich der

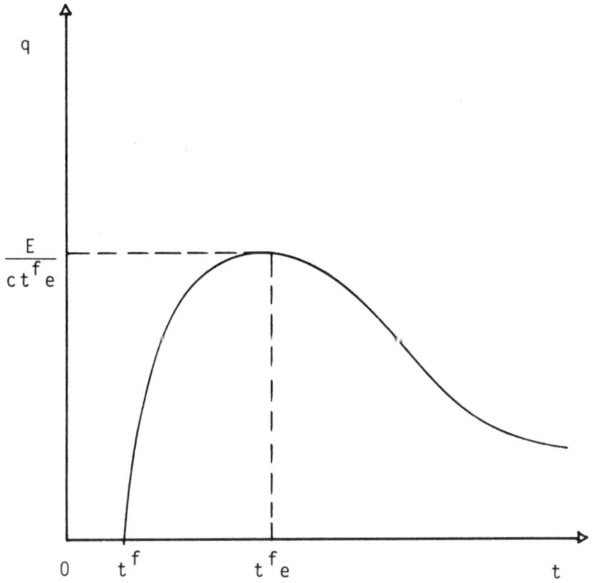

Abbildung 12: Der Verlauf einer aus der car-following-Analyse abgeleiteten Verkehrsangebotsfunktion für die Parameterwerte m=1, l=2

des Verkehrsflusses manchmal verschiedene Funktionstypen für einzelne Wertebereiche der Verkehrskonzentration verwendet. Die speed-concentration-Relationen werden dann mit Bezug zu dem gesamten Wertebereich der Verkehrskonzentration unstetig.[17] Die gleiche Konsequenz ergibt sich dann auch für die zugehörigen Verkehrsangebotsfunktionen.

Im Zusammenhang mit der empirischen Füllung der Relationen bieten sich zwei Möglichkeiten an. Der erste Weg zur Schätzung des Parameters c besteht darin,

Term 1/t, der bewirkt, daß die Funktionswerte gegen null gehen. Dieser Effekt wird in der Funktion (13) nicht gestört, da der zweite Term exp (– 1/t) im Grenzfall den Wert 1 annimmt. In der Gleichung (23) hingegen wird der Einfluß der Größe 1/t zum Teil durch das Verhalten des Ausdrucks ln t wieder aufgehoben, da dieser Term für große t-Werte gegen unendlich strebt. Da der Einfluß der Größe 1/t für hohe Werte der Fahrzeit überwiegt, nähert sich der Graph der Funktion (23) ebenfalls der Abzisse. Allerdings erfolgt die Annäherung langsamer als beim Graph der Funktion (13).

17 Verschiedene unstetige speed-concentration-Relationen werden diskutiert von J. Drake et al., A Statistical Analysis of Speed-Density Hypothesis, in: o. Hrsg., Vehicular Traffic Science, Proceedings of the Third International Symposium of Theory of Traffic Flow 1965, New York 1967, S. 112–117. Weitere Ansätze behandelt A. Ceder, A Deterministic Traffic Flow Model for the Two-Regime Approach, in: Transportation Research Record, No. 567, 1976, S. 16–30.

Meßreihen für die Geschwindigkeit und die Verkehrskonzentration zu erheben.[18] Der Parameter kann dann zum Beispiel auf der Basis der teillogarithmischen Relationen (11) und (20) mit Hilfe der Regressionsanalyse berechnet werden, da diese Beziehungen linear in dem zu bestimmenden Parameter sind. Der zweite Weg zur Ableitung der geschätzten Kapazitätsfunktionen besteht darin, den Parameter c durch Beobachtung direkt zu ermitteln. Wie vorab ausgeführt wurde, stellt die Größe c im Modell (13) die Geschwindigkeit g_{opt} und im Modell (23) den reziproken Wert der optimalen Verkehrskonzentration $1/k_{opt}$ dar. Um diese Größen direkt bestimmen zu können, muß der Verkehrsablauf über mehrere Beobachtungsperioden gemessen werden. Der Parameter c ergibt sich dann aus dem Wert der Geschwindigkeit beziehungsweise der Verkehrskonzentration, der im Zusammenhang mit dem höchsten gemessenen Verkehrsfluß beobachtet wurde.

Ein weiteres Problem bei der empirischen Anwendung der aus der car-following-Analyse abgeleiteten Beziehungen besteht in der Festlegung der empirisch relevanten Werte für die Parameter m und l. Zur Lösung dieses Anliegens lassen sich keine exakten statistischen Verfahren angeben, die die besten Werte der Größen mit Bezug zu einem statistischen Gütemaß bestimmen.[19]

Wie im Zusammenhang mit der Erörterung der theoretischen Grundlagen des Verkehrsangebots ausgeführt wurde, müssen die Kapazitäts- und die Angebotsfunktionen für jede Strecke $a \in A$ des Netzwerkes ermittelt werden. Da die Anzahl der Netzwerkverbindungen sehr groß sein kann, ist eine Messung der Verkehrsstromvariablen für jede Strecke in der Praxis schwerlich möglich. Es stellt sich deshalb das Problem, für bestimmte Straßentypen repräsentative Kapazitätskurven zu konstruieren. Einen Anhaltspunkt hierfür zeigt die SELNEC-Transportation Study auf.[20] In dieser Untersuchung werden speed-concentration-Relationen für sieben verschiedene Straßentypen geschätzt.[21] Die Besonderheit dieser Beziehungen, die allerdings nicht auf der Basis theoretischer Überlegungen abgeleitet wurden, liegt darin, daß auch einige Determinanten der Straßenkapazität in die Relationen einbezogen wurden. Im SELNEC-Modell wurde die

18 Zu den Meßverfahren vgl. D. L. Gerlough, M. J. Huber, Traffic Flow Theory, a.a.O., S. 7–16. Ein Überblick über die verfügbaren Methoden befindet sich auch in W. Buhr, R. Pauck, Stadtentwicklungsmodelle, a.a.O., S. 257–262.

19 Ein heuristisches Verfahren zur Bestimmung akzeptabler Werte für die Parameter m und l bieten A. Ceder, A. D. May, Further Evaluation of Single and Two-Regime Traffic Flow Models, in: Transportation Research Record, No. 567, S. 1–15 (hier: S. 4–7).

20 Vgl. D. J. Wagon, The Calibration of the Mathematical Model, a.a.O., S. 69–71.

21 In der SELNEC-Transportation Study werden folgende Straßentypen unterschieden: 1. motorway, 2. limited access road, 3. und 4. access road to and from motorways, 5. two-way street, 6. dual carriageway, 7. one-way street; vgl. D. J. Wagon, The Calibration of the Mathematical Model, a.a.O., S. 70.

Breite und die Länge der Strecke[22] in der speed-concentration-Relation berücksichtigt. Ein weiteres Beispiel für die Berücksichtigung von Einflußgrößen der Straßenkapazität in den Kapazitätsrelationen bietet das Modell des Road Research Laboratory, das für die Hauptstraßen in Vorstädten getestet wurde.[23] Im Unterschied zum SELNEC-Modell wird hier eine speed-flow-Relation entwickelt, bei der eine negative lineare Beziehung zwischen der Geschwindigkeit und dem Verkehrsfluß unterstellt wird. Der Proportionalitätsfaktor zwischen diesen Größen wird unter anderem von der Anzahl der Kreuzungen und dem Anteil der zweispurig ausgebauten Streckenabschnitte beeinflußt.

Obwohl den beiden angesprochenen Verfahren ein theoretischer Hintergrund fehlt, und es weiterhin bezweifelt werden muß, daß mit den einbezogenen Größen die wesentlichen Determinanten der Straßenkapazität erfaßt sind,[24] so zeigt die in den genannten Modellen praktizierte Vorgehensweise einen interessanten Ansatzpunkt für die Verbesserung der in diesem Unterpunkt diskutierten Verfahren auf. Der Vorschlag zur Modifikation dieser Ansätze läuft darauf hinaus, die streckenspezifischen Parameter der Kapazitätsrelationen (t^f, k_{max}, k_{opt}, c) in Abhängigkeit von den Eigenschaften der Straßen zu ermitteln. Gelingt es, die angesprochenen Relationen empirisch zu bestätigen, so ergeben sich zwei entscheidende Vorteile gegenüber der herkömmlichen Vorgehensweise. Zum einen müssen die streckenspezifischen Parameter nicht mehr durch langwierige Messungen ermittelt werden, sondern ergeben sich nach Vorgabe der einfach zu erfassenden Eigenschaften der Straßen aus den Relationen. Zum anderen ist es möglich, die Kapazitätsfunktionen für zukünftige Verkehrsverbindungen ex ante aufgrund der Planungsunterlagen zu bestimmen. An dieser Stelle ist ein entscheidender Ansatzpunkt für die Untersuchung der Auswirkungen von Straßenbauinvestitionen auf den zukünftigen Verkehr gegeben.

II. Die Ermittlung von Verkehrsangebotsfunktionen für den Tagesverkehr

Bei den in diesem Unterpunkt zu behandelnden Verkehrsangebotsfunktionen wird im Gegensatz zu den vorab diskutierten Ansätzen nicht auf den Zusam-

22 Die Länge der Straße spielt nur dann eine Rolle, wenn mit der Länge der Straße die Anzahl der Kreuzungen und damit auch die Wartezeit variiert.

23 Vgl. Freeman, Fox and Associates, Speed/Flow Relationships on Suburban Main Roads, Road Research Laboratory, Department of the Environment, London 1972.

24 Zur Diskussion der wesentlichen Determinanten der Straßenkapazität vgl. Highway Research Board (ed.), Highway Capacity Manual 1965, a.a.O., S. 88–111; L. P. Holliday, The Interrelationships of Factors Affecting Road Capacity, The RAND Corporation, Paper P-3914, Santa Monica 1968; M. Wohl, B. V. Martin, Traffic System Analysis for Engineers and Planners, New York 1967, Ch. 12.

menhang zwischen den Verkehrsstromvariablen und der Fahrzeit zurückgegriffen, sondern es wird versucht, die Beziehung zwischen der Fahrzeit und dem Verkehrsstrom direkt zu ermitteln.

Bei der Analyse der Grundlagen der Theorie des Verkehrsangebots (Abschnitt A des zweiten Kapitels) wurde herausgestellt, daß es möglich ist, mit Hilfe der Warteschlangentheorie Relationen zwischen der Fahrzeit und dem Verkehrsfluß abzuleiten. Für den Fall, daß die Fahrzeuge mit poisson-verteilten zeitlichen Abständen auf der Straße eintreffen und daß die Durchfahrtszeiten exponentiell verteilt sind, ergibt sich folgende Fahrzeitrelation[25]

$$t = t^f \frac{1}{1 - \frac{q}{q_{opt}}}, \qquad q < q_{opt} \tag{3.A.28.}$$

Die Größe t^f stellt die Fahrzeit bei frei wählbarer Geschwindigkeit dar. Mit q_{opt} wird wiederum der maximal mögliche Verkehrsfluß (oder auch Sättigungsfluß) bezeichnet. Wie an anderer Stelle gezeigt wurde, hat der Graph der Funktion (28) den typischen Verlauf einer Verkehrsangebotskurve für längere Betrachtungsperioden (vgl. Abbildung 5). Für $q=0$ ergibt sich für die Fahrzeit der Wert t^f. Nähert sich der Verkehrsfluß q der maximalen Kapazität, so wird die Fahrzeit unendlich groß. Für $q=q_{opt}$ hat die Funktion eine Polstelle.

Mit Bezug zur praktischen Anwendung der Angebotsfunktion in den Modellen der Verkehrszuordnung (traffic assignment) ergibt sich das folgende Problem. Wie noch erörtert wird,[26] kann es im Rahmen der meist iterativen traffic assignment-Verfahren vorkommen, daß einzelnen Streckenabschnitten während des Algorithmus ein größeres Verkehrsvolumen zugeordnet wird als es gemäß der Maximalkapazität möglich ist. Zu diesem Zweck müssen die Angebotsfunktionen aus rechentechnischen Gründen auch für den Bereich $q>q_{opt}$ definiert sein. Eine Möglichkeit, um zu endlichen Fahrzeitwerten für den Fall der Überzuordnung zu gelangen, besteht darin, die Funktion (28) mit einer Steigung aus dem näheren Bereich von q_{opt} linear zu extrapolieren.[27] Das Verfahren ist im Schaubild 13 graphisch dargestellt.

Soll die Funktion von der Stelle $q=z$ extrapoliert werden, so ergeben sich analytisch die folgenden Modifikationen. Im Bereich $q<z$ gilt die Beziehung (28) in unveränderter Weise

25 Zur Ableitung der Beziehung (28) vgl. die Ausführungen zu den Gleichungen (2.A.14.)–(2.A.28.).

26 Zu den traffic assignment-Verfahren vgl. die Ausführungen im Abschnitt C des dritten Kapitels dieser Arbeit.

27 Das Extrapolationsverfahren ist mit Bezug zu anderen Funktionen diskutiert worden von W. W. Mosher, A Capacity Restraint Algorithm for Assigning Flow to a Transport Network, in: Highway Research Record, No. 6, 1963, S. 41–70.

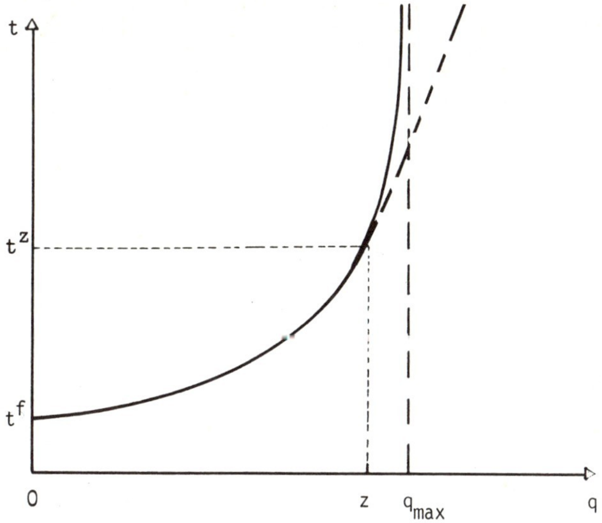

Abbildung 13: Lineare Extrapolation einer aus der Warteschlangentheorie abgeleiteten Verkehrsangebotsfunktion

$$t = t^f \frac{1}{1 - \frac{q}{q_{opt}}} , \qquad \text{für } q < z \text{ mit } z < q_{opt} \tag{3.A.29.}$$

Um den extrapolierten Teil der Funktion (28) zu ermitteln, muß der Funktionswert und die fortzuschreibende Steigung an der Stelle z bestimmt werden. Der Funktionswert t^z lautet

$$t^z = t^f \frac{1}{1 - \frac{z}{q_{opt}}} . \tag{3.A.30.}$$

Die Steigung der Funktion (28) an der Stelle z ergibt sich, wenn in die Ableitung der Beziehung:

$$\frac{dt}{dq} = t^f \frac{1}{q_{opt}(1 - \frac{q}{q_{opt}})^2}$$

der Wert z eingesetzt wird.

$$x = t^f \frac{1}{q_{opt}(1 - \frac{z}{q_{opt}})^2} \quad (3.A.31.)$$

Die Fahrzeitfunktion hat dann im Bereich q>z die folgende Form

$$t = t^z + x(q - z) \quad , \qquad q > z \quad (3.A.32.)$$

Die durch die Gleichungen (29) und (31) repräsentierte Verkehrsangebotsfunktion hat nun den Vorteil, einerseits auf der Basis theoretischer Überlegungen abgeleitet worden zu sein und andererseits den rechentechnischen Anforderungen der wichtigsten Verkehrszuordnungsverfahren zu genügen.

Neben diesem Ansatz, der direkt auf den warteschlangentheoretischen Überlegungen basiert, werden in den empirisch orientierten Verkehrsmodellen häufig Angebotsfunktionen verwandt, bei denen der theoretische Bezug stärker in den Hintergrund tritt. Schreibt man die aus der Warteschlangentheorie ermittelte Grundrelation in allgemeiner Form

$$t = t^f h(\frac{q}{q_{opt}}) \quad (3.A.33.)$$

so können die empirischen Angebotsbeziehungen als Modifikationen dieser Grundrelation aufgefaßt werden. Die einzelnen Modelle unterscheiden sich durch die Wahl des Funktionstyps h. Die Annahme der Funktion wird weniger auf der Grundlage theoretischer Überlegungen als auf dem Hintergrund anwendungstechnischer Erwägungen vorgenommen. Im folgenden sollen die beiden am häufigsten verwendeten Funktionsformen kurz diskutiert werden.[28]

Die erste Funktion, die in vielen Verkehrsstudien der USA Verwendung gefunden hat, wurde vom Bureau of Public Roads der Federal Highway Administration entwickelt.[29] Die Funktion lautet in allgemeiner Form

$$t = t^f(1 + \alpha(\frac{q}{q_{opt}})^\beta) \quad (3.A.34.)$$

In der praktischen Anwendung des Modells durch die Planer des Bureau of Public Roads wurden für die Parameter α und β die Werte 0,15 und 4 angenommen. Allerdings kann aus der Studie nicht ersehen werden, auf welche Weise die

28 Einen Überblick über weitere empirisch verwandte Verkehrsangebotsfunktionen bietet D. Branston, Link Capacity Functions: A Review, in: Transportation Research, Vol. 10, 1976, S. 223–236.

29 Vgl. Bureau of Public Roads, Traffic Assignment Manual, U.S. Department of Commerce, Urban Planning Division, Washington, D.C., 1964.

Parameterwerte ermittelt worden sind. Der gleiche Funktionstyp wurde auch bei einer Untersuchung des Verkehrssystems in den Niederlanden verwendet.[30] In dieser Studie wurden die Größen α und t^f für alternativ vorgegebene Werte des Parameters β mit Hilfe der Regressionsanalyse geschätzt.
Die zweite zu diskutierende Verkehrsangebotsfunktion lautet

$$t = t^f \alpha^{\left(\frac{q}{q_{opt}}\right)\beta} \tag{3.A.35.}$$

Die vorstehende Relation wurde zum Beispiel im Rahmen der Detroit Area Transportation Study verwendet. Hier wurde für die Größe α die Zahl e und für β der Wert 1 angesetzt.[31] Ähnlich wurde in der Pittsburgh Area Transportation Study vorgegangen. Für α wurde hier der Wert 2 angenommen.[32] Zu diesen beiden Ansätzen ist kritisch anzumerken, daß die Wahl der Parameterwerte willkürlich vorgenommen wurde. Eine Schätzung der Größen auf der Basis von Beobachtungswerten wurde nicht vorgenommen. Einen Ansatzpunkt für die Bestimmung empirisch relevanter Parameterwerte liefert eine Arbeit, bei der die Beziehung (35) für alternative Wertekombinationen der Größen t^f und q_{opt} an vorhandene Daten angepaßt wird.[33]
Im Zusammenhang mit einer kritischen Würdigung der dargestellten Verkehrsangebotsfunktionen wird nochmals auf den Mangel an theoretischer Fundierung bei Annahme der Funktionstypen (34) und (35) hingewiesen. Dieser unbefriedigende Tatbestand trifft auf das eingangs diskutierte Modell (28), das direkt auf der Grundlage der Warteschlangentheorie abgeleitet wurde, nicht zu. Im Hinblick auf die Anwendungsfähigkeit der Ansätze muß allerdings angemerkt werden, daß die Relationen (34) und (35) wegen ihrer parametrischen Form bessere Möglichkeiten der Anpassung der Funktionen an die Beobachtungswerte bieten als die Beziehung (28). Wie aber oben schon deutlich wurde, ist der Kalibrierung der Verkehrsangebotsfunktionen bei der praktischen Anwendung von traffic assignment-Verfahren sehr wenig Aufmerksamkeit geschenkt worden. Die Güte der

30 Vgl. hierzu P. A. Steenbrink, Optimization of Transport Networks, a.a.O., S. 188–197. Eine weitere Anwendung der Funktion (34) wird beschrieben in D. Küppers et al., Simulationsmodell POLIS, Benutzerhandbuch, Schriftenreihe des Bundesministeriums für Raumordnung, Bauwesen und Städtebau, Nr. 03.012, Frankfurt/Main 1972, S. 108.

31 Vgl. R. J. Smock, An Iterative Assignment Approach to Capacity Restraint on Aterial Network, in: Highway Research Bulletin, No. 347, 1962, S. 60–66.

32 Vgl. M. J. Schneider, A Direct Approach to Traffic Assignment, in: Highway Research Record, No. 6, 1963, S. 71–75; T. J. Soltman, Effects of Alternative Loading Sequences on Results from Chicago Trip Distribution and Assignment Model, in: Highway Research Record, No. 114, 1965, S. 122–140.

33 Vgl. K. R. Overgaard, Urban Transportation Planning: Traffic Estimation, in: Traffic Quarterly, Vol. 21, 1967, S. 197–218 (hier: S. 215–218).

Funktionen kann meist nur in Verbindung mit speziellen, meist iterativen Modellen der Verkehrszuordnung beurteilt werden. Im Rahmen einer korrekten Analyse ist aber zu fordern, daß die Schätzung der Angebotsfunktionen, wie oben angedeutet wurde, unabhängig vom Marktalgorithmus des traffic assignment vorgenommen wird. Dann ist sowohl eine Beurteilung der Güte der Angebotsfunktionen als auch eine Abschätzung der Genauigkeit der Verkehrszuordnungsverfahren möglich.

Um zu einer Verbesserung der Verkehrsangebotstheorie zu gelangen, muß dem Problemkreis der Kalibrierung noch weitere Aufmerksamkeit gewidmet werden. In diesem Zusammenhang müßte auch geprüft werden, ob eine verstärkte Anwendung der warteschlangentheoretischen Ansätze möglich ist. Hier muß besonders untersucht werden, welche Annahmen über die Verteilung der zeitlichen Abstände der ankommenden Fahrzeuge und über die Verteilung der Abfertigungszeiten mit dem beobachteten Verkehrsablauf am besten übereinstimmen.[34]

Zum Schluß dieses Abschnitts wird wie auch am Ende des vorigen Unterpunktes darauf hingewiesen, daß es wichtig ist, die streckenspezifischen Parameter t^f und q_{opt} in Abhängigkeit von den Determinanten der Straßenkapazität zu ermitteln. Auch bei den an dieser Stelle diskutierten Verkehrsangebotsfunktionen ergibt sich dann die Möglichkeit, die Auswirkungen von Straßenbauinvestitionen auf die Kapazität der Verkehrsverbindungen ex ante ermitteln zu können. Damit sind die Voraussetzungen für eine langfristige Analyse des Straßenverkehrs gegeben.

III. Zusammenfassung: Relevante Eigenschaften der Verfahren zur Bestimmung des Verkehrsangebots

Im Rahmen der Untersuchung des Verkehrsangebots für den täglichen Spitzenverkehr wird auf die car-following-Analyse zurückgegriffen, deren theoretische Grundlagen im Abschnitt A des zweiten Kapitels dieser Arbeit erörtert werden. In dem vorliegenden Unterpunkt werden beispielhaft zwei speed-concentration-Relationen ermittelt, aus denen dann die Verkehrsangebotsfunktionen unter Berücksichtigung der definitorischen Zusammenhänge zwischen den Variablen des Verkehrsstroms bestimmt werden. In diese Funktionen gehen je nach Anlage

34 Eine Übersicht über die Form von Warteschlangenmodellen, die auf der Basis alternativer Verteilungsannahmen gewonnen wurden, befindet sich in M. Wohl, B. V. Martin, Traffic System Analysis for Engineers and Planners, a.a.O., S. 362–373.

der Modelle die mittlere frei wählbare Geschwindigkeit, die optimale Verkehrskonzentration oder die optimale Geschwindigkeit als streckenbezogene Parameter ein. Bei der Ableitung der Beziehungen zeigt sich ein für die car-following-Analyse typisches Problem. Die Funktionen geben die Verkehrsverhältnisse entweder nur für geringe Werte der Verkehrskonzentration oder für hohe Werte der Verkehrskonzentration hinreichend genau wieder. Das Problem läßt sich lösen, wenn für die einzelnen Wertebereiche der Verkehrsdichte verschiedene Beziehungen konstruiert werden. In diesem Fall ergibt sich allerdings die Schwierigkeit, daß die Funktionen für den gesamten Wertebereich der Verkehrskonzentration unstetig werden.

Die Verkehrsangebotsfunktionen für den täglichen Verkehr werden zunächst auf der Basis der Warteschlangentheorie abgeleitet. Da in verschiedenen Verfahren der Verkehrszuordnung[35] die Notwendigkeit existiert, die Angebotsfunktionen auch für den Wertebereich jenseits der Maximalkapazität zu definieren, wird gezeigt, wie die Beziehungen linear extrapoliert werden können.

Neben den direkt aus der Warteschlangentheorie abgeleiteten Angebotsfunktionen werden auch weitere empirisch verwandte Beziehungen vorgestellt. In diesen Relationen ergibt sich die Fahrzeit analog zu dem zuerst diskutierten Modell als Produkt aus der mittleren frei wählbaren Geschwindigkeit und einer Funktion, in die der Quotient aus dem aktuellen Verkehrsfluß und dem maximalen Verkehrsfluß als unabhängige Variable eingeht. Die Funktionsformen lassen sich allerdings nicht auf der Grundlage der Warteschlagentheorie ableiten. Ihre Wahl wird vielmehr im Hinblick auf die Operationalität der Modellrelationen getroffen. Das heißt, es werden parametrische Funktionen verwendet, die eine bessere Anpassungsfähigkeit der Modelloutputs an die Beobachtungswerte ermöglichen. Trotz dieses Vorteils muß doch kritisch angemerkt werden, daß der Entwicklung exakter Kalibrierungsverfahren in der Literatur bisher wenig Aufmerksamkeit geschenkt wurde.

Im Zusammenhang mit der Bestimmung der Modellparameter ist auch darauf hinzuweisen, daß die streckenspezifischen Größen (wie zum Beispiel der maximale Verkehrsfluß oder die optimale Geschwindigkeit) in Abhängigkeit von den physischen Eigenschaften der Straßen ermittelt werden sollten. Gelingt es empirisch relevante Beziehungen zwischen den genannten Größen zu determinieren, so können die Auswirkungen von Straßenbauinvestitionen auf das Verkehrsangebot berechnet werden. Dadurch wird eine wichtige Voraussetzung für eine langfristige Analyse des städitschen Verkehrs geschaffen.

35 Die Verfahren der Verkehrszuordnung werden im Abschnitt C dieses Kapitels diskutiert.

B. Analytische Verfahren zur Bestimmung der Verkehrsnachfrage

I. Die Ermittlung der Fahrtentstehung

1. Die Regressionsverfahren

Die Modelle zur Bestimmung des Volumens der Fahrtentstehung bilden den Ausgangspunkt der klassischen Analyse der Verkehrsnachfrage. Das Anliegen dieser Ansätze besteht in der Berechnung der Anzahl der Fahrten, die in den Subregionen des Untersuchungsgebietes beginnen und enden. Das bedeutet, daß die trip generation models sowohl den Quellverkehr als auch den Zielverkehr ermitteln.[36]

Bevor die Anlage der Verkehrserzeugungsmodelle im einzelnen diskutiert wird, werden zunächst die Disaggregationskriterien genannt, die in den Ansätzen üblicherweise zur Einteilung der Fahrten herangezogen werden.

Das wichtigste Unterscheidungsmerkmal der Fahrten ist der Fahrtzweck. Hier werden zum Beispiel die Fahrten zur Arbeit, die Einkaufsfahrten und die Erholungsfahrten unterschieden.[37] Neben den Fahrten zur Ausbildungsstätte wird manchmal zusätzlich eine Restkategorie eingeführt, die alle nicht erfaßten Fahrtzwecke enthält.[38] Eine Unterteilung der Einkaufsfahrten nach Güterklassen findet in den Verkehrsmodellen in der Regel nicht statt.[39] Dieser Tatbestand stellt einen wesentlichen Mangel der empirisch orientierten Ansätze dar. Wie im

36 Als Quellverkehr wird die Anzahl der Fahrten bezeichnet, die einen Ort verläßt. Der Zielverkehr umfaßt das Verkehrsvolumen, das einen Ort erreicht. Diese Begriffe entsprechen den englischen Bezeichnungen »trip origin ends« und »trip destination ends«. Neben diesen Vokabeln werden in den Verkehrsmodellen häufig die Ausdrücke »trip productions« und »trip attractions« verwendet. Hinter diesen Begriffen steht die Vorstellung, daß es einerseits Orte gibt, die Fahrten erzeugen und andererseits Orte, die Fahrten anziehen. Diese Vokabeln sind nicht gleichbedeutend mit den oben genannten Ausdrücken, da die trip productions und die trip attractions jeweils sowohl ankommende als auch abgehende Fahrten umfassen. In den folgenden Ausführungen werden die Begriffe Ziel- und Quellverkehr verwendet. Eine ausführlichere Darstellung der Terminologie der trip generation models bieten W. Buhr, R. Pauck, Stadtentwicklungsmodelle, a.a.O., Übersicht 12, S. 275.

37 Vgl. zum Beispiel Baltimore Regional Planning Council, Baltimore – Washington Interregional Study, Land Use and Transportation, Technical Report No. 7, Baltimore 1960, S. 92.

38 Vgl. Urban Planning Division, Office of Highway Planning, Federal Highway Administration, U.S. Department of Transportation, Guidelines for Trip Generation Analysis, Washington, D.C., 1967, S. 43–45.

39 Eine Ausnahme bildet die Bay Area Transportation Study, in der die Einkaufsfahrten zusätzlich nach Güterkategorien differenziert werden; vgl. Bay Area Transportation Study Commission, Bay Area Transportation Report, Berkeley 1969, S. 49.

Zusammenhang mit der Erörterung der theoretischen Grundlagen der Verkehrsnachfrage ausgeführt wurde, ist eine Aggregation der Einkaufsfahrten über die Güterkategorien nicht sinnvoll durchzuführen.[40] Deshalb erscheint eine getrennte Ermittlung der Fahrtentstehung für einzelne Güterklassen sehr wichtig.

Neben den genannten Disaggregationskriterien kann die Fahrtentstehung noch nach der Tageszeit,[41] dem genutzten Verkehrsmittel[42] oder nach intra- und interregionalen Fahrten[43] unterschieden werden. Der Verkehr innerhalb eines Ortes (Zellenbinnenverkehr) wird in den meisten Ansätzen nicht berücksichtigt.[44] Deshalb ist eine möglichst feine Einteilung des Untersuchungsraums in traffic zones erforderlich.

Bei den Einflußvariablen, die die Höhe des Quellverkehrs determinieren, handelt es sich um demographische und sozio-ökonomische Faktoren der Haushalte. Als wichtigste Beispiele für die in den Modellen benutzten Einflußvariablen seien genannt: die Haushaltsgröße, die Bevölkerungsdichte, die Anzahl der verfügbaren Fahrzeuge und die Entfernung zum Zentrum.[45] Die genannten Variablen können je nach Fahrtzweck unterschiedliche Bedeutung erlangen.[46]

40 Vgl. die Ausführungen im Abschnitt B.III des zweiten Kapitels dieser Arbeit.

41 Die Ermittlung der Tageszeiten, zu denen die Fahrten stattfinden, wird im SIARSSY-Modell mit Hilfe empirisch ermittelter Pegelzahlen vorgenommen. Diese Zahlen geben an, welcher Anteil der Fahrten zu einer bestimmten Tageszeit stattfindet; vgl. W. Popp et al., Forschungsbericht zur Entwicklung des Planungsmodells SIARSSY, Schriftenreihe des Bundesministers für Raumordnung, Bauwesen und Städtebau, Nr. 03.018, Erlangen 1973, S. 42–44. Als weiterer Ansatz der peak/off peak traffic generation kann angeführt werden T. E. H. Williams, D. M. Robertson, Traffic Generated by Households: Peak Period, in: Traffic Engineering and Control, Vol. 6, 1965, S. 668–671.

42 Vgl. zum Beispiel B. G. Hutchinson, Land Use Transportation Models in Regional Economic Development Planning, in: Socio-Economic Planning Science, Vol. 10, 1976, S. 47–55 (hier: S. 49). Als weitere Fahrttypen können noch Lastwagenfahrten und Taxifahrten angeführt werden. Für diese Kategorien sind in der Literatur kaum Ansätze entwickelt worden. Ein manchmal verwendetes einfaches Modell geht davon aus, daß das Verhältnis dieser Fahrten zur Anzahl der restlichen Fahrten konstant ist; vgl. P. R. Stopher, A. H. Meyburg, Urban Transportation Modeling and Planning, a.a.O., S. 122.

43 Vgl. zum Beispiel Bay Area Transportation Study Commission, Bay Area Transportation Report, a.a.O., S. 49. Ein einfacher Ansatz zur Ableitung des interregionalen Fahrtvolumens geht davon aus, daß die Relation zwischen intraregionalen und interregionalen Fahrten konstant bleibt; vgl. U.S. Department of Transportation, Federal Highway Administration, Computer Programs for Urban Transportation Planning, PLANPAC/BACKPAC, General Information Manual, Washington, D.C., 1977, S. 89–90.

44 Eine Ausnahme bildet das POLIS-Modell, das den Binnenverkehr einer Subregion proportional zur Fläche dieser Subregion ableitet; vgl. D. Küppers et al., Simulationsmodell POLIS, Benutzerhandbuch, a.a.O., S. 103. Mit den Problemen des Binnenverkehrs in einer Subregion beschäftigt sich auch H. Dörner, Ein Ansatz zur Berechnung des Zellenbinnenverkehrs städtischer und regionaler Planungsräume in der Verkehrsverteilungsrechnung, Berichte des Instituts für Stadtbauwesen der TH Aachen, Bd. 10, Aachen 1977.

45 Diese Einflußvariablen und weitere Determinanten der Fahrtentstehung werden diskutiert und auf ihren Erklärungsgehalt untersucht von W. Y. Oi, P. W. Shuldiner, An Analysis of Urban Travel Demand, 5th printing, Evanston 1972, S. 72–124.

46 Da die in den verschiedenen Verkehrsstudien im einzelnen verwendeten Einflußvariablen unterschiedlich sind und zusätzlich noch mit dem Fahrzweck variieren, würde es hier zu weit führen,

Bei den Determinanten des Zielverkehrs handelt es sich um Größen, die die Attraktivität des Bestimmungsortes für die Befriedigung alternativer Fahrtzwecke erfassen sollen. Diese Größen hängen sehr stark von der Bodennutzung in den einzelnen Subregionen ab.[47] Als Beispiele für die Einflußvariablen können die Anzahl der Arbeitsplätze und die für unterschiedliche Zwecke genutzten Bodenflächen genannt werden.[48]

Welche der genannten Einflußgrößen bei gegebenem Fahrtzweck die besten Modellergebnisse erwarten lassen, kann nicht generell beantwortet werden, da die relevanten Determinanten der Fahrtentstehung in verschiedenen Städten durchaus divergieren können. Bei der Konstruktion von Fahrtentstehungsmodellen muß also im Einzelfall geprüft werden, welche Größen als unabhängige Variablen berücksichtigt werden sollen. Die Auswahl der einzubeziehenden Determinanten kann zum Beispiel durch ein schrittweises Regressionsverfahren durchgeführt werden.[49] In der Praxis hat sich allerdings gezeigt, daß sich der Erklärungswert der Fahrtentstehungsgleichungen in der Regel nicht mehr steigern läßt, wenn mehr als drei Variablen eingeführt werden.[50]

Bei den Regressionsansätzen zur Bestimmung der Fahrtentstehung können zwei Arten von Modellen unterschieden werden. Der erste Modelltyp errechnet das gesamte Fahrtvolumen der Zonen direkt.[51] Der zweite Typ leitet zunächst die repräsentativen Fahrtquotienten der Haushalte einer Subregion (Fahrten pro Haushalt) ab.[52] Das gesamte zonale Fahrtvolumen ergibt sich dann durch

die nach Fahrtzwecken differenzierten Größen aufzuzählen. Eine Übersicht über die in mehreren Transportstudien einbezogenen Parameter befindet sich in H. L. Levinson, F. H. Wynn, Effects of Density on Urban Transportation Requirements, in: Highway Research Record, No. 2, 1963, S. 49. Eine ausführliche Analyse der Einflußvariablen in Fahrtentstehungsmodellen, die für unterschiedliche Fahrtzwecke konstruiert worden sind, bietet R. Vickerman, The Demand for Non-Work Travel, in: Journal of Transport Economics and Policy, Vol. 6, 1972, S. 176–210.

47 Durch die Einbeziehung von Bodennutzungsgrößen als Determinanten der Fahrtentstehung ist ein Verbindungsstück zwischen den Bodennutzungs- und den Transportmodellen gegeben; vgl. hierzu W. Buhr, R. Pauck, Stadtentwicklungsmodelle, a.a.O., S. 371–377.

48 Eine Übersicht über die in zwölf Verkehrsstudien verwendeten Einflußvariablen für den Zielverkehr bietet P. W. Shuldiner, Land Use Activity and Non-Residential Trip Generation, in: Highway Research Record, No. 141, 1966, S. 73–88 (hier S. 77).

49 Ein schrittweises Regressionsverfahren zur Bestimmung der relevanten Einflußvariablen in trip generation-Modellen wird vom U.S. Department of Transportation angeboten. Bei diesem Verfahren werden Abfolgen von Regressionsgleichungen bestimmt, indem jeweils diejenige Variable in die zuletzt abgeleitete Gleichung aufgenommen wird, die den größten Beitrag zur Erklärung des Restfehlers leistet. Die Variablen, deren Regressionskoeffizienten sich im Verlauf des Verfahrens als nicht mehr signifikant erweisen, werden aus der Gleichung eliminiert; vgl. Urban Planning Division, Office of Highway Planning, Federal Highway Administration, U.S. Department of Transportation, Guidelines for Trip Generation Analysis, a.a.O., S. 91–93.

50 Vgl. ebenda, S. 34f.

51 Vgl. zum Beispiel Southeastern Wisconsin Regional Planning Commission, Forecasts and Alternative Plans 1990, Vol. 2, Planning Report No. 7, Waukesha 1966, S. 53–60.

52 Ein Beispiel für ein Fahrtquotientenmodell bietet die Chicago Area Transportation Study; vgl. Study Staff of the Chicago Area Transportation Study, Final Report, Vol. 2, Chicago 1960, S. 38–40.

Multiplikation der Fahrtquotienten mit der Anzahl der Haushalte der entsprechenden Subregionen. Bei einem statistischen Vergleich der beiden Ansätze zeigt sich, daß das Modell, das zonale Gesamtgrößen verwendet, bessere Ergebnisse bezüglich des Bestimmtheitsmaßes (R^2) liefert als das Fahrtquotientenmodell. Bei genauer Analyse der Modellergebnisse stellt sich dann allerdings heraus, daß die guten Resultate durch die tautologische Anlage der mit zonalen Gesamtgrößen arbeitenden Modelle bedingt ist.[53] Um dieses Problem zu vermeiden, ist es sinnvoll, die Fahrtentstehungsmodelle als Fahrtquotientenansätze zu gestalten.

Eine weitere Schwierigkeit, über die im Zusammenhang mit den Regressionsmodellen diskutiert werden muß, hängt damit zusammen, daß die Fahrtentstehung für die Bewohner der einzelnen Subregionen auf der Grundlage zonal aggregierter Durchschnittswerte berechnet wird. Wie im Zusammenhang mit den Ausführungen über die Aggregation der Verkehrsnachfragefunktionen dargelegt wird, ist eine Nachfragefunktion nur dann repräsentativ für eine Gruppe von Nachfragern, wenn innerhalb der Gruppe eine identisch homothetische Präferenzstruktur angenommen werden kann.[54] Aus diesem Tatbestand ergeben sich für die Fahrtentstehungsgleichungen zwei Konsequenzen. Zum einen müssen die Verteilungen der Beobachtungswerte der Modellvariablen symmetrisch sein, wenn die Durchschnittswerte für die Haushalte repräsentativ sein sollen. Zum andern müssen die Varianzen der Beobachtungswerte für die Haushalte innerhalb einer Zone relativ gering gegenüber den Varianzen der Werte von Haushalten verschiedener Zonen sein. Beide Forderungen konnten durch empirische Überprüfungen nicht bestätigt werden.[55] Um die aggregierte Ermittlung der

53 Zur Schätzung der Fahrtentstehungsgleichungen werden die Beobachtungswerte der abhängigen und unabhängigen Variablen aus den verschiedenen Subregionen verwendet. Benutzt man zur Bestimmung der Regressionsparameter zonale Gesamtgrößen, entsteht das Problem, daß sich sowohl die abhängigen als auch die unabhängigen Variablen mit der Zonengröße (gemessen zum Beispiel in der Anzahl der Haushalte) verändern. Da die Zonen des Untersuchungsraums nicht alle gleich groß sind, ist es nicht verwunderlich, daß der aggregierte Ansatz bessere Werte des Bestimmtheitsmaßes erreicht als das Fahrtquotientenmodell; vgl. P. R. Stopher, A. H. Meyburg, Urban Transportation Modeling and Planning, a.a.O., S. 117–119. Ein ausführlicher Vergleich der unterschiedlich angelegten Regressionsmodelle befindet sich in: H. Kassoff, H. D. Deutschman, Trip Generation: A Critical Appraisal, in: Highway Research Record, No. 297, 1969, S. 15–30.

54 Vgl. hierzu die Ausführungen im Unterpunkt B.III des zweiten Kapitels dieser Arbeit.

55 Eine empirische Untersuchung ergab, daß die Verteilungen der zonal beobachteten Werte nicht symmetrisch, sondern schief sind und daß die intrazonalen Varianzen dieser Größen relativ groß gegenüber den interzonalen Varianzen sind. Es zeigte sich weiterhin, daß sich die Korrelationskoeffizienten zwischen den Einflußvariablen und den Fahrtquotienten der Haushalte erheblich verbesserten, wenn statt der individuellen Haushaltsdaten die zonalen Durchschnitte verwendet werden. Diese Ergebnisse lassen es fraglich erscheinen, ob von guten Schätzergebnissen von zonal angelegten Modellen auf eine solide verhaltensmäßig begründete Kausalbeziehung auf der Haushaltsebene geschlossen werden kann. Diese Probleme werden diskutiert von G. M. McCarthy, Multiple Trip Generation Regression Analysis of Household Trip Generation – A Critique, in:

Fahrtentstehung zu verbessern, müssen Fahrtquotientenmodelle für einzelne Gruppen von Haushalten konstruiert werden, die bezüglich der Fahrtentscheidung homogen sind. In diesem Fall werden nicht mehr zonale Daten, sondern haushaltsgruppenspezifische Daten verwendet. Die für die Fahrtverteilungsmodelle notwendigen zonalen Verkehrsvolumina können dann durch Summation der Fahrtvolumina der in den entsprechenden Zonen wohnenden Haushaltsgruppen gebildet werden.[56]

Zum Schluß dieses Unterpunktes soll noch ein grundsätzlicher Kritikpunkt mit Bezug zu den Fahrtentstehungsmodellen angesprochen werden. Wie im Zusammenhang mit der Untersuchung der Grundlagen der Verkehrsnachfragetheorie deutlich gemacht wurde, läßt sich die Fahrtentstehung und die Fahrtverteilung bei Modellen, die auf der Basis haushaltstheoretischer Überlegungen abgeleitet wurden, nicht getrennt ermitteln.[57] Der Grund hierfür ergibt sich aus dem Tatbestand, daß dort die Fahrtentstehung nicht unabhängig von den Fahrzeiten berechnet werden kann und die Fahrzeiten zumindest auf die Ursprungs- und Bestimmungszonen bezogen sind. Aus diesem Grunde ist die simultane Ableitung der Fahrtentstehung und der Fahrtverteilung auf der Grundlage einer auf die Ursprungs- und Bestimmungsorte bezogenen Verkehrsnachfragefunktion sinnvoll. Als kleiner Fortschritt bei der empirischen Bestimmung der Fahrtentstehung kann gewertet werden, daß einige Modelle Erreichbarkeitsmaße[58] zur Erfassung der räumlichen Trennung der Subregionen als Determinanten der Fahrtentstehung verwenden.[59] Da diese Größen aber über die Zielzonen aggregierte Variablen darstellen, ist es fraglich, ob mit Hilfe dieser Parameter der Einfluß der Fahrzeiten auf die Fahrtentscheidung adäquat erfaßt werden kann. Sollen die Erreichbarkeitsmaße die aggregierten Fahrzeiten der Haushalte einer Subregion erfassen, so erscheint zumindest eine iterative Berechnung von Fahrtentstehung und Fahrtverteilung, wie sie in den Gleichungen (2.B.114.)–(2.B.120.) aufgezeigt wird, notwendig.

Highway Research Record, Vol. 297, 1969, S. 31–43; Urban Planning Division, Office of Highway Planning, Federal Highway Administration, U.S. Department of Transportation, Guidelines for Trip Generation Analysis, a.a.O., S. 55–68.

56 In der Harlow Transportation Study zum Beispiel werden die Fahrtquotienten für verschiedene Haushaltsklassen berechnet; vgl. W. S. Atkins et al., Harlow Transportation Study, Vol. 2, Strategic Proposals, Harlow 1971.

57 Vgl. die Ausführungen im Unterpunkt B.II.3 des zweiten Kapitels.

58 Erreichbarkeitsmaße erfassen die räumliche Trennung eines Ortes mit Bezug zu allen anderen Orten. Die Erreichbarkeit des Ortes i (acc_i) kann zum Beispiel definiert sein als $acc_i = \sum t_{ij} A_j$, wobei die Größen t_{ij} die Fahrzeit zwischen den Orten i und j bezeichnen. die Variable A_j stellt ein Maß für die Attraktivität der Zone j dar. Zu den Erreichbarkeitsmaßen vgl. W. Buhr, R. Pauck, Stadtentwicklungemodelle, a.a.O, S. 160f.

59 Vgl. hierzu zum Beispiel T.Z. Nakkash, W. L. Grecco, Activity-Accessibility Models of Trip Generation, in: Highway Research Record, No. 392, S. 98–110; F. J. Cesario, Trip Generation and Distribution: The Inconsistency Problem and a Possible Remedy, in: Transportation Planning and Technology, Vol. 4, 1977, S. 57–62.

2. Die Methode der Kreuzklassifikation

Die Methode der Kreuzklassifikation,[60] die ebenfalls häufig in den Modellen der residential trip generation angewendet wird, ist eine Tabulierungstechnik, bei der die Fahrtentstehung in Abhängigkeit von in Klassen eingeteilten Einflußparametern ermitteln wird. Mit diesen Verfahren können, wie auch mit den vorab diskutierten linearen Regressionsansätzen, sowohl die gesamten zonalen Fahrtvolumina als auch die zonalen Fahrtquotienten (Fahrten pro Haushalt) berechnet werden. Des weiteren können auch die Modelle der Kreuzklassifikation sowohl zonal aggregiert als auch haushaltsgruppenspezifisch angelegt sein.

Die wichtigsten Einflußvariablen, die in den Modellen der Kreuzklassifikation zur Berechnung des Quellverkehrs verwendet werden, sind das Einkommen der Haushalte, die verfügbare Anzahl von Autos pro Familie sowie die Haushaltsstruktur (Haushaltsgröße und Beschäftigte pro Haushalt). Für den Zielverkehr werden ähnliche Determinanten berücksichtigt wie in den Regressionsmodellen. Weiterhin können die Ansätze getrennt für verschiedene Fahrtzwecke und alternative Verkehrsmittel bestimmt werden.[61]

Bei den Ansätzen, die das zonale Fahrtvolumen direkt bestimmen, werden für die Parameter, die die Fahrtentscheidung beeinflussen, Klassen festgelegt.[62] Das geschieht sowohl für die kontinuierlich definierten Parameter (zum Beispiel Einkommen) als auch für die diskret definierten Größen (zum Beispiel Anzahl der Autos pro Familie). Anschließend werden sämtliche Zonen der untersuchten Stadt aufgrund der im Basisjahr beobachteten zonalen Durchschnittswerte der entsprechenden Einflußvariablen den vorab festgelegten Klassen für jede der Größen zugeordnet (Kreuzklassifikation). Für jede Kreuzklasse wird die durchschnittliche Anzahl der Fahrten des Basisjahres als Mittelwert aus den Fahrten derjenigen Zonen berechnet, die in diese Kreuzklasse fallen. Konstruiert man ein Modell mit den Merkmalen Einkommen und Autobesitz (Anzahl der

60 Die Methode der Kreuzklassifikation (cross classification) wird in der angelsächsischen Literatur als »category analysis« bezeichnet.

61 Vgl. D. J. Wagon, The Mathematical Model, Working Paper No. 5, SELNEC Transportation Study, Manchester 1971, S. 17–22.

62 Ein bekanntes Modell zur direkten Ableitung des zonalen Fahrtvolumens wurde im Rahmen der Puget Sound Regional Transportation Study angewendet. Dieses Modell verwendet neben den oben genannten Einflußvariablen die folgenden zonalen Charakteristika: Bruttowohndichte (Bevölkerung pro Bodeneinheit), Nettowohndichte (Bevölkerung pro wohngenutzte Bodeneinheit); vgl. Puget Sound Regional Planning Commission, System Plan for the Central Puget Sound Region, Technical Report, Vol. 3, Seattle 1974, S. 102–104. Eine ausführliche Beschreibung des Ansatzes befindet sich in G. R. Cowan, J. R. Walker, Forecasting Future Trip Ends, Puget Sound Regional Transportation Study, Staff Report No. 16, Seattle 1964.

Autos pro Familie), so ergibt sich die durchschnittliche Anzahl der Fahrten pro Kreuzklasse als

$$Q_{es}^{\phi Zone} = \frac{1}{n_{es}} \sum_{i_{es}=1}^{n_{es}} Q_{i_{es}} \tag{3.B.1.}$$

mit

e = Index für die Einkommensklassen, mit $e \in E$,

s = Index für die Autobesitzklassen, mit $s \in S$,

$Q_{i_{es}}$ = Anzahl der im Basisjahr beobachteten Fahrten der i-ten Zone, die in die Kreuzklasse (e,s) fällt,

n_{es} = Anzahl der Zonen i_{es} in der Kreuzklasse (e,s), ($i_{es} = 1,\ldots,n_{es}$),

$Q_{es}^{\varnothing Zone}$ = durchschnittliche Anzahl der Fahrten für die Kreuzklasse (e,s).

Die Matrix der durchschnittlichen Fahrten aller Kreuzklassen, $(Q_{es}^{\varnothing Zone})_{(e,s) \in ExS}$, bildet die Grundlage für die Prognose der zukünftigen Fahrtentstehung. Für jede Zone werden die Merkmalswerte für das Prognosejahr geschätzt, auf deren Grundlage eine erneute Kreuzklassifikation der Zonen vorgenommen wird. Die zukünftige Anzahl von Fahrten läßt sich dann aus der als konstant angenommenen Fahrtmatrix ablesen. Das heißt, fällt eine Zone in der Schätzperiode in die Klasse (e',s'), so ergeben sich die Fahrten für diese Zone als $Q_{e's'}^{\varnothing Zone}$.

Das beschriebene Verfahren kann noch modifiziert werden, wenn anstelle der absoluten Fahrten pro Zone die zonalen Fahrtquotienten F (durchschnittliche Anzahl von Fahrten pro Familie in einer Zone) berechnet werden. Die Elemente der Fahrtmatrix würden dann aus den zonalen Fahrtquotienten gebildet:

$$F_{es}^{\phi Zone} = \frac{1}{n_{es}} \sum_{i_{es}=1}^{n_{es}} \frac{Q_{i_{es}}}{HH_{i_{es}}} \tag{3.B.2.}$$

wobei $HH_{i_{es}}$ die Anzahl der Haushalte darstellt, die in den Zonen $i_{es} = 1,\ldots,n_{es}$ der Kreuzklasse (e,s) wohnen. Alternativ zu der Beziehung (2) könnten die Quotienten auch gebildet werden, indem die Gesamtzahl der Fahrten in den Zonen bestimmter Kreuzklassen durch die Gesamtzahl der entsprechenden Haushalte dividiert wird:

$$F_{es}^{*\phi Zone} = \frac{\sum_{i_{es}=1}^{n_{es}} Q_{i_{es}}}{\sum_{i_{es}=1}^{n_{es}} HH_{i_{es}}} \tag{3.B.3.}$$

Bei den bisher diskutierten Ansätzen werden die Zonen klassifiziert und die Fahrten oder Fahrtquotienten pro Zone berechnet. Wird das Verfahren der Kreuzklassifikation haushaltsgruppenspezifisch angelegt, kann es zwar auch in der vorab beschriebenen Form durchgeführt werden, allerdings werden statt der Zonen in diesem Fall die Haushalte klassifiziert. Die entsprechende Fahrtmatrix enthält dann die durchschnittlichen Fahrtquotienten pro Haushaltsklasse bezogen auf den gesamten Untersuchungsraum:[63]

$$F_{es}^{\phi Haushalt} = \frac{Q_{es}}{HH_{es}} \qquad (3.B.4.)$$

Hierbei stellen Q_{es} die Anzahl der Fahrten der Haushalte und HH_{es} die Anzahl der Haushalte in der Kreuzklasse (e,s) dar.
Wird nun die Anzahl der Haushalte, HH_{es}^{i}, für jede Zone i differenziert nach der Einkommensklasse e und der Autobesitzklasse s berechnet, so lassen sich die zonalen Fahrten ableiten als:

$$Q_i = \sum_e \sum_s F_{es}^{\phi Haushalt} \, HH_{es}^{i} \qquad (3.B.5.)$$

Vergleicht man die beiden Verfahren der Kreuzklassifikation miteinander, dann sind unter konzeptionellen Gesichtspunkten die Ansätze, die auf der Klassifikation der Haushalte beruhen, den auf der Klassifikation der Zonen basierenden Modellen vorzuziehen, da angenommen werden kann, daß die Haushalte in einer

63 Die Bestimmung der Kreuzklassifikationstabelle durch die Berechnung der mittleren Fahrtfrequenz in den einzelnen Haushaltsklassen stellt die Kalibrierung des Modells mit Hilfe von Basisjahrdaten dar. Die Ableitung dieser Tabelle ist gleichbedeutend mit der Schätzung der Koeffizienten in den vorab diskutierten Regressionsmodellen. Eine andere Möglichkeit der Kalibrierung der Kreuzklassifikationsverfahren besteht in der Anwendung eines linearen Modells der Varianzanalyse (general linear model of analysis of variance). Der wesentliche Ansatzpunkt für diese Methode besteht darin, für jede Kreuzklasse die Höhe des Einflusses der unabhängigen Variablen sowie der Kombinationen der unabhängigen Größen auf die Fahrtfrequenz der Kreuzklasse zu determinieren. Wie bei der Regressionsanalyse werden auch bei diesen Modellen Kleinst-Quadrate-Schätzungen durchgeführt, die hier allerdings die beste Konstellation von Einflußvariablen herauszufinden helfen. Zu den theoretischen Grundlagen dieser aus der analytischen Psychologie stammenden Technik vgl. zum Beispiel M. I. Appelbaum, E. M. Cramer, Some Problems of Nonorthogonal Analysis of Variance, in: Psychological Bulletin, Vol. 81, 1974, S. 335–343. Einen empirischen Vergleich der genannten Kreuzklassifikationstechnik und der Regressionsverfahren der Fahrtentstehung bieten R. Dobson, W. E. McGarvey, An Empirical Comparison of Disaggregate Category and Regression Trip Generation Analysis Techniques, in: Transportation, Vol. 6, 1977, S. 287–307. Angewendet wurden die varianzanalytischen Verfahren der Kreuzklassifikation in der Greater London Transportation Study; vgl. hierzu E. Daor, GLTS Trip Generation Model-Objectives, in: Planning and Transportation Research and Computation Co. Ltd. (ed.), Urban Traffic Models, Vol. II., London 1973, Paper F 14; G. Havers, D. Van Vliet, GLTS Models: The State of the Art, GLTS Note No. 71, Greater London Council, London 1974, S. 61–79.

Haushaltsklasse eine homogenere Gruppe bezüglich des Fahrtverhaltens bilden als die Haushalte einer Zonenklasse. Unter dem Aspekt der praktischen Rechenbarkeit ist allerdings hervorzuheben, daß die Prognose der nach Gruppen differenzierten Haushalte aufwendige Rechenverfahren erfordert.[64]

Zum Vergleich zwischen den Verfahren der Kreuzklassifikation und den linearen Regressionsmodellen ist anzumerken, daß die Klassifikationsansätze keine Annahmen über die Linearität der Beziehungen und die Verteilungen der Fehlerterme erfordern. Allerdings kann aus diesem Grunde das statistische Instrumentarium der Regressionsanalyse zur Überprüfung der Güte der Modelle nicht angewendet werden.[65] Weitere wesentliche Probleme der Verfahren der Kreuzklassifikation werden von Stopher und Meyburg zusammengefaßt:

»1. The variances between households or zones in a specific cell is totally suppressed.
2. The estimates of trip rates are dependent for their accuracy on the number of households or zones in each cell. Thus there will be a complete inconsistency of accuracy of forecasts.
3. The method is sensitive to the grouping applied to each parameter.
4. Forecasts for housholds or zones that are located in the forecast year at the extremes of the matrix will be highly unreliable, because of the relatively low number of observations typically found there.
5. The number of parameters increases geometrically the number of cell entries, and hence the number of households or zones needed to obtain a value of reasonable accuracy in every cell.
6. There are no readily available statistical measures to assess the goodness-of-fit or reliability of the method.
7. In zonal applications, forecasts are tied to the existing zone configurations.

64 In der SELNEC-Transportation Study zum Beispiel werden die Haushalte nach dem Einkommen, der Haushaltsstruktur (Beschäftigte pro Haushalt und Haushaltsgröße) und dem Autobesitz differenziert. Aus den Daten des Basisjahres werden dann Verteilungen der Klassifikationsparameter kalibriert, aus denen die Wahrscheinlichkeiten abgeleitet werden, daß ein Haushalt in eine bestimmte Kreuzklasse fällt. Aus diesen Wahrscheinlichkeiten läßt sich die absolute Anzahl der Haushalte einer Klasse ableiten; vgl. D. J. Wagon, The Mathematical Model, a.a.O., S. 17–21. Die Grundlagen des Verfahrens zur Zuordnung von Haushalten auf die Klassen der Einflußparameter wurde entwickelt von H. J. Wotton, A Model for Trips Generated by Households, in: Journal of Transport Economics and Policy, Vol. 1, 1967, S. 137–153.

65 Als Signifikanztests können bei den Verfahren der Kreuzklassifikation nur verteilungsfreie Tests wie zum Beispiel der Vorzeichentest herangezogen werden; vgl. W. Y. Oi, P. W. Shuldiner, An Analysis of Urban Travel Demand, a.a.O., S. 80–82. Um mit den verteilungsfreien Tests aussagefähige Ergebnisse erzielen zu können, muß der Umfang der Stichprobe zur Erhebung der Basisjahrdaten relativ groß sein.

8. In zonal applications, variation in the size of zones will affect the accuracy.«[66]

Zum Schluß dieses Unterpunktes wird nochmals auf die grundsätzliche Kritik hingewiesen, die schon am Ende des vorstehenden Abschnitts geübt wird. Dort wird dargelegt, daß eine getrennte Ermittlung von Fahrtentstehung und Fahrtverteilung aufgrund haushaltstheoretischer Überlegungen nicht sinnvoll erscheint. Diese Kritik trifft insbesondere auch die Kreuzklassifikationsverfahren, da bei diesen Modellen eine iterative oder simultane Verknüpfung mit den Fahrtverteilungsansätzen schwer vorstellbar ist.

II. Die Ermittlung der Fahrtverteilung

1. Gravitationsansätze der räumlichen Interaktion

Das Anliegen der Ansätze zur Bestimmung der Fahrtverteilung (trip distribution) besteht darin, die Höhe des Verkehrs zwischen den einzelnen Orten des Untersuchungsraums abzuleiten. Das geschieht in der klassischen Verkehrsnachfrageanalyse durch die Zuordnung des vorab berechneten Fahrtenstehungsvolumens auf die möglichen Kombinationen der Ursprungsorte und der Bestimmungsorte. Die Gravitationsmodelle spielen im Rahmen der Fahrtverteilung die wichtigste Rolle.[67]

66 P. R. Stopher, A. H. Meyburg, Urban Transportation Modeling and Planning, a.a.O., S. 112 und 114.

67 In älteren Verkehrsstudien werden noch die sogenannten Wachstumsfaktormethoden (growth factor methods) zur Ermittlung der Fahrtentstehung angewendet. Diese Ansätze bestimmen das zukünftige Fahrtvolumen zwischen den Orten, indem das gegenwärtige zwischenörtliche Fahrtaufkommen mit Wachstumsfaktoren multipliziert wird. Diese Faktoren können in unterschiedlicher Weise aus den Basisjahrdaten über die örtliche Fahrtentstehung und den Ergebnissen der trip generation models ermittelt werden. Die wesentlichen Kritikpunkte der Wachstumsfaktormethoden konzentrieren sich zum einen auf die Nichteinbeziehung von Maßgrößen des Verkehrssystems wie Fahrzeiten oder Fahrtkosten und zum andern auf die mangelnde Kalibrierbarkeit der Ansätze. Aus diesen Gründen werden die Wachstumsfaktorverfahren, die an dieser Stelle nicht weiter behandelt werden sollen, in jüngeren Verkehrsstudien nicht mehr verwendet. Die bekanntesten Modelle wurden entwickelt von T. J. Fratar, Forecasting Distribution of Interzonal Trips by Successive Approximation, in: Proceedings of the Highway Research Board, Vol. 33, 1954, S. 376–384; H. Bevis, Forecasting Zonal Traffic Volumes, in: Traffic Quarterly, Vol. 10, 1956, S. 207–222. Eine kritische Würdigung aller Wachstumsfaktormethoden bieten W. Buhr, R. Pauck, Stadtentwicklungsmodelle, a.a.O., S. 284–288; P. R. Stopher, A. H. Meyburg, Urban Transportation Modeling and Planning, a.a.O., S. 126–139. Ein Ergebnisvergleich der Verfahren befindet sich in G. E. Brokke, W. L. Mertz, Evaluating Trip Forecasting Methods with an Electronic Computer, in: Highway Research Bulletin, No. 203, 1958, S. 52–75.

Unter einem Gravitationsmodell wird hier ein Ansatz verstanden, bei dem die räumliche Interaktion zwischen geographisch getrennte Aktivitäten unter anderem wesentlich von der Entfernung zwischen den Standorten der Aktivitäten oder anderen Variablen, die die räumliche Trennung der Standorte erfassen (Fahrzeiten, Fahrtkosten) abhängt. Die älteren Gravitationsmodelle der Raumwirtschaftstheorie wurden in vollkommener Analogie zu dem von Newton entdeckten Gesetz der Gravitation gesehen. Dieses Gesetz besagt, daß die Gravitationskraft zwischen zwei Massen proportional zu dem Produkt der Massenwerte und umgekehrt proportional zum Quadrat der Entfernung zwischen den Massen ist. Überträgt man dieses Gesetz auf die Raumwirtschaftstheorie, so entspricht der Gravitationskraft das Interaktionsvolumen I_{ij} zwischen den Orten i und j. Als Massenwert wird die Größe der Orte zum Beispiel gemessen durch die Bevölkerungen P_i und P_j verwendet. Bezeichnet man die Entfernung zwischen den Orten mit E_{ij}, so lautet der einfache Gravitationsansatz

$$I_{ij} = \frac{GP_iP_j}{E_{ij}^2}, \qquad (i,j)\varepsilon I\times J \tag{3.B.6.}$$

Hierbei stellt die Größe G eine Proportionalitätskonstante dar.
Der vorstehende Ansatz ist in vielfältiger Weise modifiziert und angewendet worden.[68] Die wichtigsten Anwendungsgebiete dieser Modelle sind die Bestimmung der Standorte der Wohnbevölkerung auf Basis der Beschäftigungsverteilung, die Ermittlung der subregionalen Dienstleistungsbeschäftigung auf der Grundlage der Wohnbevölkerung,[69] sowie die Ableitung der interzonalen Fahrtvolumina (trip distribution).
Die Gravitationsansätze unterscheiden sich je nach Anwendungsgebiet durch die Wahl des Maßes zur Erfassung des Entfernungseinflusses, die problemadäquate Bestimmung der Massenwerte sowie die Ableitung der Proportionalitätskonstanten G. Eine weitere Möglichkeit zur Modifikation der Gravitationsansätze liegt in der Wahl der Entfernungsfunktion, die auch als Fahrtwiderstandsfunktion bezeichnet wird. Wie später noch gezeigt wird, bietet die Annahme bestimmter Entfernungsfunktionen den wichtigsten Ansatzpunkt für den Versuch einer theoretischen Fundierung der Gravitationsmodelle.
Bezüglich des Maßes zur Erfassung des Entfernungseinflusses werden in den Gravitationsmodellen die Luftliniendistanz, die Straßendistanz, die Zeitentfer-

68 Zu den einfachen Modellen der social physics vgl. G. A. P. Carrothers, An Historical Review of Gravity and Potential Concepts of Human Interaction, in: Journal of the American Institute of Planners, Vol. 22, 1956, S. 94–102; W. Isard et al., Methods of Regional Analysis: An Introduction to Regional Science, 6th printing, Cambridge, Mass., 1969, Ch. 11.

69 Vgl. hierzu W. Buhr, R. Pauck, Stadtentwicklungsmodelle, a.a.O., S. 156–205.

nung, die Fahrtkosten sowie die Anzahl der Gelegenheiten zur Befriedigung des Fahrtzwecks (intervening opportunities) zwischen den Orten gewählt.[70] Betrachtet man den städtischen Verkehr als Ergebnis eines Marktprozesses, wie das in dieser Arbeit getan wird, so stellen lediglich die Fahrzeiten oder die Fahrtkosten sinnvolle Größen zur Wiedergabe der räumlichen Trennung dar, da diese Größen nicht konstant sind, sondern innerhalb eines Marktsimulationsansatzes bestimmt werden können.

Anstelle der Bevölkerungsgrößen P_i und P_j werden in den Fahrtverteilungsmodellen in der Regel der Quellverkehr Q_i und der Zielverkehr Q_j verwendet. Unter Berücksichtigung der vorstehenden Ausführungen lautet das Gravitationsmodell zur Bestimmung der Fahrtaustauschvolumina Q_{ij}

$$Q_{ij} = GQ_iQ_jf(t_{ij}) , \quad (i,j)\varepsilon IxJ \qquad (3.B.7.)$$

Hierbei bezeichnet der Term $f(t_{ij})$ den Funktionswert einer in impliziter Form gegebenen Zeitentfernungsfunktion f(t) für den Wert t_{ij}. Wird die Proportionalitätskonstante G nicht näher durch eine Restriktion festgelegt, stellt das Modell (7) das sogenannte unbeschränkte Gravitationsmodell dar.

In den Gravitationsmodellen jüngeren Datums wird der Faktor G meist so bestimmt, daß die Restriktionen

$$\sum_j Q_{ij} = Q_i , \quad i\varepsilon I \qquad (3.B.8.)$$

und/oder

$$\sum_i Q_{ij} = Q_j , \quad j\varepsilon J \qquad (3.B.9.)$$

erfüllt sind. Durch die Einführung der Restriktionen soll erreicht werden, daß die Summe der verteilten Größen Q_{ij} dem in den Fahrtentstehungsmodellen berechneten Quellverkehr Q_i und/oder dem Zielverkehr Q_j entspricht. Will man die Beziehungen (8) in dem Gravitationsmodell (7) berücksichtigen, muß die Proportionalitätskonstante G differenziert werden (G_i, $i \in I$). Setzt man für die Variablen Q_{ij} in der Gleichung (8) die rechte Seite der Relation (7) ein, so läßt sich schreiben

$$\sum_j G_iQ_iQ_jf(t_{ij}) = Q_i , \quad i\varepsilon I \qquad (3.B.10.)$$

Für die Faktoren G_i ergeben sich aus der vorstehenden Beziehung die folgenden Werte

70 Vgl. ebenda, S. 166f.

$$G_i = \frac{1}{\sum\limits_j Q_j f(t_{ij})}, \qquad i \varepsilon I \qquad (3.B.11.)$$

Ersetzt man die Faktoren G_i des Gravitationsmodells (7) gemäß der vorstehenden Beziehung, lautet der Ansatz

$$Q_{ij} = Q_i \frac{Q_j f(t_{ij})}{\sum\limits_q Q_q f(t_{iq})}, \qquad (i,j) \varepsilon I x J \qquad (3.B.12.)$$

Das Modell kann analog zur englischen Bezeichnung »production constrained model« ein »entstehungsbeschränktes Modell« genannt werden.[71] Bei diesen Ansätzen wird die Erfüllung der auf die Ursprungsorte bezogenen Restriktionen gewährleistet.

Die Berücksichtigung der auf die Zielorte gerichteten Restriktionen (9) führt dazu, daß zielortbezogene Faktoren G_j ($j \in J$) bestimmt werden müssen. Diese Größen können analog zu den Parametern G_i abgeleitet werden. Für sie ergeben sich die Werte

$$G_j = \frac{1}{\sum\limits_i Q_i f(t_{ij})}, \qquad i \varepsilon J \qquad (3.B.13.)$$

Die sogenannten »attraction constrained models«, bei denen die auf die Zielorte bezogenen Restriktionen (9) erfüllt sind, haben dann die Form

$$Q_{ij} = Q_j \frac{Q_i f(t_{ij})}{\sum\limits_z Q_z f(t_{zj})}, \qquad (i,j) \varepsilon I x J \qquad (3.B.14.)$$

Die meisten in den USA angewandten Gravitationsmodelle zur Fahrtverteilung haben die Struktur des entstehungsbeschränkten Gravitationsmodells.[72] In Großbritannien hingegen werden verschiedene Ansätze gerechnet, bei denen gleichzeitig die Restriktionen (8) und (9) erfüllt sind. Diese Ansätze werden als doppelt beschränkte Gravitationsmodelle bezeichnet.[73] Sie haben die Form:

$$Q_{ij} = G_i Q_i G_j Q_j f(t_{ij}), \qquad (i,j) \; I x J \qquad (3.B.15.)$$

71 Zur Ableitung unterschiedlich beschränkter Gravitationsmodelle vgl. A. G. Wilson, A Statistical Theory of Spatial Distribution Models, in: Transportation Research, Vol. 1, 1967, S. 253–269; ders., Advances and Problems in Distribution Modelling, in: Transportation Research, Vol. 4, 1970, S. 1–18.

72 Vgl. zum Beispiel Southeastern Wisconsin Regional Planning Commission, Land Use-Transportation Study, Vol. II: Forecasts and Alternative Plans 1990, a.a.O., S. 62–69.

73 Zur Anwendung des doppelt beschränkten Gravitationsmodells kann zum Beispiel auf die SELNEC-Transportation Study hingewiesen werden; vgl. D. J. Wagon, The Mathematical Model, a.a.O., S. 23–28.

Für die Größen G_i und G_j ergeben sich hier die Werte

$$G_i = \frac{1}{\sum_j G_j Q_j f(t_{ij})}, \qquad i \varepsilon I \qquad (3.B.16.)$$

$$G_j = \frac{1}{\sum_i G_i Q_i f(t_{ij})}, \qquad j \varepsilon J \qquad (3.B.17.)$$

Da die Faktoren G_i und G_j in gegenseitiger Abhängigkeit stehen, kann das doppelt beschränkte Gravitationsmodell nur iterativ gelöst werden. Hierzu werden zunächst die Größen G_j gleich eins gesetzt und dann die Werte der G_i gemäß Gleichung (16) berechnet. Die G_i werden dann zur Ableitung der G_j des nächsten Iterationsschrittes verwendet etc. Das Verfahren konvergiert nach ungefähr zehn Iterationsschritten.

Mit Bezug zu einer kritischen Würdigung der verschieden angelegten Gravitationsmodelle kann angemerkt werden, daß der doppelt beschränkte Ansatz den anderen Modellen vorzuziehen ist, sofern aus den Fahrtentstehungsmodellen verläßliche Angaben über den Quellverkehr Q_i und über den Zielverkehr Q_j erhältlich sind. Sind zum Beispiel lediglich Quellverkehrsdaten vorhanden, dann muß das entstehungsbeschränkte Modell verwendet werden. In diesem Fall würden anstelle der Größen G_j Attraktivitätsfaktoren in die Modelle eingehen, die je nach Fahrtzweck das Fahrtanziehungspotential zu erfassen suchen.[74] Verzichtet man auf die sukzessive Anordnung der Fahrtentstehungs- und der Fahrtverteilungssubmodelle und bestimmt die Fahrtaustauschvolumina in einem Schritt, dann muß das unbeschränkte Gravitationsmodell angewendet werden. An die Stelle der Fahrtentstehung Q_i und Q_j treten dann die Determinanten dieser Größen aus den trip generation-Modellen. Diese Variablen müssen dann in einer geeigneten mathematischen Form (zum Beispiel multiplikativ verknüpft) in das Modell einbezogen werden, um die Modellparameter mit Regressionsverfahren schätzen zu können. Obwohl diese Vorgehensweise in den Verkehrsstudien nicht häufig vorkommt, so ist – wie an anderer Stelle schon mehrmals ausgeführt wurde – die simultane Ermittlung von Fahrtentstehung und Fahrtverteilung ökonomisch sinnvoll,[75] da die Entscheidung über die Durchführung einer Fahrt nicht losgelöst von den Fahrzeiten zu den Zielorten getroffen wird.[76]

74 Als Beispiele für die möglichen Fahrtanziehungsfaktoren wird auf die Ausführungen zu den trip generation-Modellen verwiesen. Eine Übersicht über mögliche Attraktivitätsfaktoren bietet G. Olsson, Distance and Human Interaction, A Review and Bibliography, Philadelphia 1965, S. 54f.

75 Vgl. hierzu insbesondere die Ausführungen zum Unterpunkt B.II.3 des zweiten Kapitels.

76 Ein simultanes Fahrtentstehungs- und Fahrtverteilungsmodell wird zum Beispiel im POLIS-Modell verwendet; vgl. D. Küppers et al., Simulationsmodell POLIS, Benutzerhandbuch, a.a.O., S. 104–106.

Mit Bezug zur Entwicklung der Entfernungsfunktionen im Rahmen der Gravitationsansätze wurde zunächst der Exponent der Entfernungsfunktion verallgemeinert. Die Zeitentfernungsfunktion f(t) lautet in diesem Fall[77]

$$f(t) = t^{-\alpha} \qquad (3.B.18.)$$

Der Parameter α ist bei Verwendung der vorstehenden Funktionsform empirisch zu bestimmen.[78]
Ein weiterer Funktionstyp wird durch die exponentielle Form gebildet:

$$f(t) = e^{-\beta t} \qquad (3.B.19.)$$

Der Funktionstyp mit dem größten Grad an Allgemeinheit ist in der Relation (20) dargestellt. Aus dieser Beziehung lassen sich alle empirisch angewendeten Funktionen als Spezialfälle ableiten.[79]

$$f(t) = t^{-\alpha} e^{-\beta t^{\gamma}} \qquad (3.B.20.)$$

77 Vgl. J. Q. Stewart, The Development of Social Physics, in: American Journal of Physics, Vol. 18, 1950, S. 239–253.

78 Der Parameter läßt sich in den unbeschränkten Gravitationsmodellen (7) mit Hilfe logarithmischer Regressionsverfahren aus den Basisjahrdaten gewinnen. Bei den beschränkten Ansätzen (12), (14) und (15) läßt sich dieses Verfahren nicht mehr anwenden, da diese Modelle wegen der Summenterme in den Nennern der Funktionen nicht mehr bezüglich des Parameters α linearisierbar sind. Für diese Modelle können die Fahrtwiderstandsparameter zum Beispiel mit Hilfe von Suchverfahren (zum Beispiel Fibionacci Search, Gradientenverfahren) oder mit numerischen Methoden aus dem Bereich der nichtlinearen Optimierung (zum Beispiel Newton-Raphson-Methode) abgeleitet werden. Die Kalibrierung der Funktionen auf der Grundlage der genannten Methoden gewährleistet eine optimale Anpassung der Modelloutputs an die Beobachtungswerte. Als Optimalitätskriterium für die Kalibrierung wird beispielsweise wie in der Regressionsanalyse die Summe der quadrierten Abweichungen der Modelloutputs von den Beobachtungswerten gewählt. Als weitere statistische Gütemaße können unter anderem der mittlere quadratische Fehler, das Bestimmtheitsmaß R^2 oder der χ^2-Wert herangezogen werden. Einen Überblick über die Kalibrierungsverfahren der Gravitationsmodelle bieten W. Buhr, R. Pauck, Stadtentwicklungsmodelle, a.a.O., Anhang 2. Zur Kalibrierung von Gravitationsmodellen vgl. weiterhin M. Batty, Urban Modelling, London 1976, S. 111–232; M. Batty, S. Mackie, The Calibration of Gravity, Entropy and Related Models, in: Environment and Planning A, Vol. 4, 1972, S. 205–233; F. Stetzer, Parameter Estimation for the Constrained Gravity Model: A Comparison of Six Methods, in: Environment and Planning A, Vol. 8, 1976, S. 673–683; I. Williams, A Comparison of Some Calibration Techniques for Doubly Constrained Models with an Exponential Cost Function, in: Transportation Research, Vol. 10, 1976, S. 91–104.

79 Dieser allgemeine Funktionstyp wurde vorgestellt von L. March, Urban Systems: A Generalized Frequency Function, Working Paper No. 85, Cambridge Land Use and Built Form Studies, Cambrige 1969. Eine Beurteilung der statistischen Eigenschaften einiger Entfernungsfunktionen befindet sich in J. A. Black, R. J. Salter, A Statistical Evaluation of the Accuracy of a Family of Gravity Models, in: Proceedings of the Institution of Civil Engineers, Vol. 59, 1975, S. 1–20. Eine Übersicht über die in England verwendeten Funktionstypen befindet sich in M. Batty, Recent Developments in Land Use Modelling, A Review of British Research, in: Urban Studies, Vol. 9, 1972, S. 151–177.

Diese Beziehung wurde nach Vorgabe fester Werte für die Parameter α und/oder γ in verschiedenen Städten angewendet.[80]

Wie eingangs bereits erwähnt wurde, können einzelne Fahrtwiderstandsfunktionen auf der Basis unterschiedlicher theoretischer Konzepte abgeleitet werden. In diesem Zusammenhang wird das intervening opportunities-Modell und das Entropiemodell nachstehend diskutiert. Die beiden Ansätze sind entwickelt worden, um das zunächst nur im Analogieschluß auf die Raumwirtschaftstheorie übertragene Gravitationsmodell theoretisch zu fundieren.

Das intervening opportunities-Modell[81] geht von der Annahme aus, daß das Fahrtvolumen zwischen zwei Orten von der Anzahl der zwischen diesen Orten liegenden Gelegenheiten zur Befriedigung der Fahrtzwecke abhängt. Dabei wird unterstellt, daß die Wirtschaftssubjekte die opportunities – ausgehend vom Ursprungsort – mit zunehmender Entfernung vom Startpunkt im Hinblick auf ihre Eignung zur Befriedigung des Fahrtzwecks untersuchen. Die zentrale Beziehung des intervening opportunities-Modells ergibt sich in kontinuierlicher Schreibweise als Differentialgleichung:

$$\frac{dW}{dV} = (1 - W(V))\mu \qquad (3.B.21.)$$

wobei gilt

V = Anzahl der kumulierten opportunities,

W(V) = Wahrscheinlichkeit, daß eine Fahrt nach einer Anzahl von V opportunities endet,

μ = Wahrscheinlichkeit, daß eine opportunity zur Befriedigung des Fahrzwecks akzeptiert wird.

Der Differentialquotient $\frac{dW}{dV}$ bezeichnet die Wahrscheinlichkeit, daß eine Fahrt, die nach einer Anzahl von V intervening opportunities nicht beendet wurde, genau dann abgeschlossen wird, wenn sich die Anzahl der Gelegenheiten bei der Weiterfahrt um einen marginalen Zuwachs von dV erhöht. Diese Wahrscheinlichkeit ist gleich der Wahrscheinlichkeit (1–W(V)), daß eine Fahrt nach V opportunities nicht abgeschlossen wurde, multipliziert mit der Annahmewahrscheinlichkeit einer Gelegenheit μ.

80 Ingram zum Beispiel wendete eine Zeitentfernungsfunktion an, bei der die Werte $\alpha = 0$ und $\gamma = 2$ festgelegt wurden; vgl. D. R. Ingram, The Concept of Accessibility: A Search of on Operational Form, in: Regional Studies, Vol. 5, 1971, S. 101–107. Eine Fahrtwiderstandsfunktion für den festgesetzten Parameterwert $\gamma = 1$ wurde geschätzt von J. C. Tanner, Factors Affecting the Amount of Travel, Technical Paper No. 51, Road Research Laboratory, London 1971.

81 Das intervening opportunities-Modell wurde entwickelt von M. Schneider, Gravity Models and Trip Distribution Theory, in: Papers and Proceedings of the Regional Science Association, Vol. 5, 1959, S. 51–56. Die erste Anwendung erfuhr das Modell in der Chicago Area Transportation Study; vgl. Study Staff of the Chicago Area Transportation Study, Chicago Area Transportation Study, a.a.O., S. 81–83 und 111.

Zur Lösung der Differentialgleichung (21) werden die Variablen getrennt. Die sich ergebende Beziehung

$$\int \frac{dW}{1 - W(V)} = \int \mu dV$$

wird dann integriert. Das Ergebnis dieser Aufgabe lautet

$$- \ln (1 - W(V)) = \mu V + C$$

wobei das Symbol C die Integrationskonstante bezeichnet. Löst man die Gleichung nach W(V) auf, so ergibt sich

$$W(V) = 1 - Ge^{-\mu V} \qquad (3.B.22.)$$

Die Konstante G ist anstelle der Größe e^{-C} eingeführt worden. Geht man nun davon aus, daß die Zielorte $j=1,\ldots,n_J$ mit zunehmender Entfernung vom Ursprungsort i geordnet sind, so läßt sich die diskrete Version des intervening opportunities-Modells konstruieren. Das Fahrtvolumen zwischen zwei Orten i und j ergibt sich, wenn der Quellverkehr Q_i gemäß der folgenden Beziehung auf die Zielorte verteilt wird.

$$Q_{ij} = Q_i(W_{ij} - W_{i,j-1}) , \qquad i\varepsilon I, \; j\varepsilon J \qquad (3.B.23.)$$

Setzt man die entsprechenden Funktionswerte der Gleichung (22):

$$W_{ij} = 1 - Ge^{-\mu V_{ij}} \qquad (3.B.24.)$$

in die Beziehung (23) ein, ergibt sich die bekannte Fahrtverteilungsfunktion des intervening opportunities-Modells:

$$Q_{ij} = GQ_i(e^{-\mu V_{i,j-1}} - e^{-\mu V_{ij}}) , \qquad i\varepsilon I, \; j\varepsilon J \qquad (3.B.25.)$$

Will man alle im Ort i beginnenden Fahrten auf die angegebenen Zielorte verteilen, dann muß wie bei den beschränkten Gravitationsmodellen der Faktor G differenziert werden (G_i, $i\in I$). Die Allokationsrestriktion zur Gewährleistung dieser Forderung lautet hier

$$\sum_{j=1}^{n_J} G_i Q_i(e^{-\mu V_{i,j-1}} - e^{-\mu V_{ij}}) = Q_i , \qquad i\varepsilon I \qquad (3.B.26.)$$

Geht man davon aus, daß V_{i0} den Wert Null hat, dann läßt sich die Restriktion (26) umformen zu[82]

$$G_i Q_i (1 - e^{-\mu V_{in_J}}) = Q_i \,, \qquad i \varepsilon I \tag{3.B.27.}$$

Für die Anpassungsfaktoren ergeben sich dann die Werte

$$G_i = \frac{1}{1 - e^{-\mu V_{in_J}}} \,, \qquad i \varepsilon I \tag{3.B.28.}$$

Um die Beziehung der intervening opportunity-Ansätze zu den vorab diskutierten Gravitationsmodellen deutlicher hervorzuheben, muß die kontinuierliche Version der intervening opportunities-Modelle betrachtet werden. Anstelle der schrittweisen Veränderung der Wahrscheinlichkeit zwischen den Orten gemäß Gleichung (23) wird die kontinuierliche Variation der Wahrscheinlichkeit berücksichtigt:

$$Q_{ij} = Q_i \left. \frac{dW}{dV} \right|_{V=V_{ij}} \tag{3.B.29.}$$

Der Differentialquotient $\frac{dW}{dV}$ läßt sich durch die Ableitung der Funktion (22) ermitteln

$$\frac{dW}{dV} = \mu G e^{-\mu V} \tag{3.B.30.}$$

Setzt man in diese Gleichung die Anzahl der Gelegenheit V_{ij} zwischen den Orten i und j ein, lautet das auf diese Weise ermittelte opportunities-Modell

$$Q_{ij} = Q_i G_i \mu e^{-\mu V_{ij}} \,, \qquad i \varepsilon I, \; j \varepsilon J \tag{3.B.31.}$$

Substituiert man die Größe V_{ij}, die die räumliche Trennung zwischen den Orten mißt, durch die Fahrzeit t_{ij}, so hat das Modell (31) eine ähnliche Form wie das einfache Gravitationsmodell (7). Die Fahrtwiderstandsfunktion f(t) des so ermittelten intervening opportunities-Modells entspricht dem Funktionstyp (19). Die allgemeine Funktion (20) läßt sich auch aus den vorstehenden Überlegungen

82 In der Bedingung (26) kompensieren sich die Summanden bis auf das erste und das letzte Glied.

ableiten, wenn anstelle der ursprünglich unterstellten Differentialgleichung (22) eine Beziehung der Form

$$\frac{dW}{dV} = (1 - W(V))\alpha V^{\gamma} \tag{3.B.32.}$$

angenommen wird. Bei dieser Bedingung wird anstelle der konstanten Wahrscheinlichkeit der Annahme einer opportunity μ angenommen, daß die Wahrscheinlichkeit gemäß der Funktion αV^{γ} variiert.[83]

Mit Bezug zu einer kritischen Würdigung der intervening opportunities-Modelle sei neben dem Problem der Kalibrierung[84] vor allem auf die simple verhaltensmäßige Fundierung der Ansätze hinzuweisen. In diesem Zusammenhang muß besonders kritisch erwähnt werden, daß den opportunities-Modellen die implizite Annahme zugrunde liegt, daß bei den Wirtschaftssubjekten vollkommene Unwissenheit über die räumliche Verteilung der infragekommenden Gelegenheiten herrscht. Die Annahme ergibt sich aus der bei der Ableitung des Modells verwendeten Vorstellung, daß die Personen zunächst willkürlich losfahren und dann sukzessiv jeden Ort auf die Eignung zur Erfüllung des Fahrtzwecks untersuchen. Dieser Einwand läßt es fraglich erscheinen, ob das intervening oppurtunities-Konzept einen ausreichenden Beitrag zur Erklärung des Fahrtverhaltens zu leisten vermag.

Die zweite Möglichkeit für eine theoretische Fundierung des Gravitationsmodells bietet der Entropieansatz. Dieses Konzept, das in der Physik und in der Informationstheorie Verwendung findet,[85] erlaubt es, statistische Aussagen über den Zustand eines Systems (zum Beispiel Ausdehnung eines Gaskörpers) zu machen, ohne die Eigenschaften der einzelnen Mikroelemente (hier Gasmoleküle)

83 Mit dem Problem der Variation der Annahmewahrscheinlichkeit einer Gelegenheit beschäftigt sich auch B. Harris, A Note on the Probability of Interaction at a Distance, in: Journal of Regional Science, Vol. 5, 1964, S. 31–35.

84 Zum Problem der Schätzung der Wahrscheinlichkeitsgröße μ in dem diskret angelegten intervening opportunities-Modell (24) vgl. zum Beispiel P. R. Stopher, A. H. Meyburg, Urban Transportation Modeling and Planning, a.a.O., S. 164–173; J. K. Lussi, Opportunity Model Calibration of Travel Parameter, Preliminary Research Report No. 18, New York State Department of Transportation, Albany 1970.

85 Vgl. J. D. Fast, Entropie – Die Bedeutung des Entropiebegriffs und seine Anwendung in Wissenschaft und Technik, Hilversum 1960; R. C. Tolman, The Principles of Statistical Mechanics, Oxford 1938; C. E. Shannon, W. Weaver, The Mathematical Theory of Communication, Urbana 1949; J. Peters, Einführung in die allgemeine Informationstheorie, Berlin 1967. Zur Diskussion der Anwendung des Entropiekonzepts in der Ökonomie vgl. H. Theil, Economics and Information Theory, Amsterdam 1967; N. Georgescu-Roegen, The Entropy Law and the Economic Process, Cambridge, Mass., 1971.

zu betrachten. Im folgenden soll das Entropiekonzept mit Bezug zur Anwendung in den Modellen der Fahrtverteilung dargestellt werden.[86]
In den trip distribution-Modellen wird die Verteilung der Fahrten auf die Ursprungs- und Bestimmungsortkombination $(i,j) \in I \times J$ gesucht. Mit Hilfe der Technik der Entropiemaximierung soll die wahrscheinlichste Verteilung der Fahrten auf die Ortskombinationen ermittelt werden. Hierzu müssen die folgenden Überlegungen angestellt werden.
Gegeben sei ein System bestehend aus der Menge der Fahrten B, der Menge der Ursprungsorte I und der Menge der Bestimmungsorte J. Ordnet man die Fahrten eindeutig auf die Ortskombinationen zu, dann ist durch die Abbildung

$$B \rightarrow I \times J \tag{3.B.33.}$$

ein möglicher Zustand des Systems beschrieben. Kennzeichnet man die Abbildung durch die (0,1)-Variablen

$$s_{ijb} = \begin{cases} 1, \text{ wenn } b \rightarrow (i,j) \text{ gilt,} \\ 0 \text{ sonst} \end{cases} \tag{3.B.34.}$$

so ergeben sich die interzonalen Fahrtvolumina Q_{ij}, die gemeinsam die Verteilung des Systems bilden, durch die Summation der vorstehenden Variablen über die Fahrten

$$Q_{ij} = \sum_b s_{ijb}, \qquad (i,j) \in I \times J \tag{3.B.35.}$$

Wie aus der Gleichung entnommen werden kann, ist es möglich, daß die gleiche Verteilung $(Q_{ij})_{(i,j) \in I \times J}$ aus unterschiedlichen Zuordnungen (32) resultieren kann. Geht man davon aus, daß jeder mögliche Systemzustand (32) zunächst gleichwahrscheinlich ist, dann ist diejenige Verteilung des Systems die wahrscheinlichste, hinter der die größte Anzahl von Systemzuständen steht.
Bezeichnet man die Anzahl der Systemzustände, aus denen eine Verteilung $(Q_{ij})_{(i,j) \in I \times J}$ resultiert, mit $F((Q_{ij}))$, so läßt sich diese Zahl nach den Regeln der Kombinatorik ableiten als[87]

$$F((Q_{ij})) = \frac{Q!}{\prod_i \prod_j Q_{ij}!} \tag{3.B.36.}$$

86 Zur Anwendung des Entropiemodells in anderen Bereichen der Raumwirtschaftstheorie vgl. A. G. Wilson, Urban and Regional Models in Geography and Planning, London 1974, S. 127–314.
87 Vgl. W. Buhr, R. Pauck, Stadtentwicklungsmodelle, a.a.O., Anhang 1.

Hierbei stellt Q die exogen vorgegebene Gesamtzahl der Fahrten des Systems dar. Gesucht wird nun das Maximum der vorstehenden Funktion unter Berücksichtigung der weiter unten einzuführenden Restriktionen. Um die Zielfunktion (36) zu operationalisieren, wird der Logarithmus von $F((Q_{ij}))$ gebildet:

$$\ln F((Q_{ij})) = \ln Q! - \sum_i \sum_j \ln Q_{ij}! \qquad (3.B.37.)$$

Unter Verwendung der Appromaximation von Stirling[88]

$$\ln Q_{ij}! = Q_{ij} \ln Q_{ij} - Q_{ij} \qquad (3.B.38.)$$

läßt sich die Beziehung (37) weiter umformen zu

$$\ln F((Q_{ij})) = \ln Q! - \sum_i \sum_j Q_{ij} \ln Q_{ij} - Q_{ij} \qquad (3.B.39.)$$

Der Wert der vorstehenden Größe, die ein Maß für die Entropie des hier beschriebenen Systems ist, wird unter der Nebenbedingung maximiert, daß die gesamten Fahrzeiten des Systems dem Wert $\bar{t}$ entsprechen.

$$\sum_i \sum_j t_{ij} Q_{ij} = \bar{t} \qquad (3.B.40.)$$

Als weitere Beschränkungen können die auf die Ursprungsorte bezogenen Restriktionen (8) und/oder die auf die Zielorte bezogenen Restriktionen (9) berücksichtigt werden. Zur Ableitung beispielsweise des doppelt beschränkten Gravitationsmodells (15) lautet das Optimierungsproblem

$$L = \ln Q! - \sum_i \sum_j Q_{ij} \ln Q_{ij} - Q_{ij} + \qquad (3.B.41.)$$

$$+ \sum_i \alpha_i (Q_i - \sum_j Q_{ij}) + \sum_j \gamma_j (Q_j - \sum_i Q_{ij}) +$$

$$+ \beta (\sum_i \sum_j \bar{t} - t_{ij} Q_{ij}) ,$$

$$L \rightarrow \max$$

Bildet man die partiellen Ableitungen der Lagrangefunktion, so läßt sich schreiben

$$\frac{\partial L}{\partial Q_{ij}} = - \ln Q_{ij} - \alpha_i - \gamma_j - \beta t_{ij} = 0 , \qquad (i,j) \varepsilon I x J \qquad (3.B.42.)$$

88 Vgl. A. G. Wilson, Entropy in Urban and Regional Modelling, London 1970, S. 20–22.

$$\frac{\partial L}{\partial \alpha_i} = Q_i - \sum_j Q_{ij} = 0 , \qquad i \varepsilon I \tag{3.B.43.}$$

$$\frac{\partial L}{\partial \gamma_j} = Q_j - \sum_i Q_{ij} = 0 , \qquad j \varepsilon J \tag{3.B.44.}$$

$$\frac{\partial L}{\partial \beta} = \bar{t} - \sum_i \sum_j t_{ij} Q_{ij} = 0 \tag{3.B.45.}$$

Wird die Gleichung (42) entlogarithmiert und nach Q_{ij} aufgelöst, ergibt sich:

$$Q_{ij} = e^{-\alpha_i} e^{-\gamma_j} e^{-\beta t_{ij}} , \qquad (i,j) \varepsilon I x J \tag{3.B.46.}$$

Ersetzt man die Größen Q_{ij} in den Bedingungen (43) und (44) gemäß der vorstehenden Gleichung, dann läßt sich für die Terme $e^{-\alpha_i}$ und $e^{-\gamma_j}$ ermitteln:

$$e^{-\alpha_i} = Q_i [\sum_j e^{-\gamma_j} e^{-\beta t_{ij}}]^{-1} , \qquad i \varepsilon I \tag{3.B.47.}$$

$$e^{-\gamma_j} = Q_j [\sum_i e^{-\alpha_i} e^{-\beta t_{ij}}]^{-1} , \qquad j \varepsilon J \tag{3.B.48.}$$

Definiert man die Anpassungsfaktoren G_i und G_j nun so, daß gilt

$$e^{-\alpha_i} \equiv G_i Q_i , \qquad i \varepsilon I \tag{3.B.49.}$$

$$e^{-\gamma_j} \equiv G_j Q_j , \qquad j \varepsilon J \tag{3.B.50.}$$

dann läßt sich die Gleichung (46) schreiben als

$$Q_{ij} = G_i Q_i G_j Q_j e^{-\beta t_{ij}} , \qquad (i,j) \varepsilon I x J \tag{3.B.51.}$$

Berücksichtigt man die Definitionen (49) und (50), dann ergeben sich aus den Gleichungen (43) und (44) die folgenden Bedingungen für die Anpassungsfaktoren G_i und G_j

$$G_i = [G_j Q_j e^{-\beta t_{ij}}]^{-1} , \qquad i \varepsilon I \tag{3.B.52.}$$

$$G_j = [G_i Q_i e^{-\beta t_{ij}}]^{-1} , \qquad j \varepsilon J \tag{3.B.53.}$$

Wie man leicht erkennen kann, stimmt das mittels der Technik der Entropiemaximierung abgeleitete Modell (51)–(53) mit dem doppelt beschränkten Gravitationsmodell (15)–(17) überein. Für die Fahrtwiderstandsfunktion f(t) ergibt sich bei der vorgestellten Anlage des Entropiemodells die exponentielle Form, die in der Gleichung (19) dargestellt ist.[89] Bemerkenswert bei der Ableitung der Verkehrsnachfragefunktion aus den partiellen Ableitungen der Lagrangefunktion (41) ist die Tatsache, daß die Fahrzeitrestriktion (45) nicht zur Eliminierung des Faktors β verwendet wird. Der Grund hierfür liegt in der Nichtlinearität des Gleichungssystems (42)–(45). Der Faktor β wird als empirisch zu bestimmender Parameter in der Verkehrsnachfragefunktion beibehalten.

Mit Bezug zu einer kritischen Würdigung des Entropiekonzepts sei darauf hingewiesen, daß der Erklärungsansatz allenfalls eine statistische Begründung des Gravitationsmodells liefert. Eine ökonomische Rechtfertigung des Ansatzes wird dadurch nicht erbracht.[90] Durch diesen unbefriedigenden Zustand bedingt, versuchen verschiedene Autoren, die Gravitationsansätze durch ökonomische Interpretationen zu rechtfertigen. In diesem Zusammenhang wurden zum Beispiel die Beziehungen zwischen dem Entropiemodell und transportkostenminimierenden Programmierungsansätzen untersucht.[91] Ein für diese Arbeit wichtigerer Ansatzpunkt für eine ökonomische Fundierung der Gravitationsverfahren liegt in der Anwendung nutzentheoretischer Überlegungen auf das Fahrverhalten der Wirtschaftssubjekte. Ohne die Konzepte an dieser Stelle ausführlich zu behandeln,[92] sei darauf hingewiesen, daß in der Literatur zwei

89 Andere Funktionsformen lassen sich ableiten, wenn anstelle der linearen Fahrzeitterme in der Restriktion (40) Beziehungen mit anderer mathematischer Form verwendet werden. Die Interpretation der Gleichung (40) als Fahrzeitrestriktion (oder auch als Kostenrestriktion) ist dann allerdings problematisch.

90 Zur Kritik der Gravitationsmodelle im Hinblick auf ihren geringen ökonomischen Gehalt vgl. zum Beispiel M. J. Beckmann, T. F. Golob, A Critique of Entropy and Gravity in Travel Forecasting, in: G. F. Newall (ed.), Traffic Flow and Transportation, Proceedings of the Fifth International Symposium on the Theory of Traffic Flow and Transportation, New York 1972, S. 109–117; H. Kemming, Raumwirtschaftstheoretische Gravitationsmodelle, Berlin 1980, S. 157–160.

91 Der Zusammenhang zwischen dem doppelt beschränktem Entropiemodell und dem sogenannten Transportproblem der linearen Programmierung ergibt sich daraus, daß die Restriktionen (8) und (9) in beiden Ansätzen verwendet werden. Die Fahrzeitrestriktion (40) des Entropiemodells wird in dem Programmierungsansatz zur Zielfunktion. Zu diesem Problembereich vgl. S. P. Evans, A Relationship between the Gravity Model and the Transportation Problem in Linear Programming, in: Transportation Research, Vol. 7, 1973, S. 39–61; A. G. Wilson, M. L. Senior, Some Relationships between Entropy Maximizing Models, Mathematical Programming Models and their Duals, in: Journal of Regional Science, Vol. 14, 1974, S. 207–215. Zum Zusammenhang zwischen Entropiemodellen und Ansätzen der geometrischen Programmierung vgl. P. Nijkamp, J. H. P. Paelinck, A Dual Interpretation and Generalization of Entropy Maximazing Models in Regional Science, in: Papers of the Regional Science Association, Vol. 33, 1974, S. 13–31.

92 Einen Überblick über die wichtigsten nutzentheoretischen Ansätze zur Fundierung von Gravitationsmodellen bietet H. Kemming, Raumwirtschaftstheoretische Gravitationsmodelle, a.a.O., S. 160–224.

verschiedene Erklärungsansätze entwickelt wurden. Der erste Erklärungsansatz geht davon aus, daß die Fahrten durch die Erfüllung des Fahrtzwecks am Zielort einen positiven Nutzenbeitrag erbringen und gleichzeitig durch den notwendigen Fahrzeitaufwand und die Fahrtkosten einen negativen Nutzenbeitrag hervorrufen. Maximiert wird der net benefit, der sich aus der Differenz der genannten Nutzeneinflüsse ergibt.[93] Neben diesen mehr heuristisch angelegten Ansätzen, die zudem die Kardinalität der Nutzenfunktion implizit voraussetzen, ist auf ein anderes Modell hinzuweisen,[94] in dem ein Gravitationsmodell mit exponentieller Entfernungsfunktion aus der Maximierung einer Bruttonutzenfunktion unter Berücksichtigung einer kombinierten Zeit-Budget-Restriktion abgeleitet wird.[95] In diesem Modell wird für die Bewohner des Ortes i eine Nutzenfunktion der folgenden Form angenommen:

$$U_i = \sum_j \sum_k a_k Q_{ijk} - Q_{ijk} \ln Q_{ijk} , \qquad i \varepsilon I \qquad (3.B.54.)$$

Hier bezeichnet der Index k den Fahrtzweck. Wie man leicht erkennen kann, ähnelt diese Funktion sehr stark der Entropieformel (39). Maximiert man diese Beziehung unter der Verwendung einer kombinierten Zeit-Budget-Restriktion, so ergeben sich Verkehrsnachfragefunktionen, die genau wie das Entropiemodell eine exponentielle Fahrtwiderstandsfunktion enthalten.

Mit Bezug zu einer Analyse der Eigenschaften der Nutzenfunktion (54) sei angemerkt, daß die Beziehung (54) eine streng konkave Nutzenfunktion darstellt.[96] Weiterhin wird in dieser Funktion implizit vorausgesetzt, daß bei den Wirtschaftssubjekten zielortbezogene Präferenzen existieren. Das wird daran deutlich, daß die Fahrten sowohl mit dem Index k der Fahrtabsichten als auch mit dem Zielortindex j versehen sind.[97] Zusätzlich wird eine bezüglich der Fahrtzwecke und der Zielorte additive Nutzenfunktion unterstellt. Während die genannten Eigenschaften der Nutzenrelation (54) mit der Konsumtheorie

93 Vgl. zum Beispiel J. M. Choukroun, A General Framework of Gravity-Type Trip Distribution Models, in: Regional Science and Urban Economics, Vol. 5, 1975, S. 177–202; J. H. Niedercorn, B. V. Bechdolt, An Economic Derivation of the »Gravity Law« of Spatial Interaction, in: Journal of Regional Science, Vol. 9, 1969, S. 273–282; M. J. Beckmann, T. F. Golob, A Critique of Entropy and Gravity in Travel Forecasting, a.a.O., S. 109–117.

94 Vgl. T. F. Golob et al., An Economic Utility Theory Approach to Spatial Interaction, in: Papers of the Regional Science Association, Vol. 30, 1970, S. 159–182.

95 Die Implikationen der Verwendung einer kombinierten Zeit-Budget-Restriktion bezüglich des Zeitwertes (value of time) wurde von den Autoren nicht behandelt; vgl. hierzu die Ausführungen im Unterpunkt B.I des zweiten Kapitels dieser Arbeit.

96 Die Hessematrix, die die Ableitungen zweiter Ordnung der Funktion (54) enthält, ist negativ definit: Die gemischt partiellen Ableitungen der Beziehung (54) sind gleich null, während sich für die zweiten Ableitungen nach jeweils einer Variablen der Wert $- 1/Q_{ijk}$ ergibt.

97 Vgl. hierzu die Ausführungen im Unterpunkt B.II.1 des zweiten Kapitels dieser Arbeit.

vereinbar sind, verstößt die folgende Eigenschaft gegen die Grundsätze der aus der Konsumtheorie abgeleiteten Nachfragefunktionen.
Die Nutzenfunktion (54) hat für

$$Q_{ijk} = e^{a_k}, \qquad (i,j,k) \varepsilon I x J x K \tag{3.B.55.}$$

ein globales Maximum. Das bedeutet, daß die Grenznutzen zunächst positiv dann aber negativ sind. Die Möglichkeit des Auftretens negativer Grenznutzen verstößt gegen das Nichtsättigungsaxiom (2.B.11.). Dadurch wird die Ausschöpfung der Budgetrestriktion (adding up condition) nicht mehr gewährleistet. Aus diesem Grunde erscheint die Nutzenfunktion (54) nicht geeignet zu sein, eine auf der Haushaltstheorie basierende Verkehrsnachfragefunktion abzuleiten.
In dem übernächsten Unterpunkt III soll versucht werden, einige konkrete Verkehrsnachfragefunktionen auf der Basis der theoretischen Überlegungen des Abschnitts B des zweiten Kapitels abzuleiten. Diese Vorgehensweise hat den Vorteil, daß die konsumtheoretischen Grundlagen der Verkehrsnachfragefunktion wesentlich deutlicher hervortreten als bei allen bisher entwickelten Modellen, da diese Ansätze häufig auf mehr oder weniger heuristischen Nutzenüberlegungen basieren. Weiterhin wird als vorteilhaft erachtet, daß dadurch der in der Literatur oft beschrittene Weg der ex post Rechtfertigung der Gravitationsmodelle verlassen wird.

2. Wahrscheinlichkeitstheoretische Wahlansätze

Das Anliegen der hier zu behandelnden Ansätze besteht darin, Aussagen über die Wahrscheinlichkeit zu machen, mit der die Wirtschaftssubjekte bei einer gegebenen Anzahl von Zielorten eine bestimmte Wahl treffen. Die theoretische Grundlage dieser Modelle ist die psychologisch orientierte Entscheidungstheorie von Luce und Suppes.[98] Die Übertragung dieser Theorie auf den Problembereich der Verkehrsnachfrage wurde vor allem von Domencich und McFadden betrieben.[99] Im folgenden sollen nun die verhaltenstheoretischen Grundlagen der

98 Vgl. R. D. Luce, P. Suppes, Preference, Utility and Subjective Probability, a.a.O., S. 249–410.
99 Vgl. T. A. Domencich, D. McFadden, Urban Travel Demand, a.a.O., S. 33–79. Zur Entwicklung der wahrscheinlichkeitstheoretischen Wahlansätze vgl. auch C. River Associates, Inc., A Disaggregated Behavioral Model of Urban Travel Demand, a.a.O., Ch. 4. Die wahrscheinlichkeitstheoretischen Wahlansätze werden in der englischsprachigen Literatur meist mit den Adjektiven »disaggregated« und »behavioral« bezeichnet. Die Eigenschaft »disaggregated« bezieht sich darauf, daß die Modelle

Modelle kurz dargelegt werden und der Bezug zu den haushaltstheoretischen Modellen des Abschnitts B des zweiten Kapitels erörtert werden. Anschließend werden verschiedene Möglichkeiten skizziert, um zu operationalen trip distribution-Modellen zu gelangen.
Den Ausgangspunkt der Überlegungen bildet die Annahme, daß die Wirtschaftssubjekte ihren Nutzen maximieren. Der Nutzen V wird in Abhängigkeit von den Eigenschaften der infragekommenden Zielorte gesehen.[100]

$$V = v(\underline{b}) \,, \qquad V \rightarrow \max \tag{3.B.56.}$$

Hierbei bezeichnet $\underline{b}$ einen Vektor, der die Variablen zur Charakterisierung der Eigenschaften der Subregionen enthält.
Geht man nun davon aus, daß eine Person zwischen einer endlichen Zahl von Bestimmungsorten $(j=1,\ldots,n_J)$ wählen kann, so ist jeder Ort durch eine Realisation $\underline{b}_j$ des Vektors $\underline{b}$ gekennzeichnet. Der Haushalt wird einen bestimmten Zielort j wählen, wenn der Nutzenindex für diesen Ort am größten ist, also wenn gilt:

$$V_j > V_q \,, \qquad j,q \in J, \; q \neq j \tag{3.B.57.}$$

Die Größe $V_j = v(\underline{b}_j)$ wird auch als fester Nutzen (strict utility) der Alternative j bezeichnet. Die wahrscheinlichkeitstheoretische Grundlage der Wahlansätze wird nun dadurch geschaffen, daß der Nutzenindex V um eine additiv verknüpfte Zufallsvariable η erweitert wird. Die Entscheidungen der Wirtschaftssubjekte werden also nach dem folgenden Nutzenindex U getroffen.

$$U(\underline{b},\underline{\eta}) = v(\underline{b}) + \eta(\underline{b}) \tag{3.B.58.}$$

Die Einführung der Zufallsvariablen wird dadurch begründet, daß neben den beobachteten Werten $\underline{b}_j$ noch weitere entscheidungsrelevante Größen (zum Beispiel die Erfahrungen oder die Ausbildungen der Personen) existieren, die

mit haushaltsspezifischen Daten geschätzt werden können. Die Eigenschaft »behavioral« soll auf die verhaltenstheoretischen Grundlagen der Modelle hinweisen. Die Bezeichnung der Ansätze als disaggregierte verhaltensorientierte Modelle wird an dieser Stelle nicht gewählt, da die Ansätze auch mit aggregierten Daten gerechnet werden können. Weiterhin trifft die Eigenschaft »verhaltensorientiert« nicht nur auf die an dieser Stelle zu diskutierenden Modelle zu, sondern gilt mindestens im gleichen Maße auch für die auf der Grundlage der Haushaltstheorie abzuleitenden Verkehrsnachfragefunktionen.

100 Werden die Wahlansätze für die Bestimmung der Verkehrsmittelwahl verwendet, dann werden neben den Eigenschaften der Alternativen zusätzlich individuelle Charakteristika der Personen als Nutzendeterminanten einbezogen; vgl. T. A. Domencich, D. McFadden, Urban Travel Demand, a.a.O., S. 40f.

nicht quantifiziert werden können. Durch die Bedeutung dieser Größen wird eine Variation der strict utilities über die Bevölkerung hervorgerufen.[101]
Die Nutzenmaximierungsbedingung (57) wird bei Verwendung der stochastischen Nutzenfunktion (58) zu

$$V_j + \eta(\underline{b}_j) > V_q + \eta(\underline{b}_q) \;, \qquad j,q \varepsilon J, \; q \neq j \qquad (3.B.59.)$$

Verzichtet man aus Gründen der Übersichtlichkeit auf die explizite Ausführung der Argumente der Funktionen, so läßt sich die vorstehende Bedingung auch schreiben als[102]

$$\eta_q - \eta_j < V_j - V_q \;, \qquad j,q \varepsilon J, \; q \neq j \qquad (3.B.60.)$$

Da die Größen η_q und η_j die Realisationen von Zufallsvariablen darstellen, die nur im Einzelfall festliegen, hat die Beziehung (60) keine allgemeine Gültigkeit. Ist die Verteilung der Zufallsvariablen bekannt, kann die Wahrscheinlichkeit angegeben werden, mit der der Zielort j gewählt wird. Diese Wahrscheinlichkeit ist die zu ermittelnde Größe W_j:

$$W_j = W(\eta_q - \eta_j < V_j - V_q | q \varepsilon J, \; q \neq j) \;, \qquad j \varepsilon J \qquad (3.B.61.)$$

Die Größe W_j gibt die Wahrscheinlichkeit an, daß eine nach den strict utilities getroffene Entscheidung nicht durch den Zufallseinfluß verändert wird.
An dieser Stelle sei darauf hingewiesen, daß ein ähnlich strukturierter Ansatz auch auf Basis der Haushaltstheorie abgeleitet worden ist.[103] Den Ansatzpunkt dort bildet ein Modell, bei dem davon ausgegangen wird, daß bei den Wirtschaftssubjekten keine zielortbezogenen Präferenzen vorhanden sind. Das führt dazu, daß die Entscheidungsträger den Ort mit den geringsten Beschaffungskosten wählen. Durch die Einführung von unsicheren Erwartungen bezüglich der Beschaffungskosten ergibt sich die folgende Beziehung

$$W_{jk} = W(\eta_q - \eta_j < z_{qk} - z_{jk} | q \varepsilon J, \; q \neq j) \;, \qquad (j,k) \varepsilon J x K \qquad (3.B.62.)$$

Die Größe W_{jk} bezeichnet die Wahrscheinlichkeit, daß das Gut k im Ort j gekauft wird. Das Symbol z_{jk} stellt die Beschaffungskosten des Gutes k im Ort j dar. Diese setzten sich zusammen aus dem Preis des Gutes p_{jk} und der mit dem Lohnsatz bewerteten Fahrzeit t_j zu dem Ort j ($z_{jk}=p_{jk}+wt_j$).

101 Vgl. T. A. Domencich, D. McFadden, Urban Travel Demand, a.a.O., S. 51.
102 Hierbei gilt:
$V_j = v(\underline{b}_j)$ und $\eta_j = \eta(\underline{b}_j)$
103 Vgl. die Ausführungen im Unterpunkt B.II.2 des zweiten Kapitels dieser Arbeit.

Der Unterschied zwischen den Ansätzen (61) und (62) besteht darin, daß das erste Modell auf der Basis eines Konzepts der Nutzenmaximierung gewonnen wird, während der zweite Ansatz auf der Minimierung der Beschaffungskosten beruht. Dieser Unterschied wird in den Bedingungen (61) und (62) dadurch deutlich, daß die Differenz der Nutzenwerte für die Ortskombinationen (j,q) gebildet wird, während sich die Differenz der Beschaffungskosten für die Kombination (q,j) ergibt. Im folgenden soll nun durch die Annahme konkreter Verteilungsfunktionen für die Zufallsvariablen η_j diejenige Verteilungsfunktion bestimmt werden, die die Wahrscheinlichkeiten für die Differenz der Zufallsvariablen in (61) und (62) determiniert.[104] Die Ableitung der Entscheidungsmodelle soll am Beispiel des Nutzenmaximierungsansatzes (61) demonstriert werden. Die Übertragung der Ergebnisse auf den Ansatz (62) wird anschließend vorgenommen.
Den Ausgangspunkt für die Ableitung des Logit-Modells zur Bestimmung der Wahlwahrscheinlichkeiten bei mehreren Alternativen (multinomial logit model)[105] bildet die Annahme von identischen, negativ exponentiellen Verteilungen für alle Zufallsvariablen η_j:

$$W(\eta_j < a_j) = e^{-e^{-a_j}}, \qquad j \varepsilon J \tag{3.B.63.}$$

Weiterhin wird unterstellt, daß die Zufallsvariablen unabhängig verteilt sind. Das bedeutet, daß sich die gemeinsame Verteilungsfunktion der Zufallsgrößen durch die Multiplikation der einzelnen Verteilungsfunktionen ergibt:

$$W(\eta_1 < a_1, \ldots, \eta_j < a_j, \ldots, \eta_{n_J} < a_{n_J}) = \tag{3.B.64.}$$

$$F(a_1, \ldots, a_j, \ldots, a_{n_J}) = \prod_j e^{-e^{-a_j}}$$

Im folgenden soll beispielhaft die Wahrscheinlichkeitsgröße W_1 abgeleitet werden. Geht man davon aus, daß die Zufallsvariable η_1 maximal den Wert a_1 annimmt, dann ergibt sich für die restlichen Zufallsgrößen $\eta_2, \ldots, \eta_j, \ldots, \eta_{n_J}$ gemäß der Ungleichung in der Beziehung (61) ein Spielraum von

$$\eta_j < a_j = \Delta V_{1j} + a_1, \qquad j = 2, \ldots, n_J \tag{3.B.65}$$

104 Der analytische Weg zur Ableitung der gewünschten Verteilungsfunktion ist durch die Gleichungen (2.B.99.)–(2.B.103.) in dieser Arbeit beschrieben worden.

105 Zur Ableitung dieses Ansatzes vgl. auch T. A. Domencich, D. McFadden, Urban Travel Demand, a.a.O., S. 60–65.

wobei das Symbol ΔV_{1j} die Differenz »V_1–V_j« bezeichnet. Die gesuchte Wahrscheinlichkeit W_1 ergibt sich durch Integration der nachstehenden bedingten Randdichtefunktion[106]

$$f_{\eta_1} = f_{\eta_1}(a_1, \Delta V_{12} + a_1, \ldots, \Delta V_{1j} + a_1, \ldots, \Delta V_{1n_J} + a_1) \qquad (3.B.66.)$$

Diese Randdichtefunktion läßt sich durch Ableitung der Verteilungsfunktion (64) nach der Grenze a_1 der Zufallsvariablen η_1 ermitteln. Für die Wahrscheinlichkeit W_1 kann somit geschrieben werden

$$W_1 = \int_{a_1=-\infty}^{+\infty} e^{-a_1} e^{-e^{-a_1}} \prod_{j=2}^{n_J} e^{-e^{-(\Delta V_{1j}+a_1)}} da_1 \qquad (3.B.67.)$$

Eine alternative Ermittlung der Wahrscheinlichkeit W_1 besteht in der mehrdimensionalen Integration der gemeinsamen Dichtefunktion der Zufallsvariablen $\eta_1, \ldots, \eta_j, \ldots, \eta_{n_J}$

$$W_1 = \int_{a_1=-\infty}^{+\infty} \ldots \int_{a_j=-\infty}^{\Delta V_{ij}+a_1} \ldots \int_{a_{n_J}=-\infty}^{\Delta V_{1n_J}+a_1} \prod_{j=1}^{n_J} e^{-a_j} e^{-e^{-a_j}} da_{n_J} \ldots \qquad (3.B.68.)$$

$$\ldots da_j \ldots da_1$$

Die Bestimmung der Wahrscheinlichkeit W_1 wird auf der Grundlage der Beziehung (67) vorgenommen. Zur Lösung der Integrationsaufgabe werden die doppelt exponentiellen Terme zunächst zusammengefaßt:

$$W_1 = \int_{a_1=-\infty}^{+\infty} e^{-a_1} e^{-e^{-a_1} + \sum_{j=1}^{n_J} e^{-(\Delta V_{1j}+a_1)}} da_1$$

Klammert man aus der Summe im Exponenten der vorstehenden Aufgabe den Term e^{-a_1} aus, ergibt sich

$$W_1 = \int_{a_1=-\infty}^{+\infty} e^{-a_1} e^{-[e^{-a_1}(1+\sum_{j=2}^{n_J} e^{-\Delta V_{1j}})]} da_1 \qquad (3.B.69.)$$

106 Vgl. hierzu auch die Ausführungen zur Gleichung (2.B.102.).

Zur Durchführung der Integration wird nun die folgende Substitution durchgeführt.

$$g = a_1 - \ln\left(1 + \sum_{j=2}^{n_J} e^{-\Delta V_{1j}}\right) \tag{3.B.70.}$$

Die Variable g stellt den negativen Wert des Logarithmus des Terms dar, der in Gleichung (69) in eckigen Klammern steht. Hieraus berechnet sich die Größe a_1:

$$a_1 = g + \ln\left(1 + \sum_{j=2}^{n_J} e^{-\Delta V_{1j}}\right) \tag{3.B.71.}$$

Wie sich aus der Gleichung (71) ergibt, werden die Integrationgrenzen durch die Substitution nicht verändert.[107] Die Größe da_1 ersetzt man nach der Vorschrift

$$da_1 = \frac{\partial a_1}{\partial g} dg = dg$$

Da die Ableitung der Variablen a_1 nach der Variablen g nach Gleichung (71) gleich eins ist, ergibt sich

$$da_1 = dg \tag{3.B.72.}$$

Führt man die Substituion der Variablen a_1 gemäß den Beziehungen (71) und (72) durch, dann lautet die Integrationsaufgabe

$$W_1 = \int_{g=-\infty}^{+\infty} e^{-\left(g + \ln\left(1 + \sum_{j=2}^{n_J} e^{-\Delta V_{1j}}\right)\right)} \cdot \tag{3.B.73.}$$

$$\cdot e^{-\left[e^{-\left(g + \ln\left(1 + \sum_{j=2}^{n_J} e^{-\Delta V_{1j}}\right)\right)} \left(1 + \sum_{j=2}^{n_J} e^{-\Delta V_{1j}}\right)\right]} dg =$$

$$= \int_{g=-\infty}^{+\infty} e^{-g} \left(1 + \sum_{j=2}^{n_J} e^{-\Delta V_{1j}}\right)^{-1} e^{-e^{-g}} dg = \frac{1}{1 + \sum_{j=2}^{n_J} e^{-\Delta V_{1j}}} \int_{g=-\infty}^{+\infty} e^{-g} e^{-e^{-g}} dg$$

107 Nach Gleichung (71) gilt: $a_1 \rightarrow \infty \Leftrightarrow g \rightarrow \infty$, $a_1 \rightarrow -\infty \Leftrightarrow g \rightarrow -\infty$.

Bei der zu integrierenden Beziehung handelt es sich um die Dichtefunktion der negativ exponentiellen Verteilung (63). Der Wert des Integrals beträgt Eins. Somit ergibt sich die gesuchte Wahrscheinlichkeit W_1 als

$$W_1 = \frac{1}{1 + \sum_{j=2}^{n_J} e^{-\Delta V_{1j}}} = \frac{1}{1 + \sum_{j=2}^{n_J} e^{V_j - V_1}} \tag{3.B.74.}$$

Erweitert man den Bruch mit e^{V_1}, so erhält man das bekannte Logit-Modell

$$W_1 = \frac{e^{V_1}}{\sum_{j=1}^{n_J} e^{V_j}} \tag{3.B.75.}$$

Für beliebige Orte $j \in J$ hat die Wahrscheinlichkeit W_j den Wert

$$W_j = \frac{e^{V_j}}{\sum_q e^{V_q}}, \qquad j \varepsilon J \tag{3.B.76.}$$

Das Logit-Modell für das Problem der Minimierung der Beschaffungskosten läßt sich nun analog formulieren. Anstelle der Bedingung (65) wird dann die folgende Beziehung verwendet.

$$n_j < a_j = z_{1k} - z_{jk} + a_1, \qquad j \varepsilon J \tag{3.B.77.}$$

Somit ergibt sich die Wahrscheinlichkeit W_{jk}, wenn die Differenz $(V_j - V_1)$ in der Beziehung (74) durch die Differenz $(z_{1k} - z_{jk})$ ersetzt wird:

$$W_{1k} = \frac{1}{1 + \sum_{j=2}^{n_J} e^{z_{1k} - z_{jk}}} \tag{3.B.78.}$$

Analog zur Gleichung (76) ergibt sich für die Wahrscheinlichkeit in allgemeiner Form

$$W_{jk} = \frac{e^{-z_{jk}}}{\sum_q e^{-z_{qk}}}, \qquad (j,k) \varepsilon J \times K \tag{3.B.79.}$$

Ein weiteres Modell, das im Rahmen der wahrscheinlichkeitstheoretischen Wahlansätze zu diskutieren ist, ist das sogenannte Probit-Modell.[108] Die Grundlage dieses Modells bildet die Annahme, daß die Zufallsvariablen η_j normalverteilt sind. Bei diesem Modell ist die Voraussetzung einer identischen unabhängigen Verteilung der Zufallsgrößen nicht notwendig. Die Wahrscheinlichkeit W_1 ergibt sich bei dem Probit-Modell als

$$W_1 = \int_{a_1=-\infty}^{+\infty} \ldots \int_{a_j=-\infty}^{\Delta V_{1j}+a_1} \ldots \int_{a_{n_J}=-\infty}^{\Delta V_{1n_J}+a_1} f_{\underline{n}}(a_1, \ldots, a_j, \ldots, a_{n_J}; \underline{V}, \Omega)\, da_{n_J} \ldots da_j \ldots da_1 \qquad (3.B.80.)$$

Hierbei enthält der Vektor $\underline{V}$ die Mittelwerte der Zufallsvariablen, während das Symbol Ω die zugehörige Varianz-Kovarianzmatrix bezeichnet.[109]
Der Nachteil des vorstehenden Modells besteht darin, daß das Integral der Beziehung (80) nicht in geschlossener Form darstellbar ist. Die Lösung des Integrals ist nur numerisch möglich und bei der Vorgabe von mehr als drei Wahlalternativen sehr rechenaufwendig.[110] Außerdem ist es schwierig, die Parameter der Varianz-Kovarianzmatrix präzise zu schätzen.[111] Aus diesen Gründen ist das multinomial probit model für die Ermittlung der Fahrtverteilung nicht geeignet, denn bei einer sinnvollen Anlage der trip distribution-Ansätze sind erheblich mehr als drei Bestimmungsorte zu berücksichtigen.

108 Die Probitanalyse ist eine statistische Technik, die in der Biologie zur Wirkungsanalyse von Präparaten verwendet wird. Bei Toxiditätsversuchen werden Insekten unterschiedlichen Dosen eines Toxins ausgesetzt. Dabei wird angenommen, daß für jedes Insekt ein Schwellenwert (Probit) existiert, der die für jedes Insekt tödlich wirkende Dosis charakterisiert. Für die Probits wird eine Normalverteilung über die Insekten unterstellt. Im Rahmen der wahrscheinlichkeitstheoretischen Wahlansätze entspricht dem Probit der Nutzenwert $\triangle V_{qj}$. Zu den statistischen Voraussetzungen der Probitanalyse vgl. E. Weber, Grundlagen der biologischen Statistik, Stuttgart 1972, S. 579–602; D. J. Finney, Probit Analysis, Cambridge, Mass., 1964.

109 Zum multinomialen Probit-Modell vgl. zum Beispiel D. McFadden, Quantitative Models for Analysing Travel Behaviour of Individuals: Some Recent Developments, in: D. A. Hensher, P. R. Stopher (eds.), Behavioural Travel Modelling, London 1979, S. 279–318 (hier: S. 281f und 287–290).

110 Vgl. ebenda, S. 287f.

111 Zur Schätzung der Parameter des Probit-Modells vgl. C. F. Daganzo et al., Multinomial Probit and Qualitative Choice: A Computationally Efficient Algorithm, in: Transportation Science, Vol. 11, 1977, S. 338–358. Ein Computerprogramm zur Schätzung des Probit-Modells befindet sich in C.F. Daganzo, L. Schoenfeld, Chomp User's Manual, Research Report No. UCB-ITS-RR-78-7, Institute of Transportation Studies, University of California, Berkeley 1978.

Bezüglich der mathematischen Form der strict utility-Relation sei angemerkt, daß diese Beziehung üblicherweise als lineare Funktion eingeführt wird:

$$V_j = \sum_p \beta_p b_{pj} , \qquad j \varepsilon J \tag{3.B.81.}$$

Hierbei bezeichnet der Index p die Komponenten des Vektors $\underline{b}_j$. Die Koeffizienten β_p sind durch Kalibrierung zu ermittelnde Parameter.[112]

Da die wahrscheinlichkeitstheoretischen Wahlansätze zunächst nur für den Bereich des modal split entwickelt worden sind, lassen sich nur wenige Anwendungsbeispiele in Modellen der Verkehrsverteilung finden.[113] Bezüglich der Einflußgrößen, die in den Wahlansätzen für die Ermittlung der Fahrtverteilung herangezogen werden, sei angemerkt, daß sich diese Variablen kaum von den Fahrtdeterminanten unterscheiden, die in den Gravitationsmodellen verwendet werden. Hierbei handelt es sich um Attraktivitätsfaktoren der Zielregion und um Maße zur Erfassung der räumlichen Trennung zwischen den Orten.

Die Schätzung der Wahlansätze kann sowohl mit zonalen Querschnittsdaten als auch mit haushaltsspezifischen Daten vorgenommen werden. Benutzt man zonale Querschnittsdaten, wird unterstellt, daß die ermittelten Wahrscheinlichkeiten repräsentativ für die Bewohner einer Subregion sind.[114] Bei der Einbeziehung haushaltsspezifischer Daten muß zusätzlich ein Aggregationsverfahren verwendet werden.[115] Hierzu können zum Beispiel repräsentative Stichproben erhoben werden[116] oder bestimmte Annahmen bezüglich der Verteilung der unabhängigen

112 Die Parameter der Modelle werden in der Regel mit iterativen Maximum-Likelihood-Verfahren geschätzt; vgl. hierzu T. A. Domencich, D. McFadden, Urban Travel Demand, a.a.O., S. 101–126; S. M. Howe, P. S. Liou, Documentation of PROLO and MLOGIT, Two New Calibration Programs for Building Disaggregate Choice Models, Preliminary Research Report No. 98, New York State Department of Transportation, Planning Division, Albany 1975.

113 Einige Anwendungsbeispiele bieten C. River Associates, Inc., A Disaggregated Behavioral Model of Urban Travel Demand, a.a.O., Ch. 7, S. 22–33; P. S. Liou, A. P. Talvitie, Disaggregated Access Mode and Station Selection Models for Rail Trips, Preliminary Research Report No. 53, New York State Department of Transportation, Planning and Research Bureau, Albany 1973; M. G. Richards, M.E. Ben-Akiva, A Disaggregate Travel Demand Model, Westmead 1975, S. 119–132.

114 Wird die Wahrscheinlichkeit, den Ort j zu wählen, für die Bewohner der Subregion i berechnet, dann muß das Symbol W_j zusätzlich noch mit dem Ursprungsortindex i gekennzeichnet werden (W_{ij}).

115 Vgl. hierzu die Ausführungen im Unterpunkt B.III des zweiten Kapitels dieser Arbeit.

116 Zu den verschiedenen Verfahren der Erhebung von Stichproben im Rahmen der wahrscheinlichkeitstheoretischen Wahlansätze (random sampling, choice based sampling) und den sich daraus ergebenden Modifikationen der Schätzverfahren vgl. S. R. Lerman, C. F. Manski, The Estimation of Choice Probabilities from Choice Based Samples, a.a.O., S. 1977–1988; dies., Sample Design for Discrete Choice Analysis of Travel Behavior: The State of the Art, a.a.O., S. 29–44; D. McFadden, Quantitative Method for Analysing Travel Behaviour of Individuals: Some Recent Developments, a.a.O., S. 290–306.

Variablen über die Bevölkerung getroffen werden.[117] Als Vorteil für die Verwendung haushaltsspezifischer Daten wird insbesondere der relativ geringe Aufwand der Datenerhebung gesehen.[118]
Bezeichnet die Größe W_{ij} die für die Subregion i repräsentative Wahrscheinlichkeit, den Zielort j zur Befriedigung des Fahrtzwecks auszuwählen, so kann die Fahrtverteilung Q_{ij} aus dem Quellverkehr Q_i wie folgt ermittelt werden:

$$Q_{ij} = Q_i W_{ij} , \qquad (i,j) \varepsilon I x J \tag{3.B.82.}$$

Für das Logit-Modell (76) ergibt sich dann

$$Q_{ij} = Q_i \frac{e^{V_{ij}}}{\sum_q e^{V_{iq}}} , \qquad (i,j) \varepsilon I x J \tag{3.B.83.}$$

Wie man leicht erkennen kann, hat dieses Modell eine ähnliche Struktur wie das entstehungsbeschränkte Entropiemodell. Der Zusammenhang zwischen beiden Ansätzen wird besonders deutlich, wenn man für die strict utility-Funktion die Form

$$V_{ij} = \ln Q_j - \beta t_{ij} , \qquad (i,j) \varepsilon I x J \tag{3.B.84.}$$

wählt. In diesem Fall ergibt sich das entstehungsbeschränkte Entropiemodell als Spezialfall aus der Beziehung (83):

$$Q_{ij} = Q_i \frac{Q_j e^{-\beta t_{ij}}}{\sum_q Q_q e^{-\beta t_{iq}}} , \qquad (i,j) \varepsilon I x J \tag{3.B.85.}$$

Die Größe Q_j repräsentiert hier das Zielverkehrsvolumen der Zone j. Aus den vorstehenden Überlegungen resultiert, daß das Gravitationsmodell ebenfalls mit

117 Zum Aggregationsproblem im Zusammenhang mit den Wahlansätzen vgl. zum Beispiel T. A. Domencich, D. McFadden, Urban Travel Demand, a.a.O., S. 80–87; F. S. Koppelman, Travel Prediction with Models of Individual Choice Behavior, Dissertation, Department of Civil Engineering, Massachusetts Institute of Technology, Cambridge, Mass., 1975: ders., Guidelines for Aggregate Travel Prediction Using Disaggregate Choice Models, a.a.O., S. 19–24; D. McFadden, F. Reid, Aggregate Travel Demand Forecasting from Disaggregate Behavioral Models, a.a.O., S. 24–37.

118 Vgl. P. L. Watson, R. B. Westin, Transferability of Disaggregate Mode Choice Models, in: Regional Science and Urban Economics, Vol. 5, 1975, S. 227–249.

den hier dargestellten theoretischen Überlegungen untermauert werden kann.[119]

Mit Bezug zu einer kritischen Würdigung der wahrscheinlichkeitstheoretischen Wahlansätze kann positiv hervorgehoben werden, daß sie hinsichtlich ihrer Operationalität weit entwickelt sind. In den Forschungsarbeiten zu diesen Modellen wird besonders das für die Modelle notwendige statistische Instrumentarium bereitgestellt.[120] Als weitere positive Eigenschaft der Ansätze kann festgehalten werden, daß versucht wird, die Ansätze durch eine einzelwirtschaftlich ausgerichtete Theorie zu fundieren.

Als Kritikpunkte bezüglich der theoretischen Konzeption der Modelle sollen drei Aspekte angesprochen werden. Zunächst wird darauf hingewiesen, daß die Nutzenfunktion auf der Annahme einer kardinalen Präferenzskala beruht.[121] Außerdem wird keine beschränkte Nutzenmaximierung wie bei den haushaltstheoretisch orientierten Ansätzen des zweiten Kapitels vorgenommen. Da in die Nutzenfunktion der Wahlansätze sowohl Größen mit nutzenfördernder Wirkung (zum Beispiel Attraktivitätsfaktoren) als auch Größen mit nutzenmindernden Eigenschaften (zum Beispiel Fahrzeiten oder Fahrtkosten) eingehen, bedeutet das, daß den Wahlansätzen ein net benefit-Konzept zugrunde liegt.

Der zweite kritische Aspekt hängt mit der stochastischen Anlage der Modelle zusammen. Die stochastischen Terme werden in die Nutzenfunktion mit der Begründung eingeführt, daß durch sie die Einflüsse nicht meßbarer Größen auf die Fahrtentscheidung erfaßt werden sollen. In diesem Zusammenhang erscheint die Annahme bestimmter Verteilungen für die stochastischen Terme willkürlich.

Als letzter Kritikpunkt der hier diskutierten Ansätze sei erwähnt, daß die Modelle nicht sehr gut geeignet sind, die Höhe des Fahrtvolumens zu bestimmen. Will man die Fahrtfrequenz eines Haushalts ableiten, so ist es nicht ausreichend, die Wahrscheinlichkeiten zu bestimmen, ob ein Haushalt fährt oder nicht.[122] Da es möglich ist, daß die Haushalte auch mehrere Fahrten für den gleichen Fahrtzweck durchführen können, ist es notwendig, die Wahrscheinlichkeiten für die

119 Einen ähnlichen Weg zur Fundierung des Gravitationskonzeptes wählt R. A. Cochrane, A Possible Economic Basis for the Gravity Model, in: Journal of Transport Economics and Policy, Vol. 9, 1975, S. 34–49.

120 Einen ausgezeichneten Überblick über den Stand der Forschung auf dem Gebiet der Wahlansätze bietet D. McFadden, Quantitative Methods for Analysing Travel Behaviour of Individuals: Some Recent Developments, a.a.O., S. 279–318.

121 Die lineare Form der Nutzenfunktion bleibt nur bei linearen Transformationen erhalten.

122 Einen Ansatz zur Bestimmung der Wahrscheinlichkeiten, ob eine Fahrt durchgeführt wird oder nicht, diskutieren J.T. Adler, M.E. Ben-Akiva, Joint-Choice Model for Frequency, Destination, and Travel Mode for Shopping Trips, in: Transportation Research Record, No. 569, 1976, S. 136–150.

Durchführung von 0,1,...,n Fahrten zu bestimmen. Die Fahrtfrequenz eines Haushalts ergibt sich dann als Erwartungswert der möglichen Fahrtfrequenzen (= Summe der mit den ermittelten Wahrscheinlichkeiten gewichteten Fahrtfrequenzen). Ein solcher Ansatz wurde bisher nicht entwickelt. Außerdem ist es fraglich, ob sich das nutzentheoretische Instrumentarium, das auf die Erklärung der qualitativen Wahl zwischen Alternativen angelegt ist, sinnvoll auf eine quantitative Fragestellung übertragen läßt.
Im Gegensatz zu den Wahlansätzen sind die auf der Basis der Haushaltstheorie ableitbaren Ansätze von ihrer Konstruktion her in der Lage, auch die Höhe des Fahrtvolumens zu bestimmen. Hier liegt ein entscheidender Vorteil der ökonomischen Ansätze, von denen einige Ausprägungen im folgenden Unterpunkt vorgestellt werden sollen.

3. Ansätze auf der Basis der Haushaltstheorie

Im zweiten Kapitel, Teil B dieser Arbeit wurden die haushaltstheoretischen Grundlagen der Ermittlung der Verkehrsnachfrage erörtert. In diesem Unterpunkt soll nun gezeigt werden, welche explizite Form die Verkehrsnachfragefunktionen bei Einführung konkreter Nutzenrelationen annehmen können.
Im theoretischen Teil dieser Studie wurden mehrere Modelle entwickelt, die sich hinsichtlich der Behandlung zielortbezogener Präferenzen sowie im Hinblick auf die Berücksichtigung der Fahrzeiten als Nutzendeterminanten unterscheiden.[123]
In diesem Zusammenhang wurden vier Modelltypen abgeleitet:

	mit örtlichen Präferenzen	ohne örtliche Präferenzen
mit Fahrzeiten als Nutzendeterminanten	Modell (2.B.77.)	Modell (2.B.88.)
ohne Fahrzeiten als Nutzendeterminanten	Modell (2.B.73.)	Modell (2.B.82.)

Für die genannten Ansätze sollen im folgenden die zugehörigen Verkehrsnachfragefunktionen ermittelt werden.
Den Ausgangspunkt für die nachstehenden Überlegungen bildet zunächst eine Stone-Geary-Nutzenfunktion. Nach der Entwicklung von Ansätzen auf der Basis

123 Vgl. hierzu insbesondere die Ausführungen im Unterpunkt B.II.1 des zweiten Kapitels.

dieser Beziehung soll gezeigt werden, welche Konsequenzen sich bei der Wahl anderer Nutzenfunktionen ergeben. In diesem Zusammenhang wird auch kurz die Aufgabe der Linearitätsannahme der Beschaffungsrestriktion angesprochen.

Die Nutzenfunktion von Stone und Geary hat die Form[124]

$$U = \sum_k \beta_k \ln (X_k - \psi_k) \qquad (3.B.86.)$$

Hierbei bezeichnet das Symbol Ψ_k die minimale Konsummenge des Gutes k, während die Größe β_k einen güterspezifischen Parameter darstellt. In den folgenden Überlegungen wird für die Größen Ψ_k aus Gründen der Übersichtlichkeit der Wert Null angenommen.

Verwendet man den Funktionstyp (86), so nimmt das Modell (2.B.73.) die folgende explizite Form an.

$$\begin{aligned} Z = & \sum_j \sum_k \beta_{jk} \ln X_{jk} + \varepsilon \ln T^F + \\ & + \lambda(wT - \sum_j \sum_k p_{jk}X_{jk} - w \sum_j \sum_k T^B_{jk} - wT^F) + \\ & + \sum_j \sum_k \gamma_{jk}(T^B_{jk} - t_j F_{jk}) + \sum_j \sum_k \alpha_{jk}(X_{jk} - b_k F_{jk}) , \end{aligned} \qquad (3.B.87.)$$

$$Z \rightarrow \max$$

Als Gleichungsbedingungen ergeben sich die nachstehenden Beziehungen

$$\frac{\partial Z}{\partial X_{jk}} = \frac{\beta_{jk}}{X_{jk}} - \lambda p_{jk} + \alpha_{jk} = 0 , \qquad (j,k)\varepsilon J x K , \qquad (3.B.88.)$$

$$\frac{\partial Z}{\partial T^B_{jk}} = - \lambda w + \gamma_{jk} = 0 , \qquad (j,k)\varepsilon J x K , \qquad (3.B.89.)$$

$$\frac{\partial Z}{\partial F_{jk}} = - \gamma_{jk} t_j - \alpha_{jk} b_k = 0 , \qquad (j,k)\varepsilon J x K , \qquad (3.B.90.)$$

$$\frac{\partial Z}{\partial T^F} = \frac{\varepsilon}{T^F} - \lambda w = 0 , \qquad (3.B.91.)$$

$$\frac{\partial Z}{\partial \lambda} = wT - \sum_j \sum_k p_{jk}X_{jk} - w \sum_j \sum_k T^B_{jk} - wT^F = 0 , \qquad (3.B.92.)$$

124 Zur Diskussion dieser Funktion vgl. zum Beispiel L. Phlips, Applied Consumption Analysis, a.a.O., S. 20, 118–131.

$$\frac{\partial Z}{\partial \gamma_{jk}} = T^B_{jk} - t_j F_{jk} = 0 , \quad (j,k) \varepsilon J x K , \tag{3.B.93.}$$

$$\frac{\partial Z}{\partial \alpha_{jk}} = X_{jk} - b_k F_{jk} = 0 , \quad (j,k) \varepsilon J x K . \tag{3.B.94.}$$

Eliminiert man die Lagrangemultiplikatoren γ_{jk} und α_{jk} aus der Gleichung (90) mit Hilfe der Bedingungen (88) und (89), läßt sich schreiben

$$- \lambda w t_j + b_k \left(\frac{\beta_{jk}}{X_{jk}} - \lambda p_{jk}\right) = 0$$

oder

$$b_k \frac{\beta_{jk}}{X_{jk}} - \lambda (b_k p_{jk} + w t_j) = 0 , \quad (j,k) \varepsilon J x K \tag{3.B.95.}$$

Ersetzt man die Gütervariablen durch die Fahrtgrößen unter Verwendung der Beschaffungsrestriktionen (94), dann ergibt sich nach Multiplikation mit den Variablen F_{jk}

$$\beta_{jk} - \lambda (b_k p_{jk} + w t_j) F_{jk} - 0 , \quad (j,k) \varepsilon J x K \tag{3.B.96.}$$

Um den Lagrangefaktoren λ auf der Grundlage der kombinierten Zeit-Budget-Restriktion (92) ersetzen zu können, werden die Gleichungen (91) und (96) addiert und über die Güter $k \in K$ und die Orte $j \in J$ summiert. Nach entsprechenden Umformungen resultiert

$$\sum_j \sum_k \beta_{jk} + \varepsilon - \lambda [\sum_j \sum_k (b_k p_{jk} + w t_j) F_{jk} + w T^F] = 0 \tag{3.B.97.}$$

Führt man die Normierungsbedingung[125]

$$\sum_j \sum_k \beta_{jk} + \varepsilon = 1 \tag{3.B.98.}$$

ein und berücksichtigt man, daß der Wert der eckigen Klammer in (97) dem Produkt wT entspricht,[126] dann läßt sich für die Größe λ ermitteln

125 Die Einführung der Normierungsvorschrift dient der Vereinfachung der Nachfragefunktionen. Die Bedingung wird im Rahmen des »Linear Expenditure Systems« häufig verwendet; vgl. L. Phlips, Applied Consumption Analysis, a.a.O., S. 123–125. Die Berücksichtigung der Bedingung hat keinen Einfluß auf die Grenznutzenverhältnisse.

126 Ersetzt man die Zeit- und die Gütervariablen in der kombinierten Zeit-Budget-Restriktion (92) mit Hilfe der Bedingungen (93) und (94) durch die Fahrtvariablen, so läßt sich erkennen, daß der Wert der eckigen Klammer der Gleichung (97) dem Produkt wT entspricht.

$$\lambda = \frac{1}{wT} \tag{3.B.99.}$$

Wenn man dieses Ergebnis in die Gleichung (96) einsetzt und nach den Variablen F_{jk} auflöst, ergeben sich die Nachfragefunktionen in folgender Form

$$F_{jk} = \frac{\beta_{jk} wT}{b_k p_{jk} + wt_j}, \quad (j,k) \varepsilon J x K \tag{3.B.100.}$$

Die Anzahl der Fahrten ist in diesem Modell proportional zu dem mit dem Koeffizienten β_{jk} gewichteten »full income« wT und umgekehrt proportional zu den Kosten einer Fahrt. Die Kosten der Fahrt setzen sich zusammen aus den Konsumausgaben pro Fahrt ($b_k p_{jk}$) und der bewerteten Fahrzeit (wt_j).[127] In der Terminologie der Verkehrstheorie repräsentiert der Term ($\beta_{jk} wT$) die Fahrtanziehung des Ortes j für die Beschaffung des Gutes k, während die Beziehung $(b_k p_{jk} + wt_j)^{-1}$ die Fahrtwiderstandsfunktion darstellt.
Führt man den Funktionstyp (86) in das Modell (B.II.77.) ein, lautet die Nutzenfunktion

$$U = \sum_j \sum_k \beta_{jk} \ln X_{jk} + \mu_{jk} \ln T^B_{jk} + \varepsilon \ln T^F \tag{3.B.101.}$$

Die Restriktionen des vorab diskutierten Modells (87) werden auch bei diesem Ansatz berücksichtigt. Somit bleiben auch die Gleichgewichtsbedingungen des Ansatzes bis auf die Relationen (89) unverändert. Diese Gleichungen, die sich auf die Variablen T^B_{jk} beziehen, lauten nun

$$\frac{\partial Z}{\partial T^B_{jk}} = \frac{\mu_{jk}}{T^B_{jk}} - \lambda w + \gamma_{jk} = 0, \quad (j,k) \varepsilon J x K \tag{3.B.102.}$$

Ersetzt man in der Gleichung (90) die Größen α_{jk} und γ_{jk} auf der Grundlage der Beziehungen (88) und (102), dann ergibt sich anstelle der Bedingung (95)

$$b_k \frac{\beta_{jk}}{X_{jk}} + t_j \frac{\mu_{jk}}{T^B_{jk}} - \lambda(b_k p_{jk} + wt_j) = 0, \quad (j,k) \varepsilon J x K \tag{3.B.103.}$$

Substituiert man die Größen X_{jk} und T^B_{jk} mit Hilfe der Beschaffungs- und der Fahrzeitrestriktionen (93) und (94), kann man nach Umformung schreiben

$$\beta_{jk} + \mu_{jk} - \lambda(b_k p_{jk} + wt_j) F_{jk} = 0, \quad (j,k) \varepsilon J x K \tag{3.B.104.}$$

127 Eine Erweiterung der Zeit-Budget-Restriktion um monetäre Aufwendungen für die Fahrten (Benzinkosten, Parkgebühren, Fahrpreise) ist ohne weiteres möglich; vgl. hierzu die Ausführungen zu der Gleichung (2.B.72.).

Diese Gleichung unterscheidet sich von der Beziehung (96) nur durch den Parameter μ_{jk}. Die Rechenschritte zum Ersatz des Faktors λ (Gleichung (97)–(99)) können auf die vorstehende Relation ebenfalls angewendet werden. Normiert man analog zu Gleichung (98) die Summe der Koeffizienten der Nutzenfunktion auf den Wert Eins

$$\sum_j \sum_k \beta_{jk} + \mu_{jk} + \varepsilon = 1 \qquad (3.B.105.)$$

ergibt sich für die Größe λ wiederum der Wert 1/wT. Die Verkehrsnachfragefunktionen lauten nun also

$$F_{jk} = \frac{(\beta_{jk} + \mu_{jk})wT}{b_k p_{jk} + wt_j}, \qquad (j,k)\varepsilon J x K \qquad (3.B.106.)$$

Die Nachfragefunktionen (106) unterscheiden sich von den Relationen (100) lediglich durch die Parameter μ_{jk}, die den Nutzeneinfluß der Fahrzeiten widerspiegeln.

Bei den vorstehend diskutierten Ansätzen wird angenommen, daß die Nutzenbeiträge, die die Güter erbringen, von den Zielorten beeinflußt werden. Das führt dazu, daß alle Güter mit dem Index der Bestimmungszonen versehen sind. Bei den Modellen (2.B.82.) und (2.B.88.) wird hingegen unterstellt, daß die Güter unabhängig vom Beschaffungsort den gleichen Nutzen stiften. Deshalb tragen die Gütervariablen hier keinen Index des Einkaufsortes. Das Modell (2.B.82.) hat somit die folgende Form

$$\begin{aligned} Z = {} & \sum_k \beta_k \ln X_k + \varepsilon \ln T^F + \qquad (3.B.107.) \\ & + \lambda(wT - \sum_j \sum_k p_{jk}X_{jk} - w \sum_j \sum_k T^B_{jk} - wT^F) + \\ & + \sum_j \sum_k \gamma_{jk}(T^B_{jk} - t_j F_{jk}) + \sum_j \sum_k \alpha_{jk}(X_{jk} - b_k F_{jk}) + \\ & + \sum_k \delta_k (X_k - \sum_j X_{jk}) , \end{aligned}$$

$$Z \to \max$$

Der Ansatz (107) unterscheidet sich von den vorab behandelten Modellen unter anderem dadurch, daß eine Allokationsrestriktion, die die Beziehung zwischen den Variablen X_k und X_{jk} herstellt, berücksichtigt werden muß. Wie an anderer Stelle ausführlich dargelegt wurde, führt der vorstehende Ansatz zu einer

Ecklösung bezüglich der Größen X_{jk}, da nur in solchen Orten eingekauft wird, bei denen die Beschaffungskosten für die entsprechenden Güter minimal sind.[128] Für das Modell (107) lautet die umgeformte Gleichgewichtsbedingung, die zur Ableitung der Verkehrsnachfragefunktionen herangezogen werden muß, in allgemeiner Form[129]

$$\frac{\partial U}{\partial X_k} b_k - \lambda(b_k p_{j_k k} + wt_{j_k}) = 0 \qquad \text{für } F_{jk} > 0 \tag{3.B.108.}$$

wobei gilt

$$(b_k p_{j_k k} + wt_{j_k}) = \min_j (b_k p_{jk} + wt_j) \ , \qquad k \varepsilon K$$

$$F_{jk} = 0 \qquad \text{für } j \neq j_k, \ j \varepsilon J, \ k \varepsilon K$$

Berechnet man die Grenznutzen auf der Basis der Stone-Geary-Funktion (86), so läßt sich die Bedingung auch schreiben als

$$\frac{b_k}{X_k} b_k - \lambda(b_k p_{j_k k} wt_{j_k}) = 0 \ , \qquad k \varepsilon K \tag{3.B.109.}$$

Ersetzt man die Größen X_k gemäß der Allokationsrestriktion durch die Variablen X_{jk}, und eliminiert man diese mit Hilfe der Beschaffungsrestriktion, dann lassen sich die folgenden Verkehrsnachfragefunktionen ermitteln

$$F_{j_k k} = \frac{\beta_k wT}{b_k p_{j_k k} + wt_{j_k}} \ , \qquad k \varepsilon K \tag{3.B.110.}$$

Für den Lagrangefaktor λ ergibt sich auch hier der Wert 1/wT, wenn die nachstehende Normierungsbedingung verwendet wird.

$$\sum_k \beta_k + \sum_j \sum_k \mu_{jk} + \varepsilon = 1 \tag{3.B.111.}$$

Der letzte zu diskutierende Ansatz geht davon aus, daß die Güter unabhängig vom Einkaufsort den gleichen Nutzen spenden und daß die Fahrzeiten als Nutzendeterminanten berücksichtigt werden müssen. Die Nutzenfunktion des Modells (2.B.88.) hat die explizite Form

$$U = \sum_k \beta_k \ln X_k + \sum_j \sum_k \mu_{jk} \ln T^B_{jk} + \varepsilon \ln T^F \tag{3.B.112.}$$

128 Vgl. die Ausführungen zu den Gleichungen (2.B.82.)–(2.B.87.).
129 Vgl. die Gleichungen (2.B.85.) und (2.B.86.).

Die Restriktionen des Ansatzes (107) werden hier unverändert übernommen. Die Nachfragefunktionen für dieses Modell ergeben sich aus der Beziehung (2.B.91.):

$$\frac{\partial U}{\partial X_k} b_k + \frac{\partial U}{\partial T^B_{jk}} t_j - \lambda(b_k p_{jk} + wt_j) = 0 , \qquad (j,k)\varepsilon J x K \qquad (3.B.113.)$$

wenn die entsprechenden partiellen Ableitungen der Nutzenfunktion (112) eingesetzt werden

$$\frac{\beta_k}{X_k} b_k + \frac{\mu_{jk}}{T^B_{jk}} t_j - \lambda(b_k p_{jk} + wt_j) = 0 , \qquad (j,k)\varepsilon J x K \qquad (3.B.114.)$$

Ersetzt man die Gütervariablen X_k durch die Fahrtgrößen F_{jk} mit Hilfe der Beschaffungs- und der Allokationsrestriktionen und eliminiert man weiterhin die Variablen T^B_{jk} auf der Grundlage der Fahrzeitrestriktion, läßt sich schreiben

$$\frac{\beta_k}{\sum\limits_q F_{qk}} + \frac{\mu_{jk}}{F_{jk}} - \lambda(b_k p_{jk} + wt_j) = 0 , \qquad (j,k)\varepsilon J x K \qquad (3.B.115.)$$

Auch für dieses Modell ergibt sich für den Lagrangefaktor λ der Wert $1/wT$, wenn die Normierungsbedingung (111) verwendet wird.[130] Setzt man diesen Wert in die vorstehende Beziehung ein und löst nach den Variablen F_{jk} auf, so erhält man

$$F_{jk} = \frac{\mu_{jk}}{\frac{b_k p_{jk} + wt_j}{wT} - \frac{\beta_k}{\sum\limits_q F_{qk}}} , \qquad (j,k)\varepsilon J x K \qquad (3.B.116.)$$

Die Verkehrsnachfragefunktionen bilden ein nichtlineares interdepentendes Gleichungssystem, das mit herkömmlichen algebraischen Methoden nicht explizit lösbar ist. Zur Ableitung der Größen F_{jk} und F_k ($= \sum\limits_q F_{qk}$) kann ein iteratives Verfahren vorgeschlagen werden, wie es durch die Gleichungen (2.B.113.)–(2.B.120.) beschrieben wurde. Der angesprochene Lösungsvorschlag beruht auf der iterativen Anordnung eines Fahrtentstehungs- und eines Fahrtverteilungssubmodells. Um die Fahrtentstehungsgleichung zur Ermittlung der Größen F_k abzuleiten, wird die Gleichung (115) zunächst mit den Variablen F_{jk} multipliziert und anschließend über die Orte $j \in J$ summiert. Das Ergebnis lautet:

$$\beta_k + \sum_j \mu_{jk} - \lambda \sum_j (b_k p_{jk} + wt_j) F_{jk} = 0 \qquad (3.B.117.)$$

130 Der Summenterm im Nenner des ersten Summanden der Gleichung (115) läßt sich kürzen, wenn man die Gleichung mit den Größen F_{jk} multipliziert und über die Orte und die Güter summiert.

Setzt man für den Faktor λ den Wert 1/wT ein und erweitert man den letzten Summanden mit $F_k = \sum_j F_{jk}$, so erhält man

$$\beta_k + \sum_j \mu_{jk} - \frac{\sum_j (b_k p_{jk} + wt_j) F_{jk}}{wT \sum_j F_{jk}} F_k = 0$$

Die Fahrtentstehungsgleichungen haben dann die folgende Form

$$F_k = \frac{(\beta_k + \sum_j \mu_{jk}) wT}{\frac{\sum_j (b_k p_{jk} + wt_j) F_{jk}}{\sum_j F_{jk}}}, \quad k \varepsilon K \tag{3.B.118.}$$

Wie zu erkennen ist, hängt die Fahrtentstehung unter anderem von den mit den Größen F_{jk} gewichteten Beschaffungskosten ab. Da die Gewichte aber erst bekannt sind, wenn die Gleichungen (116) gelöst sind, wird die folgende iterative Berechnung von Fahrtentstehung und Fahrtverteilung vorgeschlagen.
Zu Beginn des Verfahrens werden die Beschaffungskosten als arithmetisches Mittel angesetzt

$$z_k = \frac{\sum_j (b_k p_{jk} + wt_j)}{n_J}, \quad k \varepsilon K \tag{3.B.119.}$$

Mit Hilfe dieser Größen werden die Fahrtentstehungsvariablen F_k gemäß (118) ermittelt, die dann zur Berechnung der Fahrtverteilung (116) verwendet werden. Die Größen F_{jk} dienen dann als Grundlage für die Ableitung der gewichteten Beschaffungskosten des nächsten Iterationsschritts. Das Verfahren wird solange fortgesetzt, bis die sich ändernden Variablen gegen feste Werte konvergieren. Bei der Durchführung einiger computergestützter Rechenbeispiele zeigte sich, daß die Konvergenz nach 10–16 Iterationsschritten eintrat.[131]
Die bisher abgeleiteten Nachfragefunktionen zeichneten sich dadurch aus, daß der Lagrangefaktor durch die kombinierte Zeit-Budget-Restriktion eliminiert werden konnte. Der Grund hierfür liegt in der Annahme der Nutzenfunktion (86). Bei dieser Funktion ergeben sich Gleichgewichtsbedingungen, die linear in den mit den Fahrten verbundenen Ausgaben $(b_k p_{jk} + wt_j)$ sind. Das bedeutet, man bekommt ein System von Verkehrsnachfragefunktionen, daß dem in der

131 Zur Diskussion eines Glättungsverfahrens zur Beschleunigung der Konvergenz des Verfahrens vgl. die Ausführungen zur Gleichung (2.B.120.).

empirisch orientierten Konsumtheorie häufig angewendeten »Linear Expenditure System« entspricht.[132]

Zum Schluß dieses Unterpunkts soll die Möglichkeit der Einbeziehung weiterer Nutzenfunktionen aufgezeigt werden. Den Ansatzpunkt hierfür bietet die Relation[133]

$$\frac{\partial U}{\partial X_{jk}} b_k - \lambda(b_k p_{jk} + wt_j) = 0 , \qquad (j,k)\varepsilon J x K \tag{3.B.120.}$$

Hier können unter Vorgabe verschiedener Nutzenfunktionen alternative Verkehrsnachfragebeziehungen abgeleitet werden. Ergeben sich dann Gleichgewichtsbedingungen, die nichtlinear in den Gesamtausgaben der Fahrten sind, läßt sich der Lagrangefaktor λ nicht ohne weiteres aus den Nachfragerelationen eliminieren. Eine Möglichkeit der Handhabung dieser Beziehungen besteht darin, den Faktor λ als empirisch zu ermittelnden Parameter in der Nachfragefunktion zu belassen.[134]

Wählt man zum Beispiel die Nutzenfunktion[135]

$$U = - \sum_j \sum_k \alpha_{jk} e^{-\beta_{jk} X_{jk}} \tag{3.B.121.}$$

so ergeben sich die Grenznutzen als

$$\frac{\partial U}{\partial X_{jk}} = \alpha_{jk} \beta_{jk} e^{-\beta_{jk} X_{jk}} , \qquad (j,k)\varepsilon J x K \tag{3.B.122.}$$

Setzt man die vorstehenden Werte in die Beziehung (120) ein und eliminiert man die Gütervariablen mit Hilfe der Beschaffungsrestriktion, dann resultiert daraus nach Umformung

$$b_k \alpha_{jk} \beta_{jk} e^{-\beta_{jk} b_k F_{jk}} = \lambda(b_k p_{jk} + wt_j)$$

132 Zur Anwendung des Linear Expenditure System vgl. zum Beispiel J. R. N. Stone, The Measurement of Consumer Expenditures and Behaviour in the United Kingdom, Cambridge 1953.

133 Die Gleichung (120) bezieht sich auf das Modell mit örtlichen Präferenzen, bei dem die Fahrzeiten nicht als Nutzendeterminanten berücksichtigt wurden. Dieses Modell wird als Beispiel gewählt.

134 Diesen Weg beschreiten auch T. F. Golob et al., An Economic Utility Approach to Spatial Interaction, a.a.O., S. 165–167.

135 Diese Nutzenfunktion wird erwähnt von J. S. Chipman, A Survey of the Theory of International Trade, Part 2: The Neoclassical Theory, in: Econometrica, Vol. 33, 1965, S. 685–760 (hier: S. 691).

Löst man diese Gleichung nach den Fahrtvariablen F_{jk} auf, lassen sich die folgenden Nachfragefunktionen ermitteln

$$F_{jk} = \frac{1}{\beta_{jk} b_k} (\ln \alpha_{jk} \beta_{jk} b_k - \ln \lambda (b_k p_{jk} + wt_j)) \qquad (3.B.123.)$$

An dieser Stelle sei nochmals darauf hingewiesen, daß eine Verkehrsnachfragefunktion, die die nachstehende Struktur eines Entropiemodells hat, auf der Basis der haushaltstheoretischen Ansätze nicht abgeleitet werden kann.

$$F_{jk} = \frac{1}{b_k} e^{\beta_{jk} - \lambda \left(\frac{b_k p_{jk} + wt_j}{b_k} \right)} , \quad (j,k) \varepsilon J x K \qquad (3.B.124.)$$

Dieser Tatbestand läßt sich ablesen, wenn die vorstehende Gleichung logarithmiert wird und in der Form

$$b_k(\beta_{jk} - \ln b_k F_{jk}) - \lambda(b_k p_{jk} + wt_j) = 0 , \quad (j,k) \varepsilon J x K \qquad (3.B.125.)$$

geschrieben wird. Der Term (β_{jk}–ln $b_k F_{jk}$) repräsentiert die Grenznutzen der Güter. Dieser Ausdruck ist zunächst positiv und dann negativ. Diese Eigenschaft widerspricht den Annahmen der Konsumtheorie.[136]

Zum Schluß dieses Unterpunktes wird noch auf eine weitere Modifikation der haushaltstheoretischen Modelle aufmerksam gemacht. Die Änderung der Modelle besteht darin, die Linearitätsannahme der Beschaffungsrestriktion aufzugeben. Für diese Ansätze lautet die Gleichung (120) in allgemeiner Form

$$\frac{\partial U}{\partial X_{jk}} \frac{\partial X_{jk}}{\partial F_{jk}} - \lambda \left(\frac{\partial X_{jk}}{\partial F_{jk}} p_{jk} + wt_j \right) = 0 , \quad (j,k) \varepsilon J x K \qquad (3.B.126.)$$

Die vorgeschlagene Modifikation der Modelle ist aber lediglich theoretischer Natur, da die Ableitung operationaler Nachfragefunktionen auf der Grundlage der Beziehung (126) sehr schwierig, wenn nicht sogar unmöglich ist.

Vergleicht man die in diesem Abschnitt diskutierten Verkehrsnachfragefunktionen mit den zuvor behandelten Verfahren zur Bestimmung der Fahrtverteilung, so kann positiv hervorgehoben werden, daß die zuletzt untersuchten Ansätze auf einer konsistenten Weiterentwicklung der Haushaltstheorie basieren, deren Grundlagen im Gliederungspunkt B des zweiten Kapitels dieser Arbeit ausführlich erörtert werden. Außerdem wird bei den Modellen berücksichtigt, daß die

136 Vgl. die Ausführungen zu der Gleichung (3.B.54.).

Verkehrsnachfrage eine aus der Nachfrage nach Gütern abgeleitete Nachfrage darstellt. Diese Eigenschaften treffen insbesondere auf die Gravitationsmodelle nicht zu. In diesem Zusammenhang ist vor allem auf die oben erwähnte Unvereinbarkeit der Entropieansätze mit den Annahmen der modernen Konsumtheorie hinzuweisen.

Die wahrscheinlichkeitstheoretischen Wahlansätze unterscheiden sich hinsichtlich der theoretischen Basis ebenfalls grundsätzlich von den haushaltstheoretischen Modellen.[137] Da die Wahlansätze der Bestimmung der Wahrscheinlichkeit der Zielortentscheidungen dienen, sind sie nicht in der Lage, die Höhe des Fahrtvolumens zu determinieren. Hier liegt der entscheidende Vorteil der haushaltstheoretischen Modelle.

Hinsichtlich der Operationalität der Modelle der Fahrtverteilung muß darauf hingewiesen werden, daß dem Problem der Kalibrierung der Modellrelationen im Rahmen der Gravitationsansätze besondere Aufmerksamkeit geschenkt wird. Hier sind mehrere zufriedenstellende Verfahren zur Schätzung des Fahrtwiderstandsparameters entwickelt worden. Aus diesem Grunde werden die Gravitationsmodelle auch in den meisten empirischen Verkehrsstudien verwendet.

Die Schätzung der Modellparameter des auf der Basis der Wahlansätze abgeleiteten Logit-Modells ist schwieriger, da mehrere Parameter der nichtlinearen Modellrelationen bestimmt werden müssen. Aber auch für dieses Modell liegen inzwischen befriedigende Kalibrierungsverfahren vor, so daß der Anwendung der Verfahren von dieser Seite nichts im Wege steht.

Im Hinblick auf die empirische Anwendung der Verkehrsnachfragebeziehungen, die auf der Basis der Haushaltstheorie abgeleitet werden, muß noch untersucht werden, mit welchen Verfahren eine Schätzung der Modellparameter vorgenommen werden kann. In diesem Zusammenhang kommt der Analyse weiterer Nutzenfunktionen besondere Bedeutung zu. Weiterhin ist für die Ableitung operationaler Verkehrsmodelle wichtig, welches Aggregationsverfahren zur Ableitung der gesamten Verkehrsnachfrage angewendet werden soll, da die hier ermittelten Funktionen die Verkehrsnachfrage des Haushalts repräsentieren.[138] Den beiden genannten Problemen muß in Zukunft verstärkte Aufmerksamkeit gewidmet werden.

137 Trotz der Unterschiede in den theoretischen Grundlagen der Modelle lassen sich aus einigen Nachfragefunktionen der haushaltstheoretischen Modelle bei Einführung von unsicheren Erwartungen hinsichtlich der Beschaffungskosten ebenfalls Ansätze ableiten, die die gleiche Struktur wie die Wahlansätze haben. Wie aber dargelegt wurde (vgl. Punkt B.II.2 des zweiten Kapitels) werden die unsicheren Erwartungen nachträglich in die Nachfragefunktionen eingeführt. Sie sind kein integraler Bestandteil des Nutzenmaximierungskalküls des Haushalts.

138 Zu den Aggregationsverfahren vgl. die Ausführungen im Unterpunkt B.III des zweiten Kapitels.

III. Die Ermittlung der Verkehrsartenwahl

1. Das verallgemeinerte Entropiemodell

Die Ansätze zur Ermittlung der Aufteilung des Verkehrs (modal split-Modelle) ordnen das Verkehrsvolumen, das sich aus den Fahrtentstehungssubmodellen oder den Fahrtverteilungssubmodellen ergibt, den verschiedenen Verkehrsarten (modes) zu. Die Verkehrsarten können sowohl technisch als auch institutionell definiert werden. Bei der technischen Betrachtungsweise stellt man auf das Verkehrsmittel (zum Beispiel Auto, Bus oder Bahn) oder auf das Verkehrssystem (zum Beispiel Straßenverkehr, Schienenverkehr oder Luftverkehr) ab. Bei der institutionellen Betrachtungsweise bildet der Verkehrsträger den Bezugspunkt. Hier wird häufig nur der private und der öffentliche Verkehr unterschieden. Dabei wird dann auf der einen Seite der Verkehr der öffentlichen Verkehrsmittel (mass transportation, transit trips) zu einer Verkehrsart und auf der anderen Seite der private Autoverkehr zu der anderen Verkehrsart zusammengefaßt. In einigen neueren Ansätzen wird hingegen versucht, die einzelnen Verkehrsarten abstrakt von ihren Eigenschaften zum Beispiel bezüglich der Fahrtzeit, den Fahrtkosten und der Netzdichte zu definieren.[139] Diese Vorgehensweise kann vor allem bei der Einführung neuer Verkehrsmittel verwendet werden.

Das Entropiemodell wird in den Fahrtverteilungsansätzen verwendet, um die wahrscheinlichste Zuordnung der Fahrten auf die Kombinationen der Ursprungsorte und der Bestimmungsorte zu ermitteln. Dieses Modell läßt sich leicht verallgemeinern, indem zusätzlich die Verteilung der Fahrten auf die Verkehrsmittel vorgenommen wird. Die gesuchte Verteilung des erweiterten Systems wird durch die Größen Q_{ijm} repräsentiert. Hierbei bezieht sich der Index m auf die Verkehrsmittel. Die Anzahl der Systemzustände $F((Q_{ijm}))$, aus denen die Verteilung des Systems $(Q_{ijm})_{(i,j,m)\in I\times J\times M}$ gebildet werden kann, ergibt sich analog zu der Beziehung (3.B.36.) als

$$F((Q_{ijm})) = \frac{Q!}{\prod_i \prod_j \prod_m Q_{ijm}!} \qquad (3.B.127.)$$

Die Zielfunktion (3.B.39.) wird damit bei Berücksichtigung der Verkehrsmittel zu

$$Z = \ln Q! - \sum_i \sum_j \sum_m Q_{ijm} \ln Q_{ijm} - Q_{ijm}, \qquad (3.B.128.)$$

$$Z \to \max$$

139 Das Konzept der »abstract modes« wurde entwickelt von R. E. Quandt, W. J. Baumol, The Demand for Abstract Modes, Theory and Measurement, in: R. E. Quandt (ed.), The Demand for Travel: Theory and Measurement, 2nd printing, Lexington 1972, S. 83–101. Die abstract mode-Ansätze werden im Zusammenhang mit den direct demand models im übernächsten Unterpunkt behandelt.

Die auf die Ursprungs- und die Zielorte bezogenen Restriktionen (3.B.8.) und (3.B.9.) lauten

$$\sum_j \sum_m Q_{ijm} = Q_i \,, \qquad i \varepsilon I \qquad (3.B.129.)$$

$$\sum_i \sum_m Q_{ijm} = Q_j \,, \qquad j \varepsilon J \qquad (3.B.130.)$$

Entsprechend hat die Fahrzeitrestriktion (3.B.40.) die Form

$$\sum_i \sum_j \sum_m t_{ijm} Q_{ijm} = \bar{t} \qquad (3.B.131.)$$

Das Ergebnis des zuvor beschriebenen Optimierungsproblems kann analog zu dem in den Beziehungen (3.B.42.)–(3.B.53.) beschriebenen Lösungsverfahren ermittelt werden. Das erweiterte Entropiemodell lautet[140]

$$Q_{ijm} = G_i Q_i G_j Q_j e^{-\beta t_{ijm}} \,, \qquad (i,j,m) \varepsilon I x J x M \qquad (3.B.132.)$$

Für die Anpassungsfaktoren ergibt sich

$$G_i = \frac{1}{\sum_j \sum_m G_j Q_j e^{-\beta t_{ijm}}} \,, \qquad i \varepsilon I \qquad (3.B.133.)$$

$$G_j = \frac{1}{\sum_i \sum_m G_i Q_i e^{-\beta t_{ijm}}} \,, \qquad j \varepsilon J \qquad (3.B.134.)$$

Zur Lösung benötigt das Entropiemodell die Höhe des Quellverkehrs Q_i und des Zielverkehrs Q_j. Beide Größen ergeben sich aus einem vorgelagerten Fahrtentstehungsmodell. Weiterhin müssen die Fahrzeiten der einzelnen Verkehrsarten für die Zielperiode vorgegeben werden. Der Paramter β ist wiederum mit Hilfe eines Kalibrierungsverfahrens zu bestimmen.
Um die modal split-Implikationen des Entropiemodells deutlich zu machen, wird an dieser Stelle der Anteil der Fahrten mit dem Verkehrsmittel m an der Gesamtzahl der Fahrten zwischen den Orten i und j (Q_{ijm}/Q_{ij} = modal split) aus

140 Das verallgemeinerte Entropiemodell wurde entwickelt von A. G. Wilson, Entropy in Urban and Regional Modelling, a.a.O., S. 22–30. Neben den dargestellten Modifikationen des Modells wird dort zusätzlich eine Differenzierung des Ansatzes nach Haushaltsklassen vorgenommen. Zur praktischen Anwendung des Modells vgl. D. J. Wagon, The Mathematical Model, a.a.O., S. 23–26.

der Gleichung (132) abgleitet. Hierbei ergibt sich das gesamte Fahrtvolumen Q_{ij} zwischen i und j als Summe der verkehrsmittelspezifischen Fahrtvolumina.

$$\frac{Q_{ijm}}{Q_{ij}} = \frac{e^{-\beta t_{ijm}}}{\sum_z e^{-\beta t_{ijz}}}, \qquad (i,j,m) \varepsilon I x J x M \qquad (3.B.135.)$$

Geht man davon aus, daß nur zwei Verkehrsmittel (m=1 für das Auto, m=2 für die öffentlichen Verkehrsmittel) betrachtet werden, so läßt sich der Anteil der Autofahrten an der Gesamtzahl der Fahrten schreiben als

$$\frac{Q_{ij1}}{Q_{ij}} = \frac{e^{-\beta t_{ij1}}}{e^{-\beta t_{ij1}} + e^{-\beta t_{ij2}}}, \qquad (i,j) \varepsilon I x J \qquad (3.B.136.)$$

Durch Kürzen erhält man aus dieser Beziehung

$$\frac{Q_{ij1}}{Q_{ij}} = \frac{1}{1 + e^{-\beta(t_{ij2} - t_{ij1})}}, \qquad (i,j) \varepsilon I x J \qquad (3.B.137.)$$

Die vorstehende Gleichung kennzeichnet eine Diversionsfunktion, die den modal split in Abhängigkeit von den Fahrzeitdifferenzen der beiden Verkehrsmittel bestimmt.[141] Die Diversionskurve hat den in der Abbildung 14 dargestellten Verlauf.

Mit Bezug zu einer kritischen Würdigung des erweiterten Entropiemodells sei nochmals auf den geringen ökonomischen Gehalt dieses Ansatzes hingewiesen. Dieser Problemkreis wurde im Zusammenhang mit den Fahrtverteilungsmodellen ausführlich behandelt. Positiv ist zu dem Modell anzumerken, daß die Fahrtverteilung und die Verkehrsmittelwahl simultan bestimmt werden. Damit trägt das

141 In älteren Verkehrsstudien werden häufig Diversionskurvenverfahren zur Bestimmung des modal split verwendet. Als Einflußvariablen wurden dort meist Fahrzeit- oder Fahrtkostenquotienten verwendet. Diesen Ansätzen fehlt allerdings eine theoretische Begründung. Außerdem können die Verfahren bei der Berücksichtigung von mehr als zwei Verkehrsmitteln nicht mehr angewendet werden. Zu den Diversionskurvenverfahren vgl. W. Buhr, R. Pauck, Stadtentwicklungsmodelle, a.a.O., S. 298–301. Einen Überblick über die verschiedenen empirisch verwandten Diversionskurvenverfahren befindet sich in M. J. Fertal et al., Modal Split, Documentation of Nine Methods for Estimating Transit Usage, U.S. Department of Transportation, Federal Highway Administration, Urban Planning Division, Office of Highway Planning, Washington, D.C., 1966.

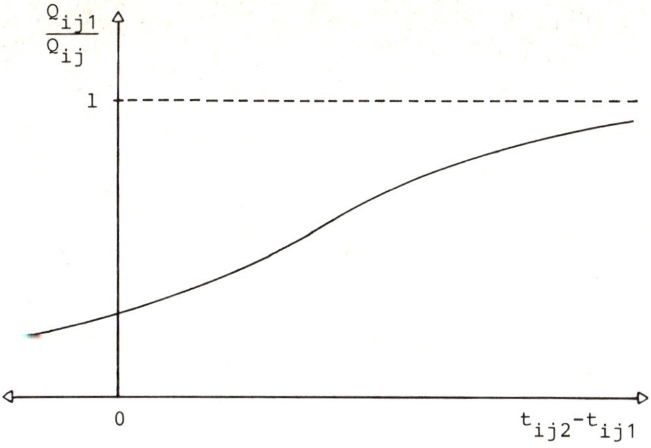

Abbildung 14: Verlauf einer nach dem Entropiekonzept abgeleiteten Diversionskurve[142]

Modell implizit der Nichttrennbarkeit der Zielort- und der Verkehrsmittelentscheidung Rechnung.[143]

2. Wahrscheinlichkeitstheoretische Wahlansätze

Die wahrscheinlichkeitstheoretischen Wahlansätze wurden ursprünglich für die Ableitung der Wahl der Verkehrsmittel entwickelt. Die Übertragung der Ansätze zum Beispiel auf die Wahl des Bestimmungsortes wurde erst später vorgenommen. Aus diesem Grunde finden sich die meisten Anwendungsbeispiele der genannten Modelle im Bereich des modal split.

Wie schon an anderer Stelle ausgeführt wurde, werden in den empirisch orientierten Verkehrsstudien häufig nur zwei Verkehrsmittel (auto, transit) oder zwei Verkehrsarten (private traffic, public traffic) unterschieden. Deshalb werden im Bereich des modal split meist nur Ansätze für die binäre Wahl verwendet.[144]

142 Vgl. A. G. Wilson, Urban and Regional Models in Geography and Planning, a.a.O., S. 143.

143 Zu diesem Problemkreis vgl. die Ausführungen in Unterpunkt B.II.3 des zweiten Kapitels.

144 Als Ausnahmen können die folgenden Verkehrsstudien genannt werden: P. R. Rassam et al., The n-Dimensional Logit-Model: Development and Application, in: Highway Research Record, No. 369, 1971, S. 135–147; Peat, Marwick Mitchell & Co., Implementation of the N-Dimensional Logit Model, Final Report Prepared for the Comprehensive Planning Organization, San Diego County, California, Washington, D.C., 1972.

Die Modelle der binären Wahl sind Spezialfälle der im Bereich der Fahrtverteilung diskutierten Ansätze der multiplen Wahl. Aus diesem Grunde ist es nicht notwendig, die dort ausführlich behandelten theoretischen Grundlagen der Modelle nochmals darzulegen.
Das Probit-Modell für die binäre Wahl wurde von Lave[145] und Lisco[146] auf die Verkehrsmittelwahl angewendet.
Es hat die Form

$$W_1 = F(\Delta V_{12}) = \frac{1}{2\pi} \int_{a=-\infty}^{\Delta V_{12}} e^{-\frac{a^2}{2}} da \qquad (3.B.138.)$$

Diese zu integrierende Funktion ist die Dichtefunktion der standardisierten Normalverteilung. Die Größe ΔV_{12} ergibt sich analog zur Gleichung (3.B.65.) als

$$\Delta V_{12} = V_1 - V_2 \qquad (3.B.139.)$$

In den meisten modal split-Modellen wird die lineare Funktion (3.B.81.) als strict utility-Funktion verwendet. Für das Verkehrsmittel m lautet diese Beziehung

$$V_m = \sum_p \beta_p b_{pm}, \qquad m \varepsilon M \qquad (3.B.140.)$$

Setzt man diese Funktion in die Gleichung (139) ein, so ergibt sich

$$\Delta V_{12} = \sum_p \beta_p (b_{p1} - b_{p2}) \qquad (3.B.141.)$$

Wie die vorstehende Gleichung zeigt, können die Nutzendifferenzen als Linearkombinationen der Eigenschaftsvariablen der Verkehrsmittel ausgedrückt werden.
Die gleiche Beziehung wird auch in den Logit-Modellen genutzt. Das Logit-Modell der binären Wahl wurde zum Beispiel von Stopher[147] angewendet. Es ergibt sich als Spezialfall des multiplen Modells (75):[148]

145 Vgl. C.A. Lave, Modal Choice in Urban Transportation: A Behavioral Approach, Dissertation, Department of Economics, Stanford University, Stanford 1968; ders., A Behavioral Approach to Modal Split Forecasting, in: Transportation Research, Vol. 3, 1968, S. 463–480.

146 Vgl. T. E. Lisco, The Value of Commuters Travel Time, A Study in Urban Transportation, Dissertation, Department of Economics, University of Chicago, Chicago 1967.

147 Vgl. P. R. Stopher, A Probability Model of Travel Mode Choice for the Work Journey, in: Highway Research Record, No. 283, 1969, S. 57–65.

148 Der Zusammenhang zwischen den Entropiemodellen und den wahrscheinlichkeitstheoretischen Wahlansätzen, der schon bei den Fahrtverteilungsmodellen diskutiert wurde, wird auch bei den modal split-Ansätzen deutlich, wenn man die Beziehungen (3.B.136) und (142) vergleicht.

$$W_1 = \frac{1}{1 + e^{\Delta V_{12}}} = \frac{e^{V_1}}{e^{V_1} + e^{V_2}} \qquad (3.B.142.)$$

Das Logit-Modell in der Version mit der Funktion ΔV_{12} wird in älteren Studien der wahrscheinlichkeitstheoretischen Wahlansätze mit Hilfe der Diskriminanzanalyse abgeleitet.[149] In jüngerer Zeit wird die Diskriminanzanalyse aus methodologischen Gründen sowie aus Gründen der Operationalität nicht mehr verwendet.[150]

Bei den Variablen b_{pm}, die die Eigenschaften der Verkehrsmittel erfassen sollen, handelt es sich meist um Fahrzeiten oder Fahrtkosten. In den modal split-Modellen werden zusätzlich auch sozio-okonomische Faktoren wie das Einkommen, das Alter, das Geschlecht oder der Autobesitz in die Nutzenfunktion einbezogen.[151] In einigen mehr theoretisch orientierten Arbeiten wird versucht, in die strict utility-Funktion psychometrisch gemessene Variablen[152] einzuführen. Diese Größen sollen die Einstellung der befragten Personen zu den Eigenschaften der Verkehrsmittel erfassen.[153]

149 Die Diskriminanzanalyse ist eine statistische Technik, deren Aufgabe darin besteht, eine Menge möglichst exakt in disjunkte Untermengen zu zerlegen (Klassifikationsproblem). Zu diesem Zweck werden die Eigenschaften der Elemente der Menge zu einer Bewertungsfunktion (Diskriminanz funktion) zusammengefaßt, auf deren Grundlage nach Vorgabe bestimmter Schwellenwerte darüber entschieden wird, welches Element einer vorgegebenen Untermenge zuzuweisen ist. In der modal split-Analyse werden die Nutzenfunktionen (141) als Diskriminanzfunktionen verwendet. Um aus den Diskriminanzfunktionen nun die Entscheidungswahrscheinlichkeiten W_1 ableiten zu können, werden für variierende Werte der Funktion ΔV_{12} die relativen Häufigkeiten (= Anzahl der Personen in der Untermenge/Gesamtzahl der Personen) berechnet. Dabei ergibt sich, daß der funktionale Zusammenhang zwischen der Wahrscheinlichkeit W_1 und der Diskriminanzfunktion ΔV_{12} am besten durch eine logistische Funktion der Form (142) approximiert werden kann. Als Beispiele für die Ableitung logistischer Wahrscheinlichkeitsfunktionen mit Hilfe der Diskriminanzanalyse können die Arbeiten der folgenden Autoren genannt werden: S. L. Warner, Stochastic Choice of Mode in Urban Travel, A Study in Binary Choice, Evanston 1962, S. 7–33; D. A. Quarmby, Choice of Travel Mode of the Journey to Work, in: Journal of Transport Economics and Policy, Vol. 1, 1967, S. 273–314; R. G. McGillivray, Demand and Choice Models of Modal Split, a.a.O., S. 192–207.

150 Vgl. P. L. Watson, Choice of Estimation Procedure for Models of Binary Choice, in: Regional Science and Urban Economics, Vol. 4, 1974, S. 187–200 (hier: S. 193–199).

151 Einen Überblick über die in mehreren Studien verwendeten Einflußvariablen bieten C. A. Lave, A Behavioral Approach to Modal Split Forecasting, a.a.O., S. 472; P. R. Stopher, A. H. Meyburg, Urban Transportation Modeling and Planning, a.a.O., S. 299–306.

152 Die Variablen werden meist mit Hilfe von Skalierungstechniken aus semantischen Differentialen gewonnen. Vgl. zum Beispiel A. Sherret, J. P. Wallace, Resource Paper on Product Attributes, in: Transportation Research Board (ed.), Urban Travel Demand Forecasting, Special Report No. 143, Washington, D.C., 1972, S. 146–174.

153 Zu den modal split-Modellen, die auf der Messung der Einstellungen der Personen basieren (attitudinal models) vgl. zum Beispiel T. F. Golob, Resource Paper on Attitudinal Models, in: Transportation Research Board (ed.), Urban Travel Demand Forecasting, a.a.O., S. 130–145; T. F. Golob, R. Dobson, Assessment of Preferences and Perceptions toward Attributes of Transportation Alternatives, in: Transportation Research Board (ed.), Behavioral Demand Modeling and Valuation of Travel Time, a.a.O., S. 58–84.

Die modal split-Modelle können genau wie die entsprechenden trip distribution-Ansätze sowohl mit zonalen Querschnittsdaten als auch mit haushaltsspezifischen Daten gerechnet werden. Bei der Verwendung von Haushaltsdaten muß dann allerdings zusätzlich ein Aggregationsverfahren angewendet werden.
Mit Bezug zu einer kritischen Würdigung der wahrscheinlichkeitstheoretischen Wahlansätze im Bereich der Verkehrsmittelwahl wird auf die Ausführungen verwiesen, die im Zusammenhang mit der Diskussion der Verkehrsverteilungsmodelle gemacht werden. An dieser Stelle sei nur darauf aufmerksam gemacht, daß die Anwendungsmöglichkeiten der Wahlansätze in modal split-Modellen besser sind als in trip distribution-Modellen, da die Anzahl der Wahlalternativen bei der Verkehrsmittelwahl erheblich geringer ist als bei der Zielortwahl. Somit ist auch die Anwendung der Probit-Modelle zur Ermittlung der Verkehrsmittelwahl möglich.

3. Modelle der direkten Verkehrsnachfrage

Die besondere Eigenschaft der Modelle zur direkten Bestimmung der Verkehrsnachfrage besteht darin, daß die Fahrtentstehung, die Fahrtverteilung und die Verkehrsmittelwahl simultan berechnet werden. Das heißt, die verkehrsmittelspezifischen Fahrtaustauschvolumina zwischen den Orten (Q_{ijm}) werden direkt abgeleitet, ohne daß die Fahrtentstehung (Q_i,Q_j) oder die Fahrtverteilung (Q_{ij}) vorgegeben werden muß.
In den meisten direct demand-Modellen wird der folgende Funktionstyp zur Berechnung der Verkehrsnachfrage verwendet:

$$a = \alpha \prod_z b_z^{\beta_z} \qquad (3.B.143.)$$

Die Relation (143) stellt eine Funktion vom Cobb-Douglas-Typ dar, die dadurch charakterisiert ist, daß die unabhängige Variable a aus multiplikativ verknüpften und exponentiell gewichteten Einflußvariablen b_z bestimmt wird. Die Funktion zeichnet sich durch konstante Elastizitäten ε_{a,b_z} der abhängigen Variablen in bezug auf die unabhängigen Variablen aus:

$$\varepsilon_{a,b_z} \equiv \frac{\partial a}{\partial b_z} : \frac{a}{b} = (\beta_z \alpha b_z^{\beta_z - 1} \prod_{z^* \neq z} b_{z^*}^{\beta_{z^*}}) : (\alpha b_z^{\beta_z - 1} \prod_{z^* \neq z} b_{z^*}^{\beta_{z^*}})$$

Daraus resultiert:

$$\varepsilon_{a,b_z} = \beta_z \qquad (3.B.144.)$$

Die Elastizität der Nachfrage a in bezug auf die Variable b_z ist in dem vorstehenden Modell gleich dem konstanten Exponenten β_z der Größe b_z.

Die unabhängigen Variablen, die in den Modellen der direkten Bestimmung der Verkehrsnachfrage verwendet werden, können sich sowohl auf die Ursprungsorte i, die Bestimmungsorte j, die Verbindungen zwischen den Orten i und j sowie zusätzlich auf die Verkehrsmittel m beziehen. In allgemeiner Form läßt sich ein direct demand model schreiben als

$$Q_{ijm} = \alpha_m \prod_{s_i} b_{is_i}^{\beta_{s_i}} \prod_{s_j} b_{js_j}^{\beta_{s_j}} \prod_{s_{ij}} b_{ijs_{ij}}^{\beta_{s_{ij}}} \prod_{s_{ijm}} b_{ijms_{ijm}}^{\beta_{s_{ijm}}} , \qquad (3.B.145.)$$

$$(i,j,m) \varepsilon I \times J \times M$$

Die mit dem Symbol b bezeichneten indizierten Größen stellen die Einflußvariablen dar, während die griechischen Buchstaben empirisch zu bestimmende Parameter charakterisieren. Das Symbol s kennzeichnet einen Zählindex für die jeweiligen Einflußvariablen.

Mit Bezug zu den in den Modellen verwendeten Nachfragedeterminanten wird darauf hingewiesen, daß sich die urpsrungsortbezogenen Größen b_{is_i} und die zielortbezogenen Größen b_{js_j} nicht wesentlich von den Einflußvariablen der Fahrtentstehungsmodelle unterscheiden.[154] Die auf die Ortskombinationen gerichteten Größen $b_{ijs_{ij}}$ spielen in den Modellen keine wichtige Rolle, da die fahrthemmenden Eigenschaften wie Fahrzeiten und Fahrtkosten verkehrsmittelspezifisch durch die Größen $b_{ijms_{ijm}}$ erfaßt werden.[155] Als weitere auf die Verkehrsmittel bezogene Variable wird häufig die Fahrtfrequenz der Verkehrsmittel berücksichtigt.

Bezüglich der Bestimmung der Modellparameter auf der Basis der empirisch ermittelten Daten werden verschiedene Schätzverfahren verwendet. Neben einfachen Kleinst-Quadrate-Schätzungen der logarithmierten Verkehrsnachfragefunktion[156] werden auch nichtlineare Kalibrierungsverfahren benutzt.[157] Zum Teil beschränkt man zusätzlich die Wertebereiche für bestimmte Parameter.[158]

154 Die wichtigsten Fahrtentstehungsvariablen sind die Höhe der subregionalen Bevölkerung sowie das durchschnittliche zonale Einkommen. Als Fahrtanziehungsvariablen werden je nach Fahrtzweck die Höhe der Bevölkerung, die Anzahl der Beschäftigungsplätze oder die Bodennutzung der Zielregion verwendet.

155 Als Beispiel für eine Variable, die sich nur auf die Ortskombinationen bezieht, kann die Anzahl der dort zur Verfügung stehenden Verkehrsmittel genannt werden; vgl. zum Beispiel R. E. Quandt, W. J. Baumol, The Demand for Abstract Modes: Theory and Measurement, a.a.O., S. 91f.

156 Vgl. zum Beispiel R. E. Quandt, Estimation of Modal Splits, in: R. E. Quandt (ed.), The Demand for Travel: Theory and Measurement, a.a.O., S. 147–162 (hier: S. 157–159).

157 Einen Vergleich von linearen und nichtlinearen Kleinst-Quadrate-Schätzungen bieten R. E. Quandt, K. H. Young, Cross Sectional Travel Demand Models: Estimates and Tests, in: R. E. Quandt (ed.), The Demand for Travel: Theory and Measurement, a.a.O., S. 127–146.

158 Vgl. ebenda, S. 131; T. A. Domencich et al., Estimation of Urban Passenger Travel Behavior: An Econometric Demand Model, in: Highway Research Record, No. 238, 1968, S. 64–78 (hier: S. 70–71).

Die bekanntesten direct demand-Ansätze wurden von Baumol und Quandt,[159] Kraft[160] und McLynn[161] entwickelt. Die beiden zuletzt genannten Ansätze wurden im Rahmen des Northeast Corridor Transportation Project zur Bestimmung des zwischenstädtischen Verkehrs (intercity travel) verwendet.
Das Modell von Baumol und Quandt ist als ein sogenanntes abstract mode-Modell konzipiert worden, bei dem die Verkehrsmittel nicht institutionell oder technisch festgelegt werden, sondern von ihren Eigenschaften her definiert werden.[162] Die von den Autoren betrachteten Eigenschaften der Verkehrsmittel sind die Fahrzeit, die Fahrtkosten und die Abfahrtsfrequenz. Ohne die Probleme dieses Ansatzes im einzelnen zu diskutieren wird an dieser Stelle lediglich darauf hingewiesen, daß der Ansatz sowohl im Hinblick auf die theoretische Konzeption als auch bezüglich der Anwendungsfähigkeit unbefriedigend bleibt.[163]
Im Gegensatz zu dem vorab angesprochenen Ansatz handelt es sich bei dem Modell von Kraft nicht um ein abstract mode-Verfahren, sondern um ein Modell, bei dem die Verkehrsarten explizit definiert werden. Eine Modifikation gegenüber dem allgemeinen Modell (145) besteht darin, daß in der Nachfragefunktion eines bestimmten Verkehrsmittels die Eigenschaften aller anderen Verkehrsmittel eine Rolle spielen. Außerdem beziehen sich die fahrthemmenden Größen (Fahrzeiten, Fahrtkosten) direkt auf die Verkehrsmittel, das heißt, die Größen $b_{ijs_{ij}}$ der Gleichung (145) entfallen. Unter Berücksichtigung der genannten Änderungen lautet das Kraft-Modell

$$Q_{ijm} = \alpha_m \prod_{s_i} b_{is_i}^{\beta_{s_i}} \prod_{s_j} b_{js_j}^{\beta_{s_j}} \prod_{s_{ijm}} b_{ijms_{ijm}}^{\beta_{s_{ijm}}} \cdot \qquad (3.B.146.)$$

$$\cdot \prod_{s_{ijq} \neq s_{ijm}} \prod_{s_{ijm}} b_{ijms_{ijm}s_{ijq}}^{\beta_{s_{ijm}s_{ijq}}} ,$$

$$(i,j,m) \varepsilon I \times J \times M$$

159 Vgl. R. E. Quandt, W. J. Baumol, The Demand for Abstract Modes, Theory and Measurement, a.a.O., S. 83–102.

160 Vgl. G. Kraft, Demand for Intercity Passenger Travel in the Boston-Washington-Corridor, Part V, Northeast Corridor Project, U.S. Department of Commerce, Washington, D.C., 1963.

161 Vgl. J. M. McLynn et al., Analysis of a Market Split Model, Northeast Corridor Transportation Project, Technical Paper No. 8, U.S. Department of Transportation, Washington, D.C., 1967; J. M. McLynn, R. H. Watkins, Multimode Assignment Model, Northeast Corridor Transportation Project, Technical Paper No. 7, U.S. Department of Transportation, Washington, D.C., 1967.

162 Das abstract mode-Konzept basiert auf dem von Lancaster entwickelten konsumtheoretischen Ansatz, bei dem davon ausgegangen wird, daß nicht die Güter selbst, sondern die Eigenschaften der Güter den Nutzen stiften. Jedoch muß kritisch angemerkt werden, daß der Zusammenhang zwischen den genannten Konzepten sehr vage ist. Vgl. K. Lancaster, A New Approach to Consumer Theory, a.a.O., S. 132–157.

163 Zur Kritik des Baumol/Quandt-Ansatzes vgl. R. Gronau, R. Alcaly, The Demand for Abstract Modes: Some Misgivings, in: Journal of Regional Science, Vol. 9, 1969, S. 153–157.

Bei diesem Modell wird angenommen, daß die direkten Elastizitäten der fahrthemmenden Größen ($\beta_{ijms_{ijm}}$) negativ sind, während für die Kreuzelastizitäten ($b_{ijms_{ijm}s_{ijq}}$) positive Werte unterstellt werden.[164]
Während die Modelle von Baumol/Quandt und Kraft die Elastizitäten in bezug auf die absolute Höhe der Verkehrsnachfrage (Q_{ijm}) definieren, betrachtet McLynn in seinem Modell die Elastizitäten des modal split (Anteil der Verkehrsnachfrage eines Verkehrsmittels an der gesamten Verkehrsnachfrage).[165]
In diesem Ansatz wird wie auch im Kraft-Modell vorausgesetzt, daß die direkten Elastizitäten negativ und die Kreuzelastizitäten positiv sind. Weiterhin wird die Annahme der Konstanz der Elastizitäten aufgegeben und stattdessen unterstellt, daß die modal split-Elastizitäten für jedes Verkehrsmittel als lineare inhomogene Funktionen der anderen modal splits ausgedrückt werden können. Aus diesen Voraussetzungen wird unter Berücksichtigung weiterer vereinfachender Annahmen ein Modell der folgenden Form abgeleitet.[166]

$$x_m = \frac{\alpha_m \prod_s b_{sm}^{\beta_{sm}}}{\sum_z \alpha_z \prod_s b_{sz}^{\beta_{sz}}}, \qquad m \varepsilon M \tag{3.B.147.}$$

Bei den Größen b_{sq}, die in dem Modell als Determinanten des modal split verwendet werden, handelt es sich wie bei dem Ansatz von Baumol und Quandt um die Fahrzeit, die Fahrtkosten und die (reziproke) Abfahrtsfrequenz.
Der Ansatz (147) stellt bisher lediglich ein Modell für die Aufteilung des Verkehrsvolumens auf alternative Verkehrsarten dar. Um das absolute Verkehrsaufkommen zu bestimmen, wird das Modell (147) mit einem unbeschränkten

164 Die direkten Elastizitäten der Nachfrage für ein bestimmtes Verkehrsmittel m beziehen sich auf die unabhängigen Variablen, die dieses Verkehrsmittel betreffen. Die Kreuzelastizitäten hingegen geben die Reaktion der Nachfrage nach Verkehrsleistungen des Verkehrsmittels m auf die Veränderungen der Eigenschaften der anderen Verkehrsmittel an.

165 Bezeichnet man den modal split eines Verkehrsmittels m mit x_m, wobei gilt $x_m = Q_m / \sum_z Q_z$ dann ist die Elastizität des modal split in bezug auf die Größe b_n definiert als $\frac{\partial x_m}{\partial b_n} \frac{b_n}{x_m}$.

166 Zur expliziten Ableitung des Modells (147) vgl. J. M. McLynn, R. H. Watkins, Multimode Assignment Model, a.a.O., S. 9–22. Der Ansatz wird in etwas modifizierter Form mit Hilfe von Regressionsverfahren geschätzt; vgl. J. M. McLynn et al., Analysis and Calibration of a Modal Allocation Model, Northeast Corridor Transportation Project, Report Prepared for the Technical Analysis Division, National Bureau of Standards, U.S. Department of Transportation, Washington, D.C., 1967. Ähnliche Modelle werden konstruiert und angewendet von J. C. Bennet et al., A Comparative Evaluation of Intercity Modal Split Models, in: Transportation Research Record, No. 526, 1974, S. 83–92.

Gravitationsmodell verknüpft.[167] Das sich so ergebende direct demand model hat dann die folgende Form.

$$Q_{ijm} = \prod_{s_i} b_{is_i}^{\beta_{s_i}} \prod_{s_j} b_{js_j}^{\beta_{s_j}} \left(\sum_z C_{ijz}\right)^g \frac{C_{ijm}}{\sum_z C_{ijz}}, \quad (i,j,m) \varepsilon I x J x M \qquad (3.B.148.)$$

Das Symbol C_{ijm} bezeichnet den Wert des Fahrtwiderstandsterms für das Verkehrsmittel m zwischen den Orten i und j, der gemäß des Zählers der Gleichung (147) berechnet wird. Die Variablen b_{is_i} und b_{js_j} stellen die Fahrtentstehungsgrößen dieses Modells dar.

Wie aus der Gleichung (148) ersichtlich ist, liegt die Besonderheit des integrierten Gravitationsmodells in der Verwendung des aggregierten Fahrtwiderstandsterms $(\sum_z C_{ijz})^g$, der sich durch die Summation der entsprechenden Größen für die einzelnen Verkehrsmittel ergibt. Würde eine von den Verkehrsmittel unabhängige Formulierung des Fahrtwiderstandsterms gewählt, so wäre es möglich, die Fahrtverteilung und die Verkehrsmittelwahl sukzessiv im Sinne der traditionellen Analyse der Verkehrsnachfrage durchzuführen.[168]

In einer kritischen Würdigung der direct demand-Modelle kann die simultane Berechnung der Fahrtentstehung, der Fahrtverteilung und der Verkehrsmittelwahl als positive Eigenschaft angeführt werden. Dadurch ist es im Gegensatz zu der sonst üblichen sequentiellen Abfolge der Submodelle möglich, daß die Eigenschaften der einzelnen Verkehrsmittel sowohl die Fahrtentstehung als auch die Fahrtverteilung beeinflussen können. Durch die simultane Anordnung der Verkehrssubmodelle wird außerdem dem Aspekt der Nichttrennbarkeit der Fahrtentscheidung, der im theoretischen Teil dieser Arbeit ausführlich behandelt wurde,[169] auch in diesen Modellen Rechnung getragen.

167 Zur Verknüpfung des modal split-Ansatzes mit einem Gravitationsmodell vgl. J. M. McLynn et al., Analysis and Calibration of a Modal Allocation Model, North East Corridor Transportation Project, a.a.O., S. 23–26 sowie U.S. Department of Transportation, Federal Highway Administration, Office of High Speed Ground Transportation, Northeast Corridor Transportation Project Report, Washington, D.C., 1970, Technical Appendix 3: Methodology, S. 6–13.

168 Die Fahrtverteilung ergäbe sich in diesem Fall als

$$Q_{ij} = \prod_{s_i} b_{is_i}^{\beta_{s_i}} \prod_{s_j} b_{js_j}^{\beta_{s_j}} f(t_{ij}).$$

Die verkehrsmittelspezifische Nachfrage wäre dann

$$Q_{ijm} = Q_{ij} \frac{C_{ijm}}{\sum_z C_{ijz}}$$

169 Vgl. die Ausführungen im Abschnitt B.II.3 des zweiten Kapitels dieser Arbeit.

Weiterhin soll der Versuch positiv hervorgehoben werden, ökonomische Denkkategorien auf den Bereich der Verkehrsnachfrage zu übertragen. Allerdings ist die Handhabung des Instrumentariums der Konsumtheorie in den direct demand-Modellen noch vollkommen unzureichend. Dieser Tatbestand kommt in den beiden folgenden Kritikpunkten zum Ausdruck.
Zum einen werden die Nachfragefunktionen nicht wie in der Haushaltstheorie üblich aus den Nutzenfunktionen der Haushalte abgeleitet. Das bedeutet, daß keine Annahmen über die Zielsetzung der Haushalte explizit berücksichtigt werden. Auch wird in den direct demand-Modellen nur ungenügend beachtet, daß die Verkehrsnachfrage eine aus der Nachfrage nach Gütern abgeleitete Nachfrage darstellt. In den behandelten Ansätzen variiert die Verkehrsnachfrage unabhängig davon, durch welche Güternachfrage die Verkehrsnachfrage entsteht, da zur Erfassung des Fahrtentstehungspotentials lediglich Größen wie die Bevölkerung, das Einkommen und die Beschäftigung einbezogen werden.[170] Die genannten Probleme werden durch die im folgenden Unterpunkt diskutierten Modelle ausgeräumt, die auf der Basis der theoretischen Überlegungen des zweiten Kapitels Abschnitt B ermittelt werden.

4. Ansätze auf der Basis der Haushaltstheorie

Im Zusammenhang mit der Ermittlung der Fahrtverteilung wurden vier verschiedene Modelle diskutiert, die auf der Grundlage der theoretischen Überlegungen des zweiten Kapitels Teil B abgeleitet worden sind. Diese Ansätze unterschieden sich durch die Behandlung der Präferenzen der Wirtschaftssubjekte sowie durch die Berücksichtigung der Fahrzeiten als Nutzendeterminanten. Führt man nun die verschiedenen Verkehrsmittel in die Analyse ein, nimmt die Anzahl der Gestaltungsmöglichkeiten der Modelle erheblich zu, da neben den zielortbezogenen Präferenzen zusätzlich noch die Präferenzen bezüglich der Verkehrsmittel beachtet werden müssen.
Bei den Modellen, die keine Beschaffungszeiten in die Nutzenfunktion einbeziehen, ergeben sich verschiedene Ansätze, je nachdem, ob die Variablen X_k ($k \in K$),

170 Eine Weiterentwicklung des direct demand approach unter Einbeziehung der Nutzentheorie bei der Ableitung der Funktionen zur Bestimmung der Verkehrsnachfrage bieten A. Kraft, J. Kraft, Preference Orderings as Determinants of Transportation Mode Choice, in: Regional Science and Urban Economics, Vol. 5, 1975, S. 251–261. Allerdings wird auch bei diesem Ansatz die Verkehrsnachfrage nicht als abgeleitete Nachfrage ermittelt, da die Verkehrsnachfragemengen in der Nutzenfunktion wie Güter behandelt werden. Als weitere unrealistische Annahme liegt diesem Ansatz die Vorstellung zugrunde, daß die Nachfrage nach Verkehrsleistungen einen separablen Ast in einer trennbaren Nutzenfunktion darstellt.

X_{jk} $((j,k)\in J\times K)$ oder X_{jkm} $((j,k,m)\in J\times K\times M)$ als Nutzendeterminanten verwendet werden.

Die vorab genannten Gütervariablen können in der gleichen Form ebenfalls in die Modelle eingehen, bei denen die Beschaffungszeiten das Nutzenniveau beeinflussen. Bei diesen Ansätzen können die Beschaffungszeiten durch die Variablen T^B_{jk} $((j,k)\in J\times K)$ oder T^B_{jkm} $((j,k,m)\in J\times K\times M)$ repräsentiert werden.[171] Somit ergeben sich hier sechs alternative Gestaltungsmöglichkeiten für die Modelle.

Es würde an dieser Stelle zu weit führen, alle genannten Modelle zu konkretisieren, zumal der Weg zur Ableitung bestimmter Verkehrsnachfragefunktionen im Zusammenhang mit den Fahrtverteilungsmodellen ausführlich behandelt worden ist.[172] Bezüglich der Struktur der ableitbaren Nachfragerelationen kann auf die Ergebnisse des Unterpunkts B.II.1 des zweiten Kapitels verwiesen werden. Dort wurde ermittelt, daß die Verkehrsmodelle zu einer Ecklösung in den am weitesten differenzierten Fahrtvariablen führen, wenn die Variablen in der kombinierten Zeit-Budget-Restriktion insgesamt mehr Indizes aufweisen als die Größen der Nutzenfunktion.[173] Weiterhin wurde festgestellt, daß sich interdependente Systeme von Nachfragefunktionen ergeben, wenn in die Nutzenfunktion unterschiedlich indizierte Variablen eingehen, die mit den Fahrtgrößen über Restriktionen verknüpft sind.[174]

In den folgenden Ausführungen sollen drei Modelle mit unterschiedlich strukturierten Nachfragefunktionen kurz dargestellt werden.

Verwendet man wiederum eine Nutzenfunktion vom Typ (3.B.86.), dann lautet beispielsweise das Modell mit orts- und verkehrsmittelspezifischen Präferenzen, bei dem die Beschaffungszeiten nicht in die Nutzenfunktion eingehen:

$$\begin{aligned} Z = {} & \sum_j \sum_k \sum_m \beta_{jkm} \ln X_{jkm} + \varepsilon T^F + \\ & + \lambda\Big(wT - \sum_j \sum_k \sum_m p_{jk} X_{jkm} - w \sum_j \sum_k \sum_m T^B_{jkm} - wT^F\Big) + \\ & + \sum_j \sum_k \sum_m \gamma_{jkm}\big(T^B_{jkm} - t_{jm} F_{jkm}\big) + \\ & + \sum_j \sum_k \sum_m \alpha_{jkm}\big(X_{jkm} - b_k F_{jkm}\big), \end{aligned} \qquad (3.B.149.)$$

$$Z \to \max$$

171 Eine weitere Möglichkeit der Modellgestaltung ergibt sich, wenn die gesamten Fahrzeiten zum Ort T^B_j in die Nutzenfunktion eingehen würden. Dieser Fall soll aber im folgenden nicht weiter betrachtet werden. Werden die Größen T^B_{jk} verwendet, dann muß eine Allokationsrestriktion den Zusammenhang zwischen den Variablen T^B_{jkm} und T^B_{jk} herstellen.

172 Vgl. die Ausführungen im Gliederungspunkt B.II.3 des dritten Kapitels.

173 Vgl. als Beispiel das Modell (3.B.107.).

174 Vgl. das Modell (3.B.112.) als Beispiel.

Bei diesem Modell sind die Variablen in der Nutzenfunktion und in der Zeit-Budget-Restriktion in gleicher Weise differenziert. Die Nachfragefunktionen lassen sich analog zu den Beziehungen (3.B.100.) ableiten, wenn die entsprechenden Normierungsbedingungen für die Parameter der Nutzenfunktion verwendet werden. Die Nachfragefunktionen lauten

$$F_{jkm} = \frac{\beta_{jkm} wT}{b_k p_{jk} + wt_{jm}}, \qquad (j,k,m) \varepsilon J x K x M \qquad (3.B.150.)$$

Die modal split-Implikationen des vorstehenden Ansatzes lassen sich verdeutlichen, wenn der Quotient $F_{jkm}/\sum_q F_{jkq}$ gebildet wird.

$$\frac{F_{jkm}}{\sum_q F_{jkq}} = \frac{\beta_{jkm}(b_k p_{jk} + wt_{jm})^{-1}}{\sum_q \beta_{jkq}(b_k p_{jk} + wt_{jq})^{-1}}, \qquad (j,k,m) \varepsilon J x K x M \qquad (3.B.151.)$$

Im Fall der Wahl zwischen zwei Verkehrsmitteln ergibt sich der Verkehrsanteil (modal split) des Verkehrsmittels 1 als

$$\frac{F_{jk1}}{F_{jk1} + F_{jk2}} = \frac{1}{1 + \frac{\beta_{jk2}}{\beta_{jk1}} \frac{(b_k p_{jk} + wt_{j2})}{(b_k p_{jk} + wt_{j1})}}, \qquad (j,k) \varepsilon J x K \qquad (3.B.152.)$$

Geht man davon aus, daß der Nutzen der Güter unabhängig ist von dem beim Einkauf genutzten Verkehrsmittel, dann wird der Ansatz (149) modifiziert zu

$$\begin{aligned} Z = & \sum_j \sum_k \beta_{jk} \ln X_{jk} + \varepsilon \ln T^F + \qquad (3.B.153.) \\ & + \lambda(wT - \sum_j \sum_k \sum_m p_{jk} X_{jkm} - w \sum_j \sum_k \sum_m T^B_{jkm} - wT^F) + \\ & + \sum_j \sum_k \sum_m \gamma_{jkm}(T^B_{jkm} - t_{jm} F_{jkm}) + \\ & + \sum_j \sum_k \sum_m \alpha_{jkm}(X_{jkm} - b_k F_{jkm}) + \\ & + \sum_j \sum_k \delta_{jk}(X_{jk} - \sum_m X_{jkm}), \end{aligned}$$

$$Z \rightarrow \max$$

Wie man der vorstehenden Bedingung entnehmen kann, müssen im Gegensatz zu dem Modell (149) Allokationsrestriktionen berücksichtigt werden, die den

Zusammenhang zwischen den Variablen X_{jk} und X_{jkm} herstellen. In dem Modell (153) ergibt sich eine Ecklösung bezüglich der Größen F_{jkm}. Dieser Tatbestand läßt sich aus den nachstehenden Kuhn-Tucker-Bedingungen für die genannten Größen ablesen.

$$\frac{\beta_{jk}}{X_{jk}} b_k - \lambda(b_k p_{jk} + wt_{jm}) < 0 ,$$
$$[\frac{\beta_{jk}}{X_{jk}} b_k - \lambda(b_k p_{jk} + wt_{jm})] F_{jkm} = 0 , \quad (j,k,m) \varepsilon J x K x M \qquad (3.B.154.)$$

Wendet man die Argumentation, die im Zusammenhang mit dem Modell (2.B.83.) geführt wurde, auf die Bedingung (154) an, so zeigt sich, daß die Wirtschaftssubjekte dasjenige Verkehrsmittel wählen, welches die geringsten Fahrzeiten aufweist. Alle Verkehrsmittel mit höheren Fahrzeiten werden nicht genutzt. Analytisch läßt sich dieses Ergebnis wie folgt formulieren

a. $\frac{\beta_{jk}}{X_{jk}} b_k - \lambda(b_k p_{jk} + wt_{jm_j}) = 0 \quad \text{für } F_{jkm} > 0$, wobei gilt

$$(b_k p_{jk} + wt_{jm_j}) = \min_m (b_k p_{jk} + wt_{jm}) , \quad (j,k) \varepsilon J x K \qquad (3.B.155.)$$

b. $\frac{\beta_{jk}}{X_{jk}} b_k^{\bullet} - \lambda(b_k p_{jk} + wt_{jm}) < 0 \quad \text{für}$

$$F_{jkm} = 0 , \quad \text{mit } m \neq m_j , \ (j,k,m) \varepsilon J x K x M$$

Ersetzt man die Gütervariablen X_{jk} mit Hilfe der Beschaffungsrestriktionen und der Allokationsrestriktionen, dann lassen sich aus den Gleichungen (155 a) die folgenden Nachfragefunktionen ermitteln.

$$F_{jkm_j} = \frac{\beta_{jk} wT}{b_k p_{jk} + wt_{jm_j}} , \quad (j,k) \varepsilon J x K \qquad (3.B.156.)$$

Bei diesem Modell ergibt sich für den modal split des schnellsten Verkehrsmittels ein Wert von Eins und für alle anderen Verkehrsmittel der Wert Null.
Führt man die Variablen T^B_{jkm} in die Nutzenfunktion des Ansatzes (151) ein,

$$U = \sum_j \sum_k \beta_{jk} \ln X_{jk} + \sum_j \sum_k \sum_m \mu_{jkm} \ln T^B_{jkm} + \varepsilon \ln T^F \qquad (3.B.157.)$$

und hält die Restriktionen bei, dann ergibt sich keine Ecklösung bezüglich der Variablen F_{jkm}. Allerdings resultieren aus diesem Ansatz wiederum nichtlineare interdependente Gleichungssysteme, da in die Nutzenfunktion unterschiedlich indizierte Größen eingehen.[175]

$$F_{jkm} = \frac{\mu_{jkm}}{\dfrac{b_k p_{jk} + wt_{jm}}{wT} - \dfrac{\beta_{jk}}{\sum\limits_q F_{jkq}}}, \qquad (j,k,m) \varepsilon J x K x M \qquad (3.B.158.)$$

Zur Lösung dieses interdependeten Gleichungssystems kann das Lösungsverfahren, das für das Modell (3.B.116.) vorgeschlagen wurde, analog angewendet werden.

Zum Schluß dieses Unterpunktes sei darauf hingewiesen, daß auch bei den um die Verkehrsmittelwahl erweiterten Ansätzen alternative Nutzenfunktionen in die Analyse einbezogen werden können. Da dieser Sachverhalt im Unterpunkt B.II.3 dieses Kapitels behandelt worden ist, soll er hier nicht mehr vertieft werden. Weiterhin wird nochmals erwähnt, daß es sich bei den dargestellten Verkehrsnachfragefunktionen um haushaltsspezifische Beziehungen handelt. Zur Ableitung der gesamten Verkehrsnachfrage müssen diese Funktionen über die in den Subregionen vorhandenen Haushalte aggregiert werden.[176]

Der Vergleich der haushaltstheoretischen Modelle mit dem Entropieansatz und den wahrscheinlichkeitstheoretischen Wahlverfahren ist im Zusammenhang mit den Fahrtverteilungsmodellen ausführlich vorgenommen worden. Deshalb wird auf die Ausführungen am Ende des Abschnitts B.II.3 des zweiten Kapitels verwiesen. Im Hinblick auf den Vergleich der direct demand-Modelle mit den haushaltstheoretischen Ansätzen kann nochmals darauf aufmerksam gemacht werden, daß die Handhabung des konsumtheoretischen Instrumentariums in den direct demand-Modellen unzureichend ist, da die Nachfragefunktionen nicht aus vorgegebenen Nutzenfunktionen abgeleitet werden. Außerdem wird nicht beachtet, daß die Verkehrsnachfrage eine abgeleitete Nachfrage darstellt. Diese Einwände treffen, wie an anderer Stelle ausgeführt wurde, auf die haushaltstheoretischen Ansätze nicht zu.

175 Die Beziehung (158) kann analog zur Relation (3.B.116.) ermittelt werden.

176 Zur Aggregation von Nachfragefunktionen vgl. die Ausführungen im Unterpunkt B.III des zweiten Kapitels dieser Arbeit.

IV. Die Anordnung einzelner Verkehrssubmodelle zur Ableitung einer umfassenden Verkehrsnachfragefunktion

In den drei vorstehenden Unterpunkten wurden die analytischen Instrumente behandelt, die für die Bestimmung der Fahrtentstehung, der Fahrtverteilung und der Verkehrsmittelwahl herangezogen werden können. In diesem Abschnitt wird untersucht, welche Kombinationen der einzelnen Verfahren der verschiedenen Submodellebenen gebildet werden können, um das verkehrsmittelspezifische interzonale Verkehrsvolumen zu ermitteln. Zum Schluß dieses Unterpunktes sollen noch einige Bemerkungen über die Einbeziehung der Fahrtrouten bei der Aufstellung der vollständigen Verkehrsnachfragefunktion gemacht werden.

Bezüglich der Anordnungsstruktur der Verkehrssubmodelle werden drei Grundtypen von Anordnungsmöglichkeiten unterschieden.[177] Bei der sukzessiven Anordnung der Submodelle ist das nachstehende Submodell von dem vorhergehenden Submodell abhängig, das heißt, der Output des ersten Submodells dient als Input für den zweiten Ansatz. Eine simultane Anordnungsstruktur zweier Submodelle liegt dann vor, wenn die Submodelle in gegenseitiger Abhängigkeit stehen und ihre Outputs in einem Rechenvorgang bestimmt werden. Als letztes wird die iterative Anordnungsstruktur zweier Submodelle genannt. Hierbei stehen die beiden Submodelle in gegenseitiger Abhängigkeit und ihre Outputs werden abwechselnd und sukzessiv bestimmt. Die genannten Grundtypen der Anordnungsstruktur sind vorab lediglich im Hinblick auf zwei Submodelle definiert worden. Die Klassifikation läßt sich aber durchaus auch auf mehr als zwei Submodelle ausdehnen. Allerdings ist dann zu beachten, daß auch Mischformen zwischen den genannten Anordnungsstrukturen auftreten können.

Mit Bezug zu der Ermittlung der verkehrsmittelspezifischen interzonalen Verkehrsnachfrage werden die folgenden Anordnungsstrukturen der Verkehrssubmodelle diskutiert:

- die sukzessive Anordnungsstruktur,
- die gemischt sukzessiv-simultane Anordnungsstruktur,
- die simultane Anordnungsstruktur,
- die iterative Anordnungsstruktur.

Im Hinblick auf die sukzessive Anordnungsstruktur der Verkehrssubmodelle lassen sich zwei alternative Modellabfolgen unterscheiden. Die erste Sequenz, die in der Abbildung 15 dargestellt ist, zeichnet sich dadurch aus, daß nach der

177 Zu der Klassifikation der Anordnungsmöglichkeiten der Submodelle vgl. auch W. Buhr, R. Pauck, Stadtentwicklungsmodelle, a.a.O., S. 55–58.

Berechnung der Fahrtentstehung zunächst die Verkehrsmittelwahl bestimmt wird. Im Anschluß daran wird die Verteilung des Verkehrsvolumens auf die Ortskombinationen vorgenommen. Die auf diese Weise gewonnenen Gesamtansätze werden als trip end modal split-Modelle bezeichnet. In den folgenden Abbildungen werden die Submodelle durch Rechtecke und die Modelloutputs durch Parallelogramme gekennzeichnet.

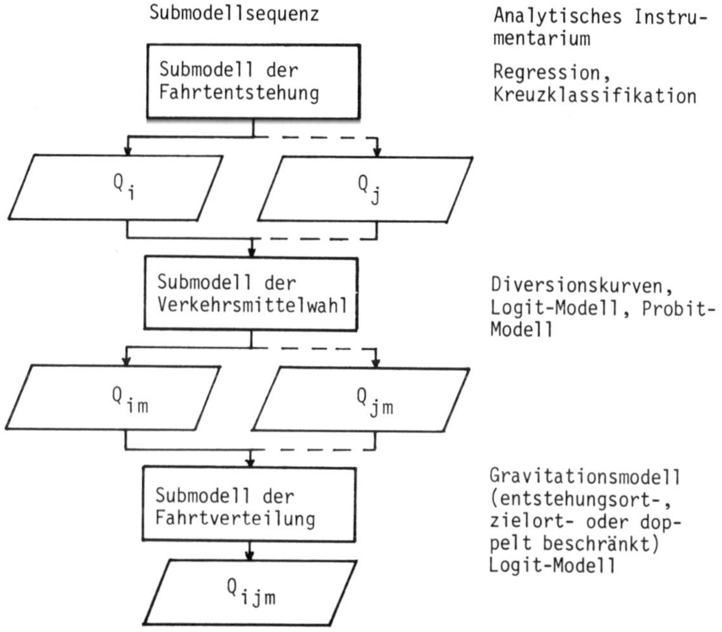

Abbildung 15: Das analytische Instrumentarium bei trip end modal split-Modellen

Die in der Abbildung 15 dargestellte Anordnungsstruktur der Submodelle wurde vor allem in älteren Verkehrsstudien verwendet.[178] Bei diesen Ansätzen wurden zur Bestimmung der Verkehrsmittelwahl alternative Diversionskurvenverfah-

178 Als Beispiele für ältere trip end modal split-Modelle können die folgenden Transportstudien genannt werden; A. M. Voorhees and Associates, Inc., Modal Split Model, Erie Transportation Study, Staff Report No. 3, o.O. 1963; H. Basmaciyan, J. W. Schmidt, Development and Application of a Modal Split Model for the Puget Sound Region, Puget Sound Regional Transportation Study, Staff Report No. 12, Washington, D.C., 1964; H. Weiner, A Modal Split Model for Southeastern Wisconsin, Southeastern Wisconsin Regional Planning Commission, The Technical Record, Vol. 2, No. 6, Waukesha 1966. Ein Überblick über die trip end modal split-Modelle befindet sich in M. J. Fertal et al., Modal Split, Documentation of Nine Methods for Estimating Usage, a.a.O., S. 5–74.

ren[179] verwendet. Die wichtigste Determinante der Verkehrsaufteilung in diesen Ansätzen ist der Quotient aus der Erreichbarkeit des privaten und des öffentlichen Verkehrs. Die Fahrtverteilung wird bei den älteren Transportstudien meist mit einfachen entstehungsortbeschränkten Gravitationsmodellen vorgenommen, während im Bereich der Fahrtentstehung sowohl Regressions- als auch Kreuzklassifikationsverfahren genutzt werden.
Die Kombination der analytischen Instrumente der wahrscheinlichkeitstheoretischen Wahlansätze (Logit-Modell, Probit-Modell) mit dem Gravitationsansatz ist ohne weiteres möglich, wenn auch für diese Konstellation der Submodelle kein Beispiel gefunden werden konnte.
Bezüglich der Verbindung der Wahlansätze auf der Ebene der Fahrtverteilung mit den Wahlansätzen auf der Ebene der Verkehrsmittelwahl lassen sich zwei verschiedene Ansatzpunkte finden.[180] Bei der ersten Möglichkeit ermittelt man die Wahrscheinlichkeit W_{ijm}, daß ein Wirtschaftssubjekt aus der Zone i nach der Zone j mit dem Verkehrsmittel m fährt, folgendermaßen[181]

$$W_{ijm} = W_{im} W_{ij} , \quad (i,j,m) \varepsilon I x J x M \qquad (3.B.159.)$$

Das heißt, bei dieser Kombination der Submodelle werden die Wahl des Verkehrsmittels und die Wahl des Bestimmungsortes als unabhängige Ereignisse angesehen. Die Wahrscheinlichkeit W_{ijm} ergibt sich somit als Produkt der Einzelwahrscheinlichkeiten W_{im} und W_{ij}. Bei dieser Modellkonstruktion führt die umgekehrte Anordnung der Submodelle der Verkehrsmittelwahl und der Fahrtverteilung wegen der Vertauschbarkeit der Faktoren zum gleichen Ergebnis.
Bezüglich der Nutzenfunktion, die bei der Modellkombination (159) impliziert ist, kann angemerkt werden, daß sich der gesamte Nutzen additiv aus dem Nutzen der Zielortwahl und dem Nutzen der Verkehrsmittelwahl zusammensetzt.[182]
Die zweite Möglichkeit der sukzessiven Kombination der Wahlansätze auf den Ebenen der Fahrtverteilung und der Verkehrsmittelwahl besteht darin, zunächst

179 Zur Diskussion der verschiedenen Diversionskurvenverfahren vgl. auch W. Buhr, R. Pauck, Stadtentwicklungsmodelle, a.a.O., S. 297–301.

180 Eine ausführliche Untersuchung der Kombinationen der wahrscheinlichkeitstheoretischen Wahlansätze auf unterschiedlichen Submodellebenen bietet M. E. Ben-Akiva, Structure of Passenger Travel Demand Models, Dissertation, Department of Civil Engineering, Massachusetts Institute of Technology, Cambridge, Mass., 1973. Ein Überblick über die wesentlichen Elemente dieser Arbeit befindet sich in ders., Structure of Passenger Travel Demand Models, in: Transportation Research, Vol. 526, 1974, S. 26–41.

181 Vgl. P. R. Stopher, T. E. Lisco, Modelling Travel Demand: A Disaggregate Behavioral Approach, in: o. Hrsg., Transportation Research Forum Proceedings, Eleventh Annual Meeting, Oxford 1970, S. 195–214.

182 Vgl. M. E. Ben-Akiva, Structure of Passenger Travel Demand Models, Dissertation, a.a.O., S. 122.

die verkehrsmittelspezifische Wahrscheinlichkeit W_{im} zu berechnen. In dem Fahrtverteilungssubmodell wird dann die bedingte Wahrscheinlichkeit $W_{ij/m}$ ermittelt. Diese Größe gibt an, mit welcher Wahrscheinlichkeit die Bewohner der Subregion i den Zielort j wählen, wenn sie sich bereits für das Verkehrsmittel m entschieden haben. Die Wahrscheinlichkeit W_{ijm} ergibt sich in diesem Fall als

$$W_{ijm} = W_{ij/m} W_{im} , \qquad (i,j,m) \varepsilon I x J x M \qquad (3.B.160.)$$

Bei dieser Modellstruktur ist die Reihenfolge der Entscheidungen bezüglich der Verkehrsmittel und der Zielorte im Gegensatz zu dem Ansatz (159) fixiert.[183] Die zweite Möglichkeit der sukzessiven Anordnung der Verkehrssubmodelle ist in der Abbildung 16 dargestellt. Die dort aufgeführte Anordnungsstruktur kennzeichnet die sogenannten trip interchange modal split-Modelle. Bei diesen Ansätzen werden zunächst die Fahrtaustauschvolumina (trip interchanges) berechnet, die dann anschließend den Verkehrsmitteln zugeordnet werden.

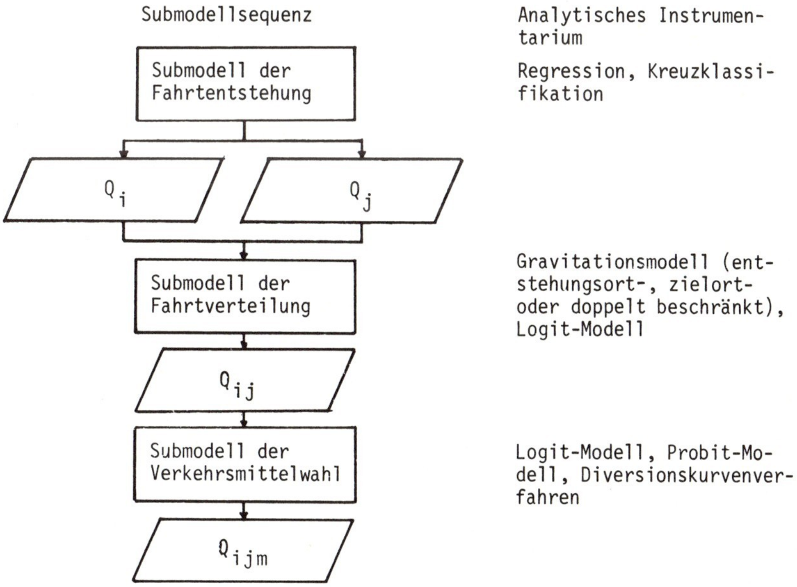

Abbildung 16: Das analytische Instrumentarium bei trip interchange modal split-Modellen

183 Zur empirischen Anwendung des vorliegenden Ansatzes vgl. P. S. Liou, A. P. Talvitie, Disaggregate Access Mode and Station Choice Models for Rail Trips, in: Transportation Research, No. 526, 1974, S. 42–51 (hier: S. 46f).

Die Anordnungsstruktur der trip interchange modal split-Modelle ist diejenige Modellsequenz, die in der Praxis der Verkehrsstudien am häufigsten verwendet wird.[184] In diesen Arbeiten kombiniert man meist das entstehungsortbeschränkte Gravitationsmodell mit einem Diversionskurvenansatz. Bezüglich des Instrumentariums zur Erfassung der Fahrtentstehung lassen sich sowohl Beispiele für die Benutzung von Regressionsverfahren als auch für die Anwendung von Ansätzen der Kreuzklassifikation finden.[185]
Die Kombination von Gravitationsmodellen unterschiedlicher Ausprägungen mit dem Logit-Modell wird vor allem in neueren Verkehrsstudien vorgenommen.[186]
Bezüglich der Verbindung von wahrscheinlichkeitstheoretischen Wahlansätzen auf verschiedenen Submodellebenen lassen sich wie bei den trip end-Modellen zwei Verknüpfungsmöglichkeiten unterscheiden. Die erste Möglichkeit entspricht dem in der Gleichung (159) beschriebenen Ansatz. Bei der zweiten Möglichkeit wird davon ausgegangen, daß zunächst die Wahrscheinlichkeit der Zielortwahl W_{ij} ermittelt wird und anschließend die bedingte Wahrscheinlichkeit $W_{im/j}$ bestimmt wird. Diese Größe gibt an, daß das Verkehrsmittel m bei getroffener Zielortwahl benutzt wird. Die Wahrscheinlichkeit W_{ijm} ergibt sich auch hier als Produkt der genannten Größen[187]

$$W_{ijm} = W_{im/j} W_{ij} , \qquad (i,j,m) \varepsilon I x J x M \qquad (3.B.161.)$$

In der Abbildung 17 werden zwei Möglichkeiten einer gemischt sukzessiv-simultanen Anordnungsstruktur vorgestellt. Im ersten Fall werden die Fahrtentstehung und die Fahrtverteilung simultan abgeleitet, während im zweiten Fall die Fahrtentstehung und die Verkehrsmittelwahl in einem Ansatz bestimmt werden.

184 Vgl. als Beispiele das Washington-Toronto-Philadelphia-Modell und das Modell des U.S. Department of Transportation; D. M. Hill, H. G. von Cube, Development of a Model for Forecasting Modal Choice in Urban Areas, in: Highway Research Record, No. 38, 1963, S. 78–96; U.S. Department of Transportation, Federal Highway Administration, Computer Programs for Transportation Planning, PLANPAC/BACKPAC, General Information Manual, a.a.O., S. 64–175, 232–234.

185 Einen Überblick über die meisten trip interchange-Ansätze, die in umfangreichen Verkehrsstudien verwendet wurden, bieten M. J. Fertal et al., Modal Split, Documentation of Nine Methods for Estimating Transit Usage, a.a.O., S. 77–132.

186 Vgl. zum Beispiel C. J. Ruijgrok et al., The Apeldoorn Transportation Study, Paper Presented at the Transportation Planning Research Colloquium, The Hague 1979, Institute TNO for Mathematics, Information Processing and Statistics, Delft 1979.

187 Der vorliegende Ansatz wurde ebenfalls untersucht von P. S. Liou, A. P. Talvitie, Disaggregate Access Mode and Station Choice Models for Rail Trips, a.a.O., S. 47f.

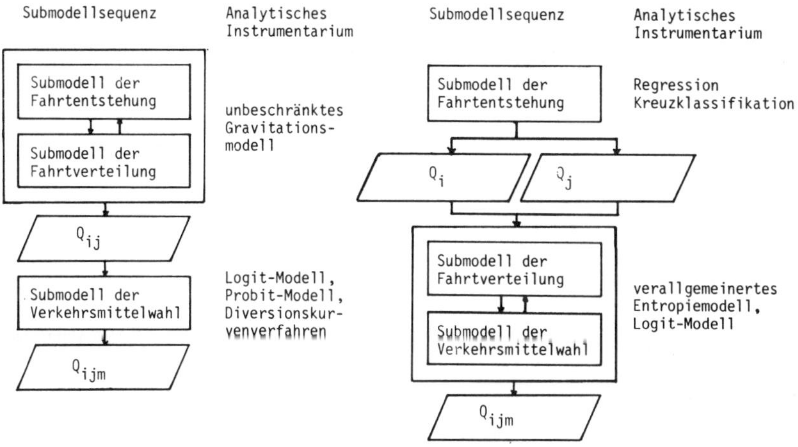

Abbildung 17: Gemischt sukzessiv-simultane Anordnungsstruktur der Verkehrssubmodelle

Als analytisches Instrument zur simultanen Ermittlung von Fahrtentstehung und Fahrtverteilung bietet sich lediglich das unbeschränkte Gravitationsmodell an. Mit Bezug zur empirischen Anwendung des Ansatzes lassen sich allerdings in neueren Verkehrsstudien kaum Anwendungsbeispiele finden, da das unbeschränkte Modell von den später entwickelten beschränkten Ansätzen verdrängt wurde.[188] Um das Verkehrsvolumen Q_{ijm} zu ermitteln, könnte das unbeschränkte Gravitationsmodell mit den üblichen modal split-Verfahren kombiniert werden.

Der zweite zu diskutierende Fall der gemischt sukzessiv-simultanen Anordnungsstruktur bezieht sich auf die gemeinsame Ermittlung der Fahrtverteilung und der Verkehrsmittelwahl. Zur Lösung dieser Aufgabe kann das verallgemeinerte Entropiemodell (3.B.132.) verwendet werden.[189] Wie an anderer Stelle ausgeführt wurde, benötigt dieser Ansatz das Quell- und das Zielverkehrsvolumen als Input. Deshalb muß die Fahrtentstehung in einem vorgelagerten Submodell mit Hilfe von Regressions- oder Kreuzklassifikationsverfahren bestimmt werden.

Will man die Fahrtverteilung und die Verkehrsmittelwahl simultan mit Hilfe eines Logit-Modells errechnen, so muß man als Wahlalternativen die Indexkombina-

188 Eine Ausnahme bildet das POLIS-Modell; vgl. D. Küppers et al., Simulationsmodell POLIS, Benutzerhandbuch, a.a.O., S. 102–107.

189 Als Beispiele für die beschriebene Modellstruktur können die SELNEC-Transportation Study und die Greater London Transportation Study genannt werden; vgl. D. J. Wagon, The Mathematical Model, a.a.O., S. 11–26; G. Havers, D. van Vliet, GLTS Models: The State of the Art, a.a.O., S. 61–104.

tionen $(j,m) \in J \times M$ in das Modell einführen. Das bedeutet, daß eine zur Wahl stehende Alternative gleichzeitig durch den Zielort und das genutzte Verkehrsmittel gekennzeichnet ist.[190]
Die simultanen Ansätze sind in der Abbildung 18 beschrieben. Für die gleichzeitige Ermittlung der drei Komponenten der Verkehrsnachfrage kommen als analytische Instrumente die direct demand models und die haushaltstheoretisch fundierten Ansätze in Frage.

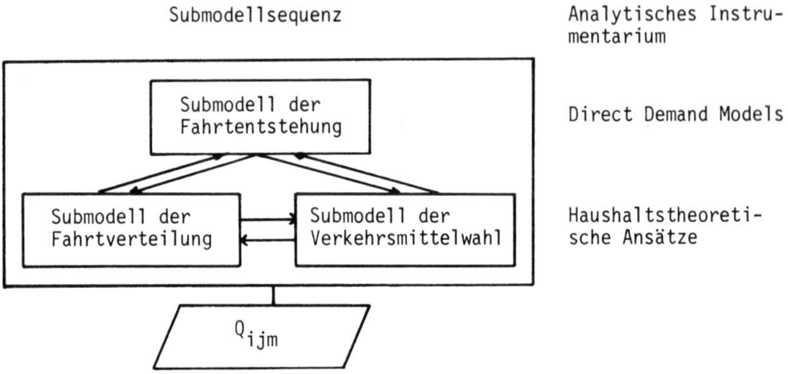

Abbildung 18: Simultane Anordnungsstruktur der Verkehrssubmodelle

Vergleicht man die Anordnungsstruktur der Abbildung 18 mit den vorstehend dargestellten Modellsequenzen, kann positiv festgehalten werden, daß bei der simultanen Ermittlung der Komponenten der Verkehrsnachfrage jede verwendete Einflußvariable sowohl die Fahrtentstehung, die Fahrtverteilung als auch die Verkehrsmittelwahl beeinflußt. Dieser Tatbestand ist insbesondere deshalb wichtig, weil die Fahrzeiten und die Fahrtkosten, die sonst nur in die Submodelle der Fahrtverteilung und der Verkehrsmittelwahl Eingang finden, hier auch die Fahrtentstehung determinieren können. Somit wird nur bei simultaner Anordnungsstruktur des Fahrtentstehungsansatzes mit den anderen Submodellen eine fahrzeitelastische Verkehrsnachfragefunktion abgeleitet.[191] Das bedeutet, daß die Anordnungsstrukturen mit isolierten Fahrtentstehungsmodell unter theoretischem Aspekt lediglich für die Ermittlung der fahrzeitunelastischen Verkehrs-

190 Dieses Modell wurde angewendet von M. G. Richards, M. E. Ben-Akiva, A Disaggregated Travel Demand Model, a.a.O., S. 119–129.

191 Das gilt auch für die erste Submodellsequenz der Abbildung 17, bei der das unbeschränkte Gravitationsmodell verwendet wird. Hier ist die ermittelte Verkehrsnachfragefunktion ebenfalls fahrzeitelastisch.

nachfrage (Arbeitsfahrten, Vergnügungsfahrten) geeignet sind.[192] Eine Möglichkeit, die angesprochenen Submodellsequenzen auch für die Bestimmung der fahrzeitelastischen Verkehrsnachfrage geeignet zu machen, besteht darin, das Fahrtentstehungssubmodell mit den anderen Submodellen in eine iterative Anordnungsstruktur zu bringen. Zu diesem Zweck müssen in die Fahrtentstehungsgleichungen aggregierte Fahrzeitterme einbezogen werden, deren Höhe von der Verteilung der Fahrten (und eventuell von der Verkehrsmittelwahl) beeinflußt wird. Als Vorbild für diesen Modelltyp können die haushaltstheoretisch fundierten Ansätze (3.B.112.) und (3.B.157.) herangezogen werden, die ebenfalls eine iterative Anordnungsstruktur zwischen dem Fahrtentstehungssubmodell und den anderen Submodellen erfordern. Die Anordnungsstruktur könnte dann beispielsweise die in der Abbildung 19 dargestellte Form aufweisen.

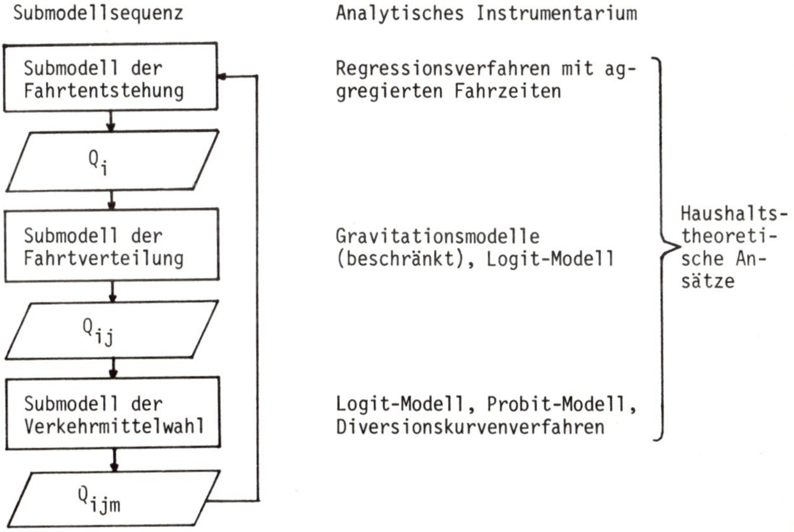

Abbildung 19: Iterative Anordnungsstruktur der Verkehrssubmodelle

Zum Schluß dieses Unterpunktes sollen noch einige Bemerkungen über die Einbeziehung der Fahrtrouten $r \in R_{ij}$, die zwischen den Ortskombinationen $(i,j) \in I \times J$ genutzt werden können, in die Analyse der Verkehrsnachfrage gemacht werden. Die Berücksichtigung der Fahrtrouten bei der Ermittlung der Verkehrsnachfrage wird im Rahmen der empirisch orientierten Transportmodelle nur

192 Vgl. hierzu die Ausführungen am Ende des Unterpunktes B.III des zweiten Kapitels.

unzureichend vorgenommen. Dieser Tatbestand soll im folgenden auf dem Hintergrund der haushaltstheoretisch begründeten Ansätze kurz erläutert werden.
Wie an anderer Stelle bereits ausgeführt wurde, können die Fahrtrouten in gleicher Weise in die Analyse der Verkehrsnachfrage einbezogen werden wie die Zielorte und die Verkehrsmittel.[193] Bei der Aufstellung des Entscheidungsproblems der Haushalte der Subregion i müssen dann allerdings unter anderem die differenzierten Fahrtvariablen F_{ijkmr} berücksichtigt werden. Bei der Anlage der Ansätze besteht nun wiederum die Möglichkeit, daß die Nutzendeterminanten, die mit den Fahrtvariablen über Restriktionen verknüpft sind, insgesamt die gleiche Indizierung aufweisen wie die Fahrtvariablen. In diesem Fall wird unterstellt, daß die Haushalte unter anderem Präferenzen bezüglich einzelner Fahrtrouten haben. Für die Fahrtvariablen ergibt sich bei dieser Problemstellung eine innere Lösung und alle Strecken werden genutzt.
Unterstellt man hingegen, daß es den Haushalten gleichgültig ist, welche Strecke sie zur Befriedigung ihres Fahrtzwecks nutzen wollen, so bedeutet das, daß die Nutzenfunktion keine mit dem Index $r \in R_{ij}$ gekennzeichneten Größen enthält. Für die Fahrtvariablen F_{ijkmr} ergibt sich in diesem Falle eine Ecklösung. Von den Haushalten wird nur diejenige Route gewählt, bei der sich die geringsten Fahrzeiten ergeben.[194] Dieses Prinzip der Suche nach den geringsten Fahrzeiten (oder Fahrtkosten) ist, wie in den folgenden Unterpunkten dargelegt wird, der tragende Zuordnungsmodus der meisten traffic assignment-Modelle. Für die empirisch orientierten Modelle, die die »minimum time path-Algorithmen« verwenden, bedeutet das, daß sie implizit die vorab dargestellte Verhaltensstruktur der Haushalte unterstellen. Ein explizite Einbeziehung der Einstellungen der Haushalte gegenüber der Nutzung bestimmter Fahrtrouten läßt sich aber in keiner Verkehrsstudie finden.

V. Zusammenfassung: Relevante Eigenschaften der Verfahren zur Bestimmung der Verkehrsnachfrage

Das Anliegen der Verfahren zur Bestimmung der Verkehrsnachfrage besteht darin, die interzonalen verkehrsmittelspezifischen Fahrtvolumina zu ermitteln.

193 Vgl. hierzu insbesondere die Ausführungen am Ende des Unterpunktes B.II.1 des zweiten Kapitels.

194 Die Argumentation kann in diesem Fall analog zu den Ausführungen im Zusammenhang mit zum Beispiel dem Modell (2.B.83.) geführt werden.

Diese Aufgabe wird mit Hilfe der Submodelle der Fahrtentstehung, der Fahrtverteilung und der Verkehrsmittelwahl gelöst, wobei die Ansätze teilweise sukzessiv und teilweise simultan angeordnet sind. Im Abschnitt B dieses Kapitels werden zunächst die Einzelansätze behandelt. Die verschiedenen Kombinationsmöglichkeiten der Submodelle werden am Ende des Gliederungspunktes erörtert.
Die Verfahren der Fahrtentstehung berechnen sowohl den örtlichen Quellverkehr als auch den Zielverkehr, wobei in der Regel verschiedene Modelle für die einzelnen Fahrtzwecke konstruiert werden. Der Quellverkehr wird in den empirischen Studien meist durch demographische und sozio-ökonomische Charakteristika der Haushalte in den Wohnzonen (zum Beispiel Haushaltsgröße, Einkommen) determiniert, während der Zielverkehr je nach Fahrtzweck von den Attraktivitätsfaktoren der Bestimmungsorte (zum Beispiel Einkaufsfläche, Beschäftigungsplätze) beeinflußt wird. Die analytischen Verfahren zur Ermittlung der Fahrtentstehung sind die Regressionsanalyse und die Methode der Kreuzklassifikation.
Die Regressionsmodelle können die Verkehrsnachfrage sowohl direkt als auch mit Hilfe von Fahrtquotienten errechnen. Im letzteren Fall ergibt sich die zonale Verkehrsnachfrage durch Multiplikation der Fahrtquotienten mit der Anzahl der Haushalte der Subregion. In empirischen Untersuchungen zeigt sich, daß das Fahrtquotientenmodell dem aggregierten Ansatz vorzuziehen ist. Die besten Resultate sind zu erwarten, wenn die Ansätze haushaltsspezifische Daten anstelle zonaler Querschnittsdaten verwenden. Außerdem ist es wünchenswert, die Fahrtquotienten für einzelne Klassen von Haushalten zu berechnen.
Die Methode der Kreuzklassifikation ist eine Tabulierungstechnik, die die zonale Fahrtentstehung in Abhängigkeit von den Werten in Klassen eingeteilter Einflußgrößen berechnet. Auch diese Ansätze können sowohl das zonale Verkehrsaufkommen als auch die Fahrtquotienten einzelner Gruppen von Haushalten berechnen. Vergleicht man die beiden Verfahren der Fahrtentstehung miteinander, so erweist sich die Regressionsanalyse als die solidere Technik, da die Ansätze der Kreuzklassifikation je nach Ausgestaltung zum Teil erhebliche Validitätsprobleme aufweisen.
Die wichtigsten Verfahren zur Bestimmung der Fahrtverteilung sind die Gravitationsmodelle. Diese Ansätze ermitteln das interzonale Verkehrsvolumen im wesentlichen in Abhängigkeit von der Fahrzeit, den Fahrtkosten oder auch der Entfernung zwischen den Orten. Die Zeitentfernungsfunktion (Fahrtwiderstandsfunktion), die den Einfluß der räumlichen Trennung der Orte auf die Fahrtverteilung erfaßt, wird meist durch hyperbolische oder negativ exponentielle Funktionsformen repräsentiert.
Die Gravitationsmodelle können unterschiedlich konstruiert sein. Wird die

zonale Fahrtentstehung (Quellverkehr und /oder Zielverkehr) als Modellinput vorgegeben, so resultieren daraus die beschränkten Ansätze (production constraint, attraction constraint oder double constraint). Dient das zonale Verkehrsaufkommen nicht als Determinante der Fahrtverteilung, dann werden die Modelle als unbeschränkte Gravitationsverfahren bezeichnet.

Im Rahmen der Gravitationsmodelle ist das intervening-opportunities-Modell und das Entropiekonzept entwickelt worden. Beide Erklärungsansätze sind im Hinblick auf eine bessere theoretische Fundierung des Gravitationsmodells konstruiert worden, da die Gravitationsverfahren zunächst nur im Analogieschluß aus der Physik auf die Raumwirtschaftstheorie übertragen wurden.

Das intervening-opportunities-Modell geht davon aus, daß das Verkehrsvolumen zwischen zwei Orten von der Anzahl der zwischen diesen Orten liegenden Gelegenheiten zur Befriedigung des Fahrtzwecks abhängt. Da diesem Modell unrealistische Verhaltensannahmen zugrunde liegen, ist es nicht in der Lage, eine befriedigende Erklärung der interzonalen Verkehrsnachfrage zu liefern.

Das Entropiekonzept ist eine statistische Technik, mit deren Hilfe die wahrscheinlichste Verteilung der Fahrten auf die Kombinationen der Ursprungsorte und der Zielorte bestimmt werden kann. Die auf der Basis dieses Konzeptes abgeleiteten Verkehrsnachfragefunktionen enthalten eine negativ exponentielle Fahrtwiderstandsfunktion. Da auch der Entropieansatz aus der Physik entliehen ist und da das Konzept allenfalls eine statistische Erklärung des Stadtverkehrs bietet, entsteht die Forderung nach einer wirtschaftstheoretischen Fundierung auch des Entropiemodells. Zur ökonomischen Untermauerung des Ansatzes sind verschiedene nutzentheoretische Verfahren entwickelt worden. Es kann aber festgehalten werden, daß diese Modelle mit den Annahmen der modernen Konsumtheorie nicht übereinstimmen.

Die wahrscheinlichkeitstheoretischen Wahlansätze, die zunächst nur für den Bereich der Verkehrsmittelwahl entwickelt wurden, finden in jüngerer Zeit auch Anwendung in den Fahrtverteilungsmodellen. Die Verfahren ermitteln die Wahrscheinlichkeiten der Zielortwahl der Haushalte. Die Entscheidungen der Wirtschaftssubjekte werden durch einen Nutzenindex gesteuert, der als Linearkombination aus verschiedenen Eigenschaftsvariablen und einem Zufallsterm gebildet wird. Durch die Annahme bestimmter Verteilungen für die Zufallsvariablen lassen sich konkrete Verkehrsmodelle ableiten. Der wichtigste Ansatz, der auf diese Weise bestimmt werden kann, ist das Logit-Modell. Dieser Ansatz weist sich durch eine gute Anwendungsfähigkeit aus. Das Probit-Modell hingegen, das ebenfalls auf der Basis der Wahlansätze determiniert werden kann, ist zur Berechnung der Fahrtverteilung wegen numerischer Probleme nicht geeignet.

Neben den Gravitationsmodellen und den Wahlansätzen werden in dieser Arbeit auch deterministische Verkehrsnachfragefunktionen vorgestellt, die auf der

Grundlage der haushaltstheoretischen Modelle entwickelt werden. Den Überlegungen wird zunächst eine vereinfachte Stone-Geary-Nutzenfunktion zugrunde gelegt. Mit Hilfe dieser Relation werden vier Modelltypen spezifiziert, die sich hinsichtlich der Berücksichtigung zielortbezogener Präferenzen sowie in bezug auf die Beachtung der Fahrzeiten als Nutzendeterminanten unterscheiden. Je nach Modellkonstruktion ergeben sich isoliert bestimmbare Nachfragefunktionen oder interdependente Systeme von Nachfragebeziehungen. Aufgrund der Stone-Geary-Nutzenfunktion haben die Nachfragerelationen eine ähnliche Struktur wie das aus der Konsumtheorie bekannte »Linear Expenditure System«. Verwendet man andere Nutzenfunktionen, dann läßt sich der mit der kombinierten Zeit-Budget-Restriktion verbundene Lagrangemultiplikator nicht ohne weiteres aus den Nachfragefunktionen eliminieren. In diesem Fall besteht die Möglichkeit, den Faktor als empirisch zu bestimmenden Parameter in den Nachfragefunktionen zu belassen.

Die analytischen Verfahren, die im Bereich der Fahrtverteilung diskutiert werden, lassen sich auch auf die Wahl der Verkehrsmittel anwenden. Das Entropiemodell kann zum Beispiel verallgemeinert werden, indem neben der Verteilung der Fahrten auf die Ursprungs- und die Bestimmungsorte zusätzlich gleichzeitig die Aufteilung der Fahrten auf die Verkehrsmittel vorgenommen wird. Somit bestimmt das verallgemeinerte Entropiemodell die Fahrtverteilung und die Verkehrsmittelwahl simultan.

Die Wahlansätze berechnen im Bereich des modal split die Wahrscheinlichkeiten der Inanspruchnahme der einzelnen Verkehrsmittel. Für das Probit-Modell ergeben sich hier bessere Anwendungsmöglichkeiten als in den Fahrtverteilungsmodellen, da die numerischen Probleme bei der Ermittlung der Wahrscheinlichkeiten wegen der geringen Anzahl der Entscheidungsalternativen abnehmen. Allerdings bleibt das Logit-Modell hinsichtlich der Operationalität dem Probit-Modell immer noch überlegen.

Die haushaltstheoretischen Modelle lassen sich ebenfalls verallgemeinern, wenn neben den Zielorten gleichzeitig alternative Verkehrsmittel zur Wahl gestellt werden. In diesem Zusammenhang werden sowohl simultane als auch iterative Modellstrukturen diskutiert.

Neben den genannten Ansätzen werden in dieser Arbeit noch die Modelle der direkten Verkehrsnachfrage behandelt. Diese Verfahren bestimmen die Fahrtentstehung, die Fahrtverteilung und die Verkehrsmittelwahl simultan mit Hilfe von Nachfragefunktionen vom Cobb-Douglas-Typ. In diese Beziehungen gehen die Einflußgrößen multiplikativ verknüpft und exponentiell gewichtet ein. Bei der Ableitung der direct demand models werden Annahmen über die Elastizitäten der unabhängigen Variablen mit Bezug zur Verkehrsnachfrage berücksichtigt. Im Hinblick auf eine kritische Würdigung der Modelle bleibt auf die schwach

ausgeprägte ökonomische Grundlage der Ansätze hinzuweisen. Bei der Bestimmung der Nachfragefunktionen wird weder der Tatbestand berücksichtigt, daß die Verkehrsnachfrage eine abgeleitete Nachfrage darstellt, noch werden die Nachfragefunktionen aus den Nutzenfunktionen der Haushalte ermittelt. Dieser Weg wird in konsistenter Weise lediglich im Zusammmenhang mit den in dieser Arbeit ausführlich diskutierten haushaltstheoretischen Modellen beschritten.
Im Hinblick auf die Anwendungsfähigkeit der Modelle ergeben sich die besten Möglichkeiten für die Entropiemodelle, da hier dem Problem der Kalibrierung der Modellrelationen besondere Aufmerksamkeit geschenkt wurde. Aber auch für die Wahlansätze und die Modelle der direkten Verkehrsnachfrage existieren zufriedenstellende Schätzansätze. Das Problem der empirischen Verwendungsfähigkeit der haushaltstheoretischen Modelle wird im Rahmen dieser Arbeit nicht untersucht. Die hier entwickelten Nachfragefunktionen werden als erster Schritt in Richtung auf die Ableitung operationaler Verkehrsnachfragefunktionen auf der Basis der ökonomischen Theorie verstanden. Im Hinblick auf eine empirisch relevante Formulierung von Verkehrsmodellen kommt deshalb der Untersuchung weiterer Nutzenfunktionen im Rahmen der ökonomischen Modelle eine besondere Bedeutung zu.
Am Ende des Abschnittes B werden alternative Möglichkeiten für die Ableitung der differenzierten Verkehrsnachfrage aus den bisher dargestellten Teilansätzen vorgestellt. In diesem Zusammenhang werden sukzessive, simultane und iterative Anordnungen der einzelnen Modelle diskutiert. Ohne auf die Modellverknüpfungen im einzelnen einzugehen, soll darauf hingewiesen werden, daß der simultanen und der iterativen Einbeziehung der Fahrtentstehungsansätze in die Modellsequenz bei der Ermittlung der fahrzeitelastischen Verkehrsnachfrage der Vorzug gegeben wird. Denn nur bei den genannten Modellkonstruktionen ist gewährleistet, daß die Fahrzeiten einen Einfluß auf die Höhe des Verkehrsvolumens haben.

C. Analytische Verfahren zur Ermittlung der Ergebnisse des Verkehrsmarktes

I. Kapazitätsbeschränkte Verfahren der Verkehrszuordnung

Nachdem in den vorherigen Abschnitten A und B die analytischen Instrumente dargestellt wurden, die für eine isolierte Ermittlung des Verkehrsangebots und der

Verkehrsnachfrage verwendet werden können, soll in diesem Unterpunkt gezeigt werden, mit welchen Verfahren das Marktergebnis auf dem Verkehrsmarkt abgeleitet werden kann. Das Marktergebnis ist, wie an anderer Stelle bereits dargelegt wurde, durch die zu erwartenden Verkehrsströme (Mengenkomponente) auf den Strecken zwischen den Orten sowie durch die sich ergebenden Fahrzeiten (Preiskomponente) charakterisiert.

Um das zukünftige Verkehrsvolumen auf den Verkehrsverbindungen schätzen zu können, müssen die relevanten Verkehrsverbindungen des Untersuchungsraums durch ein Netzwerk abgebildet werden. Hierbei werden die Subregionen als Zentroide aufgefaßt. Sie ergeben zusammen mit den Kreuzungen die Knoten des Netzwerks. Die direkten Verbindungen zwischen den Knoten bilden die Pfeile des Netzwerks. Da die Verkehrsverbindungen für die einzelnen Verkehrsmittel unterschiedlich sein können, muß für jedes Verkehrsmittel ein eigenes Netzwerk konstruiert werden.[195]

Als weitere Inputs benötigen die traffic assignment-Verfahren die verkehrsmittelspezifische Verkehrsnachfrage zwischen den Zonen Q_{ijm}, sowie die Verkehrsangebotsfunktionen, die für die einzelnen Pfeile des Netzwerks gelten.[196] Die verwendeten Angebotsfunktionen haben die in der Abbildung 5 dargestellte Form. Sie sind durch eine positive, progressiv wachsende Steigung gekennzeichnet.[197]

195 Ein wesentlicher Unterschied in der Konstruktion der Netzwerke für verschiedene Verkehrsmittel besteht darin, daß sich das Netzwerk des privaten Verkehrs an den Straßen und den Straßenkreuzungen orientiert, während die Elemente des öffentlichen Netzwerks die Haltestellen und die Fahrtrouten sind. Außerdem ist zu beachten, daß sich das Netzwerk für den öffentlichen Verkehr durch die Fahrplangestaltung der Verkehrsbetriebe während des Tages ändern kann. Zu den Unterschieden in der Konstruktion verschiedener Netzwerke vgl. Comsis Corporation, Traffic Assignment, a.a.O., S. 10–12, 47–49. Zum Aufbau eines Netzwerkes für den öffentlichen Verkehr vgl. Urban Mass Transportation Administration, New Systems Requirements Analysis Program, UMTA Transportation Planning System, Washington, D.C., 1972, Network Development Manual. Ein Netzwerk für den privaten Verkehr wird zum Beispiel konstruiert in U.S. Department of Transportation, Federal Highway Administration, Computer Programs for Urban Transportation Planning, PLANPAC/BACKPAC, General Information Manual, a.a.O., S. 196–217.

196 In älteren Verkehrsstudien werden häufig sogenannte all-or-nothing-assignment-Ansätze sowie alternative Diversionsverfahren verwendet. Bei diesen Modellen wird keine Verkehrsangebotsfunktion in der angesprochenen Form benötigt, da feste Zeiten vorgegeben werden, die nach der Zuordnung der Verkehrsvolumina nicht geändert werden. Die all-or-nothing-Ansätze ordnen das gesamte Verkehrsvolumen, das zwischen zwei Orten entsteht, der Verkehrsverbindung mit den geringsten Fahrzeiten zu. Bei den Diversionskurventechniken werden die Fahrtvolumina auf die beiden schnellsten Strecken zwischen je zwei Orten zugewiesen. Die Verteilungsgrundlage bildet hier eine Diversionskurve, in die die Fahrzeitquotienten oder die Fahrzeitdifferenzen der beiden Strecken als unabhängige Variable eingehen. Die genannten Verfahren sind wegen der unzureichenden Berücksichtigung der Angebotsseite allenfalls für die Zuordnung der Verkehrsnachfrage im Bereich des öffentlichen Verkehrs geeignet. In den folgenden Ausführungen sollen diese Verfahren nicht weiter behandelt werden. Einen Überblick über die Ansätze bieten W. Buhr, R. Pauck, Stadtentwicklungsmodelle, a.a.O., S. 320–324.

197 In den Gleichungen (3.A.28.) bis (3.A.34.) sind einige Beispiele für empirisch verwandte Verkehrsangebotsfunktionen aufgeführt.

Das Anwendungsgebiet der hier zu behandelnden capacity-restraint-Verfahren ist die Zuordnung des privaten Verkehrs auf die Netzwerkverbindungen. Im Bereich des öffentlichen Verkehrs werden die Ansätze nicht eingesetzt. Der Grund hierfür liegt darin, daß für den öffentlichen Verkehr von einer fahrzeitunelastischen Verkehrsnachfrage ausgegangen wird.[198] Hier können die vorab erwähnten all-or-nothing-Zuordnungsverfahren eingesetzt werden. Die folgenden Ausführungen beziehen sich deshalb nur auf den privaten Straßenverkehr.

Das Anliegen der capacity-restraint-Verfahren liegt nun darin, die zunächst vorgegebenen Verkehrsvolumina Q_{ij1} (m=1 für Auto) dergestalt auf die vorhandenen Fahrtrouten $r \in R_{ij}$ zu verteilen, daß benutzeroptimale Verkehrsströme erzeugt werden. Wird das Verkehrsvolumen Q_{ij1} während des Zuordnungsverfahrens nicht geändert, können die hier zu diskutierenden Ansätze auf dem Hintergrund der theoretischen Ausführungen dieser Arbeit als heuristische Verfahren zur Lösung des fixed demand-Problems charakterisiert werden.[199] Ändert sich die Anzahl der Fahrten Q_{ij1} während des Zuordnungsalgorithmus, ist eine Ausprägung des elastic demand-Problems angesprochen.

Bezüglich der Anlage der capacity restraint-Verfahren lassen sich die in der Übersicht 1 aufgeführten Modellkonstruktionen nennen.

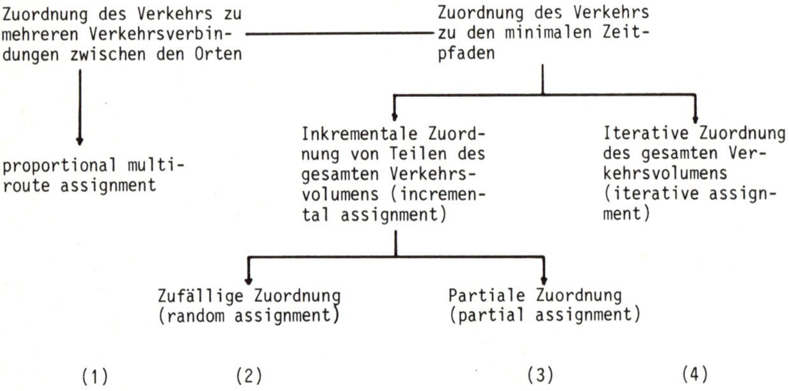

Übersicht 2: Alternative Ausprägungen der capacity restraint-Verfahren

198 Eine Möglichkeit der Einbeziehung einer fahrzeitelastischen Angebotsseite wird in einem Modell von A. Daly aufgezeigt. In diesem Ansatz wird ein warteschlangentheoretisches Konzept mit einem stochastischen Zuordnungsalgorithmus verwendet. Die Beförderungszeiten können hier durch die Wartezeiten an den Haltestellen modifiziert werden; vgl. A. Daly, TRANSSEPT, A Multi-Path Public Transport Assignment Model, in: Planning and Transportation Research and Computation Co.Ltd. (ed.), Urban Traffic Models, Vol. II, Seminar Proceedings, London 1973, Paper F 23.

199 Vgl. die Ausführungen in den Abschnitten C.I und C.II des zweiten Kapitels.

Als Beispiel für ein multiroute traffic assignment-Modell kann der Ansatz der Traffic Research Corporation genannt werden.[200] In diesem Modell wird sowohl die Zuordnung der Fahrten auf die Routen als auch die Fahrtverteilung variiert. Im einzelnen sieht der Zuordnungsmechanismus wie folgt aus.

Zu Beginn des Verfahrens werden die Fahrtaustauschvolumina Q_{ij} auf der Grundlage von idealen Fahrzeiten berechnet. Diese Zeiten (free flow travel times) ergeben sich auf der schnellsten Strecke zwischen je zwei Orten, wenn die Verkehrsdichte sehr gering ist. Die Fahrtverteilung wird mit einem Gravitationsmodell vorgenommen. Das so berechnete Verkehrsvolumen wird proportional zu den reziproken Werten der Zeiten auf die einzelnen Fahrtrouten zwischen den Orten zugeordnet. Die Allokationsbeziehung lautet[201]

$$Q_{ijr} = \frac{\frac{1}{t_{ijr}}}{\sum\limits_{z} \frac{1}{t_{ijr}}}, \qquad (i,j,r) \varepsilon I x J x R_{ij} \qquad (3.C.1.)$$

In dem Zuordnungsverfahren wird das Verkehrsvolumen zwischen je zwei Orten auf bis zu neun verschiedene Pfade zugewiesen. Nach der Berechnung der Verkehrsvolumina auf den Fahrtrouten werden die Fahrzeiten auf der Grundlage der Verkehrsangebotsfunktionen neu berechnet.[202] Diese Zeiten gehen als gewichteter Durchschnitt

$$t_{ij} = \frac{\sum\limits_{r} t_{ijr} Q_{ijr}}{\sum\limits_{r} Q_{ijr}}, \qquad (i,j) \varepsilon I x J \qquad (3.C.2.)$$

in das Fahrtverteilungsmodell ein und dienen zur Ableitung der Fahrtverteilung Q_{ij} des nächsten Iterationsschritts. Das Verfahren wird mehrmals wiederholt bis

200 Vgl. N. A. Irwin et al., Capacity Restraint in Assignment Programs, in: Highway Research Bulletin, No. 297, 1961, S. 109–127; N. A. Irwin, H. G. von Cube, Capacity Restraint in Multi-Travel Mode Assignment Programs, in: Highway Research Bulletin, No. 347, 1962, S. 258–289. Weitere multi-route-assignment-Algorithmen wurden entwickelt von P. M. Dalton, M. D. Harmelink, Development and Testing of a Multipath-Assignment Technique, in: Transportation Research Record, No. 392, 1972, S. 136–138; R. B. Dial, A Probabilistic Multi-Path Traffic Assignment Model which Obviates Path Enumeration, in: Transportation Research, Vol. 5, 1971, S. 83–111; J. E. Burell, Multiple Route Assignment, A Comparison of Two Methods, in: M. A. Florian (ed.), Traffic Equilibrium Methods, a.a.O., S. 229–239. Die beiden zuletzt zitierten Arbeiten beziehen die Angebotsseite des Verkehrs nicht mit ein. Außerdem wird die Zuordnung des Verkehrs mit Bezug zu den Pfeilen des Netzwerkes und nicht mit Bezug zu den Pfaden vorgenommen.

201 Auf den Verkehrsmittelindex wird an dieser Stelle verzichtet.

202 Die Fahrzeiten auf den Pfaden zwischen den Orten ergeben sich als Summe der Zeiten der Pfeile, aus denen die Pfade gebildet werden.

sich die Ergebnisse zweier aufeinander folgender Iterationsschritte nicht mehr stark unterscheiden.

Mit Bezug zur kritischen Würdigung des Verfahrens der Traffic Research Corporation kann zunächst positiv hervorgehoben werden, daß hier die Submodelle der Fahrtverteilung und der Verkehrszuordnung iterativ angeordnet sind. Diese Eigenschaft läßt die Modelle geeignet erscheinen, das Ergebnis des Verkehrsmarktes für fahrzeitelastische Verkehrsnachfragerelationen (zum Beispiel für Einkaufsfahrten) abzuleiten. Allerdings muß als schwerwiegender Einwand gegen das Modell gesagt werden, daß eine ökonomische Begründung der Allokationsbeziehung (1) vollkommen fehlt. Bei der Aufstellung der Relation wird keine Verhaltensvorschrift angegeben, die die Wirtschaftssubjekte dazu bewegen soll, sich in dem vorgeschriebenen Verhältnis auf die Fahrtrouten zu verteilen. Da bei diesem Verfahren nicht klar ist, welche Gleichgewichtsbedingungen für den Verkehrsmarkt impliziert sind, können auch die Konvergenzeigenschaften des Verfahrens nicht beurteilt werden. Eine Verbesserung des Ansatzes im Hinblick auf die theoretische Fundierung könnte erreicht werden, wenn man unsichere Erwartungen der Verkehrsteilnehmer bezüglich der Fahrzeiten unterstellt. In diesem Fall könnte eine proportionale Verteilung der Fahrten auf die Fahrtrouten mit Hilfe eines Logit-Modells vorgenommen werden.[203]

Im Gegensatz zu den multiroute traffic assignment-Verfahren wird bei den Ansätzen des incremental und des iterative assignment[204] das Fahrtvolumen pro Iterationsschritt nur dem Pfad mit der geringsten Fahrzeit (minimum time path),[205] der zwischen je zwei Orten existiert, zugeordnet. Bei diesen Verfahren wird davon ausgegangen, daß die Haushalte zwischen für sie gleichwertigen Fahrtrouten zu wählen haben. Das bedeutet, daß die Verkehrsteilnehmer die

203 Die Einführung von unsicheren Erwartungen der Haushalte bezüglich der Beschaffungskosten (und damit auch der Fahrzeiten) wird im Unterpunkt B.II.2 des zweiten Kapitels dieser Arbeit diskutiert. Zur Ableitung des Logit-Modells auf der Basis der dort gemachten Überlegungen vgl. den Abschnitt B.II.2 des dritten Kapitels. Das Logit-Modell wird für die Anwendung in traffic assignment-Modellen vorgeschlagen von K. Sasaki, A Treatise on Traffic Assignment, in: Regional and Urban Economics, Vol. 4, 1974, S. 13–23.

204 Im strengen Sinne basieren alle in der Übersicht 1 aufgeführten Ansätze auf iterativen Lösungsverfahren. Der Begriff hat sich allerdings in der Literatur nur für die weiter unten zu diskutierenden Zuordnungsmethoden durchgesetzt.

205 Alternative Algorithmen zur Berechnung der kürzesten Wege in Netzwerken sind entwickelt worden von zum Beispiel E. F. Moore, The Shortest Path Through a Maze, Proceedings of the International Symposium of Switching, Harward University, Cambridge, Mass., 1963; G. J. Minty, A Comment on the Shortest Route Problem, in: Operations Research, Vol. 5, 1957, S. 724–728; P. D. Whiting, J. A. Hiller, A Method for Finding the Shortest Route Through a Road Network, Research Note RN/3337, Road Research Laboratory, Ministry of Transport, London 1958. Einen Vergleich verschiedener Algorithmen bietet D. van Vliet, Improved Shortest Path Algorithms for Transport Networks, in: Transportation Research, Vol. 12, 1978, S. 7–20.

Route mit den geringsten Fahrzeiten in Anspruch nehmen werden. Dieses Verhalten führt zu einem Ausgleich der Fahrzeiten im Verkehrsgleichgewicht (benutzer-optimale Verkehrsströme im Sinne des ersten Wardrop-Prinzips).[206] Um sich diesem Verkehrsgleichgewicht zu nähern, werden die minimalen Zeitpfade in jedem Iterationsschritt neu berechnet. Im einzelnen haben die Algorithmen die im folgenden beschriebene Struktur.

Bei den inkrementalen Verfahren der Zuordnung des Verkehrsvolumens existieren, wie die Übersicht 1 zeigt, zwei unterschiedliche Ansätze. In einem älteren Modell wird mit Hilfe von Zufallszahlen eine Reihenfolge der Kombinationen der Ursprungs- und der Bestimmungsorte festgelegt.[207] Anschließend werden die zwischen den Orten entstandenen Verkehrsvolumina in der festgelegten Reihenfolge den entsprechenden minimalen Zeitpfaden zugeordnet. Hierbei wird der sich für zwei Orte ergebende Pfad unter Berücksichtigung des schon zugeordneten Verkehrs zwischen den anderen Orten berechnet. Ein Vorteil des Verfahrens wird darin gesehen, daß die minimalen Zeitpfade für je zwei Orte nur einmal berechnet werden müssen. Trotzdem wird dieser Ansatz in jüngerer Zeit nicht mehr verwendet, da eine zu starke Abhängigkeit der Zuordnungsergebnisse von der festgelegten Reihenfolge der Ortskombinationen besteht.

Bei der partialen Zuordnung[208] werden festgelegte Anteile des gesamten Verkehrsvolumens sukzessiv zugeordnet, das heißt, pro Zuordnungsschritt wird für jede Ortskombination der gleiche Anteil des entstandenen Verkehrs den minimalen Zeitpfaden zugewiesen. Nach der Zuordnung eines Anteils werden die Pfade neu bestimmt. Das Verfahren endet, wenn das gesamte Verkehrsvolumen auf die Pfade des Netzwerkes verteilt ist. Die Anzahl der Zuordnungsschritte wird somit durch die Festlegung der Höhe der Anteile determiniert.[209]

Bei den iterativen capacity restraint-Ansätzen wird das gesamte Verkehrsvolumen in jedem Iterationsschritt erneut den Fahrtrouten zugeordnet.[210] Das Verfahren beginnt mit der Berechnung der minimalen Zeitpfade zwischen den Orten auf der

206 Zu den Wardrop-Prinzipien vgl. die Ausführungen im zweiten Kapitel Abschnitt C.II dieser Arbeit.

207 Das Verfahren der zufälligen Zuordnung (random assignment) wurde im Rahmen der Chicago Area Transportation Study entwickelt; vgl. A. S. Rathman, Capacity Restraint Method-Assignment, Chicago Area Transportation Study, Chicago 1964.

208 Da das Verfahren der zufälligen Zuordnung in der Praxis kaum noch eine Rolle spielt, bezieht sich der Begriff der inkrementalen Zuordnung in der Literatur meist nur auf das im folgenden zu beschreibende Modell.

209 Als Beispiele für die partiale Zuordnung des Verkehrs vgl. Control Data Corporation, Transportation Planning for Control Data 3600 Computer, Trip Loading Assignment, Minneapolis 1966, Ch. 6.601, S. 3–16; M. A. Steel, Capacity Restraint – A New Technique, in: Traffic Engineering and Control, Vol. 7, 1965, S. 381–384; D. van Vliet, Road Assignment – II, The GLTS-Model, in: Transportation Research, Vol. 10, 1976, S. 145–149.

210 Eines der ersten iterativen Verkehrszuordnungsmodelle wurde entwickelt von R.J. Smock, An Iterative Assignment Approach to Capacity Restraint on Arterial Networks, a.a.O., S. 60–66.

Grundlage der Fahrzeiten, die sich bei freier Strecke ergeben würden (mean free flow travel time). Anschließend wird das gesamte entstandene Verkehrsvolumen unabhängig von den Interdependenzen der Fahrten zwischen verschiedenen Ortskombinationen den entsprechenden minimalen Zeitpfaden zugeordnet. Die Zuweisung erfolgt sukzessiv für alle Kombinationen der Urpsrungs- und der Bestimmungsorte. Die gesamten Verkehrsströme auf den Teilstrecken (Pfeilen) des Netzwerkes berechnet man durch Addition der sukzessiv zugewiesenen Verkehrsvolumina. Danach werden die Fahrzeiten, die sich durch das gesamte Verkehrsvolumen auf den Strecken ergeben, gemäß den entsprechenden Verkehrsangebotsfunktionen neu berechnet. Im nächsten Iterationsschritt bilden diese Fahrzeiten die Grundlage für die Ermittlung der minimalen Zeitpfade. Die Iterationsschritte werden nun mehrmals wiederholt bis die sich ändernden Größen gegen feste Werte konvergieren. Da aber in jedem Iterationsschritt eine vollkommen neue Zuordnung des gesamten Verkehrsvolumens bestimmt wird, besteht die Gefahr, daß die Ergebnisse der einzelnen Iterationsschritte sehr stark schwanken. Dann kann der Fall eintreten, daß es nicht gelingt, eine stabile Lösung des Zuordnungsproblems zu ermitteln. Um mögliche Oszillationen der Zuordnungsergebnisse zu vermeiden, wird in den praktischen Anwendungen der Modelle meist ein gewichteter Durchschnitt aus den Resultaten mehrerer Iterationsschritte gebildet. Diese Durchschnittswerte werden dem jeweils folgenden Iterationsschritt zugrunde gelegt. Die Bildung der Durchschnitte läßt sich sowohl im Hinblick auf die Fahrzeiten als auch mit Bezug zu den Verkehrsströmen vollziehen. Die Durchschnittsbildung der Fahrzeiten auf den Strecken erfolgt dann gemäß der Beziehung

$$t_a^{z+1} = \mu t_a^z + (1 - \mu) t_a^{z-1} , \qquad a \varepsilon A \tag{3.C.3.}$$

Hierbei bezieht sich der Index z auf die Iterationsschritte. Das Symbol μ stellt eine Gewichtungsgröße dar, die vor Beginn des Verfahrens festgelegt werden muß. Das Ergebnis des Ansatzes wird durch die Resultate des letzten Iterationsschrittes gebildet.

Die Durchschnitte der Verkehrsströme werden entsprechend ermittelt

$$Q_a^{z+1} = \mu Q_a^z + (1 - \mu) Q_a^{z-1} , \qquad a \varepsilon A \tag{3.C.4.}$$

Als Beispiel für das in der Gleichung (3) angedeutete Mittelungsverfahren kann das traffic assignment-Modell des U.S. Department of Transportation herangezogen werden.[211] Allerdings wird anstelle der Fahrzeit t_a^{z-1} die Fahrzeit einbe-

211 Vgl. U.S. Department of Transportation, Federal Highway Administration, Computer Programs for Urban Transportation Planning, PLANPAC/BACKPAC, General Information Manual, a.a.O., S. 190–192.

zogen, die sich bei einem Verkehrsfluß in Höhe der maximalen Kapazität der Straße ergeben würde. Die empirische Anwendung des Verfahrens zeigt, daß sich nach vier Iterationsschritten in der Regel keine Änderungen der Modelloutputs mehr ergeben.

Als Beispiel für die Verwendung von Durchschnittswerten bezüglich der Verkehrsströme kann die SELNEC-Transportation Study genannt werden.[212] Hier werden drei Iterationsschritte durchgeführt, wobei der dritte Rechenschritt mit den Durchschnittswerten der ersten beiden Iterationsschritte durchlaufen wird. Abweichend von dem in Gleichung (4) beschriebenen Verfahren wird das Zuordnungsergebnis im SELNEC-Modell als Durchschnitt aus den Ergebnissen aller drei Iterationsschritte berechnet.

Als wesentlicher Einwand kann gegen die dargestellten traffic assignment-Ansätze angeführt werden, daß die Erzeugung der benutzeroptimalen Verkehrsströme nicht gewährleistet wird.[213] Außerdem existieren keine Anhaltspunkte darüber, wie weit die ermittelten Modellergebnisse von der Gleichgewichtslösung der entsprechenden Problemstellung entfernt sind. Diese Einwände sind in neueren Forschungsarbeiten aufgegriffen worden. Mit den exakten Verfahren zur Ermittlung der gleichgewichtigen Verkehrsströme beschäftigen sich die Ausführungen in dem folgenden Unterpunkt.

II. Verfahren zur Bestimmung der gleichgewichtigen Verkehrsströme

Im Unterpunkt C.II des zweiten Kapitels dieser Arbeit wird das Gleichgewichtsproblem des Verkehrsmarktes durch nichtlineare mathematische Programme formuliert. Diese Programme bilden den Ausgangspunkt für die in diesem Abschnitt zu diskutierenden Verfahren zur Ermittlung der gleichgewichtigen Verkehrsströme und der Fahrzeiten.

Die beiden Grundtypen der mathematischen Programme beziehen sich auf das Verkehrsgleichgewicht unter Berücksichtigung einer fahrzeitelastischen zwischenörtlichen Verkehrsnachfrage und auf das Gleichgewicht bei vorgegebener Verkehrsnachfrage.

212 Vgl. D. J. Wagon, The Mathematical Model, a.a.O., S. 29–31.

213 Zur Kritik der iterativen und inkrementalen Verfahren der Verkehrszuordnung vgl. auch S. Yagar, Emulation of Dynamic Equilibrium in Traffic Networks, in: M. A. Florian (ed.), Traffic Equilibrium Methods, a.a.O., S. 240–264 (hier: S. 246–252).

Das Programm für die elastische Verkehrsnachfrage lautet[214]

$$Z = \sum_i \sum_j \int_0^{Q_{ij}} g_{ij}(Q)dQ - \sum_a \int_0^{Q_a} f_a(Q)dQ \ , \ Z \rightarrow \max \qquad (3.C.5.)$$

unter den Nebenbedingungen

$$\sum_r Q_{ijr} = Q_{ij} \ , \qquad (i,j) \varepsilon I \times J \qquad (3.C.6.)$$

$$\sum_i \sum_j \sum_r z_{aijr} Q_{ijr} = Q_a \ , \qquad a \varepsilon A \qquad (3.C.7.)$$

Für das Verkehrsgleichgewicht bei konstanter Verkehrsnachfrage ergibt sich die folgende Problemstellung[215]

$$Z = \sum_a \int_0^{Q_a} f_a(Q)dQ \ , \qquad Z \rightarrow \min \qquad (3.C.8.)$$

unter Berücksichtigung der Restriktionen (7) und

$$\sum_r Q_{ijr} = \bar{Q}_{ij} \ , \qquad (i,j) \varepsilon I \times J \qquad (3.C.9.)$$

Die beiden vorliegenden nichtlinearen Optimierungsprogramme können mit Gradientenverfahren[216] gelöst werden. Nachstehend soll die Funktionsweise eines ausgewählten Algorithmus in Anwendung auf das fixed demand-Problem dargestellt werden. Im Anschluß daran wird die Erweiterung des Verfahrens im Hinblick auf die Lösung des elastic demand-Problems kurz diskutiert.

Die Funktionsweise der Gradientenverfahren läßt sich wie folgt skizzieren. Den Ausgangspunkt bildet eine konvexe Optimierungsaufgabe der Form

$$\begin{aligned} & g = f(\underline{x}) \ , \qquad g \rightarrow \min \\ & h_p(\underline{x}) \leq 0 \ , \qquad p = 1, \ldots, q \ , \\ & \underline{x} \geq 0 \end{aligned} \qquad (3.C.10.)$$

214 Vgl. den Ansatz (2.C.23.).

215 Vgl. den Ansatz (2.C.30.). Dort ist das fixed demand problem allerdings als Maximierungsproblem dargestellt, wobei der negative Wert der Funktion (8) maximiert wird.

216 Zu den verschiedenen Gradientenverfahren vgl. H. P. Künzi, W. Krelle, Nichtlineare Programmierung, a.a.O., S. 145–197.

Geht man davon aus, daß das Gradientenverfahren im Iterationsschritt z zu einer Lösung $\underline{x}^z$ geführt hat, sucht man zunächst eine brauchbare Richtung $\underline{d}^z$, in der man sich auf die optimale Lösung hin bewegen möchte. Die brauchbare Richtung zeichnet sich zum einen dadurch aus, daß sie zulässig ist, das heißt, die Strahlen $\underline{x}^z+\mu\underline{d}^z$ müssen für hinreichend kleine Werte $\mu>0$ noch im zulässigen Bereich liegen. Zum andern muß der Wert der Zielfunktion des Minimierungsproblems zumindestens für kleine Werte von μ abnehmen. Hat man eine brauchbare Richtung gefunden, so muß die Schrittlänge μ^z bestimmt werden. Bezeichnet man den Wert für den die Zielfunktion auf dem Strahl ein Minimum annimmt mit μ'^z und den Wert, für den der Strahl den zulässigen Bereich verläßt, mit μ''^z, so ergibt sich die Schrittlänge als Minimum der genannten Größen

$$\mu^z = \min(\mu'^z, \mu''^z) \tag{3.C.11.}$$

Der neue Iterationspunkt lautet dann

$$\underline{x}^{z+1} = \underline{x}^z + \mu^z\underline{d}^z \tag{3.C.12.}$$

Die Gradientenverfahren unterscheiden sich durch die Methoden zur Ableitung der brauchbaren Richtung. Der Lösungsansatz zur Bestimmung der gesuchten Richtung, der in den folgenden Ausführungen vorgestellt wird, basiert auf der Linearisierung der Zielfunktion und auf der Anwendung eines Frank-Wolfe-Algorithmus[217] auf das sich ergebende Optimierungsproblem.[218]

Der Frank-Wolfe-Algorithmus, der ursprünglich für quadratische Optimierungsprogramme entwickelt wurde, läßt sich auch auf andere nichtlineare Problemstellungen übertragen. Den Ausgangspunkt für die Überlegungen bildet die Taylor-Reihen Entwicklung ersten Grades der Zielfunktion im Iterationspunkt $\underline{x}^z$:

$$f(\underline{y}) = f(\underline{x}^z) + \nabla f(\underline{x}^z)'(\underline{y} - \underline{x}^z) \tag{3.C.13.}$$

217 Vgl. M. Frank, P. Wolfe, An Algorithm of Quadratic Programming, in: Naval Research Logistics Quarterly, Vol. 3, 1956, S. 95–110.

218 Die Anwendung des Frank-Wolfe-Algorithmus auf das fixed demand problem wird vorgenommen von L.J. LeBlanc et al., An Efficient Approach to Solving the Road Network Equilibrium Traffic Assignment Problem, in: Transportation Research, Vol. 9, 1975, S. 309–318; J. D. Murchland, Road Network Traffic Distribution in Equilibrium, Paper Presented at the Conference on Mathematical Methods in Economic Science, Mathematisches Forschungsinstitut Oberwolfach, Oberwolfach 1969. Andere Verfahren wurden angewendet von T. L. Leventhal et al., A Column Generation Algorith for Optimal Traffic Assignment, in: Transportation Science, Vol. 7, 1973, S. 168–176. S. C. Dafermos, F. T. Sparrow, The Traffic Assignment Problem for General Networks, in: Journal of Research, National Bureau of Standards, Vol. 37 B, No. 2, S. 91–118.

Hierbei bezeichnet der Ausdruck $\nabla f(\underline{x}^z)'$ den transponierten Gradientenvektor, der die Werte der partiellen ersten Ableitungen der Zielfunktion f(x) im Punkte $\underline{x}^z$ enthält. Der Vektor $(\underline{y}-\underline{x}^z)$ stellt den zu bestimmenden Richtungsvektor $\underline{d}^z$ dar. Die zu ermittelnde Richtung ist diejenige zulässige Richtung, bei der der Zielfunktionswert am stärksten abnimmt. Die Richtung ergibt sich also durch Minimierung der vorstehenden Beziehung unter Berücksichtigung der Restriktionen des Ansatzes. Hierbei sind nur positive Werte für die Variablen des Vektors $\underline{y}$ zulässig.

$$\min_{\underline{y} \geq 0} f(\underline{y}) = \min_{\underline{y} \geq 0} \{\nabla f(\underline{x}^z)'\underline{y} + (f(\underline{x}^z) - \nabla f(\underline{x}^z)'\underline{x}^z)\} \qquad (3.C.14.)$$

Da der Vektor $\underline{x}^z$ festliegt, stellt der Term in der runden Klammer eine konstante Beziehung dar. Somit reduziert sich das Minimierungsproblem (14) zu

$$\min_{\underline{y} \geq 0} f(\underline{y}) = \min_{\underline{y} \geq 0} \{\nabla f(\underline{x}^z)'\underline{y}\} \qquad (3.C.15.)$$

Um diesen Ausdruck für das Optimierungsproblem (8) zu ermitteln, wird die Zielfunktion in der Form

$$Z = \sum_a \int_0^{Q_a} f_a(Q)dQ \text{ mit } Q_a = \sum_i \sum_j \sum_r z_{aijr} Q_{ijr} \qquad (3.C.16.)$$

geschrieben. Leitet man diese Beziehung nach flows Q_{ijr} ab, ergibt sich

$$\frac{\partial Z}{\partial Q_{ijr}} = \sum_a f_a(Q_a) z_{aijr} = \sum_a t_a z_{aijr} = t_{ijr} \,, \quad (i,j,r) \varepsilon I x J x R_{ij} \qquad (3.C.17.)$$

Der Funktionswert $f_a(Q_a)$ stellt die Fahrzeit t_a dar, die aus einem Verkehrsfluß in Höhe von Q_a resultiert. Dann ergibt sich die Gesamtfahrzeit t_{ijr} auf den Routen $r \in R_{ij}$ als Summe der Fahrzeiten derjenigen Strecken, die Bestandteile der entsprechenden Routen sind. Das Minimierungsproblem (8) des Iterationsschritts z unter Berücksichtigung der Restriktionen (9) lautet somit in Summenschreibweise

$$Z^z = \sum_i \sum_j \sum_r t^z_{ijr} \tilde{Q}_{ijr} \,, \quad Z^z \rightarrow \min \,, \quad \sum_r Q_{ijr} = \bar{Q}_{ij} \,, \quad (i,j) \varepsilon I x J \,,$$
$$Q_{ijr} \geq 0 \,, \quad (i,j,r) \varepsilon I x J x R_{ij} \qquad (3.C.18.)$$

Da zwischen den Variablen verschiedener (i,j)-Kombinationen keine gemeinsamen Restriktionen existieren, läßt sich das vorstehende Optimierungsproblem in $n_I \times n_j$ Unterproblem dekomponieren, die separat gelöst werden können:[219]

$$
\begin{aligned}
& Z_{ij}^z = \sum_r t_{ijr}^z \tilde{Q}_{ijr}, \quad Z_{ij}^z \rightarrow \max, \quad (i,j) \varepsilon I \times J, \\
& \sum_r Q_{ijr} = \bar{Q}_{ij}, \quad (i,j) \varepsilon I \times J, \\
& Q_{ijr} \geqq 0, \quad (i,j) \varepsilon I \times J,\ r \varepsilon R_{ij}
\end{aligned}
\qquad (3.C.19.)
$$

Die Lösung dieses Optimierungsproblems ist dann gegeben, wenn für jede Ortskombination (i,j) das gesamte Verkehrsvolumen $\bar{Q}_{ij}$ dem Pfad mit der geringsten Fahrzeit t_{ijr} zugeordnet wird. Alle anderen Pfade werden nicht belegt. Das Optimierungsproblem (19) ist also die mathematische Formulierung der Zuordnungsvorschrift der iterativen Verfahren des traffic assignment. Wie im vorstehenden Unterpunkt ausgeführt wurde, ordnen diese Verfahren das gesamte Verkehrsvolumen zwischen den Orten in jedem Iterationsschritt dem Pfad mit der geringsten Fahrzeit zu.

Ist mit Hilfe des Optimierungsansatzes (19) die Richtung festgelegt, so bestimmen die Gradientenverfahren die Schrittlänge μ'^z durch das eindimensionale Optimierungsproblem

$$
\begin{aligned}
& \underset{\mu}{\mathrm{Min}}\ f(\underline{x}^z + \mu(\underline{y} - \underline{x}^z)) = \underset{\mu}{\mathrm{Min}}\ f(\mu \underline{y} + (1 - \mu)\underline{x}^z) \\
& \text{mit } 0 \leqq \mu \leqq 1
\end{aligned}
\qquad (3.C.20.)
$$

Für die Zielfunktion (8) lautet die Beziehung [220]

$$
\begin{aligned}
& \mathrm{Min}\ Z(\mu) = \sum_a \int_0^{x_a^z} f_a(x)\,dx \\
& \text{mit } x_a^z = \sum_i \sum_j \sum_r z_{aijr}(\mu \tilde{Q}_{ijr} + (1 - \mu) Q_{ijr}^z)
\end{aligned}
\qquad (3.C.21.)
$$

219 Zur Dekomposition linearer Optimierungssysteme vgl. zum Beispiel A. Jaeger, K. Wenke, Lineare Wirtschaftsalgebra, Bd. 2, Stuttgart 1969, S. 302–310.

220 Durch eine Modifikation des Optimierungsansatzes kann man erreichen, daß die Zuordnung der flows die Maximalkapazität der Straßen nicht überschreitet. In diesem Fall muß die obere Grenze von μ noch weiter eingeschränkt werden; vgl. hierzu C. F. Daganzo, On the Traffic Assignment Problem with Flow Dependent Costs, in: Transportation Research, Vol. 11, 1977, S. 433–441. Bei diesem Verfahren entfällt die Notwendigkeit, die Verkehrsangebotsfunktionen über den Bereich der Maximalkapazität der Straßen hinaus zu extrapolieren. Zu diesem Problemkreis vgl. die Ausführungen zu den Gleichungen (3.A.29.)–(3.A.32.) in dieser Arbeit.

Wie eingangs bereits erwähnt wurde, wird die Schrittlänge entweder durch die Minimierung der Zielfunktion hinsichtlich der Größe $\mu(u'^z)$ oder durch den Wert μ''^z determiniert (vgl. Beziehung (11)), der angibt, wo der zulässige Lösungsraum verlassen wird. Bei dem vorliegenden Optimierungsproblem sind die flow conservation-Gleichungen und die Nichtnegativitätsbedingungen sowohl für die Größen $\tilde{Q}_{ijr}$ als auch für die Variablen Q^z_{ijr} erfüllt. Daraus folgt, daß diese Beziehung auch für die Linearkombinationen dieser Größen $(\mu\tilde{Q}_{ijr}+(1-\mu)Q^z_{ijr})$ erfüllt bleiben. Deshalb stellt die Größe μ'^z die gesuchte Schrittlänge dar. Das Optimierungsproblem (21) kann mit eindimensionalen Suchverfahren gelöst werden.[221]

Die Verkehrsströme des nächsten Iterationsschrittes ergeben sich dann als

$$Q^{z+1}_{ijr} = \mu'^z\tilde{Q}_{ijr} + (1-\mu'^z)Q^z_{ijr}, \qquad (i,j,r)\varepsilon I\times J\times R_{ij} \qquad (3.C.22.)$$

Das vorstehend dargestellte Verfahren konvergiert unter der genannten Voraussetzung einer konvexen Zielfunktion für $z\to\infty$ gegen die Gleichgewichtslösung. Sollen die Algorithmen praktisch angewendet werden, so muß ein Abbruchskriterium vorgegeben werden. Das vorliegende Verfahren wird beendet, wenn die Änderung des Wertes der Zielfunktion zwischen zwei Iterationsschritten eine vorgegebene Toleranzgrenze nicht mehr überschreitet. Die Bedingung lautet:

$$\left|\sum_a (Q^{z+1}_a - Q^z_a)t^z_a\right| \leq \varepsilon \qquad (3.C.23.)$$

Unter Zugrundelegung der vorstehenden Ausführungen läßt sich der Algorithmus zur Bestimmung der gleichgewichtigen Verkehrsströme wie folgt zusammenfassend beschreiben.

1. Start mit einer zulässigen Ausgangslösung $(Q_{ijr})_{(i,j,r)\in I\times J\times R_{ij}}$; diese Lösung kann durch Zuordnung der Verkehrsvolumina zu den minimalen Zeitpfaden bestimmt werden, die auf der Basis der free flow travel time berechnet worden sind.
2. Bestimmung der Fahrzeiten t_{ijr} auf den Routen aus den Fahrzeiten t_a, die auf den einzelnen Streckenabschnitten entstehen (vgl. Gleichung (17)).
3. Berechnung der minimalen Zeitpfade zwischen den Ortskombinationen $(i,j)\in I\times J$.
4. Zuordnung des gesamten Verkehrsvolumens $\bar{Q}_{ij}$ zu den minimalen Zeitpfaden.

221 Zu den Suchverfahren vgl. W. I. Zangwill, Nonlinear Programming, Englewood Cliffs, N. J. 1969; M. Batty, Urban Modelling, a.a.O., S. 147–174.

5. Bestimmung der Schrittlänge μ'^{z} durch Lösung des Problems (21).
6. Festlegung der flows nach Gleichung (22).
7. Konvergenztest gemäß Gleichung (23). Ist das Stopkriterium nicht erfüllt, beginnt der Algorithmus wieder mit Schritt 2.

Dieses Verfahren läßt sich mit einigen Modifikationen auch auf das elastic demand problem (5)–(7) anwenden.[222] Zwischen den Schritten 3 und 4 wird ein weiterer Schritt eingeführt. Dort werden die Fahrtvolumina Q_{ij} auf der Basis der Fahrzeiten der minimalen Zeitpfade des vorhergehenden Iterationsschrittes berechnet. Die Berechnung der Schrittlänge wird nun mit Bezug zu der Zielfunktion (5) vorgenommen. Das Konvergenzkriterium (23) wird ebenfalls an dieser Zielfunktion ausgerichtet.[223]

Vergleicht man das eben diskutierte Verfahren zur Bestimmung der gleichgewichtigen Verkehrsströme mit den capacity restraint-Ansätzen, so stellt man fest, daß die Gradientenverfahren eine ähnliche Struktur haben wie der Zuordnungsmechanismus der iterativen capacity restraint-Modelle. Der wesentliche Unterschied zwischen den Verfahren besteht darin, daß die Schrittlänge μ, die dem Gewichtungsfaktor μ in der Gleichung (3.C.4.) enspricht,[224] bei den hier diskutierten Verfahren mit Hilfe eines Optimierungsansatzes bestimmt wird. Mit Bezug zur praktischen Rechenbarkeit läßt sich anmerken, daß die Gleichgewichtsalgorithmen wegen der Anwendung des Optimierungsverfahrens (21) und wegen der größeren Anzahl von Iterationsschritten erheblich rechenaufwendiger sind als die capacity restraint-Modelle. Allerdings läßt sich das fixed demand problem mit Hilfe der Gradientenverfahren für mittelgroße Zuordnungsprobleme in akzeptabler Rechenzeit lösen. Hier ist dann besonders zu prüfen,

222 Vgl. S. Nguyen, An Algorithm for the Traffic Assignment Problem, in: Transportation Science, Vol. 8, 1974, S. 209–216. Das elastic demand-Problem unter Verwendung eines doppelt beschränkten Entropiemodells als Nachfragefunktion wird ausführlich diskutiert von S. P. Evans, Derivation and Analysis of Some Models for Combining Trip Distribution and Assignment, in: Transportation Research, Vol. 10, 1976, S. 37–57. Ein Gleichgewichtsmodell unter Berücksichtigung eines entstehungsortbeschränkten Entropiemodells wird diskutiert von D. Boyce, Equilibrium Solutions to Combined Urban Residential Location, Modal Choice, and Trip Assignment Models, in: W. Buhr, P. Friedrich (Hrsg.), Konkurrenz zwischen kleinen Regionen, Competition Among Small Regions, Baden-Baden 1978, S. 246–264.

223 Eine Verbesserung auch der Modelle der partialen Verkehrszuordnung, die im vorigen Unterpunkt behandelt wurden, durch Anwendung eines Optimierungsverfahrens wird vorgeschlagen von D. van Vliet, An Application of Mathematical Programming to Network Assignment, in: P. Bonsall et al. (eds.), Urban Transportation Planning, Turnbridge Wells 1977, S. 147–158. Allerdings läßt die Darstellung des Autors nicht erkennen, ob und inwieweit das Verfahren die Ableitung der gleichgewichtigen Verkehrsströme gewährleistet.

224 In der Gleichung (3.C.4.) werden die gewichteten Summen aus den Verkehrsströmen Q_a der verschiedenen Iterationsschritte ermittelt. Da die Variablen Q_a und Q_{ijr} über die Restriktionen (7) verknüpft sind, ist es gleichgültig, ob die Mittelung mit Bezug zu den Größen Q_a oder Q_{ijr} vorgenommen wird.

welche Gradientenverfahren die kürzesten Rechenzeiten erwarten lassen.[225] Die praktische Erfahrung muß dann zeigen, ob der rechentechnische Mehraufwand der besten Gradientenverfahren gegenüber den herkömmlichen capacity restraint-Modellen durch die Verbesserung der Modellergebnisse gerechtfertigt ist. Bezüglich der Verwendungsfähigkeit der Gradientenverfahren wird angemerkt, daß sich diese Ansätze auch auf die Problemstellungen anwenden lassen, die entstehen, wenn verschiedene Gruppen von Nachfragern und zusätzliche Verkehrsarten eingeführt werden.[226] Allerdings werden die Lösungsalgorithmen dann noch umfangreicher.[227]

Bisher wurde die Anwendung der Gradientenverfahren im Hinblick auf die Lösung konvexer Minimierungsprobleme beziehungsweise konkaver Maximierungsprobleme diskutiert. Bei diesen Problemstellungen konvergieren die Lösungsverfahren gegen die Gleichgewichtsströme, die sich aus den absoluten Optima der mathematischen Programme ergeben.[228] Im Prinzip lassen sich die Gradientenverfahren auch anwenden, wenn die genannten Voraussetzungen nicht erfüllt sind.[229] Das bedeutet, daß sich die Gradientenverfahren auch bei der Einbeziehung von Angebotsfunktionen mit anomalem Leistungsbereich anwenden lassen.[230] Allerdings ergibt sich hier das Problem, daß wegen der Möglichkeit der Existenz mehrerer Optima nur die Ableitung von lokalen Extrema gewährleistet ist.[231] Welches Optimum berechnet wird, hängt dann von der zulässigen Ausgangslösung beziehungsweise von der Wahl des Gradientenverfahrens ab. Das bedeutet, daß die Modellergebnisse von willkürlich festlegbaren Faktoren determiniert werden. Um diesen unbefriedigenden Zustand zu beseitigen, muß man anstreben, die Verfahren mit zusätzlichen Regeln auszustatten, die die Lösungsschritte in Richtung auf das absolute Optimum lenken. Für die vorliegenden Gleichgewichtsprobleme bedeutet das, daß man zunächst versucht,

225 Zum rechentechnischen Vergleich verschiedener Gradientenverfahren vgl. S. Nguyen, A Unified Approach to Equilibrium Methods for Traffic Assignment, a.a.O., S. 171–178. Die Verfahren wurden mit Daten der Stadt Winnipeg gerechnet. Das Netzwerk bestand aus 2 788 Pfeilen, 1 035 Knoten und 146 Centroiden. Dieses Problem ließ sich auf einer Rechenanlage des Typs CDC Cyber 74 mit einer effektiven Rechenzeit von 7 000 Sekunden lösen.

226 Die erweiterten Ansätze sind im Unterpunkt C.III des zweiten Kapitels dieser Arbeit diskutiert worden.

227 Vgl. M.A. Florian, S. Nguyen, A Combined Trip Distribution Modal Split and Trip Assignment Model, a.a.O., S. 243f.

228 Die Eindeutigkeit der Optima ist nur bei streng konvexen beziehungsweise streng konkaven Zielfunktionen gewährleistet.

229 Vgl. B. Kreko', Optimierung, Nichtlineare Modelle, Berlin 1974, S. 110f.

230 Wie an anderer Stelle ausgeführt wurde, geben die Verkehrsangebotsfunktionen mit anomalem Leistungsbereich die Verkehrsverhältnisse für kurze Zeiträume (< 2 Stunden) wieder; vgl. hierzu die Ausführungen im Unterpunkt I des zweiten Kapitels dieser Arbeit sowie die in den Gleichungen (3.A.13.) und (3.A.23.) diskutierten Beispiele.

231 Vgl. auch Abbildung 7.

eine Lösung im normal verlaufenden Teil der Angebotsfunktionen zu finden. Ob die Möglichkeit besteht, die verfügbaren Algorithmen in diesem Sinne zu steuern, kann an dieser Stelle nicht geklärt werden. Zu dem Problemkreis der Bestimmung des Verkehrsgleichgewichts für den täglichen Spitzenverkehr sind deshalb noch weitere Forschungsarbeiten nötig.

III. Zusammenfassung: Relevante Eigenschaften der Verfahren zur Bestimmung des Verkehrsgleichgewichts

Die Aufgabe der analytischen Verfahren zur Bestimmung des Verkehrsgleichgewichts besteht darin, die interzonalen Verkehrsströme den einzelnen Netzwerkverbindungen zuzuordnen (traffic assignment). Hierbei wird eine gleichgewichtige Verteilung der Fahrtvolumina angestrebt. Dieses Anliegen wird von den kapazitätsbeschränkten Ansätzen der Verkehrszuordnung und den Gleichgewichtsmethoden mit unterschiedlichem Erfolg erfüllt.

Die Funktionsweise der kapazitätsbeschränkten Verfahren des traffic assignment ist durch wiederholte Zuweisungen der Verkehrsströme und mehrmalige Berechnung der Fahrzeiten auf den Strecken gekennzeichnet. Im einzelnen können die Algorithmen wie folgt angelegt sein.

Die Ansätze des multiroute proportional traffic assignment verteilen die Verkehrsströme proportional zu den Werten einer Fahrtwiderstandsfunktion auf die Verbindungen zwischen den Orten. Nach der Zuweisung des Verkehrs werden die Fahrzeiten gemäß den Angebotsrelationen neu berechnet. Auf der Basis der Zeiten wird dann der Verkehr wiederum verteilt. Diese Rechenschritte werden mehrmals wiederholt. Da eine verhaltensmäßige Begründung für die Verteilungsvorschrift fehlt und außerdem unklar ist, welche Gleichgewichtsbedingungen in den Modellen impliziert sind, bleibt die Anlage der multiroute-Ansätze unbefriedigend.

Die Zuordnungsvorschrift der inkrementalen und der iterativen Verfahren sieht vor, daß das Verkehrsvolumen zwischen je zwei Orten dem Pfad mit den geringsten Fahrzeiten zugewiesen wird. Bei der Anwendung dieser Vorschrift wird also implizit unterstellt, daß die Wirtschaftssubjekte keine Präferenzen für bestimmte Verkehrsverbindungen entwickeln. Nach der Verteilung des Verkehrs werden auch hier die Fahrzeiten gemäß den Angebotsrelationen neu festgelegt. Die inkrementalen Verfahren ordnen sukzessiv festgelegte Anteile des gesamten Verkehrsvolumens den Routen zu. Das Verfahren endet, wenn das Verkehrsaufkommen vollständig zugewiesen ist.

Hingegen wird bei den iterativen Ansätzen pro Iterationsschritt immer das gesamte Fahrtvolumen verteilt. Die auf der Basis der Verkehrsströme ermittelten Fahrzeiten dienen dann als Verteilungsgrundlage für den nächsten Iterationsschritt. Um starke Oszillationen der Modelloutputs zu vermeiden, wird in den Ansätzen meist ein gewichteter Durchschnitt der Ergebnisse mehrerer aufeinanderfolgender Zuordnungen gebildet. Diese Operationen werden so häufig durchgeführt bis die Ergebnisse der Berechnungen gegen feste Werte konvergieren.
Der Ansatzpunkt für die Verfahren der gleichgewichtigen Verkehrszuordnung wird durch die Formulierung der Gleichgewichtsprobleme mit Hilfe konvexer mathematischer Programme gebildet. Zur Lösung dieser nichtlinearen Optimierungsansätze können Gradientenverfahren verwendet werden. In dieser Arbeit wird ein Frank-Wolfe-Algorithmus diskutiert, der auf das fixed demand problem angewendet wird. Wie weiter dargelegt wird, läßt sich dieses Verfahren mit einigen Modifikationen auch zur Lösung des elastic demand problems heranziehen.
Mit Bezug zu einer Beurteilung der traffic assignment-Ansätze ist darauf hinzuweisen, daß die kapazitätsbeschränkten Verfahren der Verkehrszuordnung lediglich heuristische Algorithmen darstellen, die im Gegensatz zu den Gradientenverfahren die Berechnung der gleichgewichtigen Verkehrsvolumina nicht notwendig gewährleisten. Allerdings muß beachtet werden, daß die Gradientenmethoden einen erheblich höheren Rechenaufwand als die kapazitätsbeschränkten Ansätze erfordern. Die Praxis der nächsten Jahre muß nun zeigen, ob der Mehraufwand durch die Verbesserung der Modellergebnisse gerechtfertigt wird.

Viertes Kapitel

Schlußbemerkungen: Die analytische Basis empirisch orientierter Verkehrsmodelle

Diese Arbeit beschäftigt sich mit den mikroökonomischen Grundlagen einer Theorie des städtischen Verkehrs. Hierbei wird einerseits beachtet, daß die Verkehrsnachfrage eine abgeleitete Nachfrage darstellt. Anderseits wird der Marktaspekt des Stadtverkehrs besonders berücksichtigt. Auf der Basis dieser theoretischen Erörterungen wird das analytische Instrumentarium kritisch gewürdigt, das zur Ermittlung der Verkehrsvolumina zur Verfügung steht.

In der Theorie des Verkehrsangebots ergeben sich unterschiedliche Ansatzpunkte für die Erfassung der Angebotsseite der öffentlichen Verkehrsmittel und des privaten Straßenverkehrs. Während das Verkehrsangebot der öffentlichen Verkehrsmittel durch die Tarifpolitik und die Fahrplangestaltung der Verkehrsbetriebe determiniert wird, ergibt sich das Verkehrsangebot für den privaten Verkehr aus dem Zustand des städtischen Straßennetzes und dem Verhalten der Verkehrsteilnehmer. Im Rahmen dieser Arbeit wird davon ausgegangen, daß das öffentliche Verkehrsangebot fahrzeitunelastisch ist; das heißt, es wird unterstellt, daß die Fahrzeit unabhängig vom Beförderungsvolumen ist. Bezüglich des privaten Straßenverkehrs wird das städtische Straßennetz als gegeben vorausgesetzt. Die Angebotsrelationen, die als Beziehungen zwischen dem Verkehrsfluß auf der Straße und der Fahrzeit des Verkehrsstroms definiert sind, werden für jeden Streckenabschnitt des städtischen Straßennetzes ermittelt. Sie beziehen sich in der Regel auf nicht unterbrochene Verkehrsströme. Die Angebotsseite des privaten Verkehrs wird also durch die Menge aller Angebotsbeziehungen repräsentiert, die für das Netzwerk abgeleitet werden.

Der Verlauf der Angebotsfunktionen wird auf dem Hintergrund der car-following-Analyse und der Warteschlangentheorie erklärt. Die car-following-Ansätze bestimmen das Verhalten des Verkehrsstroms, indem untersucht wird, auf welche Weise die einzelnen Autofahrer auf die Aktionen der vorausfahrenden Fahrzeuge reagieren. Das Modell geht davon aus, daß die Geschwindigkeitsveränderungen der nachfolgenden Fahrzeuge von ihrer eigenen Geschwindigkeit, dem Abstand zum voraus fahrenden Fahrzeug sowie von der Geschwindigkeitsdifferenz beider Fahrzeuge determiniert wird. Aus diesem durch eine Differentialgleichung repräsentierten Ansatz lassen sich durch Integration unterschiedliche Beziehungen zwischen der Geschwindigkeit und dem Verkehrsfluß ableiten. Aus den speed-concentration-Relationen können dann die Verkehrsangebotsfunktionen unter Berücksichtigung der definitorischen Zusammenhänge zwischen den Variablen des Verkehrsstroms ermittelt werden. Diese Beziehungen haben die Eigenschaft, daß der Verkehrsfluß bei Überschreitung der Maximalkapazität der Straßen abnimmt. Das bedeutet, daß die Relationen einen anomalen Leistungsbereich aufweisen.

Mit Hilfe der Warteschlangentheorie können die Verkehrsangebotsfunktionen direkt ohne Rückgriff auf die Zusammenhänge zwischen den Verkehrsstromvariablen abgeleitet werden. Hier wird der Verkehr als stochastischer Prozeß aufgefaßt, bei dem die Fahrzeuge mit poisson-verteilten Zeitabständen auf die entsprechenden Straßenabschnitte treffen. Dabei wird weiterhin davon ausgegangen, daß die Durchfahrtszeiten exponentiell verteilt sind. Unter der Voraussetzung, daß der Verkehrsfluß die Straßenkapazität nicht überschreitet, ergibt sich dann eine Verkehrsangebotsfunktion mit progressiv zunehmender Steigung. Diese Beziehung weist im Gegensatz zu den Angebotsfunktionen, die mit der car-following-Analyse abgeleitet werden können, keinen anomalen Leistungsbereich auf. Da sich aufgrund empirischer Untersuchungen ergab, daß die Linkswendung der Verkehrsangebotsfunktion für Beobachtungszeiträume von mehr als zwei Stunden verschwindet, ist die mit Hilfe der Warteschlangentheorie abgeleitete Angebotsfunktion in der Lage, das Angebot für größere Zeiträume (zum Beispiel 1 Tag) zu bestimmen. Die auf der Basis der car-following-Analyse ermittelbaren Beziehungen eignen sich hingegen zur Erklärung der Angebotsverhältnisse des täglichen Spitzenverkehrs.

Im Hinblick auf eine Beurteilung der beiden Modellkonstruktionen kann darauf hingewiesen werden, daß die verhaltensmäßige Fundierung der car-following-Modelle stärker ausgeprägt ist als die der Ansätze der Warteschlangentheorie. Allerdings haben diese Ansätze ein weiteres Anwendungsgebiet, da sie ebenfalls in der Lage sind, die Angebotsrelationen auf Verkehrsstrecken mit Kreuzungen und Ampeln zu erfassen.

Die wichtigsten Fahrtkategorien auf der Nachfrageseite des Verkehrsmarktes sind die Fahrten zur Arbeitsstätte sowie die Einkaufsfahrten. In dieser Studie wird die Anzahl der Fahrten zur Arbeit, die ein Haushalt pro Periode durchführt, als institutionell determinierte Größe angesehen. Da bei kurzfristiger Betrachtung des Verkehrsgeschehens sowohl die Wohnorte als auch die Arbeitsorte festliegen, ergibt sich auch eine konstante zwischenörtliche Verkehrsnachfrage.

Die Nachfrage nach Einkaufsfahrten resultiert aus der Notwendigkeit der Raumüberwindung, da die Einkaufstätten und die Wohnorte in der Regel räumlich getrennt sind. Das bedeutet, daß die Verkehrsnachfrage eine aus der Nachfrage nach Gütern abgeleitete Nachfrage darstellt. Um die Verkehrsnachfrage ermitteln zu können, muß die räumliche Trennung zwischen Einkaufs- und Konsumort als Determinante bei der Konsumentscheidung Berücksichtigung finden. Die räumliche Trennung der Orte wird in dieser Arbeit schwerpunktmäßig durch die Zeitentfernung zwischen den Orten erfaßt. Diese Größen sind am besten geeignet, die Reaktionen des Verkehrsangebots und der Verkehrsnachfrage wiederzugeben.[1]

Die Einführung der Zeit wird in zwei Schritten vorgenommen. Zunächst wird das Modell der Einkommensentstehung und das Modell der Einkommensverwendung zu einem Ansatz vereinigt, so daß die Einkommenshöhe, der Konsum und das Ausmaß an Freizeit des Haushalts simultan bestimmt werden. Dieses Modell bietet die Möglichkeit der Zeitbewertung. Es zeigt sich, daß der Wert der Zeit als Ressource, der definiert ist als die Grenzrate der Substitution zwischen Einkommen und Freizeit, konstant und gleich dem Lohnsatz ist, sofern, wie in dieser Arbeit angenommen, der Grenznutzen der Arbeitszeit gleich null ist.[2] In diesem Fall lassen sich die Budgetrestriktion und die Zeitrestriktion zu einer kombinierten Beziehung zusammenfassen.

Im zweiten Schritt werden die Fahrzeiten zur Beschaffung der Güter in die Analyse eingeführt. Die Fahrzeiten werden mit den Konsumgütern durch eine lineare Restriktion verknüpft. Der Proportionalitätsfaktor gibt an, welche Fahrzeit zur Beschaffung einer Gütereinheit mindestens notwendig ist. Die Beschaffungszeiten müssen zusätzlich in die kombinierte Zeit-Budget-Restriktion einbezogen werden. Eine Erweiterung des Modells ergibt sich, wenn die Fahrzeiten zusätzlich als Nutzendeterminanten berücksichtigt werden. Bei den Modellen können nun neben dem Wert der Zeit als Ressource weiterhin die Werte der Zeit zur Beschaffung der einzelnen Güter betrachtet werden. Diese Zeitwerte sind konstant und gleich dem Lohnsatz, wenn die Fahrzeiten nicht als Nutzendeterminanten verwendet werden. Dieses Modell hat die Eigenschaft, daß sich die Konsumgütermengen in Abhängigkeit von den Beschaffungskosten der Güter (Preis plus bewertete Fahrzeit) ausgedrückt werden können. Gehen die Fahrzeiten in die Nutzenfunktionen ein, so ist der Zeitwert nicht konstant, sondern wird auch von den Grenznutzen der Fahrzeiten beeinflußt. In diesem Fall lassen sich die Nachfragemengen nicht notwendig aus den Beschaffungskosten ableiten.

1 Die Fahrtkosten können ebenfalls ohne Probleme in die in dieser Arbeit dargelegten haushaltstheoretischen Modelle einbezogen werden. Die physische Distanz ist zur Erfassung der Mechanismen des Verkehrsmarktes nicht geeignet, da diese Größe durch den Marktprozeß nicht beeinflußt werden kann.

2 Ist der Grenznutzen der Arbeit von null verschieden, so ist der Zeitwert nicht mehr konstant, sondern muß modellendogen bestimmt werden. In diesem Fall hängt der Zeitwert neben dem Lohnsatz zusätzlich vom Grenznutzen der Arbeitszeit ab.

Um den Zusammenhang zwischen den Gütermengen und den Fahrten herzustellen, wird eine lineare Beschaffungsrestriktion in die haushaltstheoretischen Modelle eingeführt. Es wird davon ausgegangen, daß die Beschaffungsmenge pro Fahrt eine technisch determinierte Größe ist, die zum Beispiel von der häuslichen Lagerkapazität oder von der Transportkapazität abhängt. In diesem Modell wird die Fahrzeitrestriktion nicht mehr auf die Güter, sondern auf die Fahrten bezogen. Als Ergebnis dieser Operation zeigen sich Verkehrsnachfragefunktionen, die die Anzahl der Fahrten eines Haushalts in Abhängigkeit der exogenen Größen der Modelle determinieren. Werden die Fahrzeiten nicht als Nutzendeterminanten berücksichtigt, dann ergeben sich die Fahrten der Haushalte in Abhängigkeit von den Beschaffungsaufwendungen pro Fahrt.
Das bisher entwickelte Modell läßt sich in zweierlei Hinsicht erweitern. Zum einen können weitere Eigenschaften der Fahrten wie zum Beispiel der Fahrtkomfort berücksichtigt werden. Zum andern besteht die Möglichkeit, die monetären Aufwendungen für eine Fahrt (Benzinkosten, Fahrpreise) ebenfalls in das Modell einzuführen. Diese beiden Fälle werden allerdings aus Gründen der Übersichtlichkeit in der folgenden Analyse nicht mehr aufgegriffen.
Während der räumlichen Trennung zwischen den Orten bisher nur durch die Einführung konsumgüterspezifischer Fahrzeiten Rechnung getragen wurde, wird nun zusätzlich beachtet, daß die Güter in verschiedenen Orten beschafft werden können, die mit mehreren Verkehrsmitteln und auf unterschiedlichen Fahrtstrekken erreichbar sind. Die alternativen Möglichkeiten der Einbeziehung einer diskreten Raumstruktur und verschiedener Verkehrsmittel werden am Beispiel der Zielortwahl demonstriert.
Bezüglich der Einführung der Zielorte in das haushaltstheoretische Modell werden zwei Fälle unterschieden. Im ersten Fall wird angenommen, daß die Nutzenbeiträge auch vom Beschaffungsort abhängen. In der Nutzenfunktion sind die Güter dann zusätzlich mit dem Index der Zielorte versehen. Ökonomisch ist dadurch die Existenz von örtlichen Präferenzen impliziert. Im zweiten Fall wird davon ausgegangen, daß der Nutzen eines Gutes unabhängig vom Einkaufsort ist. Diese Annahme führt in den Modellen, die die Fahrzeiten nicht als Nutzendeterminanten berücksichtigen, dazu, daß die einzelnen Güter nur in den Orten mit den geringsten Beschaffungskosten eingekauft werden. Die Nachfragemengen der Güter in den anderen Orten sind dann gleich null. Werden die Fahrzeiten in die Nutzenfunktion einbezogen, ergeben sich interdependente Systeme von Verkehrsnachfragefunktionen, bei denen die Fahrten zur Beschaffung eines bestimmten Gutes von den Fahrten zum Einkauf des gleichen Gutes in allen anderen Orten abhängt. Diese Ergebnisse lassen sich verallgemeinern, wenn zusätzlich die Verkehrsmittel und die Fahrtrouten in die Analyse einbezogen werden. Da bei den Wahlalternativen ebenfalls Präferenzen berücksichtigt werden können oder

nicht, ergibt sich eine Vielzahl von Konstruktionsmöglichkeiten für die Verkehrsmodelle.

Bisher wurde davon ausgegangen, daß sichere Erwartungen im Hinblick auf die Beschaffungskosten der Güter existieren. In der weiteren Analyse wird nun untersucht, wie die Entscheidungen der Haushalte ausfallen, wenn die Beschaffungskosten durch Zufallsvariablen beeinflußt werden. Diese Annahme wird in diejenigen Modelle eingeführt, bei denen die Fahrzeiten nicht als Nutzendeterminanten berücksichtigt werden und keine Präferenzen bezüglich der Zielorte unterstellt werden. Im Gegensatz zu den deterministischen Ansätzen werden in den stochastischen Modellen die Güter auch in den Orten nachgefragt, die nicht die geringsten Beschaffungskosten aufweisen. Die Wahrscheinlichkeit, daß ein Gut in einem bestimmten Ort nachgefragt wird, hängt dann unter anderem von der Annahme der Verteilung der Zufallsvariablen ab.

Im Rahmen der Untersuchung der Struktur der Entscheidungen des Haushalts wird die Frage geklärt, ob die Wahl der Fahrtfrequenz, des Zielorts und des Verkehrsmittels isoliert betrachtet werden können oder ob sie gemeinsam gesehen werden müssen. Den Ansatzpunkt für diese Analyse bilden die deterministischen Modelle, die unterschiedlich differenzierte Einflußvariablen in der Nutzenfunktion berücksichtigen. Anhand des Beispiels eines Modells zur Bestimmung der interzonalen Fahrtvolumina wird geprüft, ob es bei Annahme einer schwach trennbaren Nutzenfunktion hinsichtlich der Güter und der Fahrzeiten möglich ist, zunächst die Fahrtfrequenz zur Beschaffung der Güter (Fahrtentstehung) und anschließend die interzonalen Fahrtvolumina (Fahrtverteilung) zu ermitteln. Die Untersuchung ergibt, daß die Annahme einer schwach trennbaren Nutzenfunktion in den Modellen nicht dazu führt, daß die Fahrtentstehung und die Fahrtverteilung isoliert bestimmt werden können. Zur Lösung des sich ergebenden interdependenten Gleichungsssystems wird ein iteratives Lösungsverfahren vorgeschlagen.

Die vorstehenden Ausführungen bezogen sich auf die Ableitung der haushaltsspezifischen Verkehrsnachfrage. Die weiteren Überlegungen dienen dazu, die aggregierte Verkehrsnachfrage der Bewohner einer Subregion zu ermitteln. In diesem Zusammenhang werden verschiedene Verfahren zur Ableitung einer repräsentativen Nachfragefunktion für die Bewohner der Subregion diskutiert. Die abhängige zu aggregierende Variable der Nachfragerelationen ist die Anzahl der Fahrten pro Haushalt; die unabhängige Variable ist der Lohnsatz. Verwendet man den durchschnittlichen Lohnsatz als aggregierte Einflußgröße, so ist die Aggregation nur dann konsistent, wenn eine homothetische Präferenzstruktur für die Haushalte des Wohnortes angenommen werden kann. Ist diese Bedingung nicht erfüllt, muß bei der Aggregation zusätzlich die Verteilung des Lohnsatzes über die Bevölkerung berücksichtigt werden. Neben diesen auf eine konsistente

Aggregation zielenden Verfahren kann das Aggregationsproblem auch ausgeklammert werden, indem die Mikrorelationen direkt als aggregierte Beziehungen aufgefaßt werden. In diesem Fall wird angenommen, daß der in die Schätzrelationen einzuführende Fehlerterm neben dem Meß- und dem Spezifikationsfehler auch den Aggregationsfehler enthält. Wenn angenommen werden muß, daß der Aggregationsfehler zu groß ist, kann man die Haushalte in Lohnsatzklassen zerlegen, für die jeweils eine eigene Nachfragebeziehung geschätzt wird. Auf diese Weise wird die Verteilung der Lohnsätze über die Haushalte zumindestens diskret berücksichtigt.

Im Rahmen der Analyse des Verkehrsmarktes werden die gleichgewichtigen Verteilungen der Verkehrsströme auf die Streckenabschnitte und die Verkehrsverbindungen des städtischen Verkehrssystems ermittelt. Die Gleichgewichtsprobleme werden als mathematische Programme formuliert. Geht man davon aus, daß die Nachfragefunktionen nach den Ortskombinationen und den einzelnen Verkehrsverbindungen spezifiziert sind, ist das Gleichgewicht dadurch gekennzeichnet, daß die »Nachfragezeiten« auf allen Verkehrsverbindungen gleich den »Angebotszeiten« sind. Die Angebotszeiten ergeben sich als die Summe der Fahrzeiten derjenigen Streckenabschnitte, die zu der entsprechenden zwischenörtlichen Route gehören.

Nimmt man an, daß die Nachfragerelationen lediglich mit Bezug zu den Ortskombinationen differenziert sind, dann bedeutet das, daß die Haushalte keine Präferenzen hinsichtlich der Nutzung bestimmter Strecken haben. Im Gleichgewicht sind auch hier die Nachfragezeiten gleich den Angebotszeiten; weiterhin ergibt sich, daß sich die Fahrzeiten auf den verschiedenen Routen ausgleichen, die zwischen je zwei Orten gewählt werden können. Diese Fahrzeiten sind minimal. Das heißt, daß kein Haushalt seine Fahrzeit durch die Änderung der Fahrtstrecke vermindern kann. Der Ausgleich der Fahrzeiten auf den Routen findet auch dann statt, wenn die Verkehrsnachfrage zwischen den Orten festliegt (zum Beispiel bei Hobbyfahrten, Fahrten zur Arbeit oder Fahrten von Unternehmen).

Die unter den genannten Voraussetzungen ermittelten Verkehrsströme werden als benutzeroptimal bezeichnet. Dieses Gleichgewicht stellt allerdings nicht das Optimum des gesamten Systems dar. Der Grund hierfür ist darin zu sehen, daß der einzelne Haushalt nicht mit den Fahrzeitvariationen belastet wird, die er bei anderen Verkehrsteilnehmern auslöst. Die systemoptimalen Verkehrsströme sind dadurch gekennzeichnet, daß die Grenzzeiten des Systems auf allen Fahrtrouten gleich sind.

Die Gleichgewichtsanalyse ist in dieser Arbeit in zwei Richtungen erweitert worden. Einerseits wird ein Modell mit verschiedenen Gruppen von Nachfragern konstruiert, wobei für die Mitglieder der einen Gruppe fahrzeitelastische zwischenörtliche Nachfragefunktionen unterstellt werden, während für die

Angehörigen der anderen Gruppe die Verkehrsnachfrage in unterschiedlicher Höhe fest vorgegeben wird. Die Untersuchung ergibt, daß auch bei dem kombinierten fixed und elastic demand-Problem der Ausgleich der Fahrzeiten auf den einzelnen Fahrtrouten stattfindet.
Anderseits werden Modelle entwickelt, in die neben dem privaten Kraftfahrzeugverkehr ein öffentliches Verkehrsmittel einbezogen wird. Für den bus mode wird eine fahrzeitunelastische zwischenörtliche Verkehrsangebotsfunktion angenommen. Auf die Einführung einer Netzwerkstruktur für das öffentliche Verkehrsmittel wird verzichtet. Im Rahmen der erweiterten Gleichgewichtsanalyse werden dann sieben Ansätze diskutiert. Die einzelnen Fälle kommen dadurch zustande, daß die Nachfragefunktionen mit oder ohne verkehrsmittelspezifische Präferenzen angelegt sein können und daß die Relationen elastisch oder unelastisch bezüglich der Fahrzeit konstruiert sein können. Ohne auf die Ergebnisse der Untersuchung im einzelnen einzugehen, kann angemerkt werden, daß sich bei Vorgabe einer Nachfragefunktion ohne verkehrsmittelspezifische Präferenzen die Fahrzeiten auf den Straßen an die Fahrzeiten des öffentlichen Verkehrsmittels angleichen. Das geschieht bei den Ansätzen mit verkehrsmittelspezifischen Präferenzen nicht. Dort ergeben sich im Fall der elastischen Nachfrage isolierte Gleichgewichte für die einzelnen Verkehrsmittel. Gibt man allerdings die zwischenörtliche Verkehrsnachfrage exogen vor, zeigen sich Ungleichgewichte auf den beiden Märkten. Die Lösung des Problems ist dann dadurch charakterisiert, daß die Ungleichgewichte auf beiden Märkten gleich groß sind.
Mit Bezug zur Ableitung empirisch relevanter Angebotsfunktionen werden in dieser Arbeit sowohl die Beziehungen für den Spitzenverkehr als auch für den täglichen Verkehr dargestellt. Die Angebotsfunktionen für den Spitzenverkehr werden auf der Basis der Theorie des car-following ermittelt. Hier werden zwei speed-concentration-Relationen explizit abgeleitet, aus denen dann die Angebotsfunktionen unter Berücksichtigung der definitorischen Zusammenhänge zwischen den Verkehrsstromvariablen bestimmt werden. In die Funktionen gehen je nach Anlage die mittlere frei wählbare Geschwindigkeit, die optimale Verkehrskonzentration oder der maximale Verkehrsfluß als Parameter ein. Im Hinblick auf die Genauigkeit der abgeleiteten Relationen zeigt sich, daß die eine Beziehung die Verkehrsverhältnisse nur bei niedriger Verkehrskonzentration und die andere Funktion die Verkehrsverhältnisse nur bei hoher Verkehrskonzentration exakt wiedergibt. Diesen für die car-following-Analyse typischen Nachteil kann man vermeiden, wenn man den gesamten Wertebereich der Verkehrskonzentration aufteilt und durch zwei oder mehrere Funktionen erfaßt. Diese Vorgehensweise hat allerdings den Nachteil, daß die speed-concentration-Funktionen und damit auch die Verkehrsangebotsbeziehungen unstetig werden.

Die Angebotsfunktionen für länger Zeiträume, die in der empirischen Analyse des Straßenverkehrs verwendet werden, können als Modifikationen der aus der Warteschlangentheorie abgeleiteten Grundrelation aufgefaßt werden. Als Determinanten der Fahrzeit werden in beiden Ansätzen die mittlere frei wählbare Geschwindigkeit und der Quotient aus dem aktuellen Verkehrsfluß und dem maximal möglichen Verkehrsfluß (Straßenkapazität) gewählt. Die empirisch geschätzten Funktionen unterscheiden sich von der Grundrelation zum einen durch die Einführung weiterer Parameter und zum andern durch die Wahl des Funktionstyps. Die Parameter werden nicht auf der Grundlage theoretischer Überlegungen in die Modelle eingeführt, sondern sie dienen der Verbesserung der Anpassungsfähigkeit der Modelloutputs an die Beobachtungswerte. Auch der Funktionstyp wird nicht auf der Grundlage theoretischer Überlegungen festgelegt. Hier liegt ein Tätigkeitsfeld für weitere Forschungsarbeiten. Insbesondere müßte in diesem Zusammenhang geprüft werden, inwieweit modifizierte Warteschlangenmodelle, die zum Beispiel auf der Basis alternativer Verteilungsannahmen über die Ankunft der Fahrzeuge und die Durchfahrtszeiten gewonnen werden können, in der Lage sind, die Verkehrsverhältnisse hinreichend genau wiederzugeben.
Um die Voraussetzungen für eine langfristige Analyse des Verkehrs zu schaffen, bei der das städtische Verkehrsnetz nicht mehr als konstant vorausgesetzt wird, ist es wichtig, die streckenspezifischen Parameter wie zum Beispiel die mittlere frei wählbare Geschwindigkeit oder die Straßenkapazität in Abhängigkeit von den Eigenschaften der Straßen (zum Beispiel Anzahl der Spuren, Kurvenhäufigkeit) zu bestimmen. Gelingt es, empirisch relevante Beziehungen zwischen den genannten Größen zu ermitteln, wird dadurch die Möglichkeit geschaffen, die Auswirkungen von Verkehrsinvestitionen auf das Verkehrsangebot ex ante zu bestimmen. Damit sind die Voraussetzungen für eine langfristige Verkehrsanalyse gegeben. Auf dem Gebiet der Untersuchung der Determinanten der Straßenkapazität sind aber noch erhebliche Forschungsanstrengungen notwendig.
Das Anliegen der analytischen Verfahren zur Erfassung der Nachfrageseite des städtischen Verkehrs besteht darin, die interzonale verkehrsmittelspezifische Verkehrsnachfrage abzuleiten. Die verfügbaren Ansätze ermitteln die Fahrtentstehung, die Fahrtverteilung und die Verkehrsmittelwahl zum Teil sukzessiv und zum Teil simultan. In dieser Studie werden die Einzelansätze in der vorstehend beschriebenen Reihenfolge abgehandelt. Nach der Diskussion der analytischen Verfahren werden alternative Möglichkeiten der Kombination der Einzelansätze zur Ableitung der differenzierten Verkehrsnachfrage aufgezeigt.
Die Modelle der Fahrtentstehung bestimmen sowohl den örtlichen Quellverkehr als auch den Zielverkehr. In den Verkehrsstudien wird die Fahrtentstehung meist getrennt für die verschiedenen Fahrtzwecke (zum Beispiel Einkaufsfahrten,

Fahrten zur Arbeitsstätte) berechnet. Die verwendeten Einflußgrößen des örtlichen Verkehrsaufkommens variieren mit dem Fahrtzweck. Ohne auf eine detaillierte Beschreibung der Determinanten der Fahrtentstehung einzugehen, wird darauf hingewiesen, daß der Quellverkehr in der Regel in Abhängigkeit von den sozio-ökonomischen und demographischen Eigenschaften der Haushalte der Wohnzonen gesehen wird. Der Zielverkehr wird durch die Attraktivität der Bestimmungsorte beeinflußt. Die analytischen Verfahren, die im Bereich der Ermittlung der Fahrtentstehung zur Verfügung stehen, sind die Regressionsanalyse und die Methode der Kreuzklassifikation.

Die Regressionsmodelle können die zonale Verkehrsnachfrage sowohl direkt als auch mit Hilfe von Fahrtquotienten berechnen. Im letzteren Fall ergibt sich die ortsbezogene Nachfrage durch die Multiplikation des Fahrtquotienten der Haushalte mit der Anzahl der Haushalte des Ortes. In empirischen Untersuchungen zeigt sich, daß die Fahrtquotientenmodelle verläßlichere Schätzungen liefern als die zonal aggregierten Ansätze. Das gilt vor allem dann, wenn zur Schätzung der Fahrtquotienten anstelle zonaler Querschnittsgrößen haushaltsbezogene Daten verwendet werden. In diesem Fall besteht auch die Möglichkeit, verschiedene Modelle für einzelne Haushaltsklassen abzuleiten, von denen angenommen werden kann, daß sie bezüglich der Fahrtentscheidung eine homogene Gruppe bilden.

Die Methode der Kreuzklassifikation ist eine Tabulierungstechnik, bei der die Fahrtentstehung in den Orten in Abhängigkeit von in Klassen eingeteilten Einflußvariablen bestimmt wird. Auch diese Ansätze können sowohl zonal aggregiert als auch haushaltsgruppenspezifisch angelegt sein. Ohne die Funktionsweise dieser Modelle im einzelnen zu wiederholen, wird darauf hingewiesen, daß die Ansätze je nach Konstruktion zum Teil erhebliche Probleme hinsichtlich ihrer Validität aufweisen. Deshalb erscheint die Regressionsanalyse als die solidere Technik für die Bestimmung der Fahrtentstehung.

Mit Bezug zu einer generellen Kritik der Fahrtentstehungssubmodelle kann angemerkt werden, daß die Fahrtentstehung in den meisten empirischen Studien ohne die Einbeziehung von Merkmalen des Transportsystems wie Fahrzeiten oder Fahrtkosten berechnet wird. Wie im Zusammenhang mit den haushaltstheoretischen Überlegungen ausgeführt wird, läßt sich die Fahrtentstehung für die Einkaufsfahrten nicht losgelöst von den aufzuwendenden Fahrzeiten oder den Transportkosten sehen. Deshalb ist es notwendig, in die Fahrtentstehungssubmodelle aggregierte Fahrzeitterme (zum Beispiel Erreichbarkeitsmaße) einzubeziehen.

In den Modellen zur Bestimmung der Fahrtverteilung spielen die Gravitationsmodelle die wichtigste Rolle. Diese Ansätze leiten das interzonale Verkehrsvolumen im wesentlichen in Abhängigkeit von der Fahrzeit, den Fahrtkosten oder anderen Maßen zur Erfassung der räumlichen Trennung zwischen den Orten ab. Die Verfahren können unterschiedlich angelegt sein, je nachdem ob der zonale Quellverkehr und/oder der Zielverkehr als Modellinput benötigt werden oder nicht. Werden die zonalen Verkehrsvolumina vorgegeben, ergeben sich die beschränkten Gravitationsmodelle. Dienen diese Größen nicht als Modellinput für die Fahrtverteilungsmodelle, bezeichnet man die Ansätze als unbeschränkte Gravitationsmodelle. In den empirisch orientierten Verkehrsstudien werden in der Regel die beschränkten Verfahren (entstehungsbeschränkt oder doppelt beschränkt) gerechnet.

Ein weiteres Konstruktionsmerkmal der Gravitationsansätze ist die Zeitentfernungsfunktion, die den Einfluß der Fahrzeit auf die Fahrtverteilung erfaßt. Die gebräuchlichsten Funktionsformen sind hyperbolische oder negativ exponentielle Beziehungen.

Der wesentliche Einwand gegen die Gravitationsansätze, die zunächst im Analogieschluß aus der Physik auf die Raumwirtschaftstheorie übertragen wurden, bezieht sich auf die mangelnde theoretische Begründung der Modelle. Diese Kritik wird von dem intervening-opportunities-Konzept und dem Entropiemodell aufgegriffen. Beide Konzepte können als Erklärungsansätze für das Gravitationsmodell interpretiert werden.

Das intervening-opportunities-Modell geht davon aus, daß das Fahrtvolumen zwischen den Orten von der Anzahl der zwischen diesen Orten liegenden Gelegenheit zur Befriedigung der Fahrtzwecke abhängt. Hierbei wird unterstellt, daß die Wirtschaftssubjekte jede Gelegenheit mit einer bestimmten Wahrscheinlichkeit annehmen. Im Hinblick auf die kritische Würdigung dieser Ansätze bleibt anzumerken, daß die Modelle zum einen wegen der Probleme bei der Kalibrierung und zum andern wegen der simplen verhaltensmäßigen Fundierung unbefriedigend sind.

Das Entropiekonzept ist eine statistische Technik, die es erlaubt, die wahrscheinlichste Verteilung der Fahrten auf die Ursprungs- und die Bestimmungsorte vorzunehmen. Bei dieser, ebenfalls aus der Physik entliehenen Methode, wird die Entropie des Verkehrssystems unter Berücksichtigung insbesondere einer Fahrzeitrestriktion maximiert. Die auf diese Weise abgeleiteten Verkehrsnachfragefunktionen enthalten eine negativ exponentielle Zeitentfernungsfunktion. Bezüglich der Kalibrierung der Nachfragefunktionen ergeben sich geringere Schwierigkeiten als bei den intervening-opportunities-Modellen. Allerdings läßt sich auch gegen dieses Konzept der Mangel an verhaltensmäßiger Fundierung einwenden. Deshalb hat man versucht, das Entropiemodell mit nutzentheoretischen Überlegungen zu untermauern. Die hierbei verwendete Nutzenfunktion hat eine ähnliche Form wie die Entropieformel. Der wesentliche Einwand gegen diese Nutzenfunktion bezieht sich darauf, daß die Grenznutzen der Fahrten negativ werden können, da die Funktion ein globales endliches Maximum aufweist. Dieser Tatbestand ist, wie in dieser Arbeit gezeigt wird, mit den Annahmen der modernen Konsumtheorie nicht vereinbar.

Die wahrscheinlichkeitstheoretischen Wahlansätze wurden zunächst nur für den Bereich der Verkehrsmittelwahl entwickelt. In jüngerer Zeit werden die Modelle auch zur Bestimmung der Fahrtverteilung eingesetzt. Das Anliegen dieser Ansätze besteht darin, Aussagen darüber zu machen, mit welcher Wahrscheinlichkeit die Haushalte bestimmte Zielorte wählen werden. Die theoretische Grundlage dieser Modelle ist eine psychologisch orientierte Entscheidungstheorie. Jeder Bestimmungsort wird bei diesen Ansätzen durch die Realisierung eines Vektors von Eigenschaftsvariablen gekennzeichnet. Diese Größen sind in einer linearen Nutzenfunktion additiv mit einem Zufallsterm verbunden. Nimmt man für die stochastischen Größen bestimmte Verteilungen an, so lassen sich konkrete Modelle ableiten. Wird für die Zufallsvariablen eine identische negativ exponentielle Verteilung (Weibull-Verteilung) verwendet, ergibt sich das sogenannte Logit-Modell. Im Fall der Vorgabe einer Normalverteilung erhält man das Probit-Modell. Vergleicht man die beiden Ansätze hinsichtlich ihrer Anwendbarkeit, bleibt festzuhalten, daß das Probit-Modell wenig geeignet erscheint, die Verkehrsverteilung zu bestimmen. Der Grund hierfür ist darin zu sehen, daß in die Modellrelationen ein Mehrfachintegral eingeht, daß nicht in geschlossener Form darstellbar ist. Die Lösung dieses Ausdrucks ist nur numerisch möglich und wird bei mehr als drei Alternativen sehr schwierig. Somit kann lediglich das Logit-Modell mit Erfolg zur Ermittlung der Fahrtverteilung eingesetzt werden. Weiterhin wird dargelegt, daß das Logit-Modell auch auf der Grundlage der haushaltstheoretischen Überlegungen abgeleitet werden kann, wenn man davon ausgeht, daß die Beschaffungskosten durch Zufallsvariablen beeinflußt werden.

Neben den Gravitationsmodellen und den wahrscheinlichkeitstheoretischen Wahlansätzen werden in dieser Studie auch deterministische Verkehrsnachfragefunktionen auf der Basis der Haushaltstheorie vorgestellt. Die Nutzenfunktion, die den Überlegungen zunächst zugrunde gelegt wird, ist ein Spezialfall der Stone-Geary-Funktion. Mit Hilfe dieser Beziehung werden vier Modelltypen spezifiziert, die sich hinsichtlich der Einbeziehung der Fahrzeiten in die Nutzenfunktion und der Berücksichtigung zielortbezogener Präferenzen unterscheiden. Die abgeleiteten Verkehrsnachfragefunktionen sind Modifikationen des aus der Konsumtheorie bekannten »Linear Expenditure Systems«. Die Nachfrage nach Fahrten ist proportional zu dem mit den Nutzenelastizitäten der Güter und den Fahrzeiten gewichteten potentiellen Gesamteinkommen der Haushalte (Lohnsatz × Periodenlänge) und umgekehrt proportional zu den Beschaffungskosten, die mit einer Fahrt verbunden sind (Konsumausgaben pro Fahrt plus bewertete Fahrzeit). Je nach Modellkonstruktion ergeben sich isoliert bestimmbare Nachfragefunktionen oder interdependente Systeme von Nachfragebeziehungen. Verwendet man andere Nutzenfunktionen, aus denen Gleichgewichtsbedingungen resultieren, die nicht linear in den Beschaffungsaufwendungen sind, kann der mit der kombinierten Zeit-Budget-Restriktion verbundene Lagrangefaktor nicht ohne weiteres aus den Nachfragebeziehungen eliminiert werden. Eine Möglichkeit der Handhabung dieses Problems besteht darin, den Faktor als empirisch zu bestimmenden Parameter in den Nachfragefunktionen zu belassen. Der vorstehend beschriebene Sachverhalt wird am Beispiel einer negativ exponentiellen Nutzenfunktion diskutiert.

Mit Bezug zu einer kritischen Würdigung der vorgestellten Ansätze kann positiv hervorgehoben werden, daß die Nachfragefunktionen aus der erweiterten Haushaltstheorie konsistent abgeleitet werden. Weiterhin ist anzumerken, daß sich operationale Funktionsformen für die Nachfragebeziehungen ergeben haben. Im Hinblick auf eine empirische Anwendung der Relationen ist allerdings noch auf einige praktische Probleme hinzuweisen. In diesem Zusammenhang sind insbesondere die Schwierigkeiten bei der Beschaffung der notwendigen Daten zu nennen. Ein weiteres Tätigkeitsfeld für Forschungsarbeiten besteht darin, unter den möglichen Nachfragefunktionen, die auf der Basis der Haushaltstheorie abgeleitet werden können, diejenige Beziehung zu ermitteln, die sich am besten für eine ökonometrische Schätzung eignet.

Bei den analytischen Verfahren zur Bestimmung der Verkehrsmittelwahl ist zunächst das verallgemeinerte Entropiemodell zu erwähnen. Dieser Ansatz, der in den trip distribution-Modellen die wahrscheinlichste Verteilung der Fahrten auf die Ursprungs- und Bestimmungsortkombinationen ermittelt, kann verallgemeinert werden, wenn die Verkehrsmittel bei der Kombinationsbildung berücksichtigt werden. Somit bestimmt das Modell die Fahrtverteilung und die Verkehrsmittelwahl simultan. Berechnet man aus den Nachfragefunktionen den Anteil eines Verkehrsmittels am gesamten Verkehrsaufkommen zwischen den Orten (modal split), ergibt sich eine Relation, die die gleiche Struktur wie das Logit-Modell aufweist.

Die wahrscheinlichkeitstheoretischen Wahlansätze werden ebenfalls in den modal-split-Modellen verwendet. Sie ermitteln die Wahrscheinlichkeit, daß ein beliebiger Haushalt ein bestimmtes Verkehrsmittel inanspruchnimmt. Aggregiert man diese Relationen über die Haushalte, so kann die aggregierte Wahrscheinlichkeit als modal split aufgefaßt werden. Zur Ableitung der Wahrscheinlichkeit kann wiederum das Logit- oder das Probit-Modell herangezogen werden. Für das Probit-Modell ergeben sich im Bereich der Bestimmung der Verkehrsmittelwahl bessere Anwendungsmöglichkeiten als in den Ansätzen der Fahrtverteilung, da die Anzahl der Wahlalternativen bei der Verkehrsmittelwahl erheblich geringer als bei der Zielortwahl ist.

Die Modelle der direkten Verkehrsnachfrage bestimmen die interzonalen verkehrsmittelspezifischen Fahrtvolumina in einem Schritt. Die Fahrtentstehung, die Fahrtverteilung und die Verkehrsmittelwahl werden also simultan determiniert. Die Nachfragefunktion, die in der Regel verwendet wird, ist vom Cobb-Douglas-Typ. Das heißt, die Einflußgrößen sind in dieser Beziehung multiplikativ verknüpft und exponentiell gewichtet. Im Hinblick auf eine Beurteilung der Modelle kann positiv hervorgehoben werden, daß versucht wird, ökonomische Denkkategorien auf das Problem der Bestimmung der Verkehrsnachfrage anzuwenden. Das gilt insbesondere für die im Rahmen der Modelle durchgeführte Elastizitätenanalyse. Allerdings ist die Handhabung des Instrumentariums der Konsumtheorie noch unzureichend. So werden die Nachfragefunktionen nicht aus den Nutzenfunktionen der Haushalte abgeleitet. Außerdem wird nicht berücksichtigt, daß die Verkehrsnachfrage eine aus der Nachfrage nach anderen Gütern abgeleitete Nachfrage darstellt.
Diese Einwände werden von den Modellen ausgeräumt, die in dieser Arbeit auf der Basis der Haushaltstheorie ermittelt werden. Es werden einige Nachfragefunktionen diskutiert, die die verkehrsmittelspezifischen interzonalen Fahrtvolumina bestimmen. In diesem Zusammenhang werden sowohl simultane als auch iterative Modellstrukturen vorgestellt. Im Hinblick auf die empirische Verwendungsfähigkeit der Modelle wird auf die eben gemachten Ausführungen zurückverwiesen.
Zur Ableitung einer umfassenden Verkehrsnachfragefunktion ist die Kombination der analytischen Instrumente der einzelnen Submodelle notwendig. Deshalb werden die Möglichkeiten der sukzessiven, simultanen und iterativen Anordnungsstruktur der Submodelle in dieser Arbeit diskutiert. Ohne auf die ableitbaren Gesamtansätze im einzelnen einzugehen, wird darauf hingewiesen, daß auf dem Hintergrund der theoretischen Erörterungen den simultanen und den iterativen Anordnungsstrukturen bei der Ermittlung der fahrzeitelastischen Verkehrsnachfrage der Vorzug gegeben wird. Denn nur in diesem Fall kann die Höhe des Verkehrsvolumens von den Fahrzeiten beeinflußt werden.
Die analytischen Verfahren zur Bestimmung des Verkehrsgleichgewichts ordnen den interzonalen Straßenverkehr den einzelnen Netzwerkverbindungen zu. Während die Ansätze des multiroute proportional assignment das Fahrtvolumen proportional zu den Werten einer Zeitentfernungsfunktion auf die Straßenverbindungen verteilen, weisen die inkrementalen und die iterativen Modelle des traffic assignment das Verkehrsvolumen der jeweils kürzesten Fahrtroute zu, die zwischen je zwei Orten existiert. Die Zuordnung wird in allen Verfahren mehrmals wiederholt. Im Hinblick auf die multiroute-Ansätze kann angemerkt werden, daß den Algorithmen eine ökonomische Begründung für die Zuord-

nungsvorschrift fehlt. Außerdem ist unklar, welche Gleichgewichtsbedingungen in den Modellen impliziert werden.

Der Algorithmus der anderen Ansätze läßt sich hingegen besser interpretieren. Unterstellt man, daß die Haushalte keine Präferenzen bezüglich der Nutzung bestimmter Strecken haben, werden sie die Verkehrsverbindung mit den geringsten Fahrzeiten wählen. Diesem Tatbestand wird durch die Zuordnung der Fahrtvolumina zu den minimalen Zeitpfaden Rechnung getragen. Die Absicht dieser Modelle besteht nun darin, gleichgewichtige Verkehrsströme zu erzeugen, die durch einen Ausgleich der Fahrzeiten auf allen genutzten Strecken zwischen je zwei Orten gekennzeichnet sind. Das versucht man dadurch zu erreichen, daß die Verkehrsvolumina mehrmals unter Neuberechnung der Fahrzeiten zugeordnet werden. Ohne die Anlage der einzelnen Algorithmen im einzelnen einzugehen, kann generell gegen die Ansätze eingewandt werden, daß sie die Erzeugung gleichgewichtiger Verkehrsströme nicht notwendig gewährleisten. Diese Einwände werden in neueren Forschungsarbeiten aufgegriffen. Die dort entwickelten Verfahren bieten die Möglichkeit, das Verkehrsgleichgewicht exakt zu ermitteln. Den Ansatzpunkt für die angesprochenen Verfahren bildet die Formulierung des Gleichgewichtsproblems durch konvexe mathematische Programme. Diese nichtlinearen Optimierungsprobleme können mit Hilfe von Gradientenverfahren gelöst werden. In dieser Arbeit wird ein Frank-Wolfe-Algorithmus vorgestellt, der auf das fixed demand problem angewendet wird. Im Hinblick auf die praktische Anwendung der Gradientenverfahren hat sich gezeigt, daß das fixed demand problem für mittelgroße Städte in akzeptabler Rechenzeit gelöst werden kann. In diesem Zusammenhang sind aber noch weitere Forschungsarbeiten notwendig. Insbesondere muß untersucht werden, ob mit anderen Gradientenverfahren kürzere Rechenzeiten zu erwarten sind. Die praktische Erfahrung muß dann zeigen, ob der rechnerische Mehraufwand der Gradientenverfahren gegenüber den herkömmlichen Zuordnungsverfahren gerechtfertigt ist.

Ein weiterer Hinweis für die zukünftige Forschung im Bereich der Ermittlung des Verkehrsgleichgewichts betrifft die Anwendung der Gradientenverfahren auf die in dieser Arbeit entwickelten erweiterten Gleichgewichtsansätze, die durch die Einführung mehrerer Gruppen von Nachfragern sowie alternativer Verkehrsmittel gekennzeichnet sind. Mit Bezug zu den genannten Problemen wäre eine Überprüfung der numerischen Effizienz der Gradientenverfahren wünschenswert.

Ein anderes Gebiet für weitere Forschungen betrifft die Lösung des Gleichgewichtsproblems für die Verkehrsangebotsfunktionen mit anomalem Leistungsbereich. Hier muß untersucht werden, ob es möglich ist, die angesprochenen Algorithmen so zu steuern, daß das absolute Optimum des Optimierungsansatzes ermittelt werden kann.

Faßt man abschließend auch die Forschungsaufgaben zusammen, die sich im Hinblick auf das Angebot und die Nachfrage des städtischen Verkehrsmarktes zeigen, so lassen sich die folgenden Schwerpunkte setzen.
Bezüglich des Verkehrsangebots ergibt sich die Notwendigkeit des Ausbaus der theoretischen Grundlagen insbesondere bei der Ermittlung des Angebots für größere Zeiträume. Hier sollten alternative warteschlangentheoretische Modelle auf ihre empirische Verwendbarkeit geprüft werden. Mit Hilfe dieser Ansätze läßt sich die Erfassung der Angebotsseite erweitern, da auch die Verkehrsverhältnisse an Ampeln und Kreuzungen erfaßt werden können.
Im Hinblick auf die Nachfrageseite des städtischen Verkehrs ergeben sich die interessantesten Ansatzpunkte für zukünftige ökonomische Forschungsarbeiten. Hier stellt sich die Aufgabe, die empirische Anwendungsfähigkeit der haushaltstheoretischen Modelle zu untersuchen. In diesem Zusammenhang muß geprüft werden, welche der verschiedenen diskutierten Modellstrukturen die empirischen Verhältnisse am besten wiedergeben. Außerdem stellt sich die Aufgabe, geeignete Schätzverfahren für die Nachfragefunktionen auszuwählen.
Die genannten Aufgaben kennzeichnen nur einen Teil der ökonomisch orientierten Tätigkeitsfelder im Rahmen der Verkehrstheorie. Ein wichtiges Gebiet für die zukünftige Forschung ist die langfristige Analyse des Verkehrs. In diesem Zusammenhang ist vor allem die Interdependenz zwischen der Bodennutzung und dem Verkehrssystem analytisch zu erfassen.

Anhang: Die Ableitung der Gleichgewichtsbedingungen für Verkehrsmodelle mit mehreren Verkehrsmitteln

In diesem Anhang werden die Gleichgewichtsbedingungen für die Verkehrsmodelle abgeleitet, die um die öffentlichen Verkehrsmittel erweitert sind. Die Ausführungen beziehen sich auf den Gliederungspunkt C.III des zweiten Kapitels der Arbeit. Dort werden in der Übersicht 1 die folgenden zu diskutierenden Fälle unterschieden:

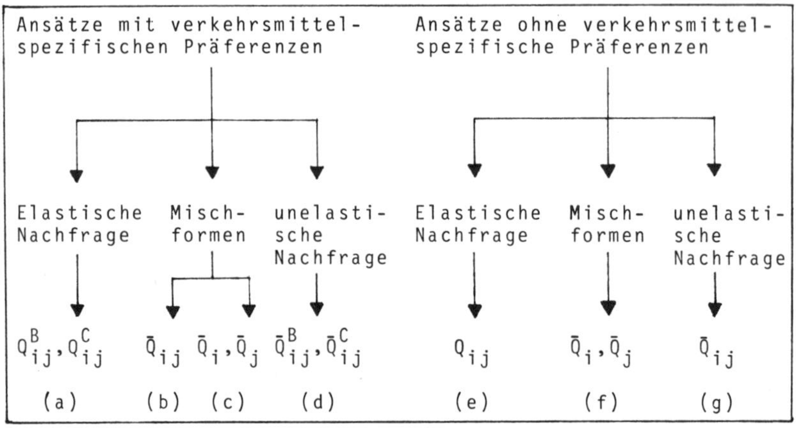

Übersicht 1: Alternative Möglichkeiten der Einführung von Verkehrsmitteln in die Analyse des Verkehrsgleichgewichts

In allen Fällen (a)–(g) werden die gleichen Angebotsfunktionen unterstellt. Die Beziehungen für den öffentlichen Verkehr beziehen sich auf die Ortskombinationen $(i,j) \in I \times J$. Hier wird angenommen, daß die Fahrzeiten t^B_{ij} unabhängig vom Verkehrsvolumen Q^B_{ij} sind:

$$t^B_{ij} = \bar{t}^B_{ij} , \qquad (i,j) \varepsilon I x J \tag{A}$$

Für den privaten Verkehr gelten die auf die Pfeile $a \in A$ des Netzwerks bezogenen Angebotsfunktionen

$$t^C_a = f_a(Q_a) , \qquad a \varepsilon A \tag{B}$$

Weiterhin gelten in allen Ansätzen die folgenden Restriktionen für den Autoverkehr

$$Q^C_{ij} = \sum_r Q^C_{ijr} , \qquad (i,j) \varepsilon I x J \tag{C}$$

Durch diese Beziehung wird gewährleistet, daß die Verkehrsströme vollständig auf die Fahrtrouten r zwischen den Orten i und j aufgeteilt werden. Der Zusammenhang zwischen den Verkehrsströmen auf den Pfeilen und den auf die Routen (Pfade) bezogenen Größen Q^C_{ijr} wird durch die Beziehung

$$Q^C_a = \sum_i \sum_j \sum_r z_{aijr} Q^C_{ijr} , \qquad a \varepsilon A \tag{D}$$

hergestellt. Die Symbole z_{aijr} bezeichnen (0,1)-Parameter, die angeben, ob der Pfeil a zur Route r zwischen den Orten i und j gehört.
Bei den Ansätzen mit verkehrsmittelspezifischen Präferenzen existieren verschiedene Nachfragefunktionen für die einzelnen modes:

$$t^B_{ij} = g^B_{ij}(Q^B_{ij}) , \tag{E}$$

$$t^C_{ij} = g^C_{ij}(Q^C_{ij}) , \qquad (i,j) \varepsilon I x J \tag{F}$$

Unter Berücksichtigung der Angebotsfunktionen für die beiden Verkehrsmittel lautet die Zielfunktion der Modelle (a)–(d)

$$Z = \sum_i \sum_j \int_0^{Q^C_{ij}} g^C_{ij}(Q)dQ - \sum_a \int_0^{Q^C_a} f_a(Q)dQ + \\ + \sum_i \sum_j \int_0^{Q^B_{ij}} g^B_{ij}(Q)dQ - \sum_i \sum_j \int_0^{Q^B_{ij}} \bar{t}^B_{ij} dQ , \tag{G}$$

$$Z \to \max$$

Der Fall (a) aus der Übersicht 1 ist dadurch charakterisiert, daß keine Modellvariable festgelegt ist; das heißt, daß alle Größen des Ansatzes auf Änderungen der Fahrzeiten reagieren. Als Restriktionen müssen lediglich die Beziehungen (C) und (D), die auch in alle folgenden Ansätze eingehen, beachtet werden.
Der Fall (b) kennzeichnet eine Situation, bei der die gesamte Verkehrsnachfrage zwischen je zwei Orten exogen determiniert ist. Bei dieser Modellkonstruktion ist nur die Verteilung der Verkehrsvolumina auf die beiden modes variabel:

$$Q^B_{ij} + Q^C_{ij} = \bar{Q}_{ij} , \qquad (i,j) \varepsilon I x J \tag{H}$$

Im Fall (c) sind nicht die Verkehrsvolumina zwischen den Orten ($\bar{Q}_{ij}$) festgelegt, sondern lediglich der Quellverkehr ($\bar{Q}_i$) und der Zielverkehr ($\bar{Q}_j$). Bei diesem Ansatz müssen also die folgenden Restriktionen berücksichtigt werden

$$\sum_j (Q^B_{ij} + Q^C_{ij}) = \bar{Q}_i , \qquad i \varepsilon I \tag{I}$$

$$\sum_i (Q^B_{ij} + Q^C_{ij}) = \bar{Q}_j , \qquad j \varepsilon J \tag{J}$$

Bei Annahme von unelastischen Nachfragefunktionen mit Bezug zu jedem Verkehrsmittel (Fall (d)), werden die modespezifischen Verkehrsvolumina exogen vorgegeben.

$$Q^B_{ij} = \bar{Q}^B_{ij} , \qquad (i,j) \varepsilon I x J \tag{K}$$

$$Q^C_{ij} = \bar{Q}^C_{ij} , \qquad (i,j) \varepsilon I x J \tag{L}$$

Nimmt man an, es existieren keinerlei Präferenzen im Hinblick auf die Verkehrsmittel, so gilt für beide modes die gemeinsame Nachfragefunktion

$$t_{ij} = g_{ij}(Q_{ij}) , \qquad (i,j) \varepsilon I x J \tag{M}$$

Die Zielfunktion für die Ansätze (e)–(g) lautet

$$Z = \sum_i \sum_j \int_0^{Q_{ij}} g_{ij}(Q)dQ - \sum_a \int_0^{Q^C_a} f_a(Q)dQ - \sum_i \sum_j \int_0^{Q^B_{ij}} \bar{t}^B_{ij} dQ , \tag{O}$$

$$Z \rightarrow \max$$

Im Fall (e) sind die Variablen Q^B_{ij} und Q^C_{ij} mit den Größen Q_{ij} wie folgt verknüpft

$$Q^B_{ij} + Q^C_{ij} = Q_{ij} , \qquad (i,j) \varepsilon I x J \tag{P}$$

Für die Situation (f) werden anstelle der vorstehenden Beziehungen die Restriktionen (I) und (J) verwendet. Bei Annahmen der unelastischen Nachfrage $\bar{Q}_{ij}$ (Fall (g)) werden die Restriktionen (H) berücksichtigt.
Die Optimierungsprobleme haben dann die folgende Form.

Fall (a): Elastische Nachfragefunktionen mit verkehrsmittelspezifischen Präferenzen

Das Optimierungsproblem lautet:

$$
\begin{aligned}
L = {} & \sum_i \sum_j \int_0^{Q_{ij}^C} g_{ij}^C(Q)\,dQ - \sum_a \int_0^{Q_a^C} f_a(Q)\,dQ + \\
& + \sum_i \sum_j \int_0^{Q_{ij}^B} g_{ij}^B(Q)\,dQ - \sum_i \sum_j \int_0^{Q_{ij}^B} \bar{t}_{ij}^B\,dQ + \\
& + \sum_i \sum_j \alpha_{ij}^C \Big(Q_{ij}^C - \sum_r Q_{ijr}^C\Big) + \\
& + \sum_a \beta_a \Big(Q_a^C - \sum_i \sum_j \sum_r Q_{ijr}^C z_{aijr}\Big) ,
\end{aligned}
\tag{1}
$$

$$L \rightarrow \max$$

In den folgenden Ausführungen werden lediglich die für die Argumentation notwendigen Kuhn-Tucker-Bedingungen aufgeführt. Sie lauten:

$$Q_{ij}^C\big(g_{ij}^C(Q_{ij}^C) + \alpha_{ij}^C\big) = 0 , \qquad (i,j)\varepsilon I \times J , \tag{2}$$

$$\big(g_{ij}^C(Q_{ij}^C) + \alpha_{ij}^C\big) \leqq 0 , \qquad (i,j)\varepsilon I \times J , \tag{3}$$

$$Q_{ij}^B\big(g_{ij}^B(Q_{ij}^B) - \bar{t}_{ij}^B\big) = 0 , \qquad (i,j)\varepsilon I \times J , \tag{4}$$

$$\big(g_{ij}^B(Q_{ij}^B) - \bar{t}_{ij}^B\big) \leqq 0 , \qquad (i,j)\varepsilon I \times J , \tag{5}$$

$$Q_{ijr}^C\Big(-\alpha_{ij}^C - \sum_a \beta_a z_{aijr}\Big) = 0 , \qquad (i,j,r)\varepsilon I \times J \times R_{ij} , \tag{6}$$

$$\Big(-\alpha_{ij}^C - \sum_a \beta_a z_{aijr}\Big) \leqq 0 , \qquad (i,j,r)\varepsilon I \times J \times R_{ij} , \tag{7}$$

$$Q_a^C\big(-f_a(Q_a^C) + \beta_a\big) = 0 , \qquad a \varepsilon A , \tag{8}$$

$$\big(-f_a(Q_a^C) + \beta_a\big) \leqq 0 , \qquad a \varepsilon A \tag{9}$$

Gilt nun

$$Q_{ij}^B > 0 , \qquad (i,j)\varepsilon I \times J \tag{10}$$

folgt aus der Bedingung (4)

$$g^B_{ij}(Q^B_{ij}) = \bar{t}^B_{ij}, \qquad (i,j)\varepsilon I\times J \tag{11}$$

Verwendet man die Fahrzeitsymbole, so lautet diese Beziehung

$$t^B_{ij} = \bar{t}^B_{ij}, \qquad (i,j)\varepsilon I\times J \tag{12}$$

Unterstellt man weiterhin

$$Q^C_{ij} > 0, \qquad (i,j)\varepsilon I\times J \tag{13}$$

und

$$Q^C_a > 0, \qquad a\varepsilon A \tag{14}$$

dann resultieren aus den Gleichungen (2) und (8) die folgenden Beziehungen

$$g^C_{ij}(Q^C_{ij}) = -\alpha^C_{ij}, \qquad (i,j)\varepsilon I\times J \tag{15}$$

$$f_a(Q^C_a) = \beta_a, \qquad a\varepsilon A \tag{16}$$

Setzt man diese Relationen in die Gleichungen (6) ein, kann man das Ergebnis schreiben als

$$Q^C_{ijr}(g^C_{ij}(Q^C_{ij}) - \sum_a f_a(Q^C_a)z_{aijr}) = 0, \qquad (i,j,r)\varepsilon I\times J\times R_{ij} \tag{17}$$

Da der Wert des Klammerterms wegen der Ungleichung (7) nicht positiv sein darf, ist die Bedingung (17) nur dann erfüllt, wenn der Wert der Klammer für den geringsten Wert des Fahrzeitterms $\sum_a f_a(Q^C_a)z_{aijr}$ gleich null ist. Also ergeben sich die folgenden Bedingungen.

$$\begin{aligned} t^C_{ij} &= \sum_a t_a z_{aijr_{min}} \quad \text{für } Q^C_{ijr} > 0, \qquad (i,j)\varepsilon I\times J,\ r_{min}\varepsilon R_{ij}, \\ \text{mit} \quad &\sum_a t_a z_{aijr_{min}} = \min_r \sum_a t_a z_{aijr}, \end{aligned} \tag{18}$$

$$\begin{aligned} t^C_{ij} &< \sum_a t_a z_{aijr} \quad \text{für } Q^C_{ijr} = 0, \qquad (i,j)\varepsilon I\times J,\ r\varepsilon R_{ij}, \\ &r\neq r_{min} \end{aligned} \tag{19}$$

In den Beziehungen (18) und (19) werden wiederum die Fahrzeitsymbole verwendet.

Das abzuleitende Ergebnis der Optimierungsaufgabe (1) wird durch die Bedingungen (12), (18) und (19) repräsentiert.

Fall (b): Nachfragefunktionen mit verkehrsmittelspezifischen Präferenzen und festliegender interzonaler Verkehrsnachfrage[1]

Die Optimierungsaufgabe lautet:

$$\begin{aligned} L = {} & \sum_i \sum_j \int_0^{Q^C_{ij}} g^C_{ij}(Q)\,dQ - \sum_a \int_0^{Q^C_a} f_a(Q)\,dQ + \\ & + \sum_i \sum_j \int_0^{Q^B_{ij}} g^B_{ij}(Q)\,dQ - \sum_i \sum_j \int_0^{Q^B_{ij}} \bar{t}^B_{ij}\,dQ + \\ & + \sum_i \sum_j \gamma_{ij}(\bar{Q}_{ij} - Q^B_{ij} - Q^C_{ij}) + \\ & + \sum_i \sum_j \alpha^C_{ij}(Q^C_{ij} - \sum_r Q^C_{ijr}) + \\ & + \sum_a \beta_a(Q^C_a - \sum_i \sum_j \sum_r Q^C_{ijr} z_{aijr}) , \end{aligned} \tag{20}$$

$$L \rightarrow \max$$

Die ausgewählten Kuhn-Tucker-Bedingungen des Optimierungsproblems (20) lauten:

$$Q^C_{ij}(g^C_{ij}(Q^C_{ij}) - \gamma_{ij} + \alpha^C_{ij}) = 0 , \qquad (i,j) \varepsilon I x J \tag{21}$$

$$Q^B_{ij}(g^B_{ij}(Q^B_{ij}) - \bar{t}^B_{ij} - \gamma_{ij}) = 0 , \qquad (i,j) \varepsilon I x J \tag{22}$$

$$Q^C_{ijr}(-\alpha^C_{ij} - \sum_a \beta_a z_{aijr}) = 0 , \qquad (i,j,r) \varepsilon I x J x R_{ij} \tag{23}$$

$$(-\alpha^C_{ij} - \sum_a \beta_a z_{aijr}) \leq 0 , \qquad (i,j,r) \varepsilon I x J x R_{ij} \tag{24}$$

$$Q^C_a(-f_a(Q^C_a) + \beta_a) = 0 , \qquad a \varepsilon A \tag{25}$$

1 Die Rechenschritte der im folgenden zu diskutierenden Fälle haben die gleiche Struktur wie die im Fall (a) dargestellten Ableitungen. Deshalb ist es nicht notwendig, die nachstehenden Ausführungen ebenfalls so ausführlich anzulegen.

Unter den Voraussetzungen

$$Q^{C}_{ij} > 0 \ , \qquad (i,j)\varepsilon I x J \tag{26}$$

$$Q^{B}_{ij} > 0 \ , \qquad (i,j)\varepsilon I x J \tag{27}$$

$$Q^{C}_{a} > 0 \ , \qquad a\varepsilon A \tag{28}$$

ergeben sich aus den Gleichungen (21), (22) und (25) die folgenden Werte für die Lagrangefaktoren

$$\alpha^{C}_{ij} = \gamma_{ij} - g^{C}_{ij}(Q^{C}_{ij}) \ , \qquad (i,j)\varepsilon I x J \tag{29}$$

$$\gamma_{ij} = g^{B}_{ij}(Q^{B}_{ij}) - \bar{t}^{B}_{ij} \ , \qquad (i,j)\varepsilon I x J \tag{30}$$

$$\beta_{a} = f_{a}(Q^{C}_{a}) \ , \qquad \dot{a}\varepsilon A \tag{31}$$

Setzt man die Gleichung (30) in die Beziehung (29) ein, kann man schreiben

$$\alpha^{C}_{ij} = g^{B}_{ij}(Q^{B}_{ij}) - \bar{t}^{B}_{ij} - g^{C}_{ij}(Q^{C}_{ij}) \ , \qquad (i,j)\varepsilon I x J \tag{32}$$

Wenn man die Faktoren α^{C}_{ij} und β_a aus der Relation (23) unter Verwendung der Beziehung (31) und (32) eliminiert, lautet das Ergebnis:

$$Q^{C}_{ijr}(-g^{B}_{ij}(Q^{B}_{ij}) + \bar{t}^{B}_{ij} + g^{C}_{ij}(Q^{C}_{ij}) - \sum_{a} f_{a}(Q^{C}_{a}) z_{aijr}) = 0 \ , \tag{33}$$

$$(i,j,r)\varepsilon I x J x R_{ij}$$

Aus dieser Beziehung lassen sich unter Verwendung der Fahrzeitsymbole die folgenden Gleichgewichtsbedingungen für die Verkehrsströme auf den Strecken $r\in R_{ij}$ ableiten.[2]

$$t^{C}_{ij} - \sum_{a} t_{a} z_{aijr_{min}} = t^{B}_{ij} - \bar{t}^{B}_{ij} \ , \qquad \text{für } Q^{C}_{ijr} > 0 \ , \ (i,j)\varepsilon I x J, \tag{34}$$

$$\text{mit } \sum_{a} t_{a} z_{aijr_{min}} = \min_{r} \sum_{a} t_{a} z_{aijr} \ ,$$

2 Für die Ableitung der Gleichungen (34) und (35) wird ebenfalls die Ungleichung (24) benötigt. Zur Argumentation bei der Ermittlung der genannten Beziehungen vgl. die Ausführungen zu den Gleichungen (17)–(19).

$$t^C_{ij} - \sum_a t_a z_{aijr} < t^B_{ij} - \bar{t}^B_{ij} , \qquad \text{für } Q^C_{ijr} = 0 ,$$

$$(i,j,r) \varepsilon I x J x R_{ij}, \; r \neq r_{min} \qquad (35)$$

Fall (c): Nachfragefunktionen mit verkehrsmittelspezifischen Präferenzen und festliegender subregionaler Verkehrsnachfrage

Das Optimierungsproblem lautet:

$$\begin{aligned} L = & \sum_i \sum_j \int_0^{Q^C_{ij}} g^C_{ij}(Q)dQ - \sum_a \int_0^{Q^C_a} f_a(Q)dQ + \\ & + \sum_i \sum_j \int_0^{Q^B_{ij}} g^B_{ij}(Q)dQ - \sum_i \sum_j \int_0^{Q^B_{ij}} \bar{t}^B_{ij} dQ + \\ & + \sum_i \delta_i (\bar{Q}_i - \sum_j (Q^B_{ij} + Q^C_{ij})) + \\ & + \sum_j \gamma_j (\bar{Q}_j - \sum_i (Q^B_{ij} + Q^C_{ij})) + \\ & + \sum_i \sum_j \alpha^C_{ij} (Q^C_{ij} - \sum_r Q^C_{ijr}) + \\ & + \sum_a \beta_a (Q^C_a - \sum_i \sum_j \sum_r Q^C_{ijr} z_{aijr}) , \end{aligned} \qquad (36)$$

$$L \rightarrow max$$

Die ausgewählten Kuhn-Tucker-Bedingungen lauten:

$$Q^C_{ij}(g^C_{ij}(Q^C_{ij}) - \delta_i - \gamma_j + \alpha^C_{ij}) = 0 , \qquad (i,j) \varepsilon I x J \qquad (37)$$

$$Q^B_{ij}(g^B_{ij}(Q^B_{ij}) - \bar{t}^B_{ij} - \delta_i - \gamma_j) = 0 , \qquad (i,j) \varepsilon I x J \qquad (38)$$

$$Q^C_{ijr}(-\alpha^C_{ij} - \sum_a \beta_a z_{aijr}) = 0 , \qquad (i,j,r) \varepsilon I x J x R_{ij} \qquad (39)$$

$$(-\alpha^C_{ij} - \sum_a \beta_a z_{aijr}) \leqq 0 , \qquad (i,j,r) \varepsilon I x J x R_{ij} \qquad (40)$$

$$Q^C_a(-f_a(Q^C_a) + \beta_a) = 0 , \qquad a \varepsilon A \qquad (41)$$

Wird wiederum vorausgesetzt, daß die interzonalen Verkehrsvolumina positiv sind:

$$Q^B_{ij} > 0 \ , \qquad (i,j) \varepsilon I x J \tag{42}$$

$$Q^C_{ij} > 0 \ , \qquad (i,j) \varepsilon I x J \tag{43}$$

dann läßt sich der Term $(\delta_i+\gamma_j)$ mit Hilfe der Gleichung (38) aus der Beziehung (37) eliminieren. Für die Faktoren α^C_{ij} kann dann durch Umformung die folgende Relation ermittelt werden:

$$\alpha^C_{ij} = g^B_{ij}(Q^B_{ij}) - \bar{t}^B_{ij} - g^C_{ij}(Q^C_{ij}) \ , \qquad (i,j) \varepsilon I x J \tag{44}$$

Diese Bedingung entspricht der Gleichung (32). Das bedeutet, daß die Relationen (33)–(35) auch im Fall (c) das Ergebnis bilden.

Fall (d): Unelastische Nachfragefunktion mit verkehrsmittelspezifischen Präferenzen

Das Optimierungsproblem lautet:

$$\begin{aligned} L = & - \sum_a \int_0^{Q^C_a} f_a(Q)dQ + \\ & + \sum_i \sum_j \alpha^C_{ij}(\bar{Q}^C_{ij} - \sum_r Q^C_{ijr}) + \\ & + \sum_a \beta_a (Q^C_a - \sum_i \sum_j \sum_r Q^C_{ijr}) \ , \end{aligned} \tag{45}$$

$$L \rightarrow \max$$

Die ausgewählten Kuhn-Tucker-Bedingungen des Ansatzes haben die Form:

$$Q^C_{ijr}(-\alpha^C_{ij} - \sum_a \beta_a z_{aijr}) = 0 \ , \qquad (i,j,r) \varepsilon I x J x R_{ij} \tag{46}$$

$$(-\alpha^C_{ij} - \sum_a \beta_a z_{aijr}) \leq 0 \ , \qquad (i,j,r) \varepsilon I x J x R_{ij} \tag{47}$$

$$Q^C_a(-f_a(Q^C_a) + \beta_a) = 0 \ , \qquad a \varepsilon A \tag{48}$$

Ergeben sich wiederum positive Verkehrsvolumina auf den einzelnen Streckenabschnitten

$$Q_a^C > 0 \,, \qquad a \varepsilon A \tag{49}$$

können die Faktoren β_a durch die Fahrzeiten ersetzt werden. Damit läßt sich die Bedingung (46) schreiben als

$$Q_{ijr}^C(-\alpha_{ij}^C - \sum_a t_a^C z_{aijr}) = 0 \,, \qquad (i,j,r)\varepsilon I x J x R_{ij} \tag{50}$$

Aus dieser Beziehung lassen sich die nachstehenden Gleichgewichtsrelationen für die Verkehrsströme auf den Pfaden des Netzwerks ableiten.

$$-\alpha_{ij}^C = \sum_a t_a^C z_{aijr_{min}} \quad \text{für } Q_{ijr} > 0 \,, \ (i,j)\varepsilon I x J, \tag{51}$$

$$-\alpha_{ij}^C < \sum_a t_a^C z_{aijr} \quad \text{für } Q_{ijr} = 0 \,, \ (i,j,r)\varepsilon I x J x R_{ij}, \ r \neq r_{min} \tag{52}$$

Fall (e): Elastische Nachfragefunktion ohne verkehrsmittelspezifische Präferenzen

Das Optimierungsproblem lautet:

$$\begin{aligned} L = {} & \sum_i \sum_j \int_0^{Q_{ij}} g_{ij}(Q)dQ - \sum_a \int_0^{Q_a^C} f_a(Q)dQ - \sum_i \sum_j \int_0^{Q_{ij}^B} \bar{t}_{ij}^B dQ + \\ & + \sum_i \sum_j \gamma_{ij}(Q_{ij} - Q_{ij}^B - Q_{ij}^C) + \\ & + \sum_i \sum_j \alpha_{ij}^C(Q_{ij}^C - \sum_r Q_{ijr}^C) + \\ & + \sum_a \beta_a(Q_a^C - \sum_i \sum_j \sum_r Q_{ijr}^C z_{aijr}) \,, \end{aligned} \tag{53}$$

$$L \rightarrow max$$

Die ausgewählten Kuhn-Tucker-Bedingungen des Optimierungsansatzes haben die folgende Form:

$$Q_{ij}(g_{ij}(Q_{ij}) + \gamma_{ij}) = 0 \,, \qquad (i,j)\varepsilon I x J \tag{54}$$

$$Q_{ij}^C(-\gamma_{ij} + \alpha_{ij}^C) = 0 \,, \qquad (i,j)\varepsilon I x J \tag{55}$$

$$Q_{ij}^{B}(-\bar{t}_{ij}^{B} - \gamma_{ij}) = 0 , \qquad (i,j)\varepsilon I x J \tag{56}$$

$$Q_{ijr}^{C}(-\alpha_{ij}^{C} - \sum_{a} \beta_a z_{aijr}) = 0 , \qquad (i,j,r)\varepsilon I x J x R_{ij} \tag{57}$$

$$(-\alpha_{ij}^{C} - \sum_{a} \beta_a z_{aijr}) \leqq 0 , \qquad (i,j,r)\varepsilon I x J x R_{ij} \tag{58}$$

$$Q_a^C(-f_a(Q_a^C + \beta_a) = 0 , \qquad a\varepsilon A \tag{59}$$

Geht man davon aus, daß gilt

$$Q_{ij} > 0 , \qquad (i,j)\varepsilon I x J \tag{60}$$

$$Q_{ij}^{B} > 0 , \qquad (i,j)\varepsilon I x J \tag{61}$$

$$Q_{ij}^{C} > 0 , \qquad (i,j)\varepsilon I x J \tag{62}$$

$$Q_a^C > 0 , \qquad a\varepsilon A \tag{63}$$

dann läßt sich einerseits aus den Gleichungen (54) und (56) ableiten:

$$g_{ij}(Q_{ij}) = \bar{t}_{ij}^{B} , \qquad (i,j)\varepsilon I x J \tag{64}$$

Anderseits kann aus den Bedingungen (54) und (55) ermittelt werden:

$$\alpha_{ij}^{C} = -g_{ij}(Q_{ij}) , \qquad (i,j)\varepsilon I x J \tag{65}$$

Setzt man dieses Ergebnis in die Gleichung (57) ein, und berücksichtigt man zusätzlich aus Gleichung (59):

$$\beta_a = f_a(Q_a^C) , \qquad a\varepsilon A \tag{66}$$

so resultiert daraus die Beziehung

$$Q_{ijr}^{C}(g_{ij}(Q_{ij}) - \sum_{a} f_a(Q_a^C) z_{aijr}) = 0 , \qquad (i,j,r)\varepsilon I x J x R_{ij} \tag{67}$$

Aus diesen Relationen lassen sich unter Verwendung der Ungleichungen (58) die folgenden Gleichgewichtsbedingungen für die Verkehrsströme Q_{ijr}^{C} bestimmen.

$$t_{ij} = \sum_a t^C_a z_{aijr_{min}} \quad \text{für } Q^C_{ijr} > 0\ ,\ (i,j)\varepsilon I x J, \tag{68}$$

$$t_{ij} < \sum_a t^C_a z_{aijr} \quad \text{für } Q^C_{ijr} = 0\ ,\ (i,j,r)\varepsilon I x J x R_{ij},\ r \neq r_{min} \tag{69}$$

Diese Bedingungen bilden zusammen mit den Gleichungen (64)

$$t_{ij} = \bar{t}^B_{ij}\ ,\qquad (i,j)\varepsilon I x J \tag{70}$$

das abzuleitende Ergebnis der Optimierungsaufgabe (53).

Fall (f): Nachfragefunktion ohne verkehrsmittelspezifische Präferenzen mit festliegender subregionaler Verkehrsnachfrage

Das Optimierungsproblem lautet:

$$\begin{aligned} L = {} & \sum_i \sum_j \int_0^{Q_{ij}} g_{ij}(Q)dQ - \sum_a \int_0^{Q^C_a} f_a(Q)dQ - \sum_i \sum_j \int_0^{Q^B_{ij}} \bar{t}^B_{ij} dQ \ + \\ & + \sum_i \sum_j \sigma_{ij}(Q_{ij} - Q^B_{ij} - Q^C_{ij}) \ + \\ & + \sum_i \delta_i(\bar{Q}_i - \sum_j (Q^B_{ij} + Q^C_{ij})) \ + \\ & + \sum_j \gamma_j(\bar{Q}_j - \sum_i (Q^B_{ij} + Q^C_{ij})) \ + \\ & + \sum_i \sum_j \alpha^C_{ij}(Q^C_{ij} - \sum_r Q^C_{ijr}) \ + \\ & + \sum_a \beta_a(Q^C_a - \sum_i \sum_j \sum_r Q^C_{ijr})\ , \end{aligned} \tag{71}$$

$$L \to max$$

Die ausgewählten Kuhn-Tucker-Bedingungen des Ansatzes haben die Form:

$$Q_{ij}(g_{ij}(Q_{ij}) + \sigma_{ij}) = 0\ ,\qquad (i,j)\varepsilon I x J \tag{72}$$

$$Q^B_{ij}(-\bar{t}^B_{ij} - \sigma_{ij} - \delta_i - \gamma_j) = 0\ ,\qquad (i,j)\varepsilon I x J \tag{73}$$

$$Q^C_{ij}(-\sigma_{ij} - \delta_i - \gamma_j + \alpha^C_{ij}) = 0\ ,\qquad (i,j)\varepsilon I x J \tag{74}$$

$$Q^C_{ijr}(-\alpha^C_{ij} - \sum_a \beta_a z_{aijr}) = 0 , \qquad (i,j,r)\varepsilon IxJxR_{ij} \tag{75}$$

$$(-\alpha^C_{ij} - \sum_a \beta_a z_{aijr}) \leqq 0 , \qquad (i,j,r)\varepsilon IxJxR_{ij} \tag{76}$$

$$Q^C_a(-f_a(Q^C_a) + \beta_a) = 0 , \qquad a\varepsilon A \tag{77}$$

Setzt man voraus:

$$Q_{ij} > 0 , \qquad (i,j)\varepsilon IxJ \tag{78}$$

$$Q^B_{ij} > 0 , \qquad (i,j)\varepsilon IxJ \tag{79}$$

$$Q^C_{ij} > 0 , \qquad (i,j)\varepsilon IxJ \tag{80}$$

$$Q^C_a > 0 , \qquad a\varepsilon A \tag{81}$$

so kann aus den Gleichungen (73) und (74) ermittelt werden

$$-\alpha^C_{ij} = \bar{t}^B_{ij} , \qquad (i,j)\varepsilon IxJ \tag{82}$$

Die Gleichgewichtsbedingungen für die Verkehrsströme Q^C_{ijr} ergeben sich aus den Beziehungen (75) unter Berücksichtigung von (76), wenn die Faktoren β_a gemäß den Gleichungen (77) ersetzt worden sind.

$$-\alpha^C_{ij} = \sum_a t^C_a z_{aijr_{min}} \quad \text{für } Q_{ijr} > 0 , \ (i,j)\varepsilon IxJ, \tag{83}$$

$$-\alpha^C_{ij} < \sum_a t^C_a z_{aijr} \quad \text{für } Q_{ijr} = 0 , \ (i,j,r)\varepsilon IxJxR_{ij}, \ r \neq r_{min} \tag{84}$$

Fall (g): Nachfragefunktion ohne verkehrsmittelspezifische Präferenzen mit festliegender interzonaler Verkehrsnachfrage

Das Optimierungsproblem lautet:

$$\begin{aligned} L = &-(\sum_a \int_0^{Q^C_a} f_a(Q)dQ + \sum_i \sum_j \int_0^{Q^B_{ij}} \bar{t}^B_{ij} dQ) + \\ &+ \sum_i \sum_j \gamma_{ij}(\bar{Q}_{ij} - Q^B_{ij} - Q^C_{ij}) + \end{aligned} \tag{85}$$

$$+\sum_i \sum_j \alpha^C_{ij}(Q^C_{ij} - \sum_r Q^C_{ijr}) +$$

$$+\sum_a \beta_a(Q^C_a - \sum_i \sum_j \sum_r Q^C_{ijr} z_{aijr}) \,,$$

$$L \rightarrow \max$$

Die ausgewählten Kuhn-Tucker-Bedingungen des Ansatzes haben die Form:

$$Q^C_{ij}(-\gamma_{ij} + \alpha^C_{ij}) = 0 \,, \qquad (i,j)\varepsilon I x J \tag{86}$$

$$Q^B_{ij}(-\bar{t}^B_{ij} - \gamma_{ij}) = 0 \,, \qquad (i,j)\varepsilon I x J \tag{87}$$

$$Q^C_{ijr}(-\alpha^C_{ij} - \sum_a \beta_a z_{aijr}) = 0 \,, \qquad (i,j,r)\varepsilon I x J x R_{ij} \tag{88}$$

$$(-\alpha^C_{ij} - \sum_a \beta_a z_{aijr}) \leqq 0 \,, \qquad (i,j,r)\varepsilon I x J x R_{ij} \tag{89}$$

$$Q^C_a(-f_a(Q^C_a) + \beta_a) = 0 \,, \qquad a\varepsilon A \tag{90}$$

Setzt man voraus

$$Q^B_{ij} > 0 \,, \qquad (i,j)\varepsilon I x J \tag{91}$$

$$Q^C_{ij} > 0 \,, \qquad (i,j)\varepsilon I x J \tag{92}$$

$$Q^C_a > 0 \,, \qquad a\varepsilon A \tag{93}$$

dann ergibt sich aus den Gleichungen (86) und (87)

$$-\alpha^C_{ij} = \bar{t}^B_{ij} \,, \qquad (i,j)\varepsilon I x J \tag{94}$$

Die Gleichgewichtsbedingungen für die Verkehrsströme Q^C_{ijr} sind identisch mit den Relationen (83) und (84) des Falls (f), da die Gleichungen (75)–(77) und (88)–(90) ebenfalls identisch sind.

Kurzfassung

Die Verkehrsverhältnisse bilden im Rahmen der Analyse der Stadtentwicklung eine wesentliche Komponente. Aus diesem Grunde ist in der Planungspraxis der Städte eine Vielzahl von Ansätzen zur Ermittlung des städtischen Verkehrs konzipiert worden. Bei diesen Modellen steht meist die rasche empirische Verwendungsfähigkeit im Vordergrund, so daß die Erarbeitung der theoretischen Grundlagen häufig in den Hintergrund tritt. Diesem Nachteil wird in der vorliegenden Arbeit begegnet, indem das Problem des Stadtverkehrs auf der Basis der mikroökonomischen Theorie formuliert wird. Auf dem Hintergrund der theoretischen Erörterungen wird dann untersucht, welche der empirisch geteste-ten Verfahren für eine ökonomisch gehaltvolle Ermittlung des städtischen Verkehrs verwendet werden können.

Nach der Beschreibung des Problemkreises werden im zweiten Kapitel die wirtschaftstheoretischen Grundlagen für die analytische Formulierung marktorientierter Verkehrsmodelle gelegt. Die Ableitung des Verkehrsangebots geschieht auf der Basis der Warteschlangentheorie und der Theorie des »car-following«. Auf der Nachfrageseite werden haushaltsspezifische Verkehrsnachfragefunktionen aus dem integrierten Modell der Einkommensentstehung und der Einkommensverwendung abgeleitet. Das Grundmodell bildet den Ausgangspunkt für die Untersuchung der Entscheidungen des Haushalts hinsichtlich der Zielorte, der Verkehrsmittel und der Verkehrswege. In diesem Zusammenhang werden sowohl deterministische als auch stochastische Modelle diskutiert. Nach der Ermittlung der aggregierten Verkehrsnachfrage werden die Bedingungen für gleichgewichtige Verkehrsströme sowohl bei festliegender als auch bei variabler zwischenörtlicher Verkehrsnachfrage behandelt. Die Gleichgewichtsanalyse wird in dieser Arbeit durch die Entwicklung eines kombinierten fixed-elastic demand-Problems und durch die Einbeziehung alternativer Verkehrsmittel erweitert.

Im dritten Kapitel werden empirisch verwendbare Verfahren auf dem Hintergrund der theoretischen Erörterungen des zweiten Kapitels beurteilt. Bezüglich des Verkehrsangebots werden konkrete Beziehungen sowohl für den Spitzenverkehr als auch für den täglichen Verkehr abgeleitet. Hinsichtlich der Nachfrageseite werden in Anlehnung an die traditionelle Analyse des Verkehrs die Verfahren der Fahrtentstehung, der Fahrtverteilung und der Verkehrsmittelwahl behandelt. Außerdem werden konkrete Funktionen auf der Grundlage des haushaltstheoretischen Modells errechnet. Die alternativen Kombinationsmöglichkeiten der

empirisch verwendeten Schätzverfahren beschließen die Ausführungen zur Verkehrsnachfrage. Bei der Ableitung der Verkehrsströme im städtischen Verkehrssystem werden sowohl Verfahren der kapazitätsbeschränkten Verkehrszuordnung als auch Gradientenverfahren vorgestellt und im Hinblick auf ihre Eignung zur Berechnung gleichgewichtiger Verkehrsströme beurteilt.
Im vierten Kapitel werden die Ergebnisse dieser Studie zusammengefaßt und Anregungen für weitere Forschungsarbeiten ausgesprochen.

Summary

Traffic conditions constitute an essential component within the framework of urban development analysis. For this reason a multitude of urban traffic models has been constructed for town planning practice. Priority is frequently given to ensuring that these models be suitable for swift empirical application, so that the elaboration of theoretical fundamentals often recedes into the background. This shortcoming is dealt within this study, in that the problem of urban traffic is formulated on the basis of microeconomic theory. It is then decided against the background of the theoretical discussion, which of the empirically tested models may be used for an economically valid determination of urban traffic.

After this problem area has been defined, the economic basis is set out for the analytical formulation of market-oriented urban traffic models in the second chapter. The derivation of traffic supply is carried out using »queueing theory« and the theory of »car following«. On the demand side microeconomic traffic demand models are obtained from an integrated income generation and income utilization approach. The basic model provides a starting point for the analysis of household decisions regarding destinations, transport modes and traffic routes. In connection with this, deterministic as well as stochastic models are discussed. Following the determination of aggregated traffic demand, the conditions for equilibrium traffic flows are studied for fixed, as well as variable interzonal traffic demand. The equilibrium analysis is expanded in this study by the development of a combined fixed-elastic demand model and by the inclusion of alternative traffic modes.

In the third chapter empirically applicable models are evaluated against the theoretical background of the previous chapter. Concrete relationships, with respect to traffic supply, are derived for peak traffic as well as for daily traffic. With a view to the demand side, trip generation, trip distribution and modal split procedures are treated in accordance with the traditional traffic analysis. Moreover concrete traffic demand functions are calculated on the basis of the microeconomic approach developed above. The alternative combination possibilities of empirical models conclude the exposition regarding traffic demand. Capacity-restraint traffic assignment models, as well as gradient search procedures are evaluated with a view to their suitability for the calculation of equilibrium traffic flows.

In the fourth chapter the results of this study are summarized and recommendations for further research are discussed.

Résumé

La situation du trafic représente un composant assez important pour l'analyse du développement d'une agglomération urbaine. Pour cette raison fut élaborée toute une série de méthodes d'évaluation du trafic automobile en ville. Ces modèles sont surtout caractérisés par leur aptitude d'utilisation empirique immédiate, de façon que l'élaboration de la base théorique fut souvent traitée comme question de deuxième ordre. L'étude présente porte remède à ce désavantage, car elle formule le problème de la circulation automobile en ville en prenant comme point de départ la théorie microéconomique. En partant de la discussion théorique l'étude mène les opérations de recherche des méthodes vérifiées par la pratique selon leur aptitude pour la détermination économique substantielle de la circulation en ville.

Après description du cercle des problèmes l'auteur met au deuxième chapitre la base économico-théorique pour la formulation des modèles de la circulation en prenant en considération les besoins du marché. La dérivation des propositions du trafic se fait sur la base de la théorie des queux de voitures et de la théorie du »car-following«. Du côté des demandes se réalise la dérivation des fonctions de demandes du trafic, spécifiques aux budgets, lesquelles ressortent du modèle intégré de l'origine des revenus et de l'utilisation des revenus. Le modèle de base représente le point de départ pour la recherche des endroits de destination, des moyens de transport utilisés et des voies empruntées par le transport. Dans ce rapport sont discutés aussi bien des modèles déterministes que des modèles stochastiques. Après détermination des demandes de transport agrégées, la recherche s'occupe des conditions pour une intensité du trafic équilibrée, ainsi en cas de quantité constante de demandes de transport entre plusieurs agglomérations urbaines, qu'également en cas de demandes de transport variables. L'analyse de l'équilibre est complétée dans cette recherche par l'élaboration d'un problème de demande de transport combiné constant-variable et par la prise en considération des moyens de transport alternatifs.

Le troisième chapitre est consacré à la discussion des méthodes empiriques applicables sur le fond des recherches théoriques du deuxième chapitre. En ce qui concerne les propositions des moyens de transport se donne une dérivation des relations concrètes, et cela aussi bien pour les heures de pointe que pour les heures du trafic normal. Du côté »demande de transport« sont discutées les méthodes de la décision de voyager, de la distribution des voyages et du choix des moyens de transport tout en prenant en considération l'analyse traditionelle du trafic. En plus

se déterminent des fonctions concrètes sur la base du modèle théorique du budget. Avec les possibilités alternatives de combinaison des méthodes d'estimation empiriques se termine l'étude au sujet des demandes du trafic. En dérivant les flux des voitures dans un systhème de trafic de ville sont représentées des méthodes de circulation de capacité limitée et également des méthodes de gradiants, et elles sont discutées selon leur aptitude pour le calcul des flux de voitures équilibrés.
Le quatrième chapitre donne un résumé de l'étude scientifique et des propositions pour des études ultérieures.

Резюме

Положение средств сообщения представляет собой важный компонент анализа городского развития. Из-за этой причины в практике планирования развития городов было разработано множество подходов для обнаружения городского уличного движения. Особенностью всех этих моделей является в большинстве случаев их быстрая эмпирическая применимость, вследствие чего разработка теоретических основ часто отстранена на задний план. Данный научный труд поставил себе задачу противодействовать этому недостатку, формулируя проблему городского уличного движения на основе микроэкономической теории. Затем, на фоне теоретических обсуждений исследуется, которые из испытанных эмпирических методов годятся для экономически содержательного обнаружения городского уличного движения.

Окончив описание круга проблем, даются во второй главе экономико-теоретические основы для аналитической формулировки моделей перевозок, ориентирующихся рынком. Выводы для предложения средств сообщения осуществляются на основе теории очередей и теории «последовательности автомашин». Исходя из интегрированной модели образования и употребления доходов делаются выводы относительно специфичных бюджетных функций спроса перевозок, учитывая таким образом сторону спроса, для чего основная модель дает исходную точку в целях исследования решений бюджета насчет мест назначения перевозок, употребленных средств сообщения и выбранных путей транспорта. В этой связи обсуждаются равным образом детерминированные как и стохастические модели. После обнаружения агрегированного спроса перевозок дискутируются предпосылки уравновешенных потоков движения, так при постоянном спросе перевозок, как и при изменяющемся спросе межгородской транспортной связи. Анализ равновесия дополняется при помощи развития комбинированного постоянного-изменяющегося спроса-проблемы и при помощи учета альтернативных средств сообщения.

В третей главе дано обсуждение эмпирически подходящих методов на фоне теоретических обсуждений, сделанных во второй главе. Относительно предложений средств сообщения выводятся конкретные соотношения, равным образом для уличного движения в часы пик, как и для нормального ежедневного движения. Что касается стороны спроса, обсуждаются методы возникновения перевозок, распределения перевозок и выбора средств сообщения. Кроме того вычисляются конкретные функции на основе бюджето-теоретической модели. Альтернативные возможности комбинации эмпирически употребленных методов оценки даются в заключение обсуждения спроса перевозок. Осуществляя вывод насчет потоков движения в городской системе сообщения представляются наравне методы ограниченной производительности сообщения, как и методы градиентов, которые обсуждаются насчет их пригодности для расчета уравновешенных потоков уличного движения.

В четвертой главе дается резюме результатов исследования и излагаются побуждения для дальнейших исследовательских работ.

Literaturverzeichnis

Abdulaal, M., LeBlanc, L.J., Methods for Combining Modal Split and Equilibrium Assignment Models, in: Transportation Science, Vol. 13, 1979, S. 292–314.

Adler, J.T., Ben-Akiva, M., Joint-Choice Model for Frequency, Destination, and Travel Mode for Shopping Trips, in: Transportation Research Record, No. 569, 1976, S. 136–150.

Appelbaum, M.I., Cramer, E.M., Some Problems of Nonorthogonal Analysis of Variance, in: Psychological Bulletin, Vol.81, 1974, S. 335–343.

Ashton, W.D., The Theory of Road Traffic Flow, London 1966.

Atkins, W.S., et al., Harlow Transportation Study, Vol. 2, Strategic Proposals, Harlow 1971.

Baltimore Regional Planning Council, Baltimore-Washington Interregional Study, Land Use and Transportation, Technical Report No. 7, Baltimore 1960.

Barten, A.P., Complete Systems of Demand Equations: Some Thoughts about Aggregation and Functional Form, in: Récherches Economiques de Louvain, Vol. 40, 1974, S. 3–20.

Basmaciyan, H., Schmidt, J.W., Development and Application of a Modal Split Model for the Puget Sound Region, Puget Sound Regional Transportation Study, Staff Report No. 12, Washington, D.C., 1964.

Batty, M., Recent Developments in Land Use Modelling, A Review of British Research, in: Urban Studies, Vol. 9, 1972, S. 151–177.

ders., Urban Modelling, London 1976.

Batty, M., Mackie, S., The Calibration of Gravity, Entropy and Related Models, in: Environment and Planning A, Vol. 4, 1972, S. 205–233.

Bay Area Transportation Study Commission, Bay Area Transportation Report, Berkeley 1969.

Becker, G.S., A Theory of the Allocation of Time, in: The Economic Journal, Vol. 75, 1965, S. 493–517.

Beckmann, M.J., Equilibrium Versus Optimum Public Transportation Systems, in: M.A. Florian (ed.), Traffic Equilibrium Methods, Lecture Notes in Economics and Mathematical Systems, No. 118, Berlin 1974, S. 119–131.

Beckmann, M.J., et al., Studies in the Economics of Transportation, 3rd printing, New Haven 1959.

Beckmann, M.J., et al., Handwörterbuch der mathematischen Wirtschaftswissenschaften, Band 2, Wiesbaden 1979.

Beckmann, M.J., Golob, T.F., A Critique of Entropy and Gravity in Travel Forecasting, in: G.F. Newall (ed.), Traffic Flow and Transportation, Proceedings of the Fifth International Symposium on the Theory of Traffic Flow and Transportation, New York 1972, S. 109–117.

Ben-Akiva, M.E., Structure of Travel Demand Models, Unpublished Dissertation, Department of Civil Engineering, Massachusetts Institute of Technology, Cambridge, Mass., 1973.

ders., Structure of Passenger Travel Demand Models, in: Transportation Research, Vol. 526, 1974, S. 26–41.

Ben-Akiva, M.E., Koppelmann, F.S., Multidimensional Choice Models: Alternative Structures of Travel Demand Models, in: Transportation Research Board (ed.), Behavioral Demand Modeling and Valuation of Travel Time, Special Report No. 149, Washington, D.C., 1974, S. 129–142.

Bennet, J.C., et al., A Comparative Evaluation of Intercity Modal Split Models, in: Transportation Research Record, No. 526, 1974, S. 83–92.

Bergendahl, G., Models for Investment in Road Network, Stockholm 1969.

Bevis, H., Forecasting Zonal Traffic Volumes, in: Traffic Quarterly, Vol. 10, 1956, S. 207–222.

Black, J.A., Salter, R.J., A Statistical Evaluation of the Accuracy of a Family of Gravity Models, in: Proceedings of the Institution of Civil Engineers, Vol. 59, 1975, S. 1–20.

Blackorby, C., et al., Homothetic Separability and Consumer Budgeting, in: Econometrica, Vol. 38, 1970, S. 468–472.

Bonsall, P., et al. (eds.), Urban Transportation Planning, Turnbridge Wells 1977.
Boyce, D., Equilibrium Solutions to Combined Urban Residential Location, Modal Choice, and Trip Assignment Models, in: W. Buhr, P. Friedrich (Hrsg.), Konkurrenz zwischen kleinen Regionen, Competition Among Small Regions, Baden-Baden 1978, S. 246–264.
Braess, D., Über ein Paradoxon der Verkehrsplanung, in: Unternehmensforschung, Nr. 1, 1968, S. 258–268.
Braess, D., Koch, G., On the Existence of Equilibria in Asymmetrical Multiclass-User Transportation Networks, in: Transportation Science, Vol. 13, S. 56–63.
Branston, D., Link Capacity Functions: A Review, in: Transportation Research, Vol.10, 1976, S. 223–236.
Brokke, G.E., Mertz, W.L., Evaluating Trip Forecasting Methods with an Electronic Computer, in: Highway Research Bulletin, No. 203, 1958, S. 52–75.
Brown, M., Heien, D., The S-Branch Utility Tree: A Generalization of the Linear Expenditure System, in: Econometrica, Vol. 40, 1972, S. 737–747.
Bruzelius, N., The Value of Travel Time, London 1979.
Buckley, D.J. (ed.), Transportation and Traffic Theory, New York 1974.
Buhr, W., Die Rolle der materiellen Infrastruktur im regionalen Wirtschaftswachstum, Studien über die Infrastruktur eines städtischen Gebietes: Der Fall Santa Clara County/California, Berlin 1975.
Buhr, W., Friedrich, P. (Hrsg.), Konkurrenz zwischen kleinen Regionen, Competition Among Small Regions, Baden-Baden 1978.
Buhr, W., Pauck, R., Stadtentwicklungsmodelle, Baden-Baden 1981.
Bureau of Public Roads, Traffic Assignment Manual, U.S. Department of Commerce, Urban Planning Division, Washington, D.C., 1964.
Burell, J.E., Multiple Route Assignment, A Comparison of Two Methods, in: M.A. Florian (ed.), Traffic Equilibrium Methods, Lecture Notes in Ecconomics and Mathematical Systems, No.118, Berlin 1974, S. 229–239.

Carrothers, G.A.P., An Historical Review of Gravity and Potential Concepts of Human Interaction, in: Journal of the American Institute of Planners, Vol. 22, 1956, S. 94–102.
Ceder, A., A Deterministic Traffic Flow Model for the Two-Regime Approach, in: Transportation Research Record, No. 567, 1976, S. 16–30.
Ceder, A., May, A.D., Further Evaluation of Single and Two-Regime Traffic Flow Models, in: Transportation Research Record, No. 567, S. 1–15.
Cesario, F.J., Trip Generation and Distribution: The Inconsistency Problem and a Possible Remedy, in: Transportation Planning and Technology, Vol. 4, 1977, S. 57–62.
Chipman, J.S., A Survey of the Theory of International Trade, Part 2: The Neoclassical Theory, in: Econometrica, Vol. 33, 1965, S. 685–760.
ders., Homothetic Preferences and Aggregation, in: Journal of Economic Theory, Vol. 8, 1974, S. 26–38.
Choukroun, J.M., A General Framework of Gravity-Type Trip Distribution Models, in: Regional Science and Urban Economics, Vol. 5, 1975, S. 177–202.
Cochrane, R.A., A Possible Economic Basis for the Gravity Model, in: Journal of Transport Economics and Policy, Vol. 9, 1975, S. 34–49.
Comsis Corporation, Traffic Assignment, Report Prepared für the U.S. Department of Transportation, Federal Highway Administration, Urban Planning Division, Office of Highway Planning, Washington, D.C., 1973.
Control Data Corporation, Transportation Planning for Control Data 3600 Computer, Trip Loading Assignment, Minneapolis 1966.
Cowan, G.R., Walker, J.R., Forecasting Future Trip Ends, Puget Sound Regional Transportation Study, Staff Report No. 16, Seattle 1964.

Dafermos, S.C., The Traffic Assignment Problem for Multiclass-Use Transportation Networks, in: Transportation Science, Vol. 6, 1972, S. 73–87.
Dafermos, S.C., Sparrow, F.T., The Traffic Assignment Problem for General Networks, in: Journal of Research, National Bureau of Standards, Vol. 37 B, No. 2, S. 91–118.

Daganzo, C.F., On the Traffic Assignment Problem with Flow Dependent Costs, in: Transportation Research, Vol. 11, 1977, S. 433–441.
Daganzo, C.F., et al., Multinomial Probit and Qualitative Choice: A Computationally Efficient Algorithm, in: Transportation Science, Vol. 11, 1977, S. 338–358.
Daganzo, C.F., Schoenfeld, L., Chomp User's Manual, Research Report No. UCB-ITS-RR-78-7, Institute of Transportation Studies, University of California, Berkeley 1978.
Dalton, P.M., Harmelink, M.D., Development and Testing of a Multipath-Assignment Technique, in: Transportation Research Record, No. 392, 1972, S. 136–138.
Daly, A., TRANSSEPT, A Multi-Path Public Transport Assignment Model, in: Planning and Transportation Research and Computation Co. Ltd. (ed.), Urban Traffic Models, Vol. II, Seminar Proceedings, London 1973, Paper F 23.
Daor, E., GLTS Trip Generation Model-Objectives, in: Planning and Transportation Research and Computation Co. Ltd. (ed.), Urban Traffic Models, Vol. II., London 1973, Paper F 14.
DeDonnea, F.X., Consumer Behavior, Transport Mode Choice and Value of Time, Some Micro-Economic Models, in: Regional and Urban Economics, Vol. 1, 1972, S. 355–382.
ders., Micro-Economic Theory and the Valuation of Travel Time: A Rejoinder, in: Regional and Urban Economics, Vol. 2, 1973, S. 411–412.
DeSerpa, A.C., A Theory of the Economics of Time, in: The Economic Journal, Vol. 81, 1971, S. 828–846.
DeVany, A., Time in the Budget of the Consumer: The Theory of Consumer Demand and Labor Supply under a Time Constraint, Professional Paper No. 30, Center for Naval Analysis, Arlington, Virg., 1970.
Dial, R.B., A Probabilistic Multi-Path Traffic Assignment Model which Obviates Path Enumeration, in: Transportation Research, Vol. 5, 1971, S. 83–111.
Dobson, R., McGarvey, W.E., An Empirical Comparison of Disaggregate Category and Regression Trip Generation Analysis Techniques, in: Transportation, Vol. 6, 1977, S. 287–307.
Dörner, H., Ein Ansatz zur Berechnung des Zellenbinnenverkehrs städtischer und regionaler Planungsräume in der Verkehrsverteilungsrechnung, Berichte des Instituts für Stadtbauwesen der TH Aachen, Bd. 10, Aachen 1977.
Domencich, T.A., et al., Estimation of Urban Passenger Travel Behavior: An Econometric Demand Model, in: Highway Research Record, No. 238, 1968, S. 64–78.
Domencich, T.A., McFadden, D., Urban Travel Demand, Amsterdam 1975.
Drake, J., et al., A Statistical Analysis of Speed-Density Hypothesis, in: o. Hrsg., Vehicular Traffic Science, Proceedings of the Third International Symposium on Theory of Traffic Flow 1965, New York 1967, S. 112–117.
Dück, W., Bliefernich, M., Mathematische Grundlagen, Methoden und Modelle, Operationsforschung, Band 1, Berlin 1972.
dies., Mathematische Grundlagen, Methoden und Modelle, Operationsforschung, Band 3, Berlin 1973.

Edie, L.C., Car-Following and Steady-State Theory for Noncongested Traffic, in: Operations Research, Vol. 9, 1961, S. 66–76.
Evans, A.W., On the Theory of the Valuation and Allocation of Time, in: Scottish Journal of Political Economy, Vol. 19, 1972, S. 1–17.
Evans, S.P., A Relationship between the Gravity Model and the Transportation Problem in Linear Programming, in: Transportation Research, Vol. 7, 1973, S. 39–61.
ders., Derivation and Analysis of Some Models for Combining Trip Distribution and Assignment, in: Transportation Research, Vol. 10, 1976, S. 37–57.

Fast, J.D., Entropie – Die Bedeutung des Entropiebegriffs und seine Anwendung in Wissenschaft und Technik, Hilversum 1960.
Fertal, M.J., et al., Modal Split, Documentation of Nine Methods for Estimating Transit Usage, U.S. Department of Transportation, Federal Highway Administration, Urban Planning Division, Office of Highway Planning, Washington, D.C., 1966.

Finney, D.J., Probit Analysis, Cambridge, Mass., 1964.
Florian, M.A. (ed.), Traffic Equilibrium Methods, Lecture Notes in Economics and Mathematical Systems, No. 118, Berlin 1976.
ders., Preface, in: M.A. Florian (ed.), Traffic Equilibrium Methods, Lecture Notes in Economics and Mathematical Systems, No. 118, Berlin 1976, S. VII–XII.
ders., A Traffic Equilibrium Model of Travel by Car and by Public Transit Modes, in: Transportation Science, Vol. 11, 1977, S. 166–179.
Florian, M.A., Nguyen, S., A Combined Trip Distribution, Modal Split and Assignment Model, in: Transportation Research, Vol. 12, 1978, S. 241–246.
Frank, M., Wolfe, P., An Algorithm of Quadratic Programming, in: Naval Research Logistics Quarterly, Vol. 3, 1956, S. 95–110.
Fratar, T.J., Forecasting Distribution of Interzonal Trips by Successive Approximation, in: Proceedings of the Highway Research Board, Vol. 33, 1954, S. 376–384.
Freeman, Fox and Associates, Speed/Flow Relationships on Suburban Main Roads, Road Research Laboratory, Department of the Environment, London 1972.
Friedrich, P., Zeitersparnisse als Leistungskriterien gemeinwirtschaftlicher Unternehmen, Schriftenreihe Gemeinwirtschaft, Heft Nr. 31, Köln 1979.

Gazis, D.C., et al., Car-Following Theory of Steady State Flow, in: Operations Research, Vol. 7, 1959, S. 499–505.
Gazis, D.C., et al., Nonlinear Follow-the-Leader Models of Traffic Flow, in: Operations Research, Vol. 9, 1961, S. 545–567.
Georgescu-Roegen, N., The Entropy Law and the Economic Process, Cambridge, Mass., 1971.
Gerlough, D.L., Huber, M.J., Traffic Flow Theory, A Monograph, Transportation Research Board, Special Report 165, Washington, D.C., 1975.
Gilbert, F., Pfouts, R.W., A Theory of the Responsiveness of Hours of Work to Change in Wage Rates, in: The Review of Economics and Statistics, Vol. 40, 1958, S. 116–121.
Gipps, P.G., Determination of Equilibrium Conditions for Traffic on a Two-Lane Road, in: D.J. Buchley (ed.), Transportation and Traffic Theory, New York 1974, S. 161–180.
Golob, T.F., Resource Paper on Attitudinal Models, in: Transportation Research Board (ed.), Urban Travel Demand Forecasting, Special Report No. 143, Washington, D.C., 1972, S. 130–145.
Golob, T.F., et al., An Economic Utility Theory Approach to Spatial Interaction, in: Papers of the Regional Science Association, Vol. 30, 1970, S. 159–182.
Golob, T.F., Dobson, R., Assessment of Preferences and Perceptions toward Attributes of Transportation Alternatives, in: Transportation Research Board (ed.), Behavioral Demand Modeling and Valuation of Travel Time, Special Report No. 149, Washington, D.C., 1974, S. 58–84.
Gorman, W.M., Community Preference Fields, in: Econometrica, Vol. 21, 1953, S. 63–80.
ders., Separable Utility and Aggregation, in: Econometrica, Vol. 27, 1959, S. 469–481.
Green, H.A.J., Consumer Theory, London 1971.
Greenberg, H., An Analysis of Traffic Flow, in: Operations Research, Vol. 7, 1959, S. 79–85.
Gronau, R., The Value of Time in Passenger Transportation, National Bureau of Economic Research, Occasional Paper No. 109, New York 1970, S. 7–12.
Gronau, R., Alcaly, R., The Demand for Abstract Modes: Some Misgivings, in: Journal of Regional Science, Vol. 9, 1969, S. 153–157.

Harris, B., A Note on the Probability of Interaction at a Distance, in: Journal of Regional Science, Vol. 5, 1964, S. 31–35.
Havers, G., Van Vliet, D., GLTS Models: The State of the Art, GLTS Note No. 71, Greater London Council, London 1974.
Henderson, J.M., Quandt, R.E., Mikroökonomische Theorie, 3. Aufl., München 1973.
Hensher, D.A., Stopher, P.R. (eds.), Behavioural Travel Modelling, London 1979.
Herman, R., et al., Traffic Dynamics: Analysis of Stability in Car-Following, in: Operations Research, Vol. 7, 1959, S. 86–106.
Highway Research Board (ed.), Highway Capacity Manual 1965, Special Report No. 87, Washington, D.C., 1965.

Hill, D.M., von Cube, H.G., Development of a Model for Forecasting Modal Choice in Urban Areas, in: Highway Research Record, No. 38, 1963, S. 78–96.

Holliday, L.P., The Interrelationships of Factors Affecting Road Capacity, The RAND Corporation, Paper P-3914, Santa Monica 1968.

Houthakker, H.S., The Present State of Consumption Theory, in: Econometrica, Vol. 29, 1961, S. 704–740.

Houthakker, H.S., Taylor, L.D., Consumer Demand in the United States 1929–1970, Cambridge, Mass., 1970.

Howe, S.M., Liou, P.S., Documentation of PROLO and MLOGIT, Two New Calibration Programs for Building Disaggregate Choice Models, Preliminary Research Report No. 98, New York State Department of Transportation, Planning Division, Albany 1975.

Hutchinson, B.G., Land Use Transportation Models in Regional Economic Development Planning, in: Socio-Economic Planning Science, Vol. 10, 1976, S. 47–55.

Ingram, D.R., The Concept of Accessibility: A Search of an Operational Form, in: Regional Studies, Vol. 5, 1971, S. 101–107.

Irwin, N.A., et al., Capacity Restraint in Assignment Programs, in: Highway Research Bulletin, No. 297, 1961, S. 109–127.

Irwin, N.A., von Cube, H.G., Capacity Restraint in Multi-Travel Mode Assignment Programs, in: Highway Research Bulletin, No. 347, 1962, S. 258–289.

Isard, W., et al., Methods of Regional Analysis: An Introduction to Regional Science, 6th printing, Cambridge, Mass., 1969.

Jacobs, F., Queues and Overtaking on Two-Lane Roads, in: D.J. Buckley (ed.), Transportation and Traffic Theory, New York 1974, S. 181–202.

Jaeger, A., Wenke, K., Lineare Wirtschaftsalgebra, Bd. 2, Stuttgart 1979.

Jevons, W.S., The Theory of Political Economy, 2nd edition, London 1879.

Johnson, M.B., Travel Time and the Price of Leisure, in: Western Economic Journal, Vol. 4, 1966, S. 135–145.

Kassoff, H., Deutschman, H.D., Trip Generation: A Critical Appraisal, in: Highway Research Record, No. 297, 1969, S. 15–30.

Kemming, H., Raumwirtschaftstheoretische Gravitationsmodelle, Berlin 1980.

Kentner, W., Planung und Auslastung der Verkehrsinfrastruktur in Ballungsräumen, Düsseldorf 1972.

Körth, H., et al.,Lehrbuch der Mathematik für Wirtschaftswissenschaften, Opladen 1975.

Komentani, E., Sasaki, T., Dynamic Behavior of Traffic with a Non-Linear Spacing-Speed Relationship, in: o. Hrsg., Proceedings of a Symposium on the Theory of Traffic Flow, Amsterdam 1961, S. 105–119.

Koppelman, F.S., Prediction with Disaggregate Models: The Aggregation Issue, in: Transportation Research Record, No. 527, 1974, S. 73–80.

ders., Travel Prediction with Models of Individual Choice Behavior, Dissertation, Department of Civil Engineering, Massachusetts Institute of Technology, Cambridge, Mass., 1975.

ders., Guidelines for Aggregate Travel Prediction Using Disaggregate Choice Models, in: Transportation Research Record, No. 610, 1976, S. 19–24.

Kraft, A., Kraft, J., Preference Orderings as Determinants of Transportation Mode Choice, in: Regional Science and Urban Economics, Vol. 5, 1975, S. 251–261.

Kraft, G., Demand for Intercity Passenger Travel in the Boston-Washington-Corridor, Part V, Northeast Corridor Project, U.S. Department of Commerce, Washington, D.C., 1963.

Krekó, B., Optimierung, Nichtlineare Modelle, Berlin 1974.

Künzi, H.P., Krelle, W., Nichtlineare Programmierung, Unveränderter Nachdruck der 1. Auflage, Berlin 1975.

Küppers, D., et al., Simulationsmodell POLIS, Benutzerhandbuch, Schriftenreihe des Bundesministeriums für Raumordnung, Bauwesen und Städtebau, Nr. 03.012, Frankfurt/Main 1972.

Lancaster, K.J., A New Approach to Consumer Theory, in: Journal of Political Economy, Vol. 84, 1966, S. 132–157.

Lave, C.A., Modal Choice in Urban Transportation: A Behavioral Approach, Dissertation, Department of Economics, Stanford University, Stanford 1968.

ders., A Behavioral Approach to Modal Split Forecasting, in: Transportation Research, Vol. 3, 1968, S. 463–480.

LeBlanc, L.J., et al., An Efficient Approach to Solving the Road Network Equilibrium Traffic Assignment Problem, in: Transportation Research, Vol. 9, 1975, S. 309–318.

Lerman, S.R., Manski, C.F., The Estimation of Choice Probabilities from Choice Based Samples, in: Econometrica, Vol. 45, 1977, S. 1977–1988.

dies., Sample Design for Discrete Choice Analysis of Travel Behavior: The State of the Art, in: Transportation Research, Vol. 13A, 1979, S. 29–44.

Leventhal, T.L., et al., A Column Generation Algorithm for Optimal Traffic Assignment, in: Transportation Science, Vol. 7, 1973, S. 168–176.

Levinson, H.L., Wynn, F.H., Effects of Density on Urban Transportation Requirements, in: Highway Research Record, No. 2, 1963.

Liou, P.S., Talvitie, A.P., Disaggregated Access Mode and Station Selection Models for Rail Trips, Preliminary Research Report No. 53, New York State Department of Transportation, Planning and Research Bureau, Albany 1973.

dies., Disaggregate Access Mode and Station Choice Models for Rail Trips, in: Transportation Research, No. 526, 1974, S. 42–51.

Lisco, T.E., The Value of Commuters Travel Time, A Study in Urban Transportation, Dissertation, Department of Economics, University of Chicago, Chicago 1967.

Luce, R.D., Individual Choice Behavior, New York 1959.

Luce, R.D., et al. (eds.), Handbook of Mathematical Psychology, Vol. 3, New York 1965.

Luce, R.D., Suppes, P., Preference Utility and Subjective Probability, in: R.D. Luce et al. (eds.), Handbook of Mathematical Psychology, Vol. 3, New York 1965, S. 249–410.

Luckenbach, H., Theorie des Haushalts, Göttingen 1974.

Lütjohann, H., Aggregation, in: M.J. Beckmann et al., Handwörterbuch der mathematischen Wirtschaftswissenschaften, Band 2, Wiesbaden 1979, S. 17–22.

Lussi, J.K., Opportunity Model Calibration of Travel Parameter, Preliminary Research Report No. 18, New York State Department of Transportation, Albany 1970.

March, L., Urban Systems: A Generalized Frequency Function, Working Paper No. 85, Cambridge Land Use and Built Form Studies, Cambridge 1969.

May, A.D., Keller, H.E.M., Non-Integer Car-Following Models, in: Highway Research Record, No. 199, 1967, S. 19–32.

McCarthy, G.M., Multiple Trip Generation Regression Analysis of Household Trip Generation – A Critique, in: Highway Research Record, Vol. 297, 1969, S. 31–43.

McFadden, D., Quantitative Models for Analysing Travel Behaviour of Individuals: Some Recent Developments, in: D.A. Hensher, P.R. Stopher (eds.), Behavioral Travel Modelling, London 1979, S. 279–318.

McFadden, D., Reid, F., Aggregate Travel Demand Forecasting from Disaggregate Behavioral Models, in: Transportation Research Record, No. 534, 1975, S. 24–37.

McGillivray, R.G., Demand and Choice Models of Modal Split, in: Journal of Transport Economics and Policy, Vol. 4, 1970, S. 192–207.

McLynn, J.M., et al., Analysis and Calibration of a Modal Allocation Model, Northeast Corridor Transportation Project, Report Prepared for the Technical Analysis Division, National Bureau of Standards, U.S. Department of Transportation, Washington, D.C., 1967.

McLynn, J.M., et al., Analysis of a Market Split Model, Northeast Corridor Transportation Project, Technical Paper No. 8, U.S. Department of Transportation, Washington, D.C., 1967.

McLynn, J.M., Watkins, R.H., Multimode Assignment Model, Northeast Corridor Transportation Project, Technical Paper No. 7, U.S. Department of Transportation, Washington, D.C., 1967.

Merton, R.C. (ed.), The Collected Scientific Papers of P.A. Samuelson, Cambridge, Mass., 1972.

Milde, H., Konsumzeit, Arbeitszeit und Suchzeit in der Theorie des Haushalts, in: Jahrbücher für Nationalökonomie und Statistik, Band 188, 1975, S. 480–493.
Minty, G.J., A Comment on the Shortest Route Problem, in: Operations Research, Vol. 5, 1957, S. 724–728.
Mohring, H., Harwitz, M., Highway Benefits, Evanston, Ill., 1962.
Moore, E.F., The Shortest Path Through a Maze, Proceedings of the International Symposium of Switching, Harward University, Cambridge, Mass., 1963.
Mosher, W.W., A Capacity Restraint Algorithm for Assigning Flow to a Transport Network, in: Highway Research Record, No. 6, 1963, S. 41–70.
Muellbauer, J., Household Production Theory, Quality, and the "Hedonic Technique", in: The American Economic Review, Vol. 64, 1974, S. 977–994.
Murchland, J.D., Road Network Traffic Distribution in Equilibrium, Paper Presented at the Conference on Mathematical Methods in Economic Science, Mathematisches Forschungsinstitut Oberwolfach, Oberwolfach 1969.

Nakkash, T.Z., Grecco, W.L., Activity-Accessibility Models of Trip Generation, in: Highway Research Record, No. 392, S. 98–110.
Neuburger, H., User Benefit in the Evaluation of Transport and Land Use Plans, in: Journal of Transport Economics and Policy, Vol. 5, 1971, S. 52–75.
Newall, G.F. (ed.), Traffic Flow and Transportation, Proceedings of the Fifth International Symposium on the Theory of Traffic Flow and Transportation, New York 1972.
Nguyen, S., An Algorithm for the Traffic Assignment Problem, in: Transportation Science, Vol. 8, 1974, S. 209–216.
Nguyen, S., An Unified Approach to Equilibrium Methods for Traffic Assignment, in: M.A. Florian (ed.), Traffic Equilibrium Methods, Lecture Notes in Economics and Mathematical Systems, No. 118, Berlin 1976, S. 148–182.
Niedercorn, J. H., Bechdolt, B.V., An Economic Derivation of the "Gravity Law" of Spatial Interaction, in Journal of Regional Science, Vol. 9, 1969, S. 273–282.
Nijkamp, P., Paelinck, J.H.P., A Dual Interpretation and Generalization of Entropy Maximazing Models in Regional Science, in: Papers of the Regional Science Association, Vol. 33, 1974, S. 13–31.

Oi, W.Y., Shuldiner, P.W., An Analysis of Urban Travel Demand, 5th printing, The Transportation Center, Northwestern University, Evanston, Ill., 1972.
Olsson, G., Distance and Human Interaction, A Review and Bibliography, Philadelphia 1965.
Oort, C.J., The Evaluation of Travelling Time, in: Journal of Transport Economics and Policy, Vol. 3, 1969, S. 279–286.
Overgaard, K.R., Urban Transportation Planning: Traffic Estimation, in: Traffic Quarterly, Vol. 21, 1967, S. 197–218.

Peat, Marwick Mitchell & Co., Implementation of the N-Dimensional Logit Model, Final Report Prepared for the Comprehensive Planning Organization, San Diego County, California, Washington, D.C., 1972.
Peters, J., Einführung in die allgemeine Informationstheorie, Berlin 1967.
Phlips, L., Applied Consumption Analysis, Amsterdam 1974.
Planning and Transportation Research and Computation Co. Ltd. (ed.), Urban Traffic Models, Vol. II, Seminar Proceedings, London 1973.
Popp, W., et al., Forschungsbericht zur Entwicklung des Planungsmodells SIARSSY, Schriftenreihe des Bundesministers für Raumordnung, Bauwesen und Städtebau, Nr. 03.018, Erlangen 1973.
Puget Sound Regional Planning Commission, System Plan for the Central Puget Sound Region, Technical Report, Vol. 3, Seattle 1974.

Quandt, R.E. (ed.), The Demand for Travel: Theory and Measurement, 2nd printing, Lexington 1972.
ders., Estimation of Modal Splits, in: R.E. Quandt (ed.), The Demand for Travel: Theory and Measurement, 2nd printing, Lexington 1972, S. 147–162.

Quandt, R.E., Baumol, W.J., The Demand for Abstract Modes, Theory and Measurement, in: R.E. Quandt (ed.), The Demand for Travel: Theory and Measurement, 2nd printing, Lexington 1972, S. 83–101.

Quandt, R.E., Young, K.H., Cross Sectional Travel Demand Models: Estimates and Tests, in: R.E. Quandt (ed.), The Demand for Travel: Theory and Measurement, 2nd printing, Lexington 1972, S. 127–149.

Quarmby, D.A., Choice of Travel Mode of the Journey to Work, in: Journal of Transport Economics and Policy, Vol. 1, 1967, S. 273–314.

Rassam, P.R., et al., The n-Dimensional Logit-Model: Development and Application, in: Highway Research Record, No. 369, 1971, S. 135–147.

Rathman, A.S., Capacity Restraint Method-Assignment, Chicago Area Transportation Study, Chicago 1964.

Richards, M.G., Ben-Akiva, M., A Disaggregate Travel Demand Model, Westmead 1975.

River, C., Associates, Inc., A Disaggregated Model of Urban Travel Demand, Final Report Prepared for the Federal Highway Administration, U.S. Department of Transportation, Washington, D.C., 1972.

Robbins, L., On the Elasticity of Demand for Income in Terms of Effort, in: Economica, Vol. 10, 1930, S. 123–129.

Rostock, C.A., Keefer, L.A., Measurement of Urban Traffic Congestion, in: Highway Research Bulletin, No. 156, 1957, S. 1–13.

Ruijgrok, C.J., et al., The Apeldoorn Transportation Study, Paper Presented at the Transportation Planning Research Colloquium, The Hague 1979, Institute TNO for Mathematics, Information Processing and Statistics, Delft 1979.

Salter, R.J., Highway Traffic Analysis and Design, 2nd edition, London 1976.

Samuelson, P.A., Maximum Principles in Analytical Economics, in: R.C. Merton (ed.), The Collected Scientific Papers of P.A. Samuelson, Cambridge, Mass., 1972, S. 2–17.

Sasaki, K., A Treatise on Traffic Assignment, in: Regional and Urban Economics, Vol. 4, 1974, S. 13–23.

Schellhaass, H.M., Preis- und Investitionspolitik für Autobahnen, Berlin 1972.

Schneider, M., Gravity Models and Trip Distribution Theory, in: Papers and Proceedings of the Regional Science Association, Vol. 5, 1959, S. 51–56.

ders., A Direct Approach to Traffic Assignment, in: Highway Research Record, No. 6, 1963, S. 71–75.

Schönfeld, P., Methoden der Ökonometrie, Band I, Lineare Regressionsmodelle, Berlin 1969.

Sengupta, J., Stochastic Programming, Methods and Applications, Amsterdam 1972.

Shannon, C.E., Weaver, W., The Mathematical Theory of Communication, Urbana 1949.

Sherret, A., Wallace, J.P., Resource Paper on Product Attributes, in: Transportation Research Board (ed.), Urban Travel Demand Forecasting, Special Report No. 143, Washington, D.C., 1972, S. 146–174.

Shuldiner, P.W., Land Use Activity and Non-Residential Trip Generation, in: Highway Research Record, No. 141, 1966, S. 73–88.

Smock, R.J., An Iterative Assignment Approach to Capacity Restraint on Aterial Network, in: Highway Research Bulletin, No. 347, 1962, S. 60–66.

Soltman, T.J., Effects of Alternative Loading Sequences on Results from Chicago Trip Distribution and Assignment Model, in: Highway Research Record, No. 114, 1965, S. 122–140.

Southeastern Wisconsin Regional Planning Commission, Forecasts and Alternative Plans 1990, Vol. 2, Planning Report No. 7, Waukesha 1966.

Steel, M.A., Capacity Restraint – A New Technique, in: Traffic Engineering and Control, Vol. 7, 1965, S. 381–384.

Steenbrink, P.A., Optimization of Transport Networks, London 1974.

Stetzer, F., Parameter Estimation for the Constrained Gravity Model: A Comparison of Six Methods, in: Environment and Planning A, Vol. 8, 1976, S. 673–683.

Stewart, J.Q., The Development of Social Physics, in: American Journal of Physics, Vol. 18, 1950, S. 239–253.

Stigler, G.J., Becker, G.S., De Gustibus Non Est Disputandum, in: The American Economic Review, Vol. 67, 1977, S. 76–90.

Stone, J.R.N., The Measurement of Consumer Expenditures and Behaviour in the United Kingdom, Cambridge 1953.

Stopher, P.R., A Probability Model of Travel Mode Choice for the Work Journey, in: Highway Research Record, No. 283, 1969, S. 57–65.

Stopher, P.R., Lisco, T.E., Modelling Travel Demand: A Disaggregate Behavioral Approach, in: o. Hrsg., Transportation Research Forum Proceedings, Eleventh Annual Meeting, Oxford 1970, S. 195–214.

Stopher, P.R., Meyburg, A.H., Urban Transportation Modeling and Planning, Lexington 1975.

dies., Transportation Systems Evaluation, Lexington 1976.

Strotz, R.H., The Empirical Implications of a Utility Tree, in: Econometrica, Vol. 25, 1957, S. 269–280.

ders., The Utility Tree, A Correction and Further Appraisal, in: Econometrica, Vol. 27, 1959, S. 482–488.

Study Staff of the Chicago Area Transportation Study, Final Report, Vol. 2, Chicago 1960.

Tanner, J.C., Factors Affecting the Amount of Travel, Technical Paper No. 51, Road Research Laboratory, London 1971.

Theil, H., Economics and Information Theory, Amsterdam 1967.

ders., Linear Aggregation of Economic Relations, 3rd printing, Amsterdam 1974.

ders., Theory and Measurement of Consumer Demand, Vol. 1, Amsterdam 1975.

Timmermann, M., Partielles und totales Gleichgewicht im Wirtschaftsplan des privaten Haushalts (I) und (II), in: Das Wirtschaftsstudium, 4. Jahrgang, 1975, S. 331–336, 383–386.

Tolman, R.C., The Principles of Statistical Mechanics, Oxford 1938.

Train, K., McFadden, D., The Goods/Leisure Tradeoff and Disaggregate Work Trip Mode Choice Models, in: Transportation Research, Vol. 12, 1978, S. 349–353.

Transportation Research Board (ed.), Urban Travel Demand Forecasting, Special Report No. 143, Washington, D.C., 1972.

ders. (ed.), Behavioral Demand Modeling and Valuation of Travel Time, Special Report No. 149, Washington, D.C., 1974.

Urban Mass Transportation Administration, New Systems Requirements Analysis Program, UMTA Transportation Planning Systems, Washington, D.C., 1972, Network Development Manual.

Urban Planning Division, Office of Highway Planning, Federal Highway Administration, U.S. Department of Transportation, Guidelines for Trip Generation Analysis, Washington, D.C., 1967.

U.S. Department of Transportation, Federal Highway Administration, Office of High Speed Ground Transportation, Northeast Corridor Transportation Project Report, Washington, D.C., 1970.

U.S. Department of Transportation, Federal Highway Administration, Computer Programs for Urban Transportation Planning, PLANPAC/BACKPAC, General Information Manual, Washington, D.C., 1977.

van Vliet, D., Road Assignment – II, The GLTS-Model, in: Transportation Research, Vol. 10, 1976, S. 145–149.

ders., An Application of Mathematical Programming to Network Assignment, in: P. Bonsall et al. (eds.), Urban Transportation Planning, Turnbridge Wells 1977, S. 147–158.

ders., Improved Shortest Path Algorithms for Transport Networks, in: Transportation Research, Vol. 12, 1978, S. 7–20.

Vickerman, R., The Demand for Non-Work Travel, in: Journal of Transport Economics and Policy, Vol. 6, 1972, S. 176–210.

Vickrey, W., Congestion Theory and Transportation Investment, in: The American Economic Review, Papers and Proceedings, Vol. 59, 1969, S. 251–260.

Voorhees, A.M. and Associates, Inc., Modal Split Model, Erie Transportation Study, Staff Report No. 3, o.O. 1963.

Wagon, D.J., The Mathematical Model, Working Paper No. 5, SELNEC Transportation Study, Manchester 1971.
ders., The Calibration of the Mathematical Model, Working Paper No. 7, SELNEC Transportation Study, Manchester 1972.
Walters, A.A., The Theory of Private and Social Costs of Highway Congestion, in: Econometrica, Vol.29, 1961, S. 676–699.
ders., The Economics of Road User Charges, Baltimoore 1970.
Wardrop, J.G., Some Theoretical Aspects of Road Traffic Research, in: o.Hrsg., Proceedings of the Institution of Civil Engineers, Part II, Vol. 1, London 1952, S. 325–376.
ders., Journey Speed and Flow in Central Urban Areas, in: Traffic Engineering and Control, Vol. 9, 1968, S. 528–539.
Warner, S.L., Stochastic Choice of Mode in Urban Travel, A Study in Binary Choice, Northwestern University, Evanston, Ill., 1962.
Watson, P.L., Choice of Estimation Procedure for Models of Binary Choice, in: Regional Science and Urban Economics, Vol. 4, 1974, S. 187–200.
ders., The Value of Time, Behavioral Models of Modal Choice, Lexington 1974.
Watson, P.L., Westin, R.B., Transferability of Disaggregate Mode Choice Models, in: Regional Science and Urban Economics, Vol. 5, 1975, S. 227–249.
Weber, E., Grundlagen der biologischen Statistik, Stuttgart 1972.
Weiner, H., A Modal Split Model for Southeastern Wisconsin, Southeastern Wisconsin Regional Planning Commission, The Technical Record, Vol. 2, No. 6, Waukesha 1966.
Whiting, P.D., Hiller, J.A., A Method for Finding the Shortest Route Through a Road Network, Research Note RN/3337, Road Research Laboratory, Ministry of Transport, London 1958.
Williams, H.C.W.L., Travel Demand Models, Duality Relations, and User Benefit Analysis, in: Journal of Regional Science, Vol. 16, 1976, S. 147–166.
Williams, I., A Comparison of Some Calibration Techniques for Doubly Constrained Models with an Exponential Cost Function, in: Transportation Research, Vol. 10, 1976, S. 91–104.
Williams, T.E.H., Robertson, D.M., Traffic Generated by Households: Peak Period, in: Traffic Engineering and Control, Vol. 6, 1965, S. 668–671.
Wilson, A.G., A Statistical Theory of Spatial Distribution Models, in: Transportation Research, Vol. 1, 1967, S. 253–269.
ders., Advances and Problems in Distribution Modelling, in: Transportation Research, Vol. 4, 1970, S. 1–18.
ders., Urban and Regional Models in Geography and Planning, London 1974.
Wilson, A.G., Senior, M.L., Some Relationships between Entropy Maximizing Models, Mathematical Programming Models and their Duals, in: Journal of Regional Science, Vol. 14, 1974, S. 207–215.
Wingo, L., Transportation and Urban Land, Washington, D.C., 1961.
Wohl, M., A Methodology for Forecasting Peak and Off-Peak Travel Volumes, in: Highway Research Record, No. 322, 1970, S. 183–219.
Wohl, M, Martin, B.V., Traffic System Analysis for Engineers and Planners, New York 1967.
Wold, H., Demand Analysis, New York 1953.
Wotton, H.J., A Model for Trips Generated by Households, in: Journal of Transport Economics and Policy, Vol. 1, 1967, S. 137–153.

Yagar, S., Emulation of Dynamic Equilibrium in Traffic Networks, in: M.A. Florian (ed.), Traffic Equilibrium Methods, Lecture Notes in Economics and Mathematical Systems, No. 118, Berlin 1974, S. 240–264.

Zangwill, W.I., Nonlinear Programming, Englewood Cliffs, N.J., 1969.

Namenverzeichnis

Sachverzeichnis